패턴의 이해

여성복 상의류 기초

패턴의 이해
여성복 상의류 기초

초판 1쇄 발행 2021. 6. 25.
　　2쇄 발행 2024. 11. 11.

지은이 이원식
펴낸이 김병호
편집 및 기획 양승태 | **표지** 김민주
마케팅 민호 | **경영지원** 송세영

펴낸곳 주식회사 바른북스
등록 2019년 4월 3일 제2019-000040호
주소 서울시 성동구 연무장5길 9-16, 301호 (성수동2가, 블루스톤타워)
대표전화 070-7857-9719 **경영지원** 02-3409-9719 **팩스** 070-7610-9820
이메일 barunbooks21@naver.com **원고투고** barunbooks21@naver.com
홈페이지 www.barunbooks.com **공식 블로그** blog.naver.com/barunbooks7
공식 포스트 post.naver.com/barunbooks7 **페이스북** facebook.com/barunbooks7

작업, 교습 문의 010-3724-2504
tel 02-2278-1404
fax 02-2278-1406
이메일 aass2504@gmail.com
인스타그램 bettermatter_house

· 책값은 뒤표지에 있습니다. **ISBN** 979-11-6545-421-0 13630

· 이 책은 저작권법에 따라 보호를 받는 저작물이므로 무단전재 및 복제를 금지하며,
이 책 내용의 전부 및 일부를 이용하려면 반드시 저작권자와 도서출판 바른북스의 서면동의를 받아야 합니다.

· 파본이나 잘못된 책은 구입하신 곳에서 교환해드립니다.

바른북스는 여러분의 다양한 아이디어와 원고 투고를 설레는 마음으로 기다리고 있습니다.

기능대회 심사위원
사단법인 한국패션모델리스트협회 고문

저자 이원식
Better Matter 대표
대한민국 대한 명인 선정 17-492호 (Modeliste 분과)
기능대회 심사위원
사단법인 한국패션모델리스트협회 고문

차 례

0. 머리말
  추천서

1. body measurement (체촌)
1.1 기준점 ··· 9
1.2 측정길이 ··· 11
1.3 측정둘레 ··· 15

2. tight bodice pattern (타이트 상의 원형)
2.1 tight bodice pattern(타이트 상의 원형) ··· 18
2.2 뒤판 허리 다트의 방향 ··· 57
2.3 basic dart manipulation(기본 다트 조작) ··· 58

3. tight bodice to hip (상의 원형 힙라인까지 = 타이트 원피스 원형)
3.1 tight bodice to hip(상의 원형 힙라인까지 = 타이트 원피스 원형) ··· 61
3.2 뒷중심 파임 변화 ··· 66
3.3 tight bodice to hip manipulation(원피스 원형 M.P) ··· 67

4. tight bodice pattern advanced (타이트 상의 원형 심화)
4.1 neckline variation(네크라인 변화) ··· 71
4.2 shoulder dart variation(견갑골 다트 처리) ··· 73
4.3 사이즈 그레이딩으로 인한 목 둘레와 어깨선의 변화 ··· 76
4.4 동일한 사이즈에서 어깨너비 수치의 변화 ··· 78
4.5 어깨선 각도 문제 ··· 79

5. sleeve (소매)
5.1 sleeve understanding(소매의 이해) ··· 82
5.2 tight sleeve pattern(타이트 소매 원형) ··· 94
5.3 sleeve pattern variation 1(팔꿈치 다트 옮기기) ··· 106
5.4 sleeve pattern variation 2(팔꿈치 다트 효과) ··· 108
5.5 sleeve pattern variation 3(팔꿈치 다트 효과 2) ··· 112
5.6 sleeve pattern variation 4(소매중심점 옮기지 않기) ··· 115
5.7 sleeve pattern variation 5(이즈량 조절) ··· 116
5.8 sleeve pattern variation 6(소매폭 고정) ··· 117

6. shirt sleeve(셔츠 소매)

6.1 shirt sleeve(셔츠 소매) … 119
6.2 two piece sleeve(두 장 소매) … 125
6.3 two piece sleeve variation(두 장 소매 변화) … 140
6.4 two piece sleeve vent(두 장 소매 트임) … 144

7. collar(칼라)

7.1 shirt collar(1) - 셔츠칼라(1) … 148
   shirt collar(1) - 셔츠칼라(2) … 154
7.2 tanding collar(스탠딩칼라) … 157
7.3 stan collar(스탠칼라) … 158
7.4 flat collar(플랫칼라) … 159
7.5 high neckline using dart(다트를 이용한 하이네크라인) … 165
7.6 high neckline without dart(다트를 이용하지 않는 하이네크라인) … 172

8. dartless bodice pattern(무다트 상의 원형)

8.1 무다트 패턴(방식 1) - 44~55 사이즈 한정 … 176
8.2 무다트 패턴(방식 2) … 178
8.3 무다트 패턴(방식 3) … 185
8.4 무다트 패턴 (방식 4) - 앞중심 오픈, 44~55 사이즈 한정 … 193
8.5 무다트 패턴(방식 5) - 원단의 무늬를 맞출경우 … 198

9. basic drop sleeve(기본 드롭 소매)

9.1 basic drop sleeve(기본 드롭 소매) … 200
9.2 basic drop sleeve variation(기본 드롭 소매 변형) … 214

10. transform to single knit(싱글조직 니트 원형)

10.1 transform to single knit(싱글조직 니트 원형) … 218

11. tight bodice pattern varation(상의 원형의 변화)

11.1 tight bodice pattern varation(상의 원형의 변화) 상동, 유상동 차이 3.8cm(1 1/2") … 229
11.2 tight bodice pattern varation(상의 원형의 변화) 상동, 유상동 차이 5.1cm(2") … 231
11.3 tight bodice pattern varation(상의 원형의 변화) 상동과 유상동의 차이가 2" 초과일 경우 … 234
11.4 tight bodice pattern varation(상의 원형의 변화) 어깨점 선정문제 … 235
11.5 tight bodice pattern varation(상의 원형의 변화) 상견과 하견 … 236
11.6 tight bodice pattern varation (상의 원형의 변화) 굴신 … 241
11.7 tight bodice pattern varation(상의 원형의 변화) 반신 … 248

0. 머리말

*Modeliste*란 아이디어를 고안하여 실제 창작물로 실현시키는 사람이다. 패션 모델리스트는 스스로 디자인 및 패턴 개발, 샘플 제작이 가능하며, 회사에서 독립하여 디자이너가 되는 경우가 많다. *Styliste*가 프레타포르테 기업에서는 대표 디자이너이지만, 오트쿠튀르 세계에서는 *Modeliste*의 조수 격이 된다.

의상은 신체의 표면을 덮는 것으로, 패턴이라는 골격이 존재한다. 그러므로 *Modeliste*는 신체의 이해를 바탕으로 재료와 가공, 제작공정을 이해하고 실험을 행한다. 패턴사라는 단어로 국내에서 불려지고 있지만 실은 *Modeliste*의 영역 안에 있는 개념이다.

패턴을 이해하는 방식을 들여다보면 체촌 및 제도법에 따라 의상을 안정화시키는 방법이 달라진다. 또한 봉제 방법과 다리미 자리 잡음에 따라 패턴이 변화할 수 있어서 패턴을 관계 속의 유기체로 비유해볼 수 있다. 패턴은 브랜드마다 고수하는 원형 혹은 완성사이즈가 다르며 모델리스트마다 구사하는 선의 형태가 달라 선 하나하나에 모델리스트의 감정과 생각이 반영된다.

이 책에서는 패턴에 들어가는 수치들에 대한 인과관계를 중심으로 글을 전개하였다. 원형에서 모든 디자인이 시작될 수 있는 만큼 원형에 대한 많은 연구를 다루었다. 파블로 피카소가 정밀화의 달인이었다는 사실과 많은 패션디자이너들이 하우스에서 도제생활을 겪으면서 브랜드를 명품의 자리로 이끌었다는 사실은 기본과 정도의 중요성을 알려주는 게 아닌가 생각한다.

끝으로 옷을 통해 의미를 만들고 본인을 찾아가는 모든 분들에게 이 책을 바친다.

추천서

패션을 대중에게 선보이는 데 있어서 패션모델리스트는 실루엣을 창조하고 인체의 골격과 움직임을 관찰하여 아름다운 핏을 만드는 최고의 예술가임에 틀림없습니다. 어떤 분야에서 기술과 재주가 뛰어나고 기예를 깊이 닦은 사람을 명인(名人)이라 칭합니다. 이원식 명인의 맞춤 여성복 패턴 설계법은 오랜 세월 동안 연구 개발하여 다양한 체형에도 응용될 수 있도록 고안하였습니다.

실무자들에게 바로 적용할 수 있도록 알기 쉽게 설명되어있으며 의상디자인을 꿈꾸는 학생들에게는 옷과 인체를 이해하는 데 많은 도움이 될 것이라 생각합니다. 특히 맞춤복 패턴은 고객의 취향과 스타일을 알아차려 체형에 적합한 디자인을 스케치하고 아이템에 맞는 원단과 컬러를 선택하여 이상적인 옷을 만들어야 하기 때문에 감각과 기술의 완성도가 요구되고 있습니다.

이번 출판을 통해 고유의 패턴기술을 선보이기 위해 실전에 근거한 내용을 엮어내고 결과를 이루어내는 노력의 과정들이 책 속에 고스란히 녹아있음을 알 수 있습니다. 이 한 권의 책으로 모든 것을 설명할 수 없지만 한 자리를 오랫동안 지켜온 거목처럼 패션에 종사하는 독자들에게 훌륭한 패션모델리스트로 기억되시길 기원합니다.

한국패션모델리스트협회장 조극영

1. body measurement
(체촌)

1.1
기준점

1.2
측정 길이

1.3
측정 둘레

1.1 기준점

체촌 자세는 몸에 힘을 뺀 채 바로 서 있는 자세입니다.

기준점

1. 앞목점

복장뼈의 위 가장자리 부근과 인체의 앞중심선이 만나는 지점
실무에서 복장뼈는 체내에 위치하여 보이지 않음으로 양쪽 쇄골 끝의 중간 지점과 앞중심선이 만나는 지점을 앞목점으로 지정해준다.

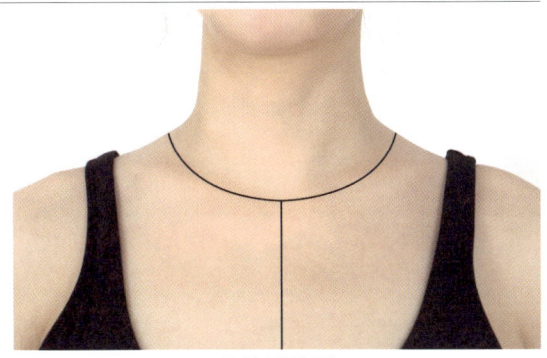

(그림1) 앞목점

2. 옆목점

목의 밑 둘레선과 등세모근이 만나는 지점
옆목점은 등세모근을 육안으로 식별할 수 없고 골격적으로 기준이 될 만한 지점이 없기 때문에 위치선정에 어려움이 있다. 그래서 주로 사용하는 방법으로 임의로 자연스러운 목밑둘레선을 선정하고 옆목점의 위치를 판단한다. 옆목점의 위치는 목의 경사와 어깨의 경사가 교차되는 부근중 목의 경사선에 위치하지 않고 어깨의 경사선에서 위치한다. 또한 승모근을 타지 않는 지점에 어깨점을 잡아주는 것이 바람직하다. 승모근의 튀어나온 부근에 어깨점을 잡게 될 경우 어깨솔기선이 안정적으로 안착되기 어렵다.

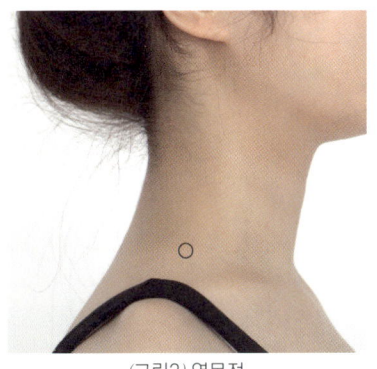

(그림2) 옆목점

3. 뒷목점

제7목뼈 가시돌기의 끝점
목뼈는 경추라고도 불리며 제7목뼈 가시돌기 지점은 고개를 숙였을 때 목 뒤에서 만져지는 튀어나온 뼈이다. 튀어나온 뼈의 하단부분을 뒷목점으로 정해준다.

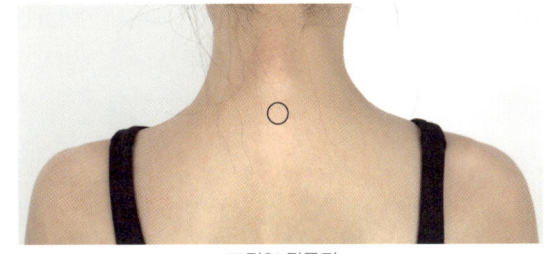

(그림3) 뒷목점

1.1 기준점

4. 어깨점

어깨 기울기선상 끝점

어깨의 기울기선상 바깥 끝점을 어깨점으로 지정한다. 어깨의 경사가 달라지지 않는 지점에 어깨점을 지정해주어야 한다.

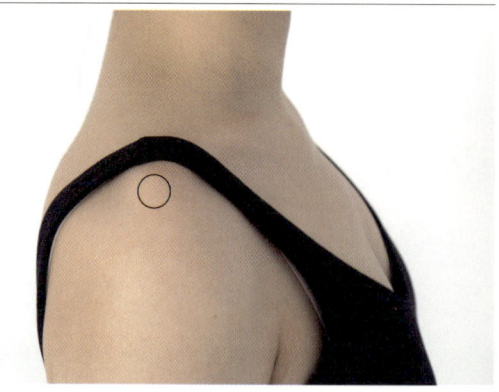

(그림4) 어깨점

5. 겨드랑이 앞 접힘점

신체의 앞쪽에서 겨드랑 접힘의 가장 위쪽

앞품을 측정하기 위해 필요한 지점이다. 신체의 앞면에서 겨드랑이가 갈라지기 시작하는 지점이다.

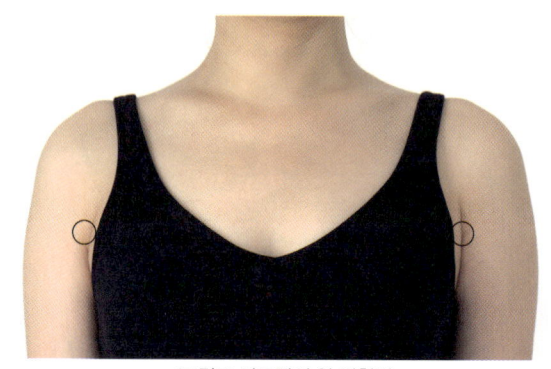

(그림5) 겨드랑이 앞 접힘점

6. 겨드랑이 뒤 접힘점

신체의 뒤쪽에서 겨드랑 접힘의 가장 위쪽

뒤품을 측정하기 위해 필요한 지점이다. 신체의 뒷면에서 겨드랑이가 갈라지기 시작하는 지점이다.

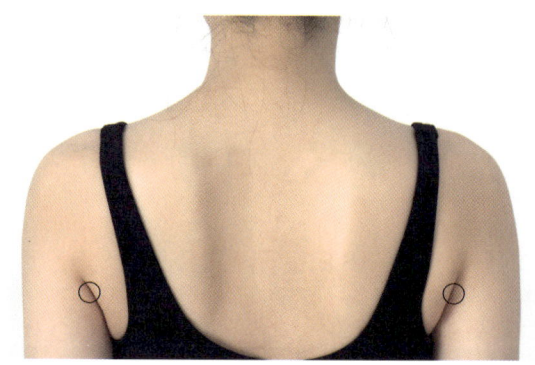

(그림6) 겨드랑이 뒤 접힘점

7. 겨드랑점

팔을 편하게 내렸을 때 겨드랑이 접힘선의 가장 아래 점
겨드랑 둘레를 측정할 때 통과하는 지점이다.

(그림7) 겨드랑점

1.2 측정길이

1. 앞길이 (박스핏)

옆목점에서 젖꼭지점을 지나 젖꼭지점에서 수직 밑으로 허리선까지의 길이

(그림8) 박스핏 앞길이

2. 앞길이 (타이트핏)

옆목점에서 젖꼭지점을 지나 허리 선상 높이의 체표면과 마주 닿는 길이

(그림9) 타이트핏 앞길이

앞길이 체촌 방법의 분류

앞길이 체촌 방법을 나누는 이유는 박스핏과 타이트핏의 앞길이 차이가 있기 때문이다. 이 차이는 가슴 사이즈가 커질수록 심해진다. (그림10)을 보면 빨간 선은 타이트핏의 앞길이이고 하얀 선은 박스핏의 앞길이이다. 두 선분의 길이를 측정해보면 빨간 선의 앞길이가 하얀 선의 앞길이보다 더 길다. 만약 박스핏 의상의 기장을 허리선까지 맞추고 싶을 때 타이트핏의 앞길이 체촌 방식을 사용하면 기장이 허리선 높이보다 더 길어져 정확한 기장을 맞출 수 없게 된다.

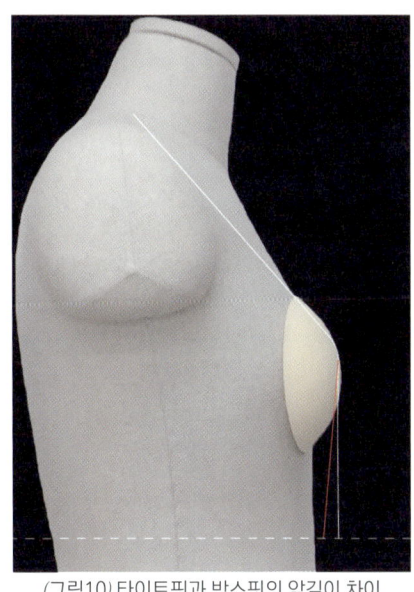

(그림10) 타이트핏과 박스핏의 앞길이 차이

1.2 측정길이

3. 키

바닥 면에서 머리마루점까지의 수직거리

머리마루점 : 머리 수평면을 유지할 때 머리 부위 정중선상에서 가장 위쪽

4. 타이트핏 등길이

뒷목점에서 허리 선상 체표면을 따라 허리선상 높이의 체표면과 마주 닿는 길이

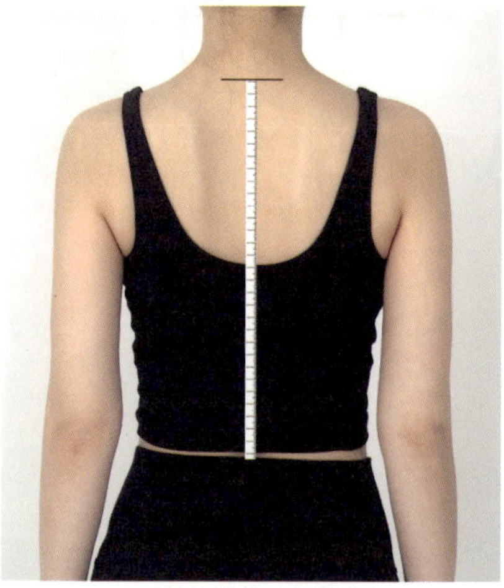

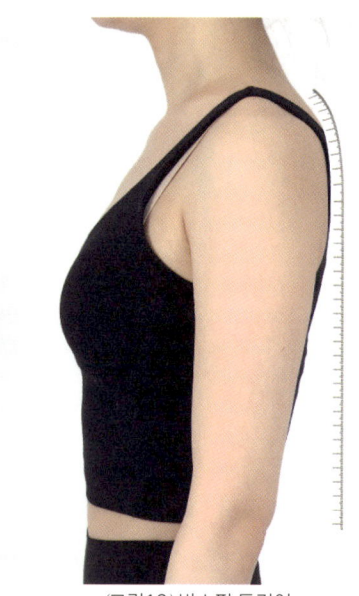

(그림11) 타이트핏 등길이

5. 박스핏 등길이

뒷목점에서 견갑골위치까지의 굽은 등 면을 따라 견갑골 위치에서 허리선까지 내린 길이

(그림12) 박스핏 등길이

6. 유장과 유폭

유장 : 옆목점에서 젖꼭지점까지의 길이

유폭 : 좌우 젖꼭지점사이의 수평 길이

(그림13) 유장과 유폭

1.2 측정길이

7. 앞품

좌우 겨드랑이 앞 접힘점 사이의 수평거리

(그림14) 앞품

8. 뒤품

좌우 겨드랑이 뒤 접힘점 사이의 수평거리

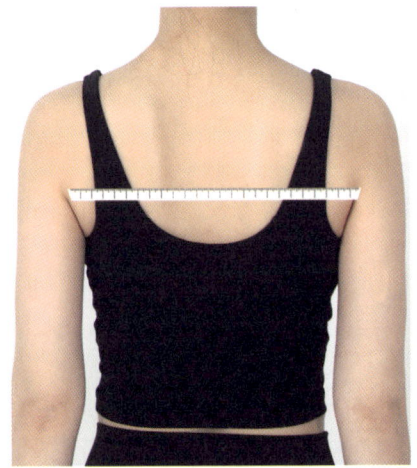
(그림15) 뒤품

9. 어깨너비

양쪽 어깨점 사이의 거리
등의 굽은 면적을 지나면서 측정한다.

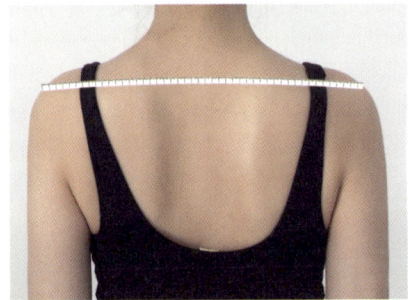
(그림16) 어깨너비

10. 팔길이

어깨점에서 손목까지의 길이

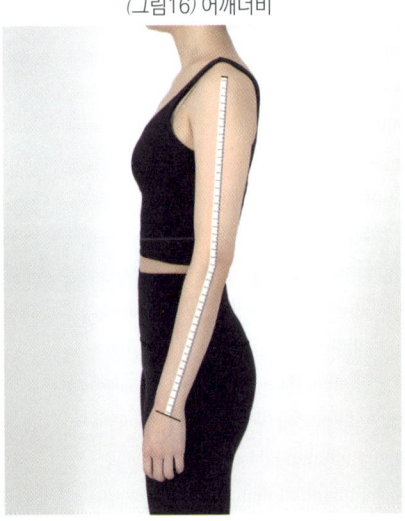
(그림17) 팔길이

1.2 측정길이

11. 팔꿈치 길이

어깨점에서 팔꿈치점까지의 길이

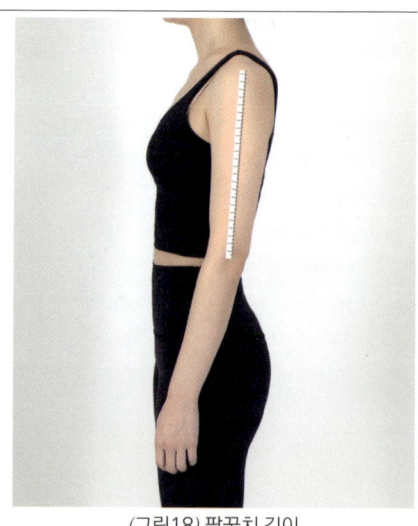

(그림18) 팔꿈치 길이

12. 엉덩이 길이

옆모습의 허리 선상위치에서 엉덩이선까지의 수직길이

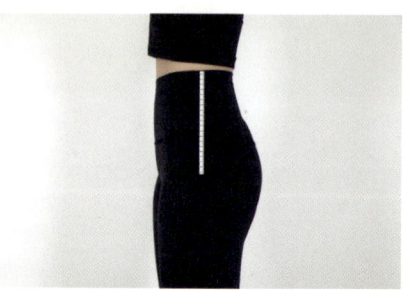

(그림19) 엉덩이 길이

13. 무릎 길이

바닥 면에서 정강뼈 위 점까지의 수직거리

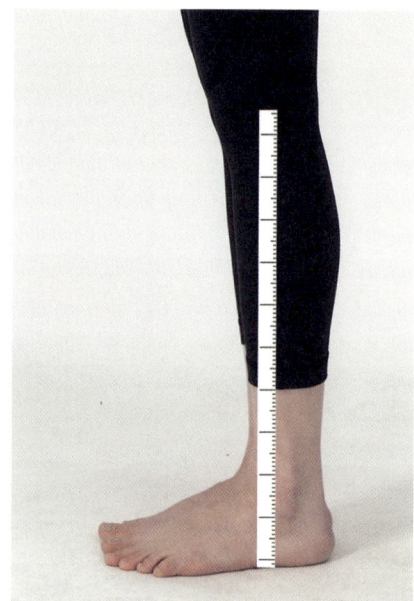

(그림20) 무릎 길이

14. 견갑골 다트 길이

어깨선상 옆목점에서 3.8*cm*(1 1/2″) 어깨 쪽으로 이동한 지점에서 견갑골의 가장 튀어나온 부위까지의 길이

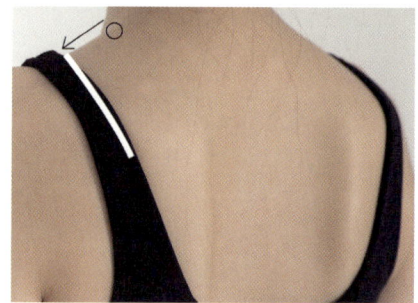

(그림21) 견갑골 다트 길이

1.3 측정둘레

1. 목밑둘레

뒤목점, 옆목점, 앞목점을 지나는 둘레

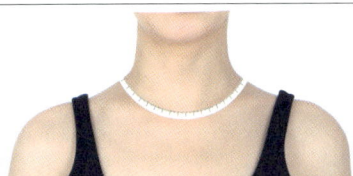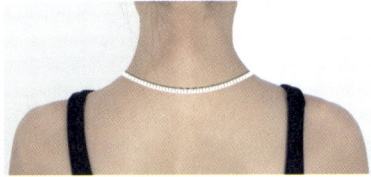

(그림22) 목 밑둘레

2. 겨드랑이 둘레

어깨점, 앞, 뒤 겨드랑이 접힘점, 겨드랑점을 지나는 둘레

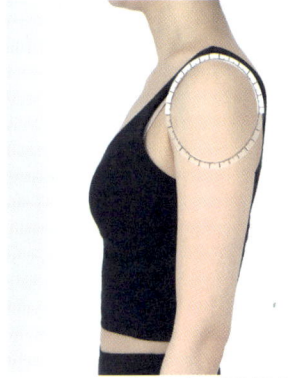

(그림23) 겨드랑이 둘레

3. 가슴둘레선 = 상동

앞면은 가슴의 볼륨을 피하도록 겨드랑이 접힘점을 지나며 뒷면은 수평을 유지하는 둘레

4. 젖가슴 둘레선 = 유상동

젖꼭지점을 지나는 수평 둘레

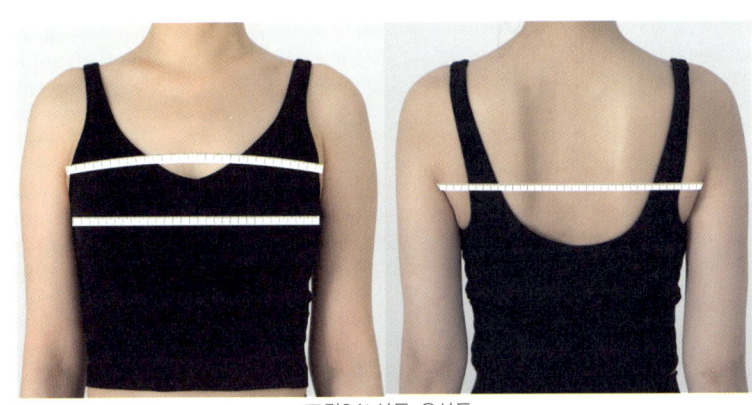

(그림24) 상동, 유상동

5. 허리둘레

허리의 가장 잘록한 위치를 지나는 수평둘레

6. 중간힙둘레

힙둘레선과 허리둘레선의 중간지점을 지나는 수평둘레

**중간힙둘레를 측정해주는 이유는 고객마다 다른 중간힙둘레의 사이즈를 맞춰줄 수 있기 때문이다.

7. 엉덩이 둘레

엉덩이 돌출점을 지나는 수레

(그림25) 허리, 중간 힙, 엉덩이 둘레

1.3 측정둘레

8\. 위팔 둘레

겨드랑이 접힘점 높이 부근에서 위팔의 수평 둘레
또는 위팔 부근의 가장 두꺼운 수평 둘레

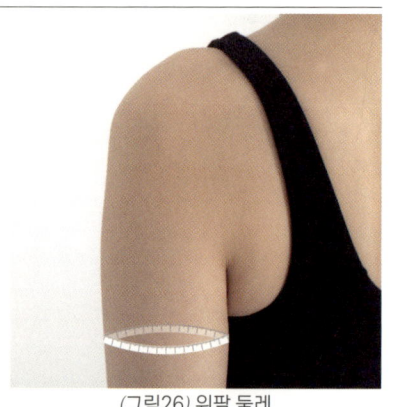

(그림26) 위팔 둘레

9\. 넙다리 둘레

넙다리 최대너비를 지나는 수평 둘레

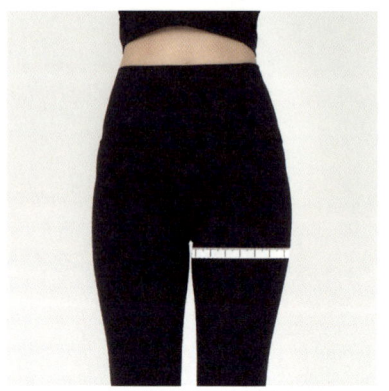

(그림27) 넙다리 둘레

10\. 무릎 둘레

무릎의 가운뎃 점을 지나는 수평 둘레

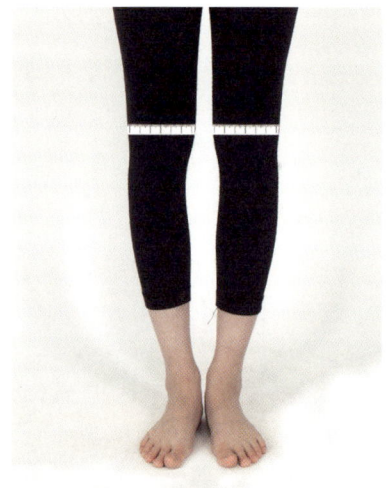

(그림28) 무릎 둘레

11\. 손목 둘레

손목 바깥 점을 지나는 수평 둘레

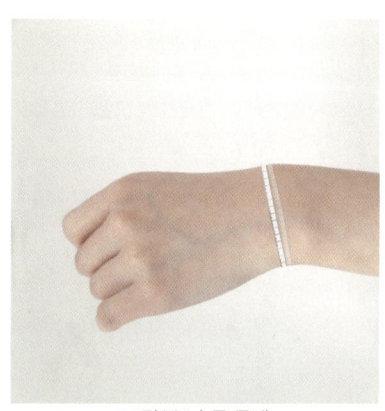

(그림29) 손목 둘레

2. tight bodice pattern
(타이트 상의 원형)

2.1
tight bodice pattern
(타이트 상의 원형)

2.2
뒤판 허리 다트의 방향

2.3
basic dart manipulation(기본 다트 조작)

2.1 tight bodice pattern (타이트 상의 원형)

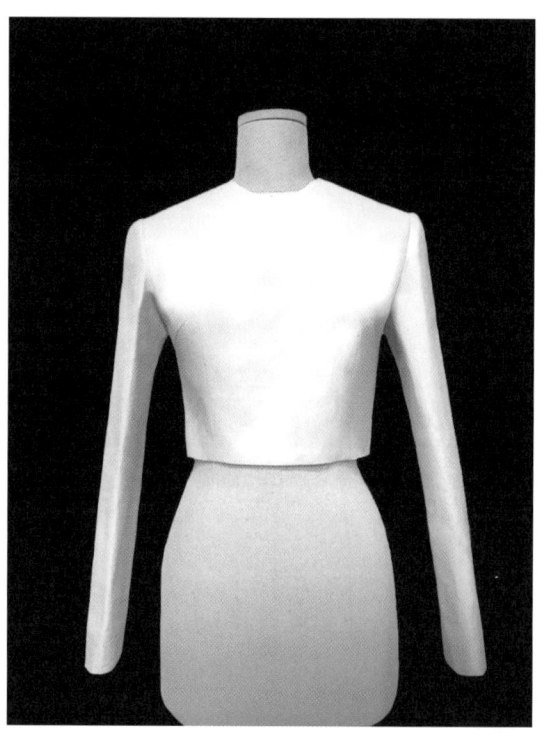

체촌 사이즈

앞길이 : 40cm(15 3/4″)

등길이 : 38.1cm(15″)

상동 : 81.3cm(32″)

유상동 : 83.8cm(33″)

허리둘레 : 66cm(26″)

유장 : 24.1cm(9 1/2″)

유폭 : 16.5cm(6 1/2″)

어깨너비 : 36.8cm(14 1/2″)

앞품 : 31.7cm(12 1/2″)

뒤품 : 35.6cm(14″)

팔길이 : 55.9cm(22)″

표준체형 20대 한국인 여성의 55치수를 기준으로 상의 원형을 제작하였습니다.

센티는 소수점 첫째 자리까지 표시하였습니다.

센티와 인치 동시설명 시 공식 연산 과정에서 연산값을 맞추기 위해 $1mm$ 정도의 오차가 있을 수 있습니다.

2.1 tight bodice pattern(타이트 상의 원형) 앞판 1

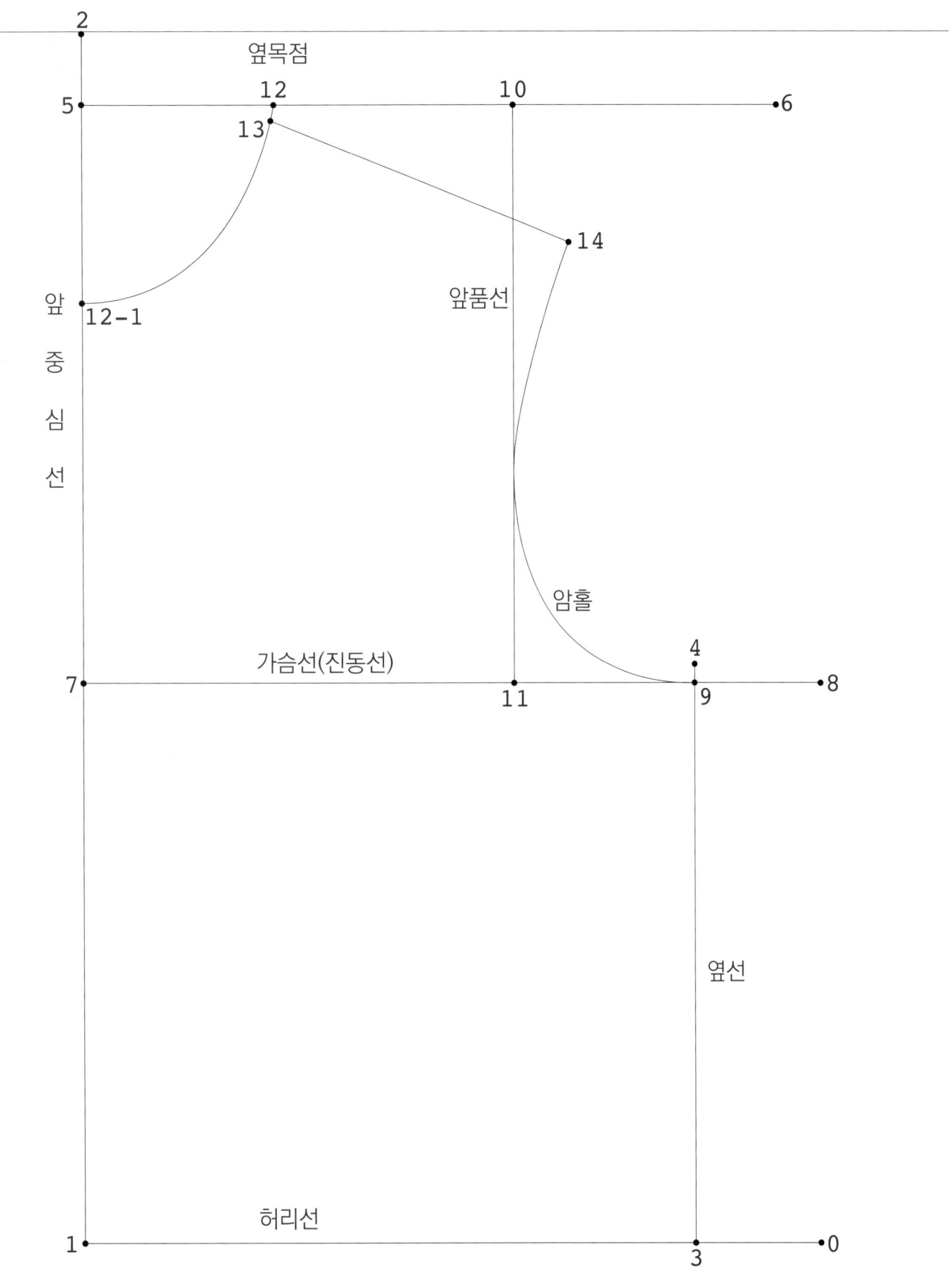

2.1 tight bodice pattern(타이트 상의 원형) 앞판 1

FRONT (앞판)

1. 직각 선을 그린다. (선분 0-1-2)

2. 허리선 위치를 정해준다. (선분 0-1)

3. 앞 가슴 길이를 정해준다. (선분 3-4)

(선분 1-3) = 22.2CM(8 3/4) = 상동/4 + 1.9CM(3/4″ = 여유량) = 20.3CM(8″) + 1.9CM(3/4″) = 22.2CM(8 3/4″)

(점1)에서 수평으로 22.2CM 나가준다. (점3)
(점3)에서 수직선을 충분히 뻗어준다. (점4)

앞 가슴 길이는 (선분 7-9)지만 아직 (선분 7-9)의 높이가 정해지지 않았으므로 (보조선분 3-4)를 그어주는 것이다.

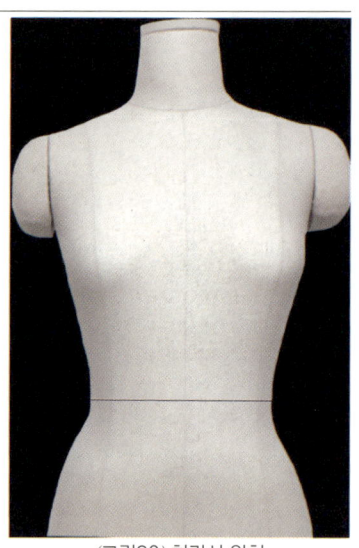

(그림30) 허리선 위치

상동/4 의 이해

(그림31, 32)는 측정자의 신체가 앞으로 움직일 때 상체의 뒤 표면적이 신체가 앞으로 움직이기 전보다 넓어지는 것을 보여준 그림이다. 신체의 활동은 대부분 앞쪽을 향하기 때문에 옷을 입었을 때 뒤가 당겨 불편할 수 있다. 그러므로 뒤가 당겨 불편하지 않도록 패턴의 앞 가슴 길이는 상동/4 + (3/4″) , 뒤 가슴 길이는 유상동/4 + (3/4″)로 제도한다.

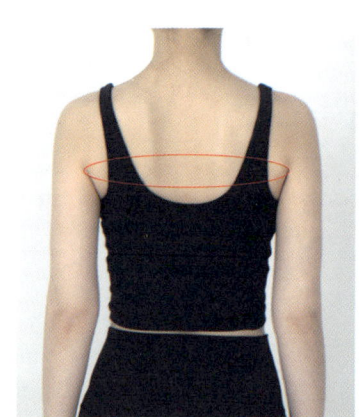

(그림31) 팔 벌리기전

여유량의 이해

여유량은 원단과 밀접한 관련이 있다. 잘 늘어나는 원단은 여유량이 적어도 문제가 덜 생기고 뻣뻣하고 잘 늘어나지 않는 원단은 여유량을 상대적으로 더 많이 주게 된다. 앞 가슴 길이에 준 여유량 1.9CM(3/4″)은 원단에 따라 핏에 따라 수치를 조정해주어야 한다. 또한 브랜드나 본인이 정의한 원형의 핏에 따라 가슴 길이와 여유량을 조정해줄 수 있다.

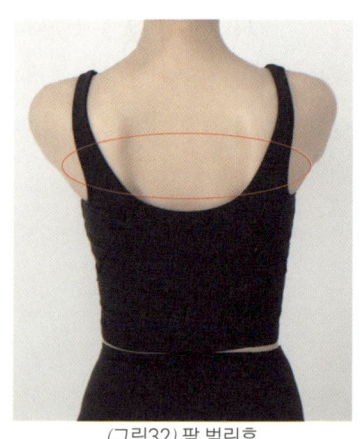

(그림32) 팔 벌린후

2.1 tight bodice pattern(타이트 상의 원형) 앞판 1

상동과 유상동의 차이

표준체형 20대 여성의 상동과 유상동의 차이는 약 2.5CM(1″)이다. 상동과 유상동의 차이는 가슴의 볼륨을 유추할 수 있는데 상동과 유상동의 차이가 3.8CM(1 1/2″) 라면 이 여성은 표준체형보다 가슴이 큰 체형이며 반대로 차이가 1.9CM(3/4″)라면 표준체형보다 가슴이 작은 체형이다. 상동과 유상동의 차이는 고객의 가슴 크기를 예측하는 데 도움이 되는 수치이다.

앞, 뒤판 가슴 길이에 대한 이해

이 책의 제도법은 앞판 가슴 길이를 구하는 공식이 상동/4 + 여유량이고 뒤판 가슴 길이를 구하는 공식이 유상동/4 + 여유량이다. 이는 뒤판 가슴 길이가 앞판보다 더 길다는 의미이다. 이런 제도법에 대해 신체의 앞 가슴이 있으므로 앞 가슴 길이를 뒤 가슴 길이보다 길게 제도해야 하지 않을까 라는 의문을 가질 수 있다.

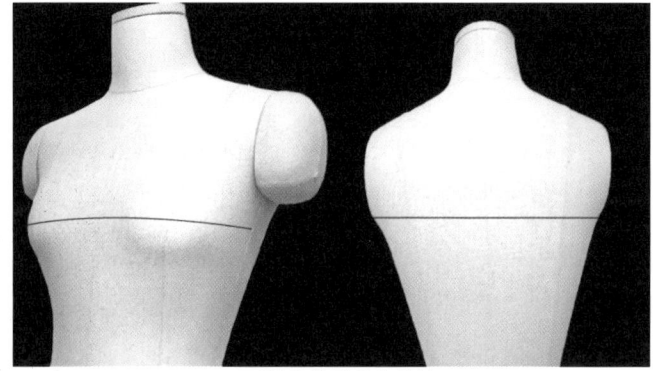

(그림33) 앞, 뒤 가슴 길이

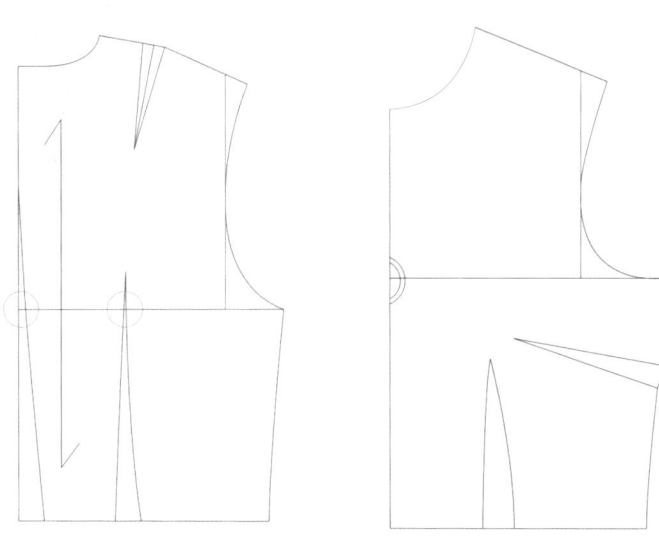

(그림34) 완성된 원형 패턴

(그림34)를 보면 가슴 길이에 대한 의문을 해결할 수 있는데 뒤판중심선의 파인 부분, 다트[1](빨간 원)는 타이트핏을 위해 존재한다. 이 책의 공식상 뒤판 가슴 길이를 앞판 가슴 길이보다 길게 놓는다고 하여도 다트 처리와 파임으로 인해 완성된 뒤판 가슴길이는 앞판 가슴 길이보다 짧아지게 된다. 무다트패턴의 경우는 파임과 다트가 없어 뒤 가슴길이가 더 길게되므로 동작시 뒤판이 당겨 불편하지 않게 만들어준다.

---

1. 다트(dart) : 평면적인 옷감을 입체적인 체형에 맞추기 위하여 허리나 어깨 따위의 일정한 부분을 긴 삼각형으로 주름을 잡아 꿰매는 일. 또는 그 줄인 부분

2.1 tight bodice pattern (타이트 상의 원형) 앞판 1

4. 앞길이를 정한다. *(선분 1-5)*

*(점1)*에서 수직으로 40*cm*(15 3/4″) 올려준다. *(점5)*

*(점5)*에서 수평선을 긋는다. *(점6)*

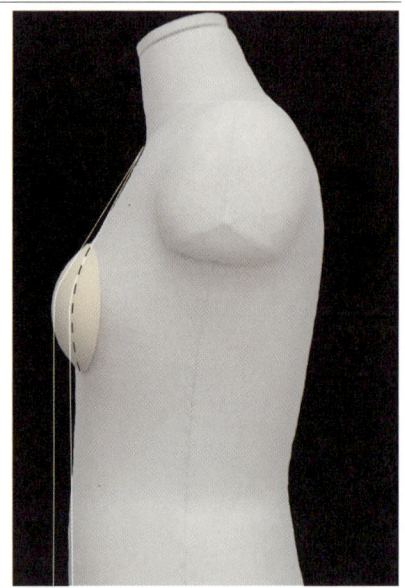

(그림35) 앞길이 변화

📖 앞길이의 변화

*(그림35)*를 보면 착용자의 가슴 사이즈가 앞길이를 변화시키는 사실을 알 수 있다. 앞길이 변화의 다른 요인으로는 키가 있는데 키는 변칙적인 경우가 있다. 예를 들어 키가 큰 사람이 오히려 키가 작은 사람에 비해 앞길이가 짧은 경우가 있다. 이러한 이유는 키가 커질 때 상체보다 하체의 비율이 더 늘어난 것으로 판단된다.

기장이 허리까지인 의상의 앞길이를 체촌된 앞길이보다 짧게 설정할 경우 *(그림36)*처럼 앞이 들리는 현상이 나타날 수 있다.

(그림36) 앞길이가 부족한 경우

5. 진동 깊이를 정해준다. *(진동 깊이)* = 20.3*cm*(8″)

진동선 = *(선분 7-8)*

**진동선은 가슴선이라고도 불린다.

*(점5)*에서 수직으로 20.3*cm*(8″) 내려간 지점을 찾는다. *(점7)*

*(점7)*에서 수평선을 긋는다. *(선분 7-8)*

*(선분 7-8)*과 *(선분 3-4)*가 만나는 지점*(점9)*이 생긴다.

앞 가슴 길이 = *(선분 7-9)*

2.1 tight bodice pattern(타이트 상의 원형) 앞판 1

최소 진동 깊이

(그림37)을 보면 진동 깊이가 낮으면 팔이 들어가는 부위인 암홀의 둘레가 줄어들어 일정 진동 높이에서는 팔이 들어갈 수 없게 되는 사실을 알 수 있다. 따라서 최소 진동 깊이는 팔이 들어가고 팔 동작에 무리가 없는 정도의 암홀 둘레를 만드는 최소 깊이라고 이해할 수 있다.

단 잘 늘어나는 저지와 같은 편성물은 패턴의 암홀 둘레가 짧아도 늘어나면서 팔이 들어가게된다. 그래서 이러한 특수한 경우를 제외한다면 겨드랑이 둘레보다 패턴의 암홀 둘레가 최소 1CM는 길어야 무리 없이 팔이 움직일 수 있는 것으로 판단하고 있다.

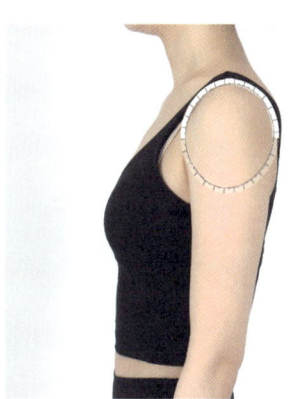

(그림37) 진동 깊이와 암홀 둘레의 관계

주로 민소매 의상은 겨드랑이가 보이는 것을 방지하기 위해 진동 깊이를 최소 높이에 근접하게 설정해주고는 한다.

20대 표준체형 55치수 여성의 겨드랑이 둘레는 약 38CM이다. 타이트 상의 원형에서 설정한 진동 깊이 20.3CM(8")를 적용해 암홀을 그리면 암홀 둘레가 약 40CM(15 3/4") 전후로 나온다. 이 수치는 겨드랑이 둘레에 약 2CM 정도의 여유가 들어간 암홀 둘레이다.

진동 깊이의 변화

변화 1. 외의와 내의
내의를 입고 측정한 겨드랑이 둘레는 내의를 입지 않고 측정한 겨드랑이 둘레보다 길다. 따라서 내의를 입고 외의를 입을 때 겨드랑이가 끼거나 불편하지 않도록 외의는 내의보다 진동선을 내려서(깊게 파주어) 패턴의 암홀 둘레를 길게 해주어야 한다. 그러므로 착용하는 옷이 블라우스인지 아우터인지 등의 판단이 필요하며 진동 깊이의 차이를 줄 경우 계절의 변화와 원단의 두께 또한 고려하여 높이를 조정해주는 것이 바람직하다.

(그림38) 겨드랑이 둘레

1. 55 사이즈 진동 높이 기본변화
민소매 : 20.3CM(8") – 2.5CM(1")
블라우스, 원피스 : 20.3CM(8")
자켓, 코트 : 20.3CM(8") + 0.6CM(1/4")

2. 표준체형 그레이딩 진동 높이 변화
블라우스, 원피스 : 상동/4
자켓, 코트 : 유상동/4
**그외 아이템에 따라 진동 높이 조절
**가슴사이즈가 크고 겨드랑이 둘레가 짧은 경우 겨드랑이 둘레를 측정하여 적절한 진동 깊이를 찾아준다.

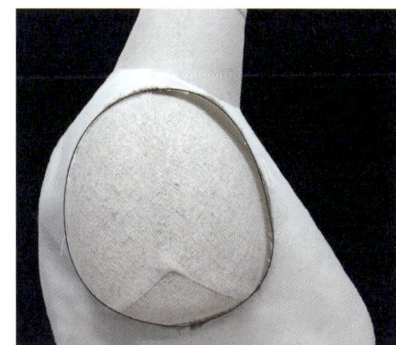

(그림39) 암홀 둘레

2.1 tight bodice pattern (타이트 상의 원형) 앞판 1

변화 2. 소매의 핏
진동선을 내려주면 암홀 둘레가 길어진다. 암홀 둘레가 길어지면 암홀 둘레와 봉제되는 소매의 소매달림선도 길어지게 된다. 소매달림선의 길이가 길어지면 소매의 핏이 점점 커지게 된다. 따라서 진동 깊이는 소매핏에 영향을 준다는 사실을 알 수 있다. 그러므로 진동 깊이를 정할 때 소매의 핏을 고려해주는 것이 바람직하다.

(그림40) 티셔츠의 진동높이

변화 3. 소매의 동작반경(소매의 이해 챕터 참고)
진동 깊이가 깊을수록(내려갈수록) 소매달림선의 길이는 길어지게 된다. 소매달림선의 길이가 길어진단 것은 소매산의 높이가 상대적으로 높아짐을 의미한다. 소매산이 높아지면 그만큼 소매 옆선의 길이는 줄어듦으로 소매의 동작 반경정도를 고려하여 진동 높이를 정해주는 것이 바람직하다. 편한 소매라는 것은 소매 옆선의 길이가 길어 팔동작시 편하게 팔을 올릴 수 있는 것인지 소매통이 넓어 오버핏의 편안한 감성을 원하는 것인지에 따라 이해관계가 달라질 수 있다.

(그림41) 점퍼의 진동높이

6. 앞품선을 긋는다. (선분 10-11)

앞품 : 31.7cm(12 1/2")
(점5)에서 앞품/2 (6 1/4")만큼 수평으로 나간다. (점10)
(점7)에서 앞품/2 (6 1/4")만큼 수평으로 나간다. (점11)
(점10)과 (점11)을 이어준다.

7. 옆목점과 앞목점을 정해준다. (점12), (점 12-1)

(점5)에서 7cm(2 3/4") 수평으로 나간다. (점12)
(점5)에서 7cm(2 3/4") 수직으로 나간다. (점 12-1)
(점12)와 (점12-1)을 이어 자연스럽게 네크라인을 그려준다.
**기본 원형은 디자인이 들어가지 않아 원점에서 옆목점과 앞목점 사이의 거리를 동일하게 해주었습니다. 스탠드(밴드)가 달리는 네크라인의 형태로 네크라인을 제도했습니다.

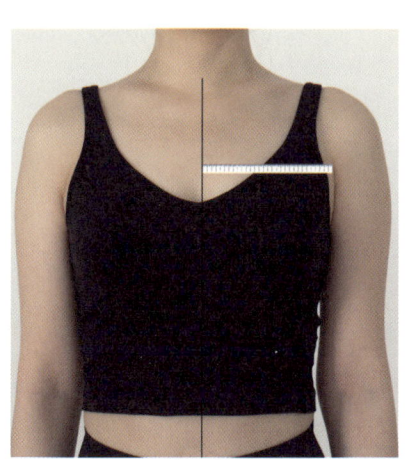

(그림42) 앞품/2

2.1 tight bodice pattern (타이트 상의 원형) 앞판 1

■ 네크라인의 기본 곡률 변화

검은 선 : 스탠드(밴드)가 부착되는 의상에 주로 사용된다.

빨간 선 : 라운드 네크라인 형태의 의상을 만들 때 주로 사용된다.

주황 선 : 다른 색 선분에 비해 네크라인 둘레가 줄어 적절한 네크라인 둘레가 나왔는지 길이를 확인해주어야 한다. 네크라인 둘레가 부족하면 목이 갑갑하고 답답하다. 만약 디자인상 주황 선의 기울기를 유지하고 싶다면 원점에서 앞목점과 옆목점사이의 거리를 더 떨어트려 주어 충분한 네크라인 둘레를 확보해주어야 한다.

디자인이 전개되지 않은 기본 네크라인 둘레는 다음과 같이 이해할 수 있다.

목밑둘레(앞목점 - 옆목점 - 뒷목점) + 여유량

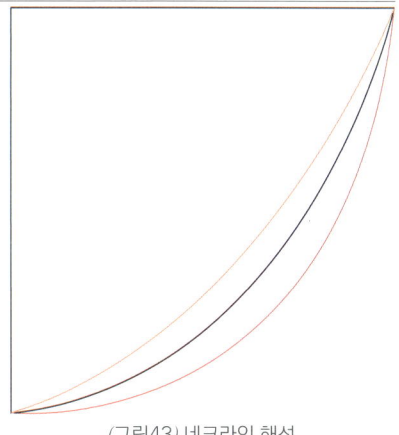

(그림43) 네크라인 해석

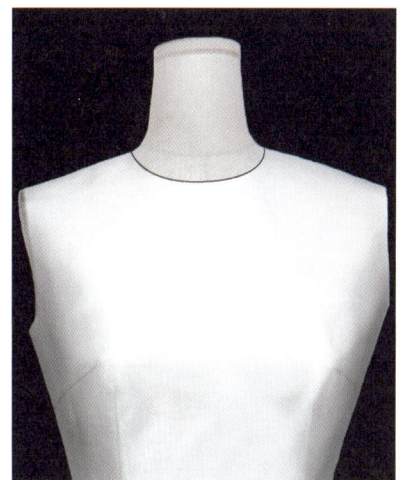

(그림44) 라운드 네크라인 모습

(그림45)

1번 네크라인은 앞목점을 좀 더 내려 앞목이 답답해 보이지 않도록 해주었다.

2번은 스탠드가 달리는 네크라인이다. 네크라인을 라운드 네크라인(그림 43의 빨간 선)처럼 그려준 것인데 스탠드가 네크라인에 붙을 때 라운드 형태의 네크라인 곡률로 인해 스탠드가 많이 구부러지고 구부러지면서 스탠드가 몸 밖으로 뻗어 스탠드가 벌어지려고 하는 현상이 나타난다.

따라서 스탠드가 달리는 옷은 네크라인의 곡률을 (그림45의 3번)처럼 비스듬히 조정해주어 스탠드가 벌어지지 않도록 해주는 것이 일반적이다.

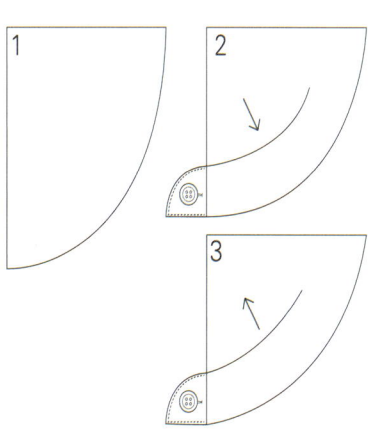

(그림45) 스탠드와 네크라인의 관계

2.1 tight bodice pattern (타이트 상의 원형) 앞판 1

📦 네크라인 그레이딩

그림(46)은 네크라인의 사이즈 변화이다. 한 사이즈가 올라갈 경우 옆목점과 앞목점을 0.3cm(1/8")씩 키워준다. 맞춤의 경우 체촌이 필요하다는 판단하에 목밑둘레를 재어 그에 맞게 패턴의 네크라인 둘레를 결정해줄 수 있다. 또한 사이즈가 올라갈 때 (점0)에서 앞목점 사이의 거리가 비등하게 늘어나는 것은 아니기 때문에 원점에서 앞목점 사이의 거리를 의도에 따라 조정해주는 것이 바람직하다.

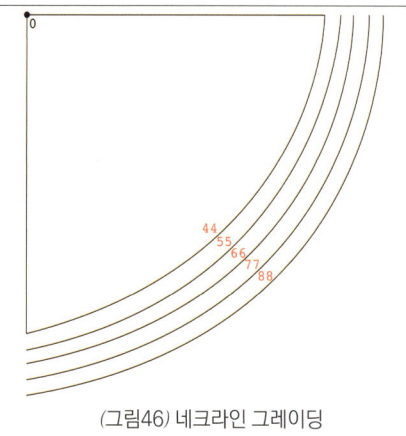

(그림46) 네크라인 그레이딩

8. 어깨선을 긋는다. (선분 13-14)

(점12)에서 수직으로 0.6cm(1/4") 내려간 높이 선상에서 그려준 네크라인과 만나는 지점을 찾아 옆목점으로 정해준다. (점13)

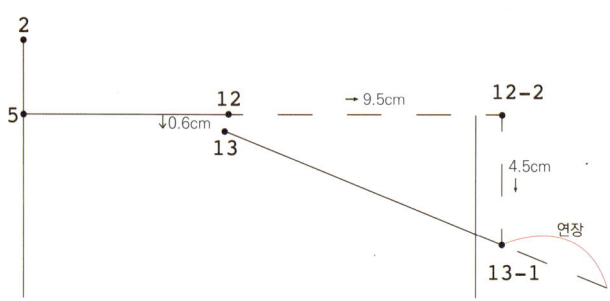

(그림47) 어깨 각도 정해주기

**0.6cm(1/4") 내려주는 이유

옆목점을 (점13)으로 바꿔주게 되면 옷이 걸쳐질 때 (그림48)의 검은 점이 기존의 옆목점 위치(빨간 점)로 이동된다. 이동될 때 원단이 위로 끌어당겨 지면서 앞목점과 가슴 사이의 움푹 들어간 공간에 텐션을 가한다. 이러한 텐션이 앞목점과 가슴 사이의 공간이 눌리거나 남아서 그대로 떠 보이는 상태를 방지해준다. (그림49)에서 흰 점선은 체표면의 굴곡을 의미하고 대각선 방향의 빨간 선은 의상이 입혀진 상태의 표면이다. 의상이 걸쳐지면 흰 점선과 대각선 방향의 빨간 선 사이의 공간이 존재해 옷을 입었을 때 원단이 눌리거나 혹은 뜨임현상이 나타날 수 있다.

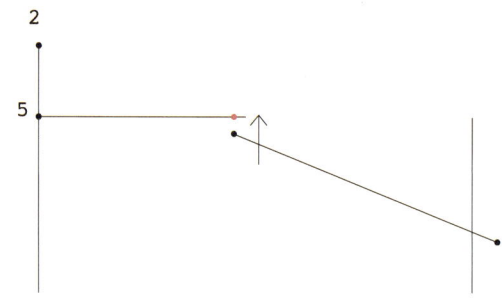

(그림48) 끌어올리기

9. 어깨선 각도를 찾아준다.

(점12)에서 수평으로 (그림47)처럼 9.5 cm(3 3/4") 떨어지고 떨어진 지점(점 12-2)에서 수직으로 4.5cm(1 3/4") 내려간다.(점 13-1)

(점13)과 (점 13-1)과 직선으로 연결해주고 연결된 선분을 연장한다. 연장해주는 이유는 아직 어깨점을 어깨선 선상에서 찾아주지 않았기 때문이다.

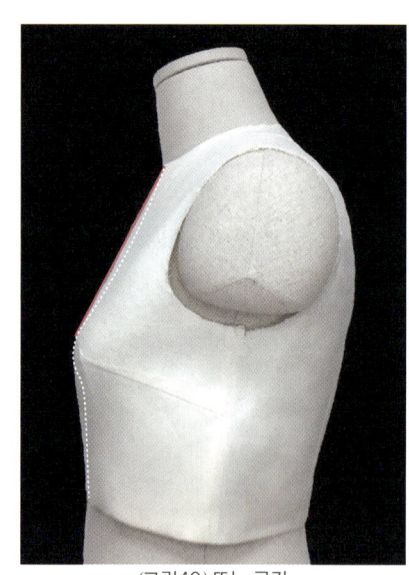

(그림49) 뜨는 공간

2.1 tight bodice pattern (타이트 상의 원형) 앞판 1

◆ 어깨선 각도에 대하여(선분 13-13-1)

전 페이지에서 어깨선 각도를 찾기 위해 적용한 수치인 9.5cm(3 3/4"), 4.5cm(2 3/4")는 정상체형의 어깨 각도를 만들어주는 수치이다.

신체의 어깨 각도는 선천적 요인 말고도 후천적인 요인에 의해 달라질 수 있으며 맞춤의 경우 고객의 어깨 각도에 맞춰 의상을 제작한다.

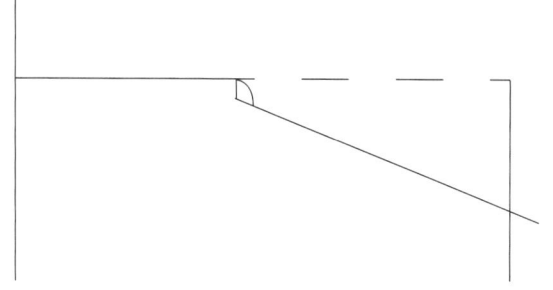

(그림50) 앞판의 정상 어깨 각도

과거 경험을 비춰보면 과거엔 지금보다 영양분의 섭취가 부족했던 때가 있었다. 그 시절 재단사로서의 경험을 돌이켜보면 패턴의 어깨선 각도는 지금보다 솟은 경우가 많았다. 저자의 견해로 저울에 추를 올리면 경사가 급해지듯이 영양분의 섭취와 건강한 신체관리가 체중을 증가시키고 골격을 키우면서 무게가 더 나가 지금은 과거에 비해 어깨선 각도가 내려간 게 아닌가 예측한다.

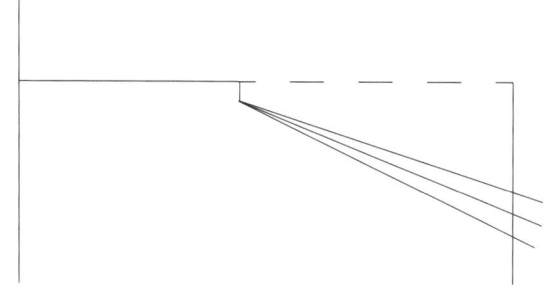

(그림51) 어깨 각도의 변화

(그림52) 무게와 기울기의 관계

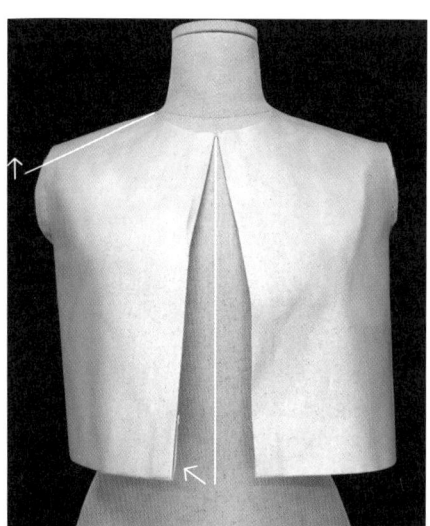

(그림53) 낮아진 어깨 각도로 생기는 변화

◆ 잘못된 어깨선 각도의 옷을 입을 경우

(그림53)은 정상 어깨선 각도보다 낮은 어깨선 각도로 만든 원형을 정상체형 바디에 입힌 그림이다. 낮아진 어깨솔기선이 정상 어깨높이에 맞춰지면서 앞중심선이 몸 바깥쪽으로 향하게 된다.

(그림54)는 정상 어깨선 각도보다 높은 어깨선 각도로 만든 원형을 정상체형 바디에 입힌 그림이다. 높아진 어깨솔기선이 정상 어깨높이로 가라앉으면서 앞중심이 겹쳐진다.

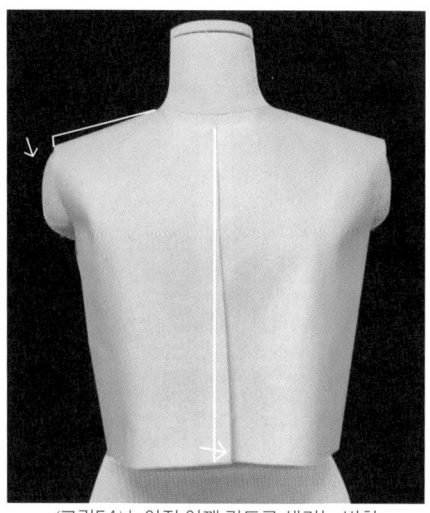

(그림54) 높아진 어깨 각도로 생기는 변화

2.1 tight bodice pattern(타이트 상의 원형) 앞판 순서 2

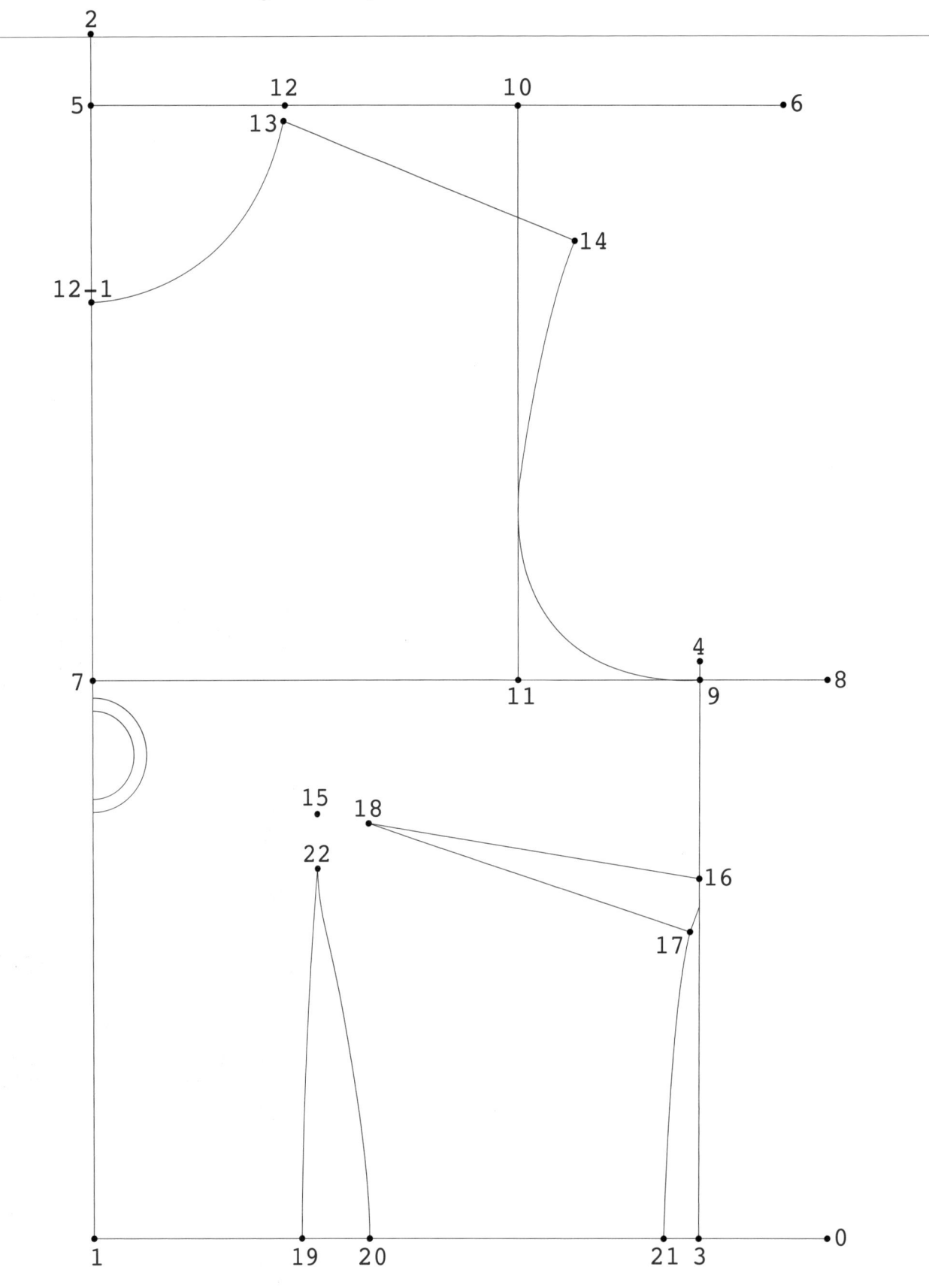

2.1 tight bodice pattern (타이트 상의 원형) 앞판 순서 2

10. 앞판의 어깨점을 찾는다. (점14)

앞중심선에 수직인 선분을 긋는다.
앞중심선에 수직인 선분은 뒤 어깨너비-1.2cm(1/2") / 2 공식의 값으로 길이를 나간다. 이 공식을 이용해 찾은 지점을 앞판의 어깨점으로 지정한다. 그 후 옆목점과 어깨점을 이어 앞판 어깨선을 그어주게 되면 앞판 어깨선과 뒤판 어깨선의 길이가 유사해진다. 위 공식을 사용한 결과는 뒤판 어깨선의 길이가 앞판 어깨선의 길이보다 약간 더 길어지게 되는데 두 어깨선의 길이차이는 이즈[1]로 처리해준다.

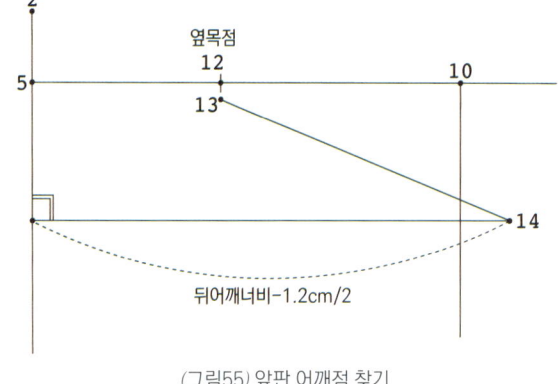

(그림55) 앞판 어깨점 찾기

11. (점13)과 (점14)를 직선으로 이어 어깨선을 긋는다.

**뒤판 어깨선에 이즈를 주는 이유

뒤판 어깨선에 약간의 이즈량을 주게 되면 이즈가 들어가면서 공간이 생긴다. 생긴 공간은 신체가 움직이면서 늘어나는 뒤쪽면적을 감싸게 되면서 등이 당겨 불편하지 않도록 도와주는 역할을 한다.

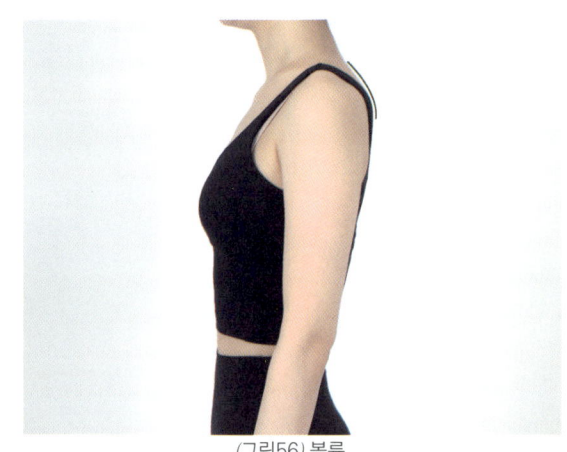

(그림56) 볼륨

어깨선 길이 맞추기

기성복은 앞뒤 어깨선의 길이를 맞춰줄 때 사이즈의 변화가 일관되어 뒤 어깨너비-1.2cm(1/2")/2 공식을 사용하는데 무리가 없다. 하지만 특수한 체형의 경우 위 공식이 적합하지 않을 수도 있다. 그럴 경우 뒤판을 먼저 제도하고 앞판의 어깨선 길이를 뒤판의 어깨선 길이에 맞추어 앞판의 어깨점 (점14)를 찾아준다.

순서

1. 뒤판을 제도한다.
2. 앞판의 어깨선 각도를 찾아준다.
3. 앞판의 어깨선을 충분히 연장한다.
4. 뒤판 어깨선 길이를 측정하고 측정된 길이가 앞판 어깨선 길이가 되도록 앞판 어깨점을 찾아준다. (점14)
5. 필요에 따라 이즈를 넣어준다.

1.이즈(ease) : 여유 공간

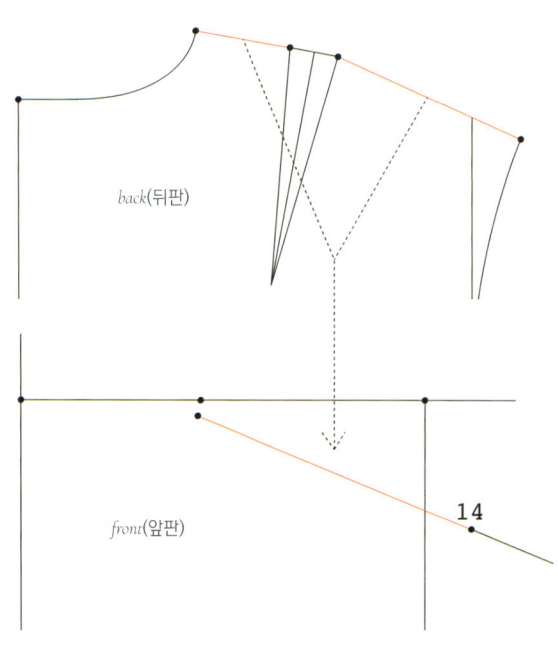

(그림57) 어깨선 길이 맞추기

2.1 tight bodice pattern(타이트 상의 원형) 앞판 순서 2

12. 암홀을 그린다.

(점14)와 (점9)를 이어 암홀을 그려준다.
(곡선 14-9)의 길이가 약 18.7cm-19.1cm(7 3/8"-7 1/2")으로 나오는지 확인한다.

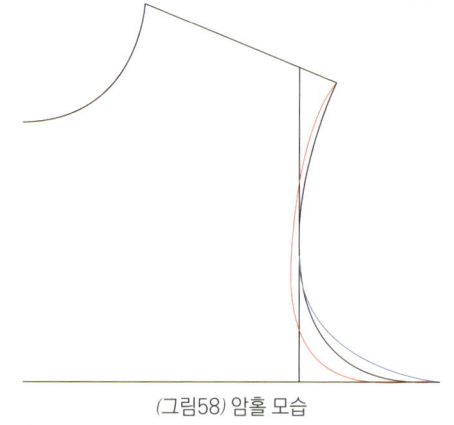

(그림58) 암홀 모습

암홀 모양의 이해

(그림58)은 문제를 일으키는 암홀 모양을 빨간 선과 파란 선으로 나타낸 그림이다.

검정 선 = 올바른 형태

빨간 선 = 앞품선을 넘어서 암홀을 그리게 되면 가슴 쪽에서 품이 부족하여 옷이 당기게 된다. 또한 뒤판과 어깨선을 이을 때 어깨점부분에서 자연스러운 각도가 나오지 않아 어깨솔기에 각짐현상이 나타난다.

파란 선 = 검은 선에 비해 곡률이 완만한 형태를 띠고 있다. 또한 암홀이 완만해져 몸을 감싸는 패턴의 면적이 넓어졌다. 이때 넓어진 면적은 인체의 볼륨과 형태에 맞지 않아 타이트 의상의 경우 암홀쪽이 딱 맞지않고 남는 부분이 되는데 이는 (그림59)를 보면 알 수 있다. 인체의 암홀 밑부분을 보면 앞쪽은 볼륨이 꺼져 있고 뒤쪽은 등이 굽어있으면서 볼륨이 나와있는 걸 알 수 있다. 따라서 파란 선처럼 암홀을 그려주게 되면 남는 공간이 생겨 눌리거나 벌어지는 등 타이트 핏을 구현하는 데 어려움이 존재한다.

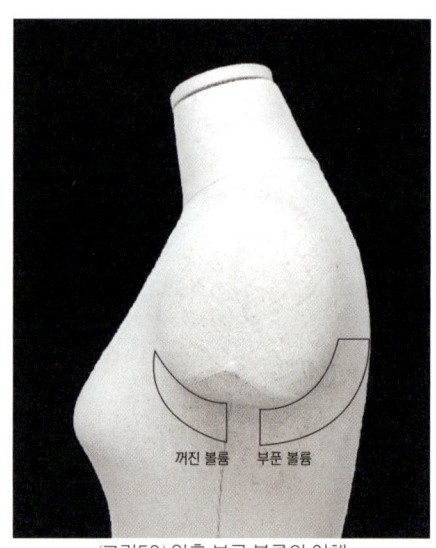

(그림59) 암홀 부근 볼륨의 이해

(그림60)은 앞판과 뒤판의 어깨선을 맞대었을 때의 모습이다. 자연스럽게 어깨선이 이어지도록, 각이 지지 않도록 암홀을 그리고나서 패턴의 앞, 뒤 어깨선을 맞대어 어깨솔기 부분이 자연스럽게 이어지는지 판단할 수 있다.

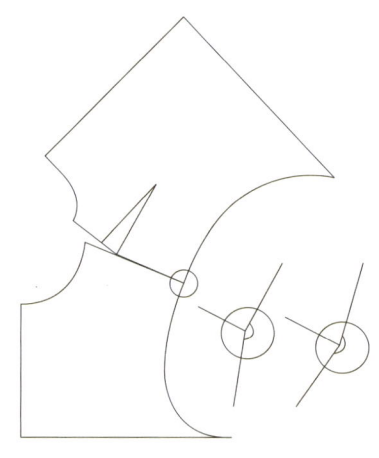

(그림60) 어깨선 봉제 시 각짐현상

2.1 *tight bodice pattern*(타이트 상의 원형) 앞판 순서 2

13. *BP*(유두점) 위치를 찾는다.

유두점의 위치는 유장과, 유폭의 1/2 수치를 패턴에서 찾아 만나는 지점을 *BP*점으로 정한다. *(점15)*

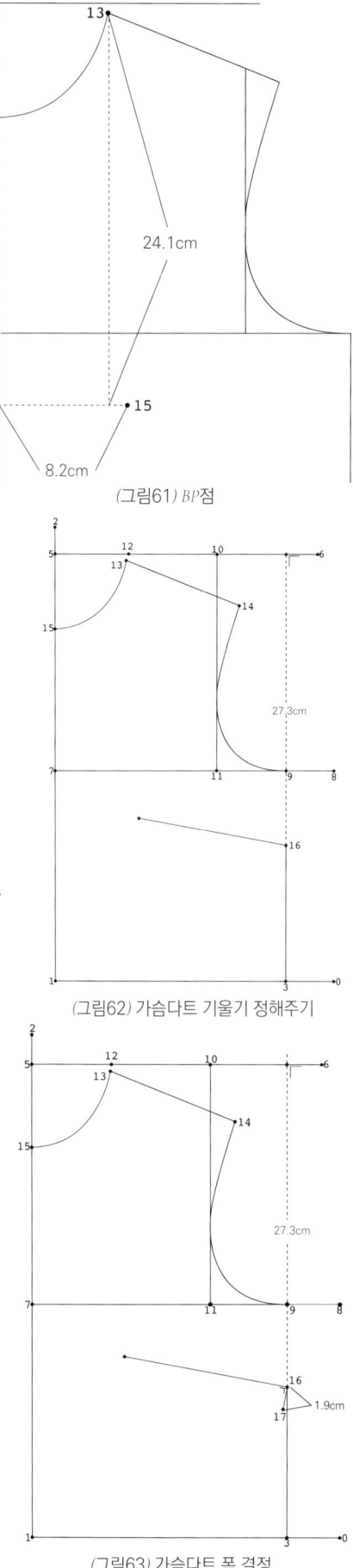

(그림61) *BP*점

14. 가슴 다트를 만든다.

*(선분 5-6)*에서 수직으로 27.3*cm*(10 3/4″) 내려간 높이 선상에서 *(선분 3-9)*와 만나는 지점을 찾는다. *(점16)*

*(BP점)*과 *(점16)* 을 직선으로 잇는다.

27.3*cm*(10 3/4″)라는 수치는 정해진 값이 아닌 다트의 기울기를 정해주는 값이다. 다트는 기울기에 따라 시각적으로 느껴지는 다트의 이미지가 다르므로 이를 고려하여 *(점16)*의 높이를 정해줄 수 있다.

(그림62) 가슴다트 기울기 정해주기

*(선분 BP-16)*에 직각을 맞추고 1.9*cm*(3/4″)의 직각 선을 그어준다. *(선분 16-17)*

1.9*cm*(3/4″)는 다트의 폭이다. 체촌 시 표준 55 사이즈의 앞길이와 등길이의 차이가 1.9*cm*(3/4″)이므로 이 수치를 다트의 폭으로 설정해주어야 앞판과 뒤판의 옆선 길이가 동일해진다. *(앞, 뒤판 진동 높이 동일 조건)*

(그림63) 가슴다트 폭 결정

2.1 tight bodice pattern (타이트 상의 원형) 앞판 순서 2

📖 가슴 다트의 존재의미와 쓰임

1. 옆선 길이의 맞춤

여성의 신체 앞면은 가슴이 있기 때문에 앞길이와 등길이의 길이차이가 발생한다. 그러므로 이 길이차이로 인해 옆선 봉제 시 옆선의 길이가 맞지 않게 된다. 따라서 이를 해결하기 위해 앞길이와 등길이의 차이를 다트 폭으로 정해준다.

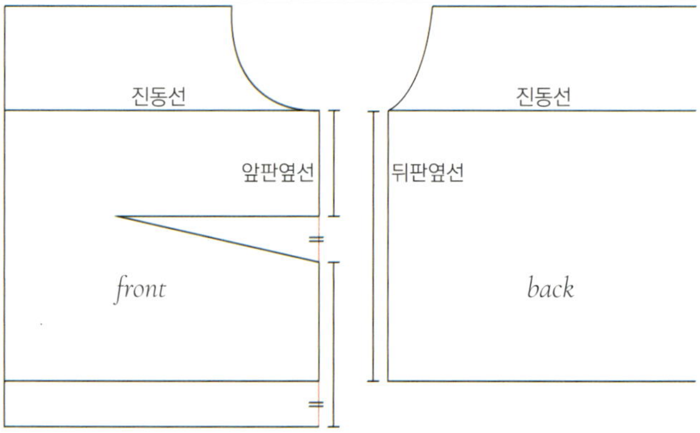

(그림64) 옆선 길이 맞춤

2. 가슴볼륨 형성

(그림65)을 보면 다트를 접기 전에는 평면이었던 패턴이 다트를 접은 뒤 높이가 생김을 알 수 있다. 이는 간단한 실험으로 쉽게 이해할 수 있는데 동그라미 모양으로 종이를 자르고 다트를 주어 다트를 접어보면 높이가 생긴다. 그러므로 가슴 다트는 가슴 부위의 가슴높이를 반영해주는 장치로 이해할 수 있다. 가슴 다트의 폭은 가슴 크기에 따라 달라진다.

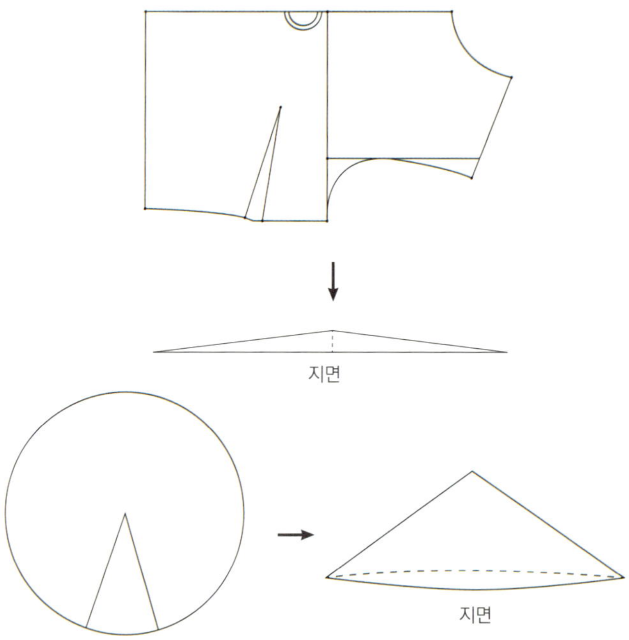

3. 앞중심 고임 방지

원단이 가슴을 타고 지면으로 떨어질 때 가슴 부근에서의 신체 경사의 변화로 지면으로 떨어지는 원단이 고이게 된다. 이러한 고임현상은 그림(66)을 보면 이해할 수 있다.

A = 원단을 그대로 공중에 떨어뜨린 상태 (옆모습)
B = 막대기로 원단을 누른 상태 (옆모습)
C = 막대기로 눌러 원단이 고여있는 상태(정면)

C의 상태에서 가슴 다트를 주게 되면 가슴 다트를 접을때 고여있던 원단이 옆 솔기 쪽으로 쏠리면서 (화살표) 고임상태가 없어지거나 줄어들게 된다.

(그림65) 다트로 형성되는 볼륨(높이)

4. 타이트핏이 아닌 기성복에서의 가슴 다트

타이트핏이 아닌 일자핏이나 오버핏의 기성복 의상에서는 앞길이와 등길이의 차이만큼 가슴 다트의 폭을 정해주지 않고 다트 폭을 더 넓혀주는 경우가 종종 있다. 폭을 넓혀주는 이유는 두 가지 측면에서 바라볼 수 있다. 첫 번째로 동일 사이즈 내 다양한 고객들의 체형을 커버할 수 있다. 기성복은 같은 55치수라도 다양한 고객들이 사입게 되므로 가슴 다트의 폭을 키워 범용성을 높여준다. 두 번째로 타이트핏이 아니기 때문에 폭을 키워도 상동쪽에서 옷이 뜨는 증세가 쉽게 나타나지 않는다. 타이트 의상이라면 가슴 다트의 폭이 민감한 주제이지만 넉넉한 핏의 경우 뜨는 증세는 실루엣 자체가 주는 여유 공간으로 인해 육안으로 식별하기가 어렵다.

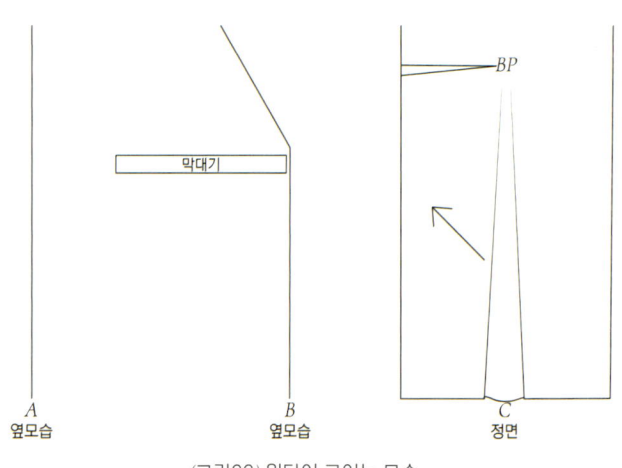

(그림66) 원단이 고이는 모습

2.1 tight bodice pattern (타이트 상의 원형) 앞판 순서 2

📖 앞길이와 등길이의 차이

가슴 사이즈가 커서 그 차이만큼 다트 폭을 주게 될 경우 (그림67)처럼 뜨는 부분이 발생할 수가 있다. 그 이유는 (그림68)을 보면 이해할 수 있는데 다트의 폭이 클수록 다트를 접었을 때 앞목점에서 BP 점 사이의 빈공간이 넓어지기 때문이다. 이럴 경우 의상을 입고 나서 공간이 눌리거나 떠보일 수 있다. 그러므로 앞길이와 등길이의 차이가 심한 체형의 경우 다트의 폭을 줄이기 위해 체촌 앞길이보다 패턴의 앞길이를 줄여주고 앞내림분을 주어 앞길이가 짧아 밑단이 짧아 보이지 않도록 처리해줄 수 있다.
(그림69)

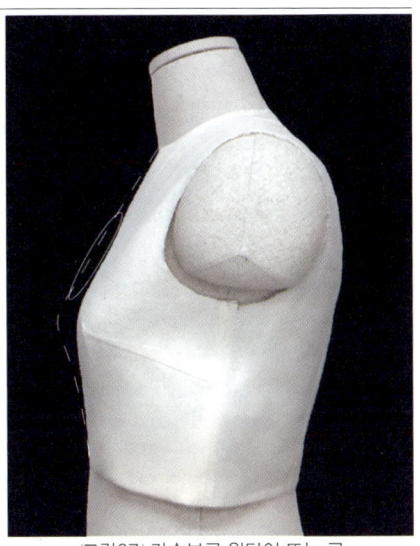

(그림67) 가슴부근 원단이 뜨는 곳

조정 방법

기존의 허리선 (a-a')에서 앞길이를 0.6cm(1/4") 줄이고 다트 폭도 0.6cm(1/4") 줄인다.

앞내림분을 주어 (b)에서 수직으로 0.4cm(3/8") 내린다. (c)
(c)와 (b')를 곡자로 이어준다.

**앞내림을 주는 목적으로 앞에서 바라본 의상의 앞기장이 짧아 보이지 않도록 시각적 안정감을 주기 위한 의도도 존재한다.

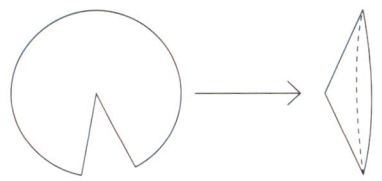

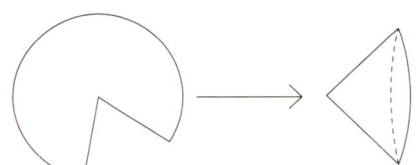

(그림68) 다트 폭의 변화로 달라지는 형태

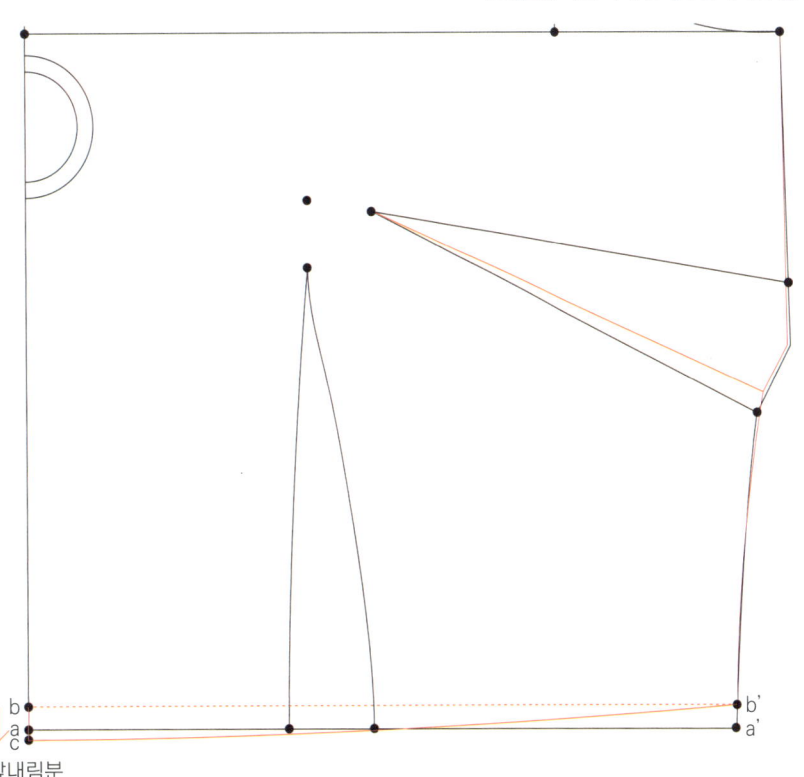

b = 줄여준 앞길이
a = 기존 앞길이
a~c = 앞내림분

앞내림분

(그림69) 가슴 부위 뜨는 현상 방지

2.1 tight bodice pattern(타이트 상의 원형) 앞판 순서 2

14. 가슴 다트를 만든다.

*(BP)*와 *(점17)*를 직선으로 잇는다.
*(점16)*과 *(점17)* 사이의 폭을 이등분 하는 직선을 긋는다.
(선분 BP-점17-1)

*(점17-1)*과 *(점17)*을 직선으로 잇는다.
*(선분 16-17-1)*과 *(선분 17-1-17)* 길이가 동일한지 확인한다.

*(점17)-(점17-1)*의 각도는 다트를 접고 옆선이 자연스럽게 이어지도록 미리 처리한 것이다. 선(先) 처리를 해주지 않더라도 후에 다트를 접어 옆선을 자연스럽게 수정해줄 수 있다. – 다음 페이지에서 설명

*(선분 BP-17)*선상 중 *(BP 점)*에서 1.9*cm*(3/4″) 떨어진 지점에 *(점18)*을 놓는다.

기존의 *BP*(유두점)까지 다트를 봉제하면 유두점 부분까지 다트선이 보이기 때문에 외관상 부담스럽게 보이지 않도록 다트 끝점을 *BP*(유두점)에서 떨어뜨려 준다.

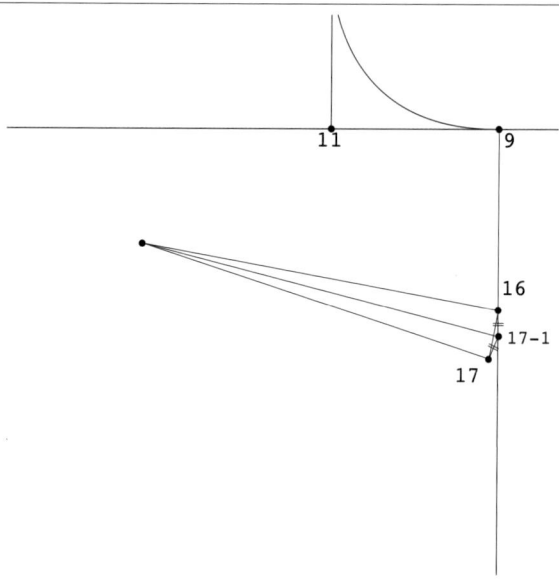

(그림70) 다트중심선 긋기

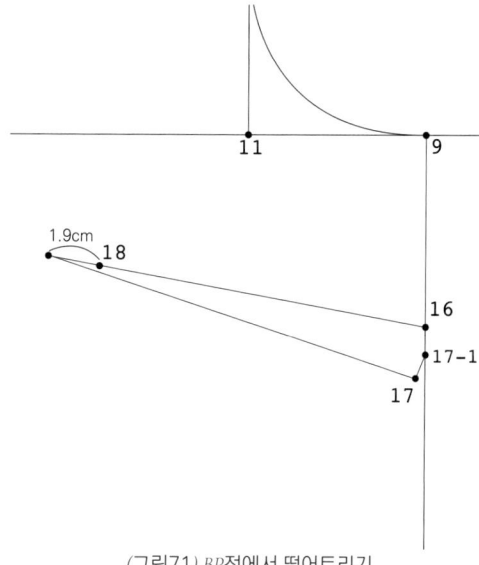

(그림71) *BP*점에서 떨어뜨리기

*(선분 BP-18)*을 지우고 *(점18)*과 *(점17)*를 이어 가슴 다트를 완성한다.

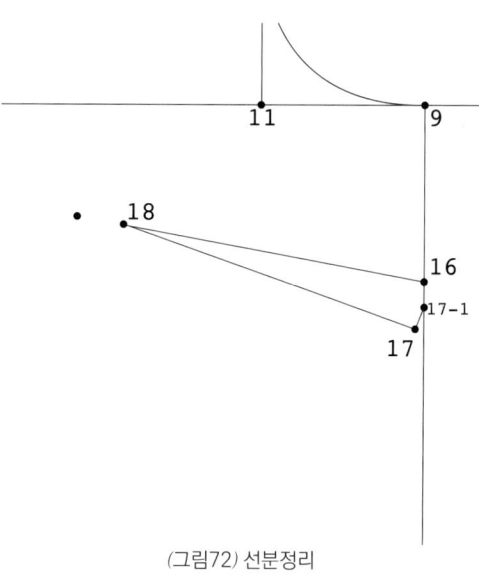

(그림72) 선분정리

2.1 tight bodice pattern (타이트 상의 원형) 앞판 순서 2

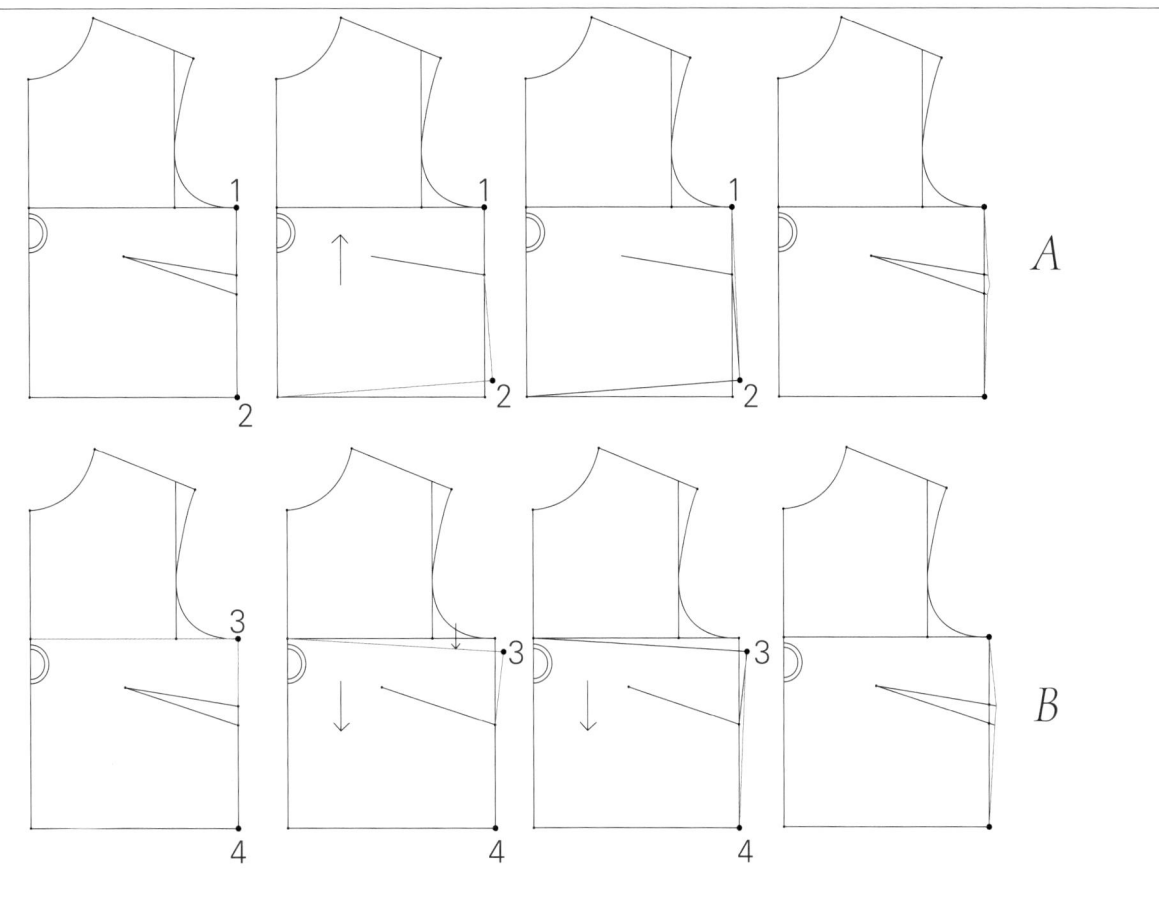

(그림73) 가슴 다트 정리

그림(73)은 다트를 접는 방향에 따라 달라지는 옆선의 수정과정을 나타낸 그림이다.

A = 다트를 아래에서 위 방향으로 접은 경우

1. 가슴 다트를 접어준다.
2. 변경된 밑단선과 옆선을 확인한다. *(점2)*의 위치가 변하였다.
3. 옆선을 직선으로 이어준다. *(선분 1-2)*
4. 접어준 다트를 풀어 변화된 옆선의 형태를 확인한다.

B = 다트를 위에서 아래 방향으로 접은 경우

1. 가슴 다트를 접어준다.
2. 변경된 진동선과 옆선을 확인한다. *(점3)*의 위치가 변하였다.
3. 옆선을 직선으로 이어준다. *(선분 3-4)*
4. 접어준 다트를 풀어 옆선의 형태를 확인한다.

2.1 tight bodice pattern(타이트 상의 원형) 앞판 순서 2

15. 앞판 허리 길이를 정한다.

(점1)에서 수평으로 7.6cm(3″) 나간 지점을 찾는다. (점19)

(점19)에서 수평으로 2.5cm(1″=다트 폭) 나간 지점을 찾는다. (점20)

(점3)에서 수평으로 1.3cm(1/2″) 나간 지점을 찾는다. (점21)

(선분 19-20) = 다트 폭

(선분 21-3) = 옆선 파임 분량

(선분 1-21) = 앞판 허리선 길이 = [w/4 + 1.9cm (3/4″=여유량) + 2.5cm (1″=다트 폭)]

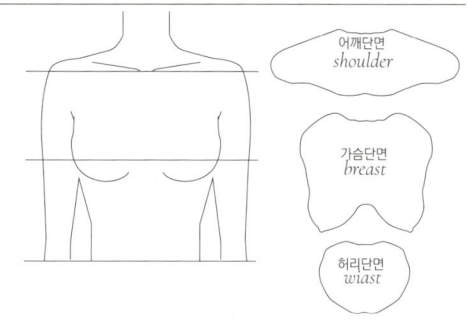

(그림74) 단면의 모습

허리둘레의 여유량

신체의 단면그림을 보면 허리의 단면은 앞쪽에 배가 있어 볼륨 있는 모양을 띠게 된다. 이를 고려하여 여유량을 다음과 같이 나누어 준다.

앞판 허리 길이 : 허리둘레/4 + 1.9 cm(3/4″)

뒤판 허리 길이 : 허리둘레/4 + 0.6cm(1/4″)

(그림75) 가슴 밑 굴곡과 면적의 차이

허리 다트량과 옆선 파임 양의 이해

타이트 원형은 타이트 핏을 위해 패턴의 앞판 가슴 길이와 앞판 허리 길이의 길이 차이를 다트와 옆선 파임 양으로 분배해준다.

앞판 허리 길이 = 허리둘레/4 + 1.9cm(3/4″) = 18.4cm(7 1/4″)

앞판 가슴 길이 = 상동/4 + 1.9cm(3/4″) = 22.2cm(8 3/4″)

앞판 가슴 길이 − 앞판 허리 길이 = 다트, 파임 처리

22.2cm − 18.4cm = 3.8cm(1 1/2″)

분배

허리 다트량 2.5cm(1″) + 허리 옆선 파임 분량 1.3cm(1/2″)

분배된 허리다트량은 2.5cm(1″) 이고 옆선 파임 양은 1.3cm(1/2″) 이다. 분배된 수치를 비교해보면 허리 다트량이 더 많음을 알 수 있다. 신체의 굴곡은 신체 임의의 위치마다 경사와 굴곡의 차이가 있다. 따라서 가슴 밑에서 집어줄 수 있는 허리 다트량과 허리 옆선에서 집어줄수 있는 다트량은 굴곡과 경사가 다름으로 달라지게 된다. (M.P 전개 제외) 책의 분배는 (그림76)과 같이 가슴 밑 공간이 딱 맞도록 허리 다트량을 정해준 것이다.

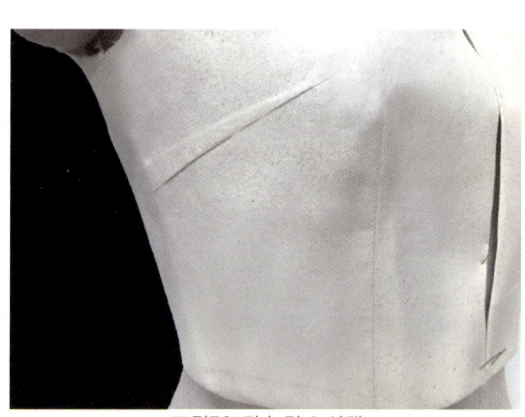

(그림76) 가슴 밑 fit 상태

2.1 tight bodice pattern(타이트 상의 원형) 앞판 순서 2

📘 불균형

(그림77)처럼 가슴길이와 허리길이의 차이인 3.8cm(1 1/2")분량을 옆선 파임으로만 처리해준다면 가슴밑은 딱 맞지 않고 남는 공간이 생기며 옆선의 원단결은 비바이어스가 된다. 허리옆면에서 파임으로 처리해줄 수 있는 분량을 초과했기 때문에 형태가 뒤틀리고 주름이 갈 수 있다.

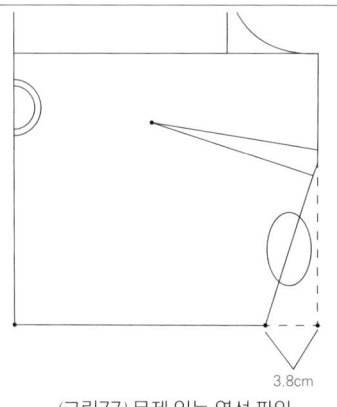

(그림77) 문제 있는 옆선 파임

16. 허리 다트를 완성한다.

(BP)에서 수직으로 1.9cm(3/4") 떨어진다. (점22)
**가슴 다트에서 1.9cm(3/4") 떨어지는 이유와 동일하다.

(점19)과 (점22)를 직선에 가까운 곡선으로 자연스럽게 연결한다.
(점20)과 (점22)를 (그림78)의 원 표시를 유의하며 곡으로 연결한다.

(점22)근처는 집는 양이 적도록 다트를 홀쭉하게 그려준다. 그 이유는 다트 끝에서 집는 양이 거의 없도록 해주어야 그 부분이 부각되거나 튀어나오지 않고 보조개가 지지 않아 부드럽게 끝나기 때문이다. 이러한 현상은 안감이 씌어지는 의상일 경우 봉제 시 다트 덧댐 천을 사용해 해결해줄 수도 있다.

(곡선 20-22)의 굴곡은 가슴 밑의 굴곡대로 온전히 핏 시키기 위한 형태이다.

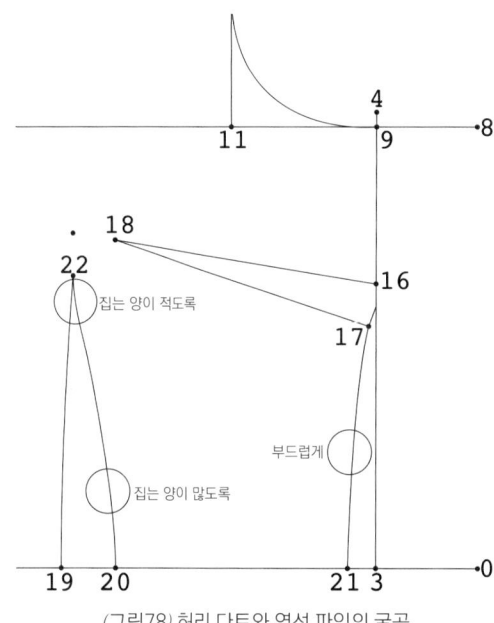

(그림78) 허리 다트와 옆선 파임의 굴곡

📘 BP 점에서 떨어지는 거리

BP점에서 떨어지는 거리가 길수록 BP 위치에서 집어야 되는 분량을 집지 않았기 때문에 BP점에서 원단이 집히지 않아 고여있거나 볼록 들어가는 현상이 나타날 수 있다. 이러한 현상은 원단의 드레이프성[1]이 높을수록, 원단이 가벼울수록 잘 일어나는 현상이다. 따라서 이런 경우에는 BP점에서 떨어뜨리는 거리를 줄여줘야 한다. (빨간 점)

1.드레이프성 *(drapability)* : 유연한 정도를 말하는 것으로, 직물의 탄력성과 경도의 관계가 있다.

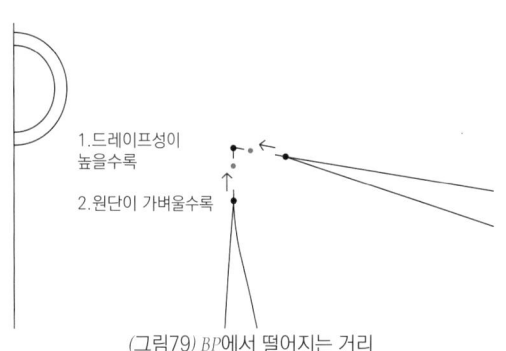

(그림79) BP에서 떨어지는 거리

2.1 tight bodice pattern(타이트 상의 원형) 앞판 순서 2

📖 다트의 형태 변화

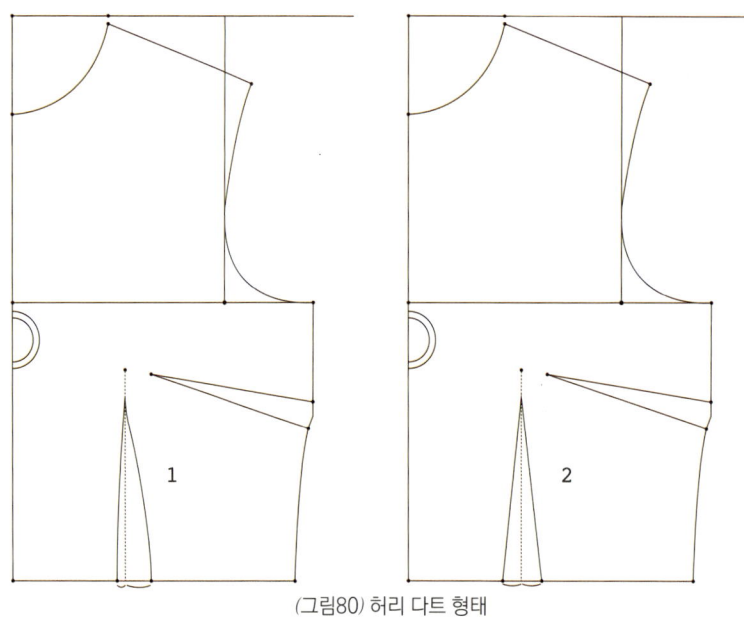

(그림80) 허리 다트 형태

1번은 가슴 밑 굴곡에 맞춰 허리 다트를 그렸기 때문에 가슴 밑이 딱 맞는다.

2번은 다트 폭을 이등분하여 직선으로 그었다. 다트의 선분이 직선이므로 1번보다 가슴 밑 핏이 온전히 타이트하지 않다. 다트의 선분이 곡선이 아닌 직선이라서 이미지가 정적인 느낌을 줄 수 있다. 직선 다트는 남성복에서 많이 쓰이며 여성복 다트는 부드러운 이미지를 위해 곡선을 많이 사용한다. 그러므로 디자인을 고려하여 다트의 곡을 결정해주는 것이 바람직하다. 그 예로 남성복 재킷에서 부드러운 이미지가 느껴진다면 다트나 절개선에 곡선을 준 경우가 이유가 될 수 있다.

📖 허리 다트 양변의 길이 차이

허리 다트의 양변 길이를 측정하면 왼쪽 다트 변보다 오른쪽 다트 변의 길이가 더 길다는 것을 알 수 있다. 양변의 길이 차이는 봉제 시 이즈로 처리해주는데 미세한 이즈분량이 약간의 볼륨감을 만들어 봉제된 다트가 가슴의 굴곡과 유사하게 자리 잡도록 도와준다.

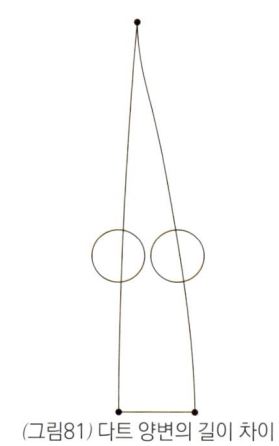

(그림81) 다트 양변의 길이 차이

17. 옆선을 긋는다.

(점17)과 (점21)을 자연스러운 곡으로 연결한다.

18. 필요 없는 선들을 지우고 골선을 앞중심선에 표시한다.

(완성)

2.1 tight bodice pattern(타이트 상의 원형) 앞판 완성

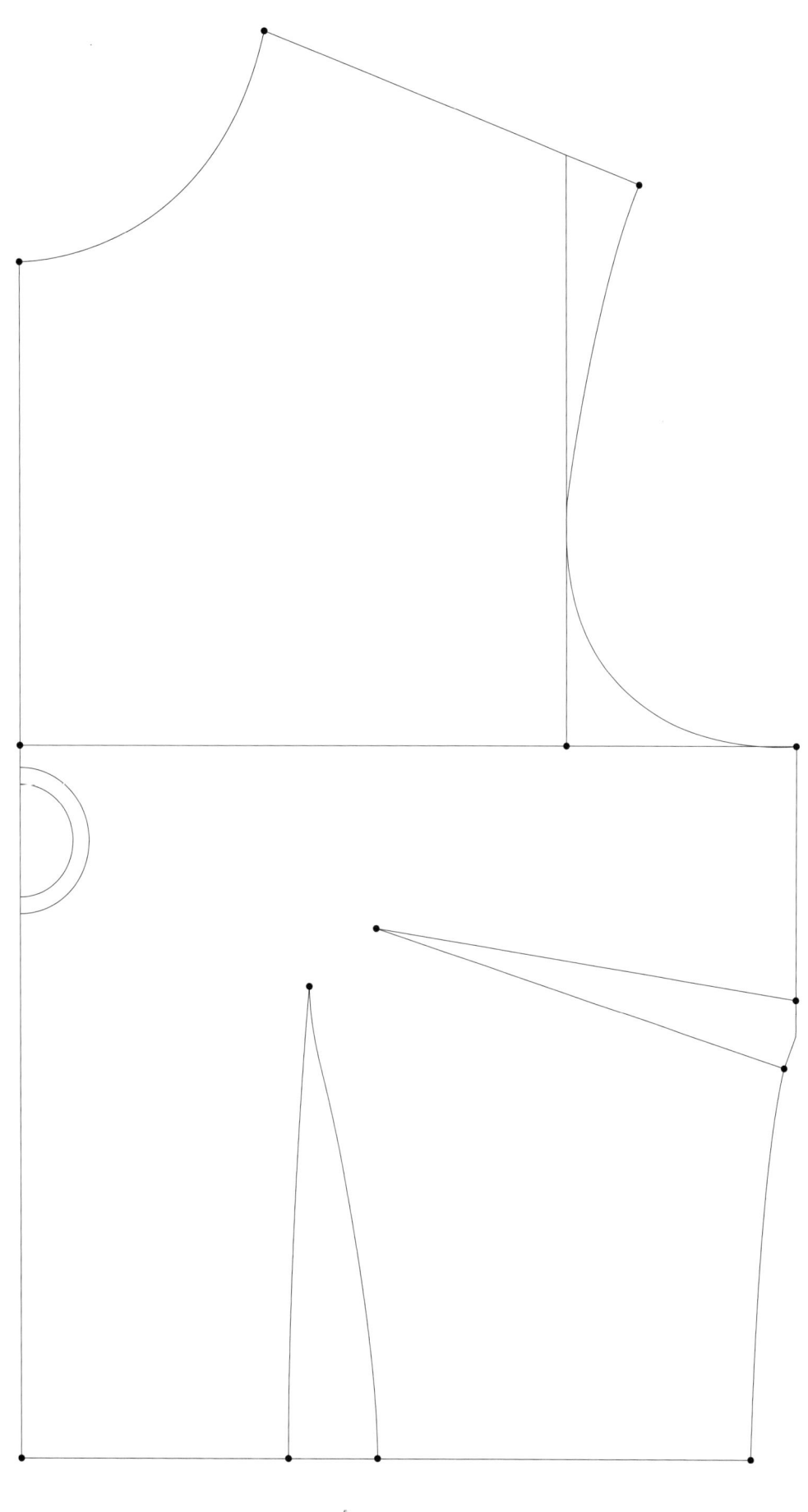

2.1 tight bodice pattern(타이트 상의 원형) 앞판 자 사용

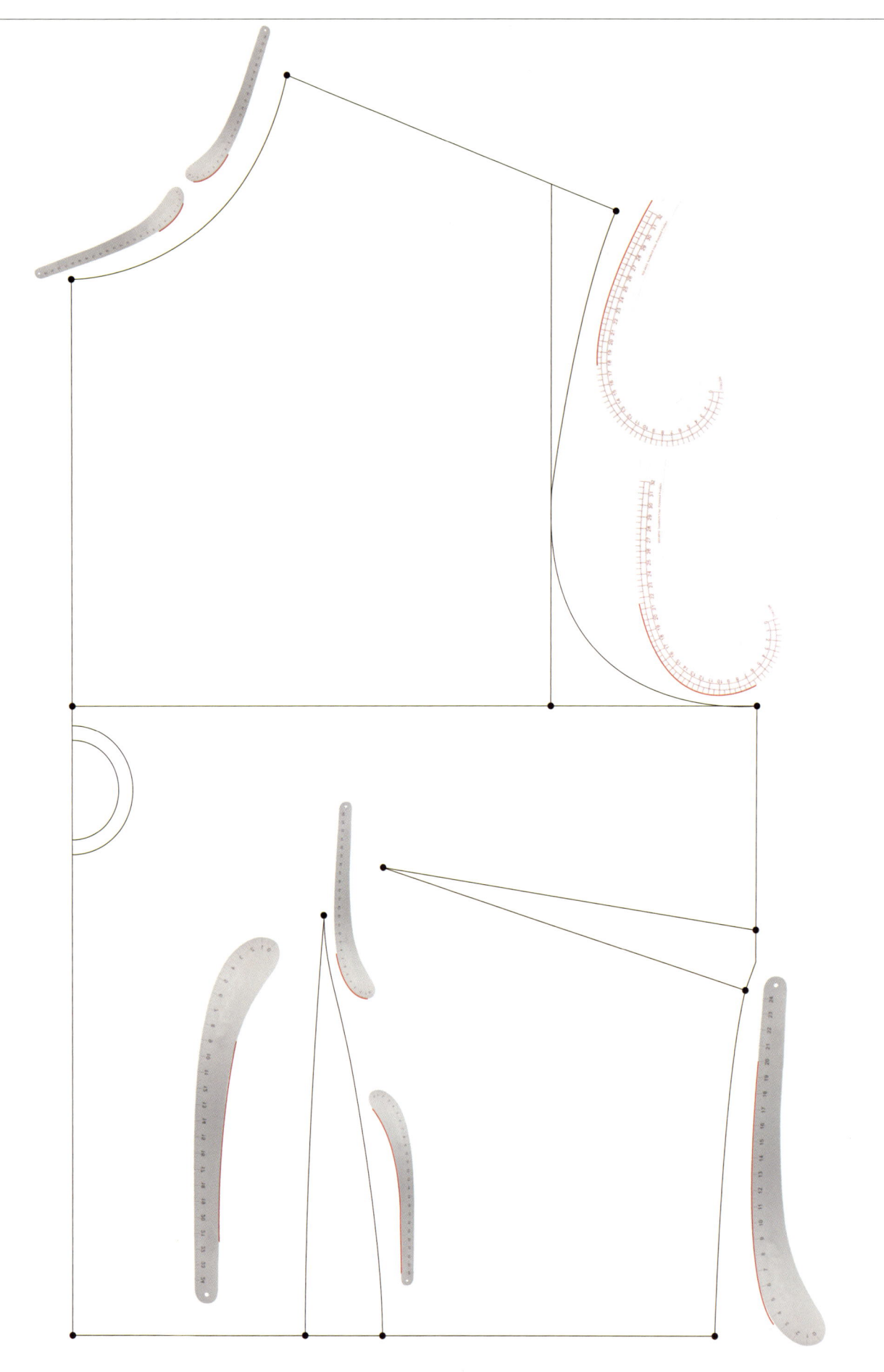

2.1 tight bodice pattern(타이트 상의 원형) 뒤판 순서 1

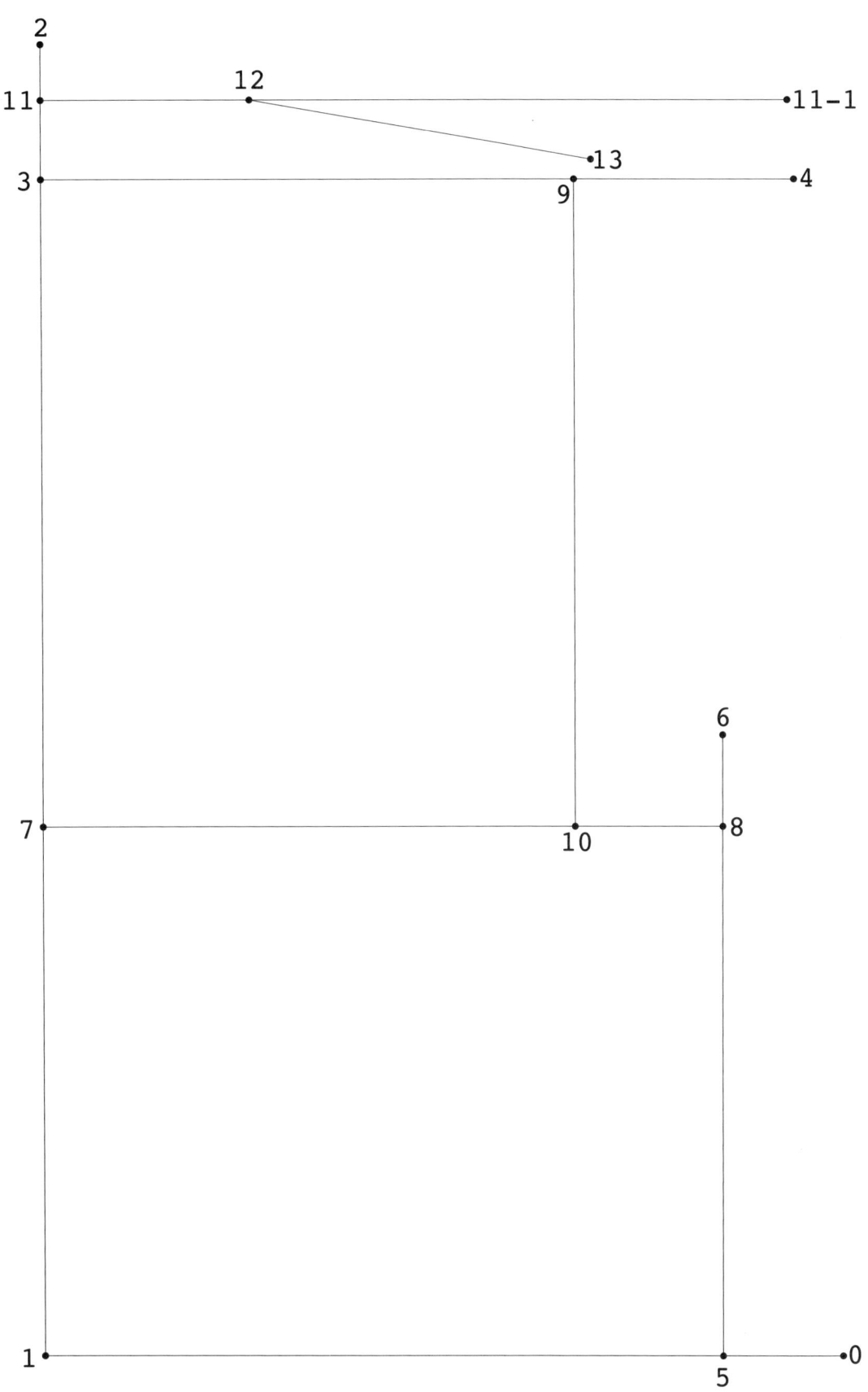

2.1 *tight bodice pattern*(타이트 상의 원형) 뒤판 순서 1

BACK (뒤판)

1. 직각 선을 긋는다. *(선분 0-1-2)*

2. 허리선 위치를 정해준다. *(선분 0-1)*

3. 등길이을 놓고 수평선을 긋는다. *(선분 3-4)*

*(선분 0-1)*에서 수직으로 등길이 38.1CM(15″) 만큼 올려준다.*(점4)*
수평선 = *(선분3-4)*

4. 뒤판 가슴 길이를 정해준다. *(선분 5-6)*

**뒤판 가슴 길이는 유상동/4 + 1.9CM(3/4″) 공식을 적용한다. 22.9CM(9″)

*(점1)*에서 수평으로 22.9CM(9″) 나간다. *(점5)*
*(점5)*에서 수직선을 충분히 올린다. *(점6)*

5. 진동 깊이를 정해준다. (진동 깊이) = 20.3CM(8″)

진동선 = *(선분 7-8)*

**무다트 제도가 아닌 이상 앞판과 뒤판의 진동 깊이는 동일합니다.

*(점3)*에서 수직으로 20.3CM(8″) 내려간다. *(점7)*
*(점7)*에서 수평선을 그어 *(선분 5-6)*과 만나는 지점을 찾는다. *(점8)*

6. 뒤품선을 정해준다. *(선분 9-10)*

*(점3)*에서 뒤품/2 *(17.8cm/7″)*만큼 수평으로 나간다. *(점9)*
*(점7)*에서 뒤품/2 *(17.8cm/7″)*만큼 수평으로 나간다. *(점10)*
*(점9)*와 *(점10)*을 이어 뒤품선을 만든다.

7. 옆목점을 정해준다. *(점12)*

*(점3)*에서 수직으로 2.5CM(1″) 올린다. *(점11)*
*(점11)*에서 수평선을 긋는다. *(선분 11-11-1)*
*(점11)*에서 수평으로 7CM(2 3/4″) 나간다. *(점12)*

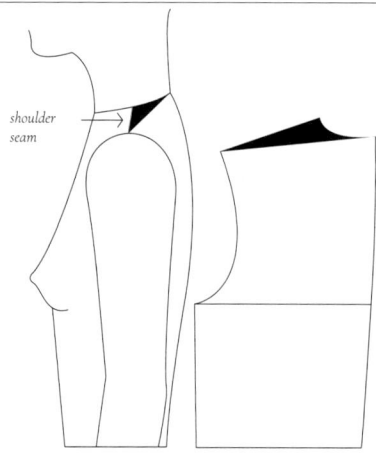

(그림82) 어깨로 가라앉는 뒤판 패턴

뒷목점과 옆목점 사이의 수직높이

*(그림82)*의 검은색 공간은 뒷목점과 옆목점 그리고 어깨점 사이의 공간이 뒤판 패턴으로 덮여지는 신체부근이다. 신체 사이즈가 커질수록 이 면적은 넓어지는데 이를 근거로 사이즈별 옆목점과 뒷목점 사이의 수직높이를 다음 표로 만들었다. *(그림83)*

기성복은 브랜드마다 그레이딩 값에 맞춰 표의 값처럼 일관된 높이로 조정하지만 맞춤의 경우 목밑둘레 사이즈를 기반으로 수직높이를 정해줄 수 있다.

또한 옆목점의 위치를 움직여 앞 네크라인의 넓이와 뒤 네크라인의 넓이를 조정하여 교차수정을 해주거나 뒷목점과 옆목점의 수직높이를 조정하여 무다트원리를 전개하는 경우도 존재한다.

사이즈	뒷목점-옆목점 수직높이
44	2.3cm
55	2.5cm
66	2.6cm
77	2.8cm
88	3.1cm

(그림83) 사이즈별 뒷목점 -옆목점 수직높이

2.1 tight bodice pattern(타이트 상의 원형) 뒤판 순서 1

8. 어깨선 각도를 정하고 어깨선을 긋는다. *(선분 12-13)*

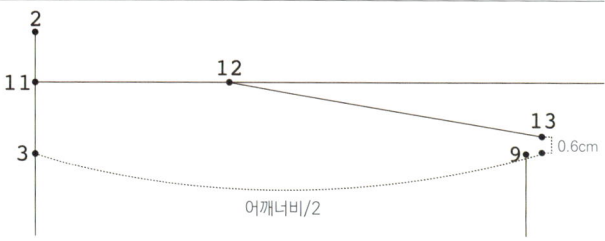

(그림84) 뒤판 어깨선 각도 찾기

*(선분 3-4)*선상 중 *(점3)*에서 수평으로 뒤 어깨너비/2만큼 나간 후 나간 지점에서 0.6cm(1/4″) 수직으로 올린 점을 찾는다. *(점13)*

*(점12)*와 *(점13)*을 직선으로 연결한다.

**뒷목점에서 수평으로 뒤 어깨너비/2만큼 나간 지점에서 0.6cm(1/4″) 수직으로 올린 지점과 옆목점을 연결한 선분의 각도를 정상체형의 뒤판 어깨선 각도로 정하였습니다.

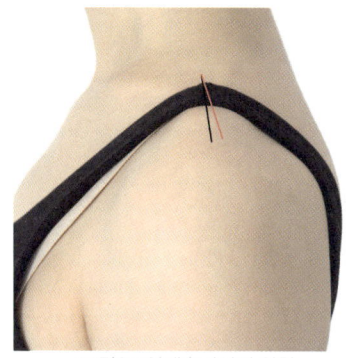

(그림85) 어깨솔기선의 위치

(그림86) 원형의 어깨선

어깨선 경사의 이해

어깨는 옷의 무게를 지지하는 부분이며 의상의 어깨선은 옷의 균형을 잡아주는 역할을 한다. 어깨선 경사가 앞쪽을 향한 옷은 옷이 뒤로 젖혀지는 것을 방지해줄 수 있다. 이는 어깨솔기의 무게가 앞쪽으로 향하기 때문으로 이해된다. (그림85)를 보면 빨간색 어깨선은 검은색 어깨선보다 옷이 뒤로 넘어갈 수 있는 경우가 많을 것으로 유추할 수 있다.

앞쪽으로 기울어진 어깨선은 어깨점 부근의 가장 높은 지점을 지나지 않기 때문에 몸을 움직이거나 일상생활을 할 때 어깨선이 뒤로 넘어가지 않도록 방지해준다. 반면 어깨선이 어깨의 가장 높은 지점에 있다면(어깨선이 뒤를 향하면) 네크라인이 넓고 큰 옷의 경우 몸이 앞으로 움직이면서 어깨선이 뒤쪽으로 넘어가려고 할때 움직임을 제동해주는 경사면이 없기 때문에 어깨선이 뒤로 넘어가기 쉽다.

작업복은 몸판에 요크를 만들어주는 경우가 많은데 요크(그림87)는 두 겹으로 봉제 되어 어깨 부위가 찢어지지 않도록 튼튼하게 해주며 일반적으로 어깨선을 앞쪽으로 이동시켜 만들어줌으로 옷이 뒤로 넘어가는 것을 방지해준다.

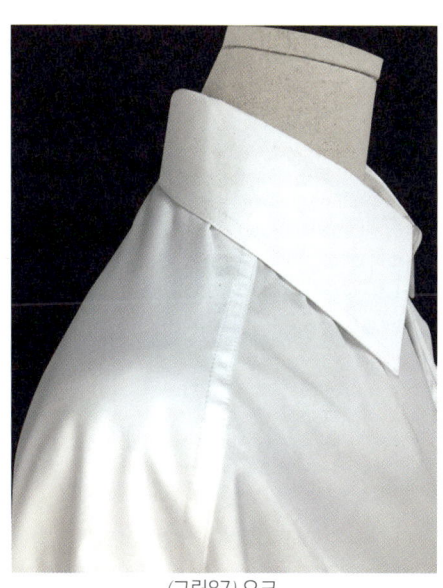

(그림87) 요크

2.1 *tight bodice pattern*(타이트 상의 원형) 뒤판 순서 1

남성 정장의 어깨선

남성복 정장은 어깨선이 기성복보다 뒤쪽으로 기울어진 경우가 있다. (그림88) 어깨선이 뒤쪽으로 가 있으면 정면에서 정장을 입은 사람을 볼 때 상체 면적이 넓어 보이는 시각적 효과를 누릴 수 있다.

비스포크나 수미주라 공정의 정장은 어깨선이 약간 뒤쪽으로 가 있어도 옷의 균형이 안정적으로 유지될 수 있는데 이러한 이유는 작업공정에서 원인을 찾을 수 있다.

정장은 앞판에 비접착심지인 캔버스를 붙이고 추가로 모심지를 붙여줄 수 있는데 캔버스와 모심지는 기성복에서 주로 사용되는 접착심지인 실크심지보다 무게가 나가 옷의 균형을 잡아주는 데 도움을 주고 심지 자체의 내구성 또한 뛰어나다.

또한 어깨에는 패드 혹은 슬리브헤드를 넣어주는데 이러한 부자재들은 어깨선에 무게를 실어 어깨선의 움직임을 방지하는 데 도움을 주게된다.

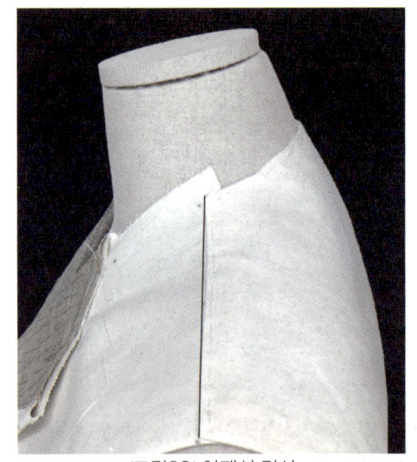
(그림88) 어깨선 경사

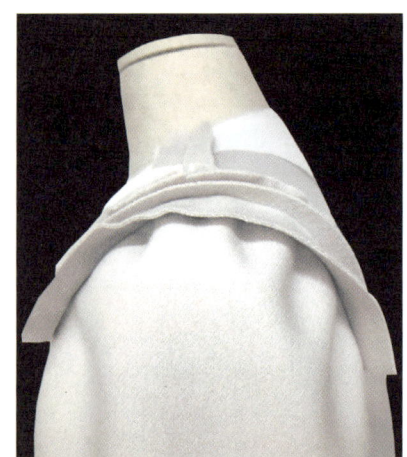
(그림89) 슬리브헤드-안쪽모습

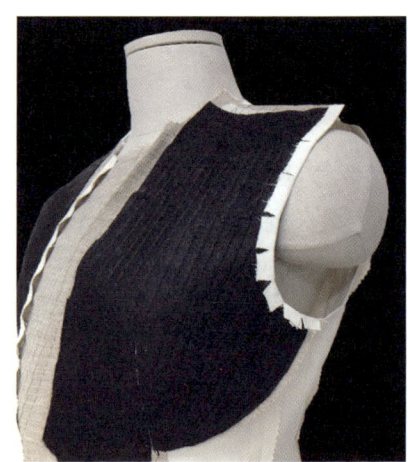
(그림90) 모심지-안쪽 모습

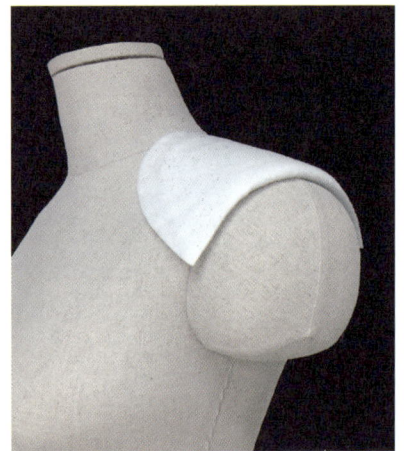
(그림91) 어깨패드

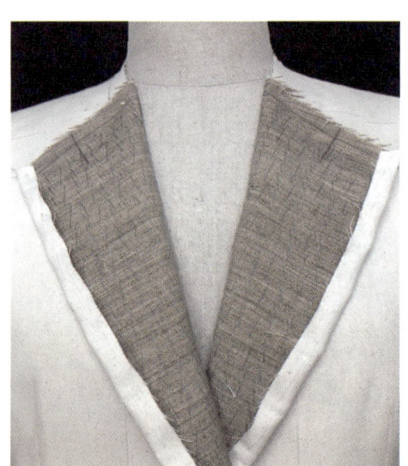
(그림92) 캔버스심지

2.1 tight bodice pattern(타이트 상의 원형) 뒤판 순서 2

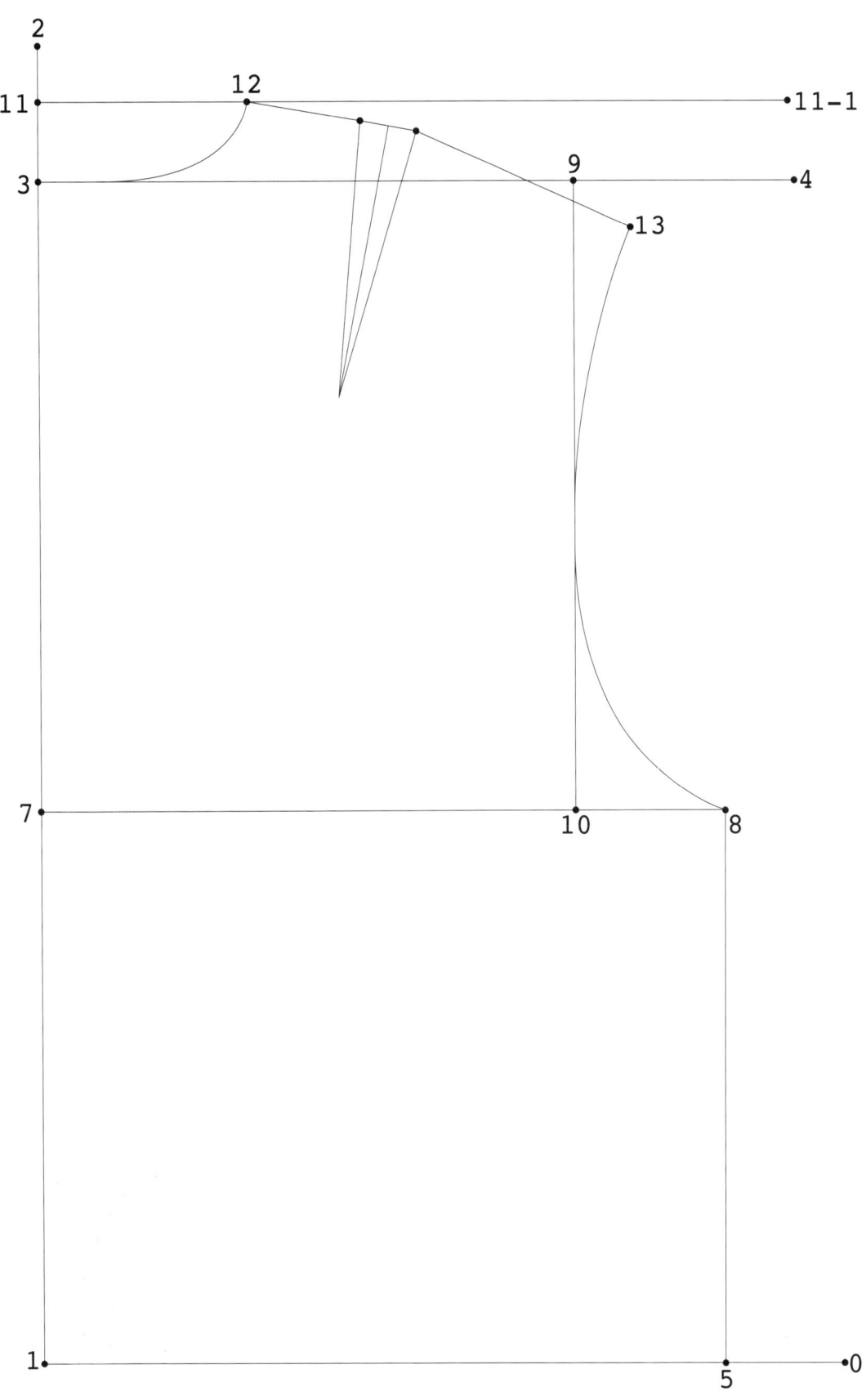

2.1 tight bodice pattern(타이트 상의 원형) 뒤판 순서 2

9. 견갑골 다트를 만든다.

**견갑골 다트는 어깨 다트로도 불립니다.

(선분 12-13)선상 중 (점12)에서 3.8CM(1/2")떨어진 곳을 찾는다. (점 1')

(선분 12-13)선상 중 (점 1')에서 1.9CM(3/4")떨어진 곳을 찾는다. (점 3')

(선분 1'-3')을 이등분한 지점을 찾는다. (점 2')

(점 2')에서 (선분 12-13)에 직각으로 수직선을 8.9CM(3 1/2") 긋는다. (점 4')

(점 1')과 (점 4')를 이어준다.

(점 3')과 (점 4')를 이어준다.

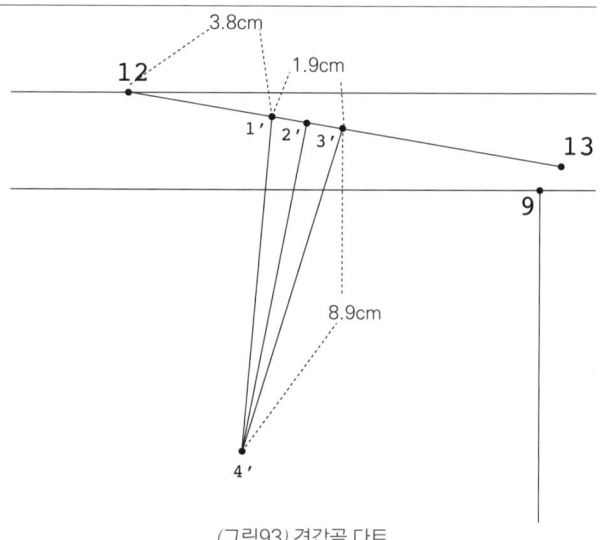

(그림93) 견갑골 다트

**견갑골 다트

견갑골 다트 폭 : 1.9CM(3/4")

견갑골 다트 길이 : 8.9CM(3 1/2")

(그림94)처럼 견갑골 다트에 곡자를 사용해 그려주면 좀 더 부드러운 형태로 다트 라인이 만들어진다. 주로 실무에서 사용하는 노하우이다.

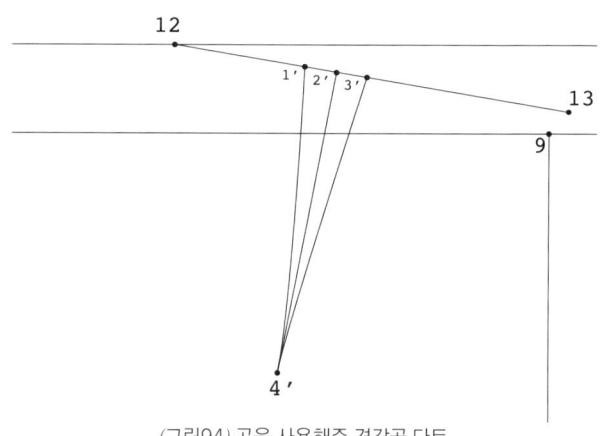

(그림94) 곡을 사용해준 견갑골 다트

견갑골 다트의 존재 의미

(그림95)를 보면 인체의 등은 굽어있고 허리는 잘록하고 엉덩이는 튀어나와 있는 걸 알 수 있다.

인체는 뼈를 중심으로 그 주위에 살이 붙는다. 척추의 사진을 보면 등이 굽어있고 허리가 잘록하고 엉덩이가 튀어나오게 모양이 잡혀있다. 그리고 어깨뼈 주위에 견갑골(scapula)이라는 뼈가 존재하여 등이 더 시각적으로 굽어 보이게 된다.

정상체형은 견갑골 다트의 폭이 약 1.9cm(3/4")이며 굴신 체형(등이 굽은 체형)의 경우 견갑골 부위의 돌출이 심하여 2.5cm(1")까지 설정해주는 경우도 있다. 반면 반대의 경우인 반신 체형(상체가 뒤로 젖혀진 체형)은 견갑골 다트 폭을 1.2cm(1/2")로 줄여줄 수 있다.

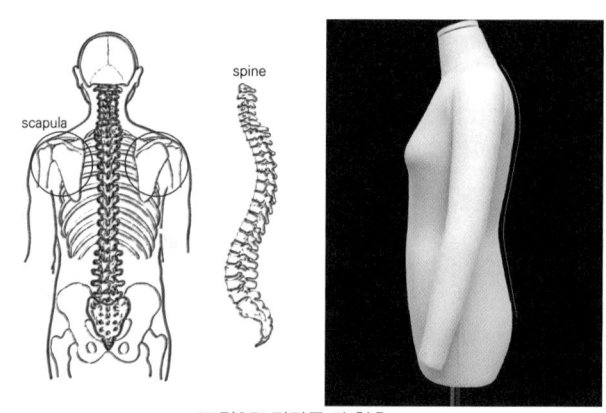

(그림95) 견갑골 과 척추

2.1 tight bodice pattern(타이트 상의 원형) 뒤판 순서 2

9. 견갑골 다트를 만든다.

(선분 12-13)선상 기울기에 맞춰 (점13)에서 1.9cm(3/4″) 연장한다.

(점 5′)

(점 5′)에서 (선분 12-5′)에 직각에 맞춰 1.9cm(3/4″) 내려준다.

(점 6′)

(점 6′)과 (점 3′)을 직선으로 잇는다.

(선분 3′-6′)을 충분히 연장해준다.

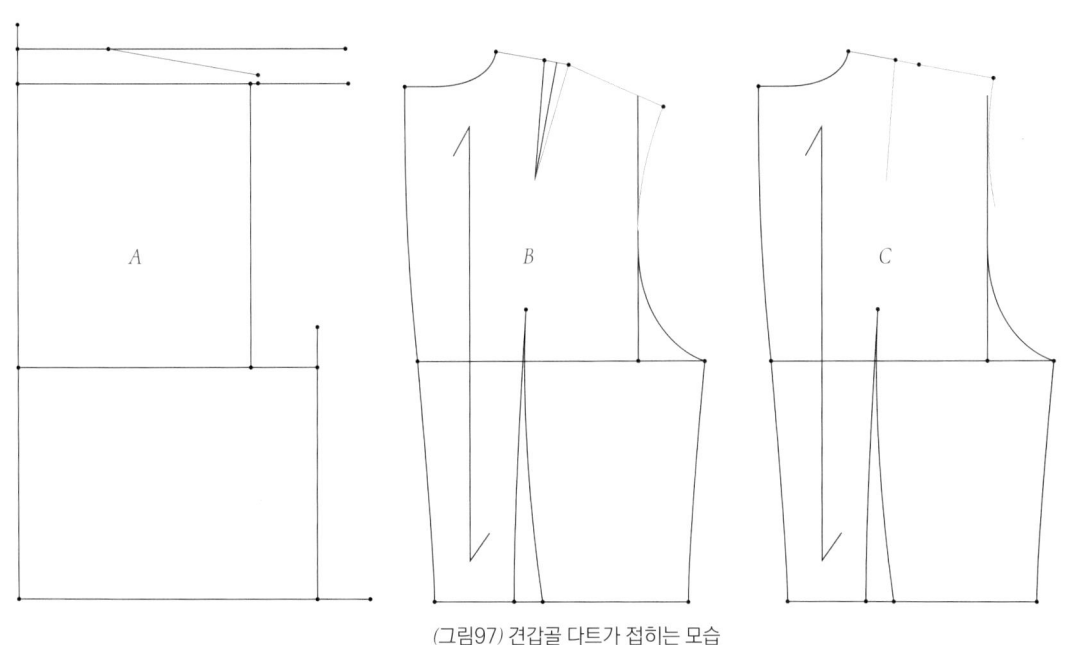

(그림96) 견갑골 다트로 달라지는 어깨선 각도

(점13)에서 1.9cm(3/4″)를 연장한 이유는 접히는 견갑골 다트로 줄어드는 어깨선의 길이를 다시 맞춰주는 행위이며 (점5′)에서 수직으로 1.9cm(3/4″)를 내려준 이유는 견갑골 다트를 접은 후에도 기존의 어깨선 각도와 같은 각도를 만들어주기 위함이다. 만약 견갑골 다트 폭을 1.2cm(1/2″)로 정해주면 (선분 13-5′) 길이를 1.2cm(1/2″), (선분 5′-6′) 길이를 1.2cm(1/2″)로 조정해준다.

견갑골 다트가 접히는 모습

(그림97) 견갑골 다트가 접히는 모습

A 빨간 선 = 기존 어깨 각도의 어깨선

B 주황 선 = 달라진 어깨 각도의 어깨선

C 주황 선 = 다트를 접고 난 후 본래의 어깨 각도로 변한 모습

주황 선의 달라진 어깨 각도는 다트를 접고 나면 다시 기존의 어깨 각도로 돌아가게 된다.

2.1 tight bodice pattern(타이트 상의 원형) 뒤판 순서 2

9. 견갑골 다트를 만든다.

(선분 1'-13)까지의 길이를 측정하여 (점 3')에서 (선분 1'-13)길이만큼 어깨선 선상에서 나간 지점을 어깨점으로 지정해준다.
(점 7')

뒤 어깨선 길이 = (선분 12-1') + (선분 3'+7')

위 방법으로 뒤 어깨선을 만들어주면 견갑골 다트를 접고난 뒤 어깨선 길이가 앞 어깨선 길이 보다 약 0.3CM(1/8") 길어지게 된다. 길어진 0.3CM(1/8")는 이즈량이며 이즈를 넣어 견갑골 부근에 여유를 넣어준다.

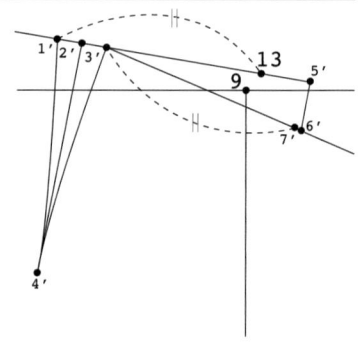

(그림98) 어깨선 길이 맞추기

이즈량은 원단에 따라 없애주거나 키워줄 수 있는데 (그림99)와 같이 (점 7')을 이동시켜줄 수 있다.

빨간 점 = 이즈량 제거, 파란 점 = 이즈량 추가

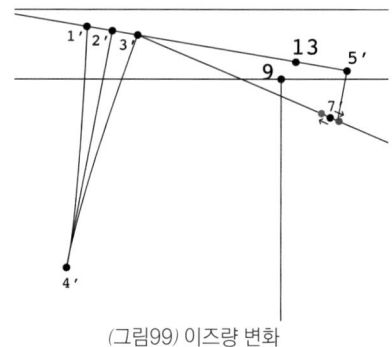

(그림99) 이즈량 변화

(점 7')의 위치가 색깔 점으로 바뀔 때 어깨너비가 달라지는 것이 아닌가 생각할 수 있지만 달라진 거리만큼 이즈로 처리해주기 때문에 어깨너비에는 변함이 없다.

일반적으로 두껍고 뻣뻣한 원단은 이즈량을 키워주고 얇고 드레이프성이 높은 원단은 이즈량을 줄여주어야 자연스러운 볼륨이 어깨선에 들어간다.

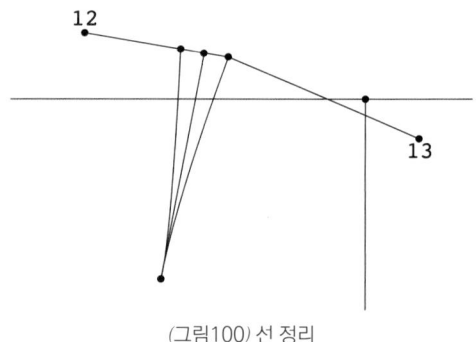

(그림100) 선 정리

필요 없는 선들을 지우고 (점7')를 (점13)으로 바꿔준다.

10. 뒤 네크라인을 그린다.

(점3) 과 (점12)를 이어 뒤 네크라인을 그려준다.

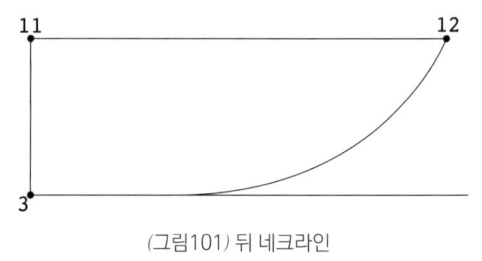

(그림101) 뒤 네크라인

2.1 *tight bodice pattern*(타이트 상의 원형) 뒤판 순서 2

11. 뒤 암홀을 그린다.

뒤 암홀은 앞 암홀과 다르게 암홀의 곡선이 상대적으로 완만하다. 이는 옆목점에서 견갑골을 지나 겨드랑점까지 오는 신체면적의 볼륨을 반영해주기 때문이다. 만약 암홀을 (그림103)의 점선처럼 그리면 겨드랑이를 감싸는 면적이 부족해 팔을 움직일 때 뒤쪽이 당겨 불편함을 느낄 수 있다.

자연스럽게 암홀을 그렸다면 (곡선13-8)길이는 약 20.6CM-21CM(8 1/8"-8 1/4") 정도가 나온다.

12. 앞, 뒤 암홀 길이의 차이를 확인한다.

앞판 암홀 길이와 뒤판 암홀 길이의 차이가 1.9CM (3/4")가 나오는지 확인한다. 책의 원형 패턴은 1.9CM(3/4")의 차이가 나오도록 암홀 길이를 맞춰주는 것이 가장 이상적이다.

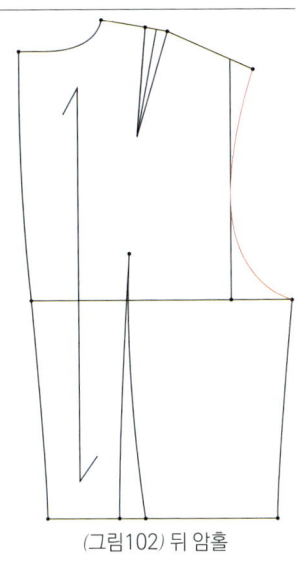
(그림102) 뒤 암홀

앞 뒤 암홀길이의 차이

뒤 암홀의 길이가 1.9CM(3/4") 긴 이유는 어깨점에서 견갑골을 지나 겨드랑 점까지 오는 암홀의 길이가 앞 암홀보다 길기 때문이다.

적절한 암홀 길이 차이를 패턴에 반영해주지 않으면 어깨솔기선의 위치가 변하거나 남는 면적이 앞품이나 뒤쪽을 향해 뜨는 현상이 발생할 수 있고 부족한 면적이 앞 중심과 뒷중심의 회전을 불러오거나 옷이 당겨지게 되어 불편함을 느낄 수 있다.

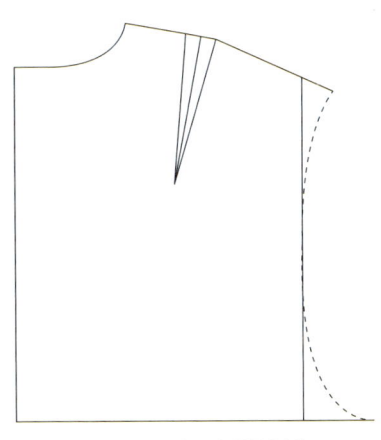
(그림103) 잘못된 암홀 형태

암홀 길이의 차이는 옷의 종류와 디자인에 따라 외관상 큰 영향을 띄지 않는 상황이 있으며 패턴의 앞품과 뒤품, 어깨점과 진동 높이의 변화에 따라 달라지는 수치이다. 사람마다 안정적인 원형을 구현하는 제도방식이 다름으로 타이트 원형의 경우 다음 사항들을 점검해 줄 수 있다.

1. 앞중심이 수직으로 곧게 내려오고 어깨에서 원단이 남아 집히거나 부족하여 당기는 현상이 없는가
2. 앞품과 뒤품 사이즈 설정이 적절하여 앞이나 뒤가 뜨거나 남는 현상이 없는가
3. 옷이 앞쪽으로 기울거나 뒤쪽으로 젖혀지지는 않는가
4. 암홀 주위에 원단이 남거나 당기진 않는가
5. 소매의 방향이 적절한가

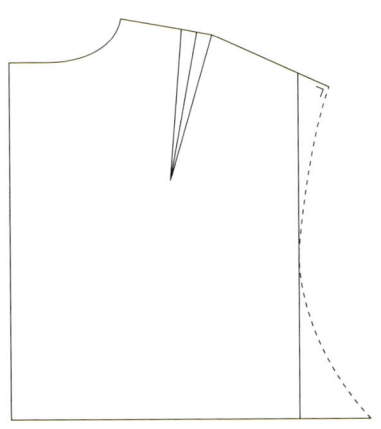
(그림104) 잘못된 암홀 형태 2

2.1 tight bodice pattern(타이트 상의 원형) 뒤판 순서 3

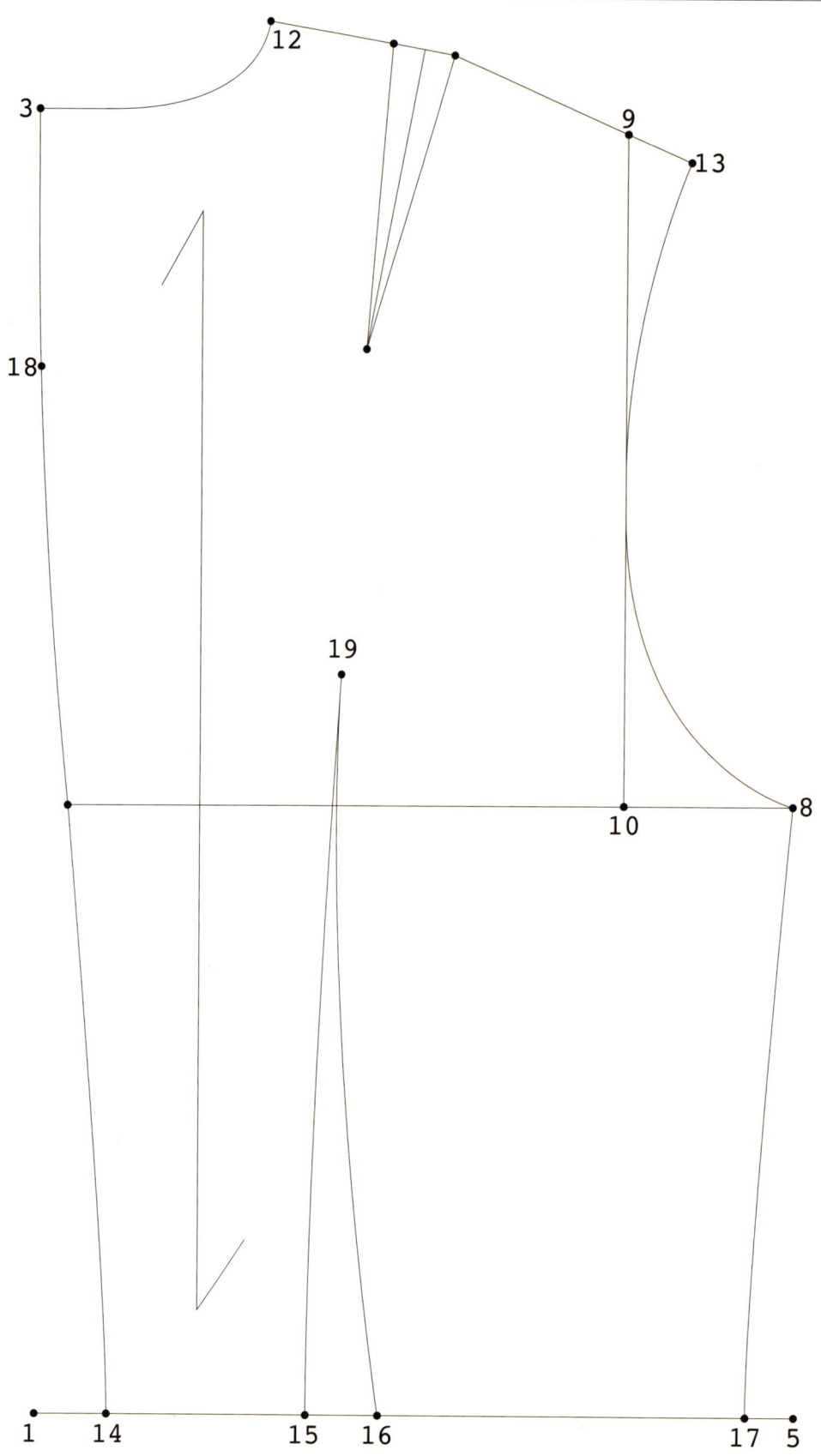

2.1 tight bodice pattern(타이트 상의 원형) 뒤판 순서 3

10. 뒤판 허리 길이를 정해준다.

*(점1)*에서 수평으로 2.2*cm*(7/8″) 나간 지점을 찾는다. *(점14)*
*(점1)*에서 수평으로 8.3*cm*(3 1/4″) 나간 지점을 찾는다. *(점15)*
*(점15)*에서 수평으로 2.3*cm*(7/8″) 나간 지점을 찾는다. *(점16)*
*(점5)*에서 수평으로 1.3*cm*(1/2″) 나간 지점을 찾는다. *(점17)*

뒤판 허리길이
(선분 14-17) = [$w/4 + 0.6cm(1/4″)$ 여유량 + 2.2*cm*(7/8″) 다트 폭]
$w/4 + 0.6cm = 17.1cm$

분배량 (뒤판 가슴길이 – 뒤판 허리길이)
[*(선분 7-8)* 22.9*cm* (9″) – 17.1*cm* ($w/4 + 0.6cm$ (1/4″) 여유량] = 5.7*cm*
(2 1/4″)

분배량 = 뒷 중심 파임 양 + 허리 다트 + 옆선 파임
5.7*cm* = 2.2*cm*(7/8″) + 2.3*cm*(7/8″) + 1.2*cm*(1/2″)

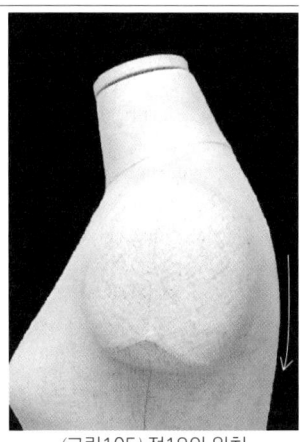

(그림105) 점18의 위치

11. 뒷 중심선에 파임 곡선을 그려준다.

*(점3)*에서 수직으로 10.2*cm*(4″) 내려간 지점을 찾는다. *(점18)*
*(점14)*와 *(점18)*를 곡선으로 이어준다.

*(그림105)*를 보면 *(점18)*의 위치는 견갑골 주위의 부근이다. 이 부근에서 허리로 내려가는 경사가 시작된다. 표준체형은 뒷목점에서 10.2*cm*(4″) 정도를 내려주는데 맞춤이 필요한 체형의 경우 *(점18)*의 위치를 조정해 줄 수 있다.

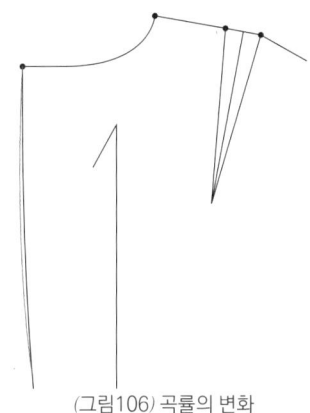

(그림106) 곡률의 변화

뒷 중심 파임의 변화

1. 직선에 가까운 곡선(그림107)

뒷 중심 파임을 직선에 가까운 곡선으로 그어주면 좀 더 정적인 실루엣이 나오며 온전히 핏되지 않고 약간의 뜨는 분량이 발생할 수 있다.

2. 곡선 변화(그림106)

뒷중심선을 그을 때 약간의 볼륨을 넣어주게 되면 등 쪽이 좀 더 편해질 수 있다. 이는 우리 몸의 견갑골 높이 선상 부근이 완만한 곡면의 형태를 띠기 때문이다.

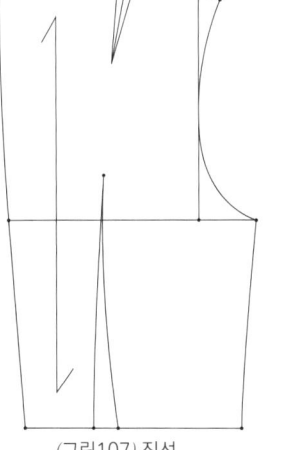

(그림107) 직선

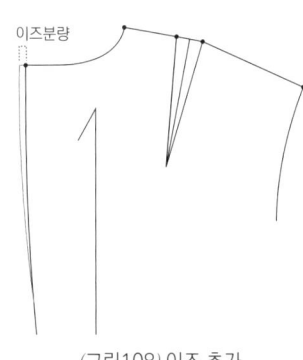

(그림108) 이즈 추가

3. 이즈추가(그림108)

등이 많이 굽은 체형의 경우 뒷중심에서 수평 방향으로 0.3*cm*(1/8″) 정도 나간 뒤 뒷 중심선을 자연스럽게 그어주면 등 쪽이 당기지 않고 편안하도록 도와줄 수 있다. 0.3*cm* 분량은 칼라가 달릴 때 이즈로 처리되는 분량이다.

2.1 tight bodice pattern (타이트 상의 원형) 뒤판 순서 3

12. 허리 다트를 만든다.

견갑골 다트와 *(점15)*가 자연스러운 곡으로 이어지도록 곡선을 그려준다. *(보조곡선)*

곡을 너무 휘어 비바이어스결로 인한 문제가 일어나지 않도록 그린다.

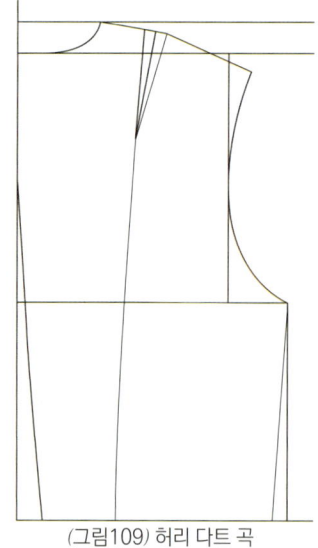

(그림109) 허리 다트 곡

*(그림110)*의 *A* 점선은 결 방향이 비바이어스이다. 따라서 원형 패턴을 정의하는 상황에서 결 문제가 일어날 수 있어 사용해주지 않았다.

*(그림110)*의 *B* 점선은 견갑골 다트의 방향과 자연스럽게 이어지지 않음으로 원형 패턴을 정의한 데 있어 자연스럽지 않아 사용하지 않았다.

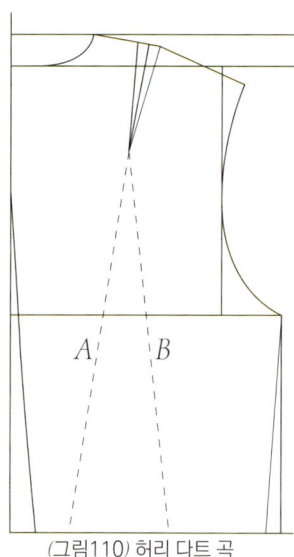

(그림110) 허리 다트 곡

12. 허리 다트를 만든다.

견갑골 다트와 *(점15)*를 연결한 곡선 선상 중 진동선에서 수직으로 3.8㎝(1 1/2″) 올라간 높이의 지점을 허리 다트 끝점의 높이로 정해준다. *(점19)*

*(점19)*의 위치는 원형에서 나누어준 다트와 파임의 분배량에 맞춰 타이트 핏을 만들어주는 다트의 높이이다.

다트의 개수와 폭 그리고 파임 분배량에 따라*(점19)*의 높이는 달라진다.

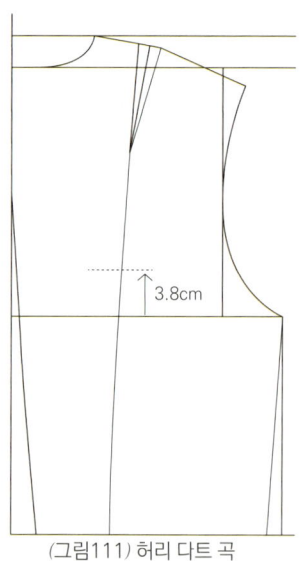

(그림111) 허리 다트 곡

2.1 tight bodice pattern(타이트 상의 원형) 뒤판 순서 3

📙 다트의 폭과 길이에 관하여

(그림112)를 보면 임의의 위치마다 다트로 집을수 있는 공간이 다르다는 사실을 알 수 있다. 다트는 신체의 위치마다 집을 수 있는 최대 다트 폭이 있고 이를 초과할 시 주름이 가거나 옷의 형태가 뒤틀리게 된다. 다트가 없는 박스핏 상태를 가정하고 A 지점에서 집을수 있는 면적을 최대로 집어주면 B, C에서 짚을 수 있는 면적이 줄어 B, C에 넣어주는 다트의 폭이 줄어들고 다트의 길이도 짧아지게 된다. 따라서 다트를 분할할 경우 분할된 다트에 의해 나머지 다트들도 폭과 길이가 조정된다는 사실을 이해할 필요가 있다.

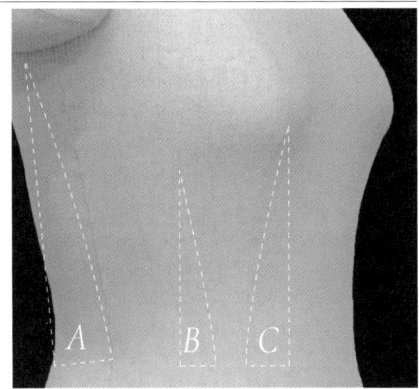

(그림112) 위치별 공간의 차이

(그림113)은 옆선 파임 양을 다트로 잡아주고(가정) 허리 다트를 준 사진이다. 허리 다트에서는 집을 수 있는 높이가 BP점이 최대임을 알 수 있다. 이는 앞판의 BP점이 상체에서 가장 튀어나온 부분이기 때문이다. 그래서 앞판을 M.P시킬 경우 BP 점을 기준으로 절개선을 만들어 다양한 디자인으로 바꿔나가게 된다.

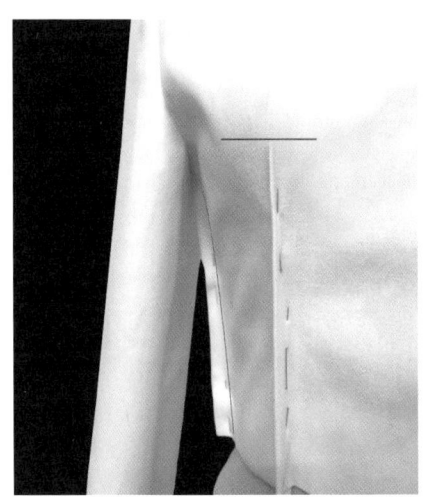

(그림113) 허리 다트의 길이(높이)

(그림114)는 앞판의 허리 다트를 원형 패턴의 허리 다트 굴곡으로 잡아준 모습이다. 가슴의 밑 굴곡 형태에 맞춰주었기 때문에 가슴 밑이 타이트하게 밀착된다.

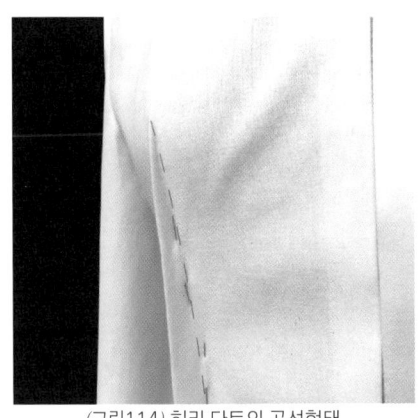

(그림114) 허리 다트의 곡선형태

2.1 *tight bodice pattern*(타이트 상의 원형) 뒤판 순서 3

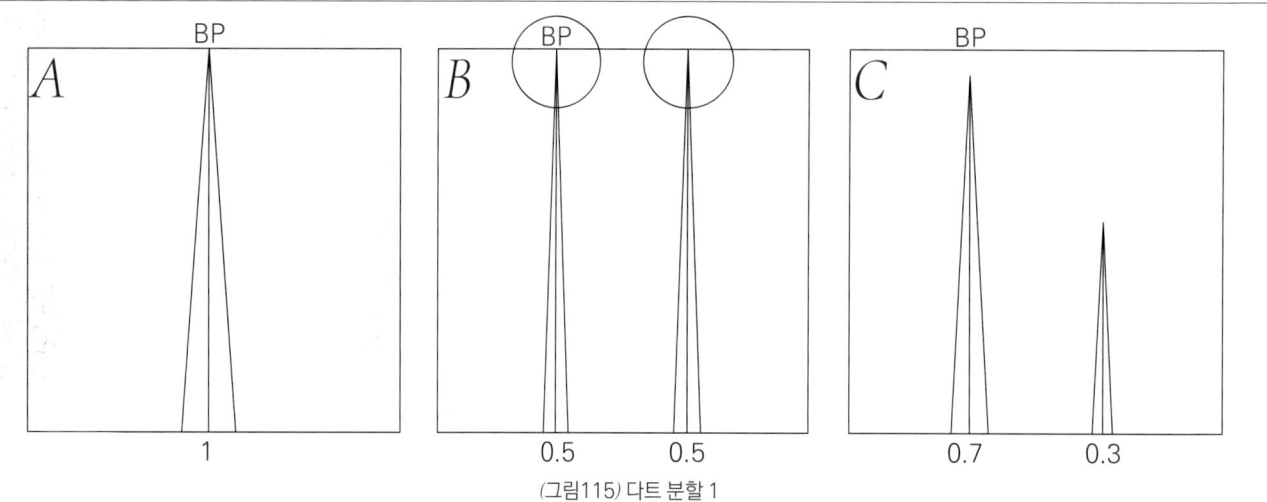

(그림115) 다트 분할 1

그림 A는 다트 폭을 1로 잡았을 때 딱 맞는 앞판 패턴으로 가정한다.

그림 B는 그림 A의 다트폭을 이등분한 그림이다. 다트의 높이가 변하지 않아 동그라미 표시 부분은 스티치를 줄 수 있는 면적이 확보되지 않아 스티치가 불가능함을 알 수 있다.

그림 C는 그림 A의 다트 폭을 7 : 3으로 나누어 설정한 그림이다. 다트의 높이를 낮춰 다트가 봉제될 수 있는 면적을 확보하였다.

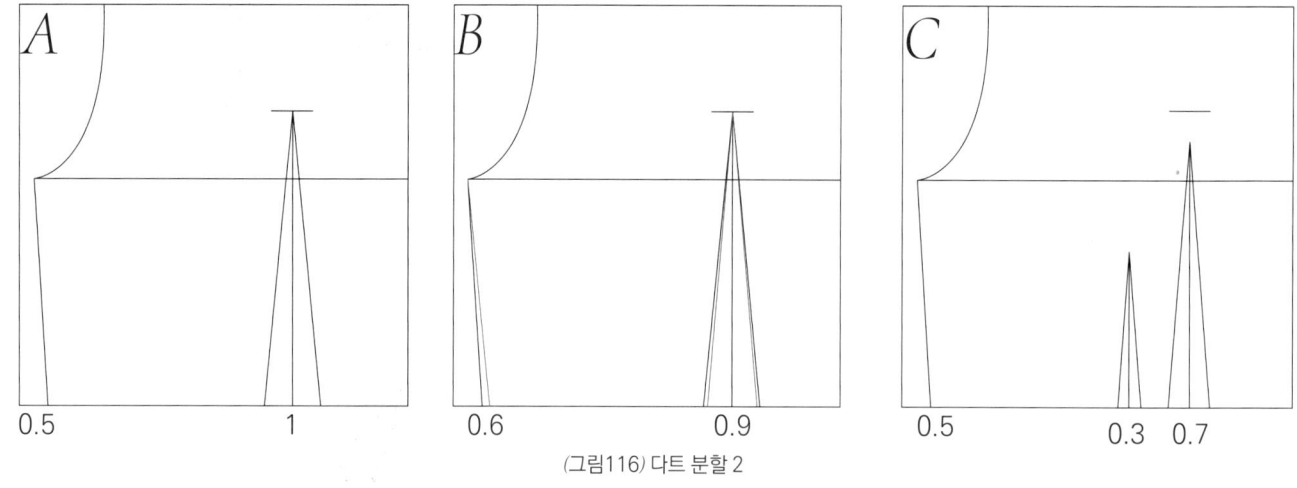

(그림116) 다트 분할 2

그림 A는 다트 폭을 1로 정하고 옆선 파임을 0.5로 설정하여 핏이 되는 뒤판으로 가정한다.

그림 B는 옆선 파임 양을 0.1 추가하여 그만큼 허리 다트 폭을 줄여준 그림이다.

그림 C는 다트를 두 개로 나눌 경우 다트의 높이가 낮아진 그림이다. 봉제 가능 폭을 고려하여 양쪽 다트의 높이를 조정하였다.

2.1 tight bodice pattern(타이트 상의 원형) 뒤판 순서 3

(그림117)은 다트를 두 개로 나누었을 때의 모습이다. 다트를 두개로 나눠 다트의 길이(높이)가 줄어들었다.

(그림118)은 원형 뒤판의 허리 다트 모습이다. 뒤판 허리다트의 경우 프린세스라인으로 M.P 시키는 경우가 많다.

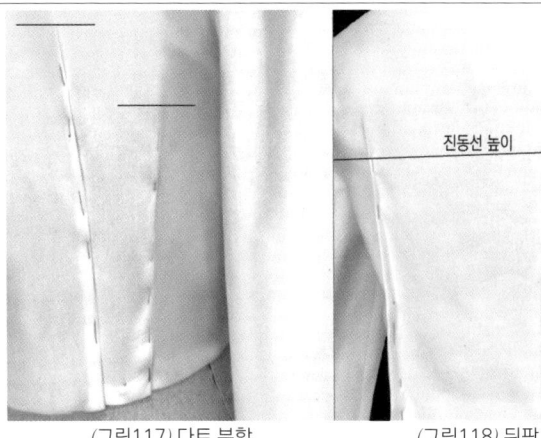

(그림117) 다트 분할   (그림118) 뒤판 다트

13. 허리 다트를 완성하고 옆선을 그어준다.

(점15)와 (점19)를 곡선으로 이어준다.
(점16)과 (점19)를 곡선으로 이어준다.
(점8)과 (점17)를 이어준다.

14. 결선을 그어준다. (완성)

결선은 재단 시 결을 맞추기 위해 존재함으로 너무 짧게 그리지 않도록 주의한다.

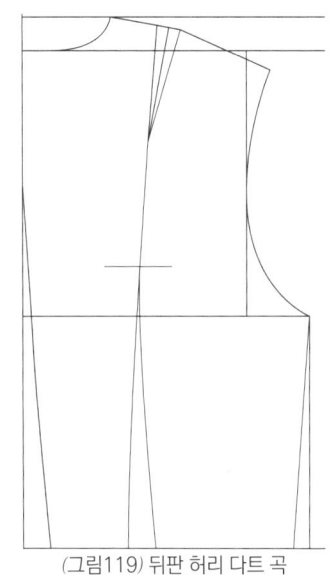

(그림119) 뒤판 허리 다트 곡

(그림120.121)은 원형 그대로 옷을 제작할 경우 다트로 인해 변경되는 밑단을 수정해준 모습이다.

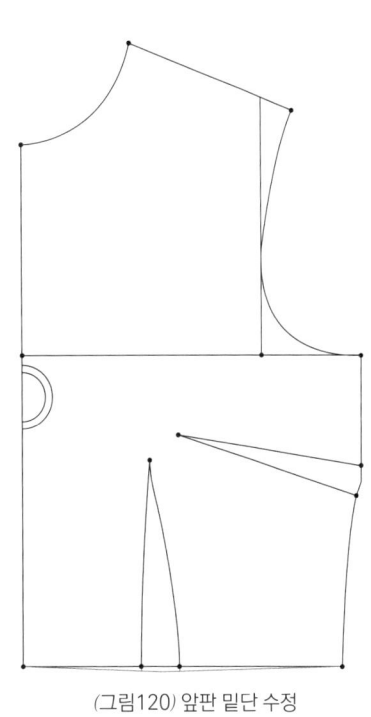 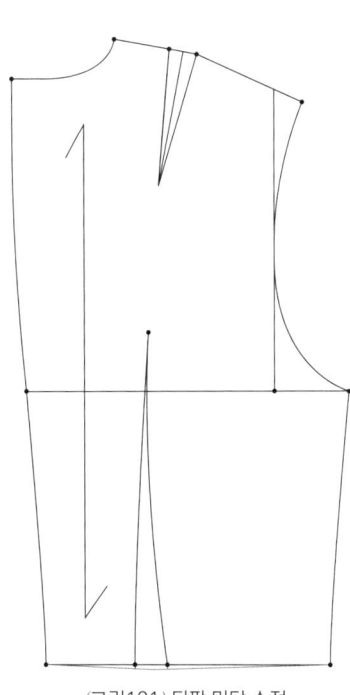

(그림120) 앞판 밑단 수정   (그림121) 뒤판 밑단 수정

2.1 tight bodice pattern(타이트 상의 원형) 뒤판 곡자 사용

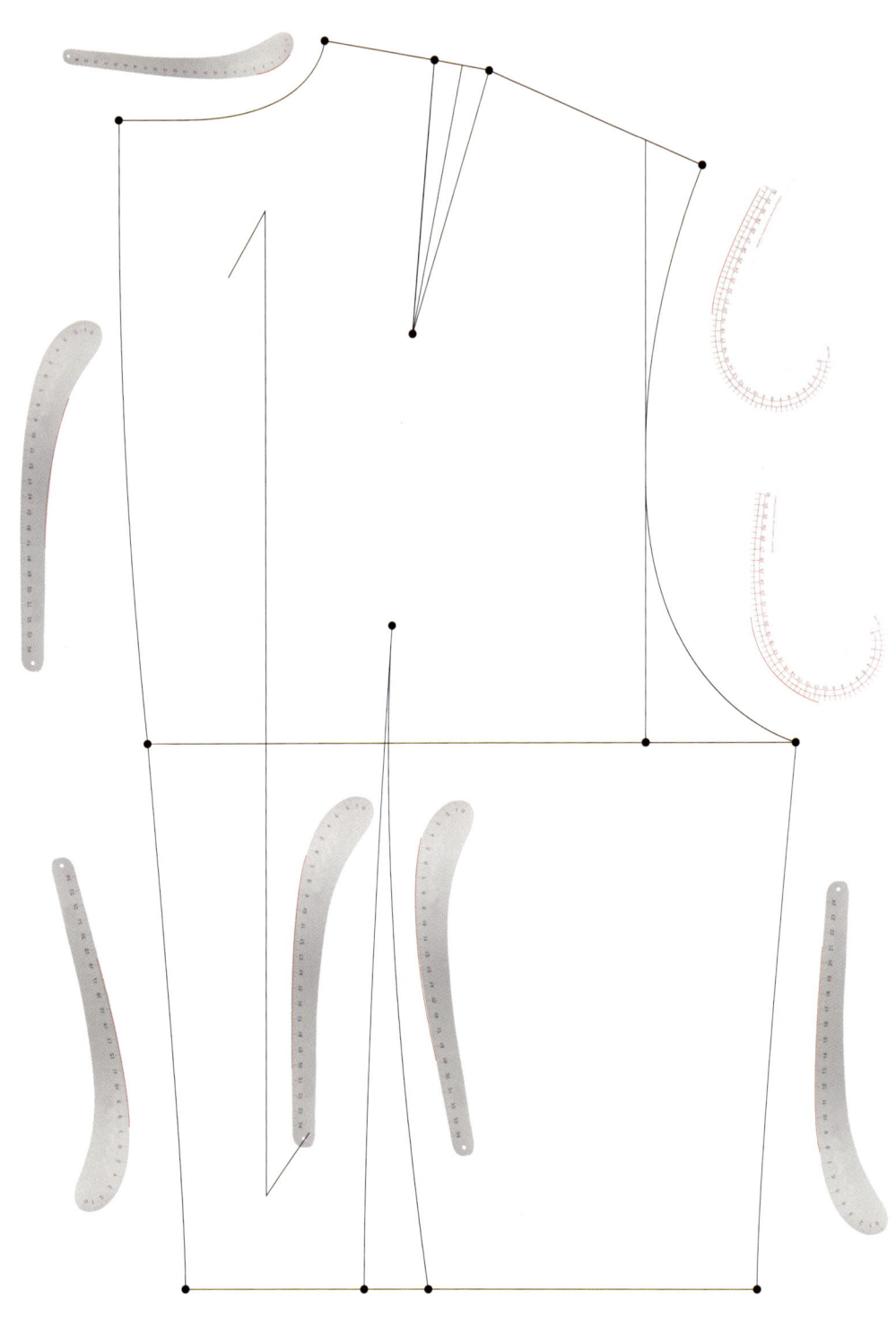

2.2 뒤판 허리 다트의 방향

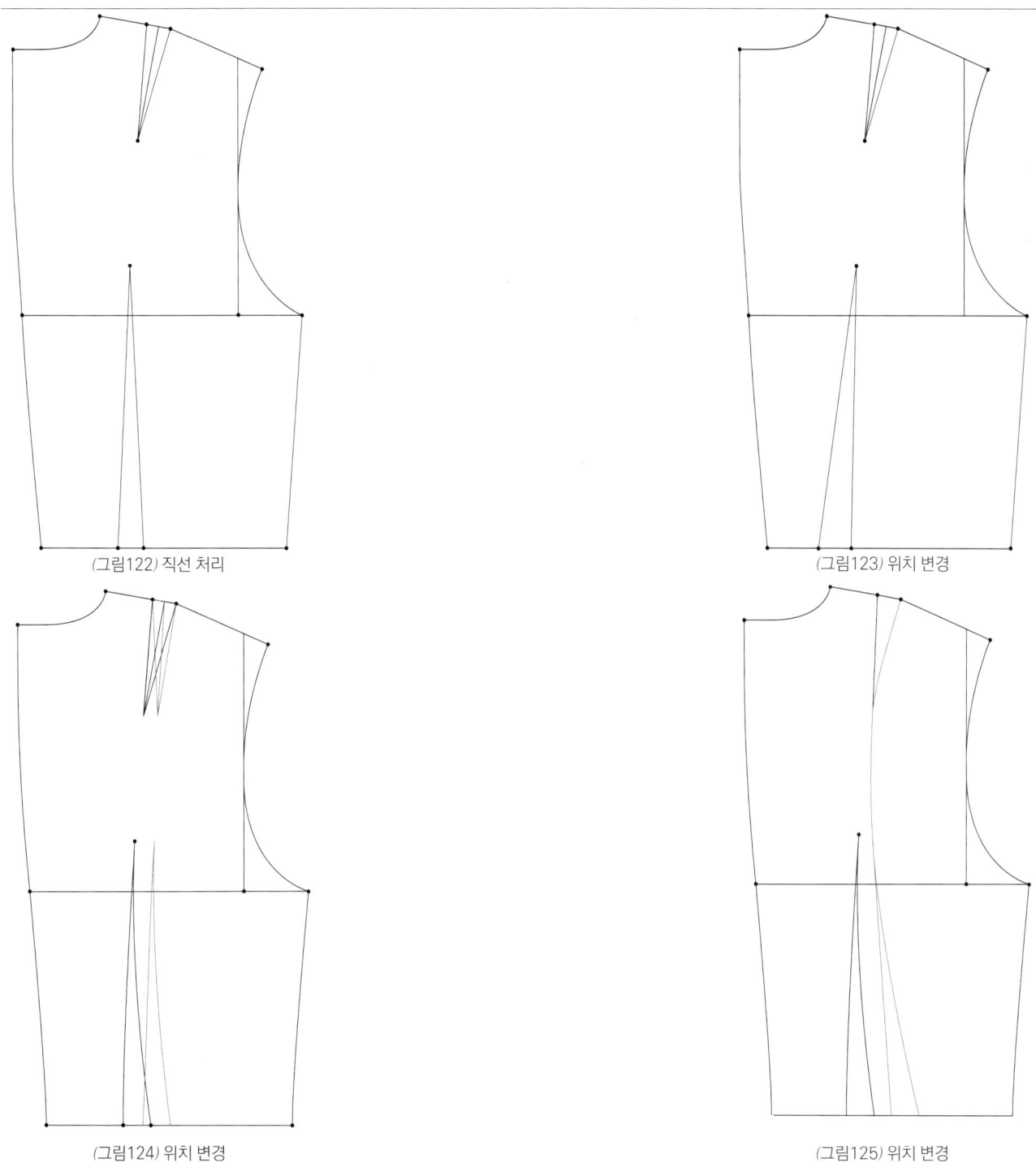

(그림122) 직선 처리

(그림123) 위치 변경

(그림124) 위치 변경

(그림125) 위치 변경

(그림122) = 허리 다트를 직선으로 바꾸었다. 정적인 이미지를 가진다.

(그림123) = 허리 다트의 위치를 뒷 중심 쪽으로 옮겼다. 결이 비바이어스 방향으로 바뀌어 봉제 시 스티치 상태가 문제 없도록 유의하며 봉제해야 한다.

(그림124) = 견갑골 다트 끝점을 옆선 쪽으로 옮겼다. 견갑골 다트의 방향과 자연스럽게 맞추기 위해 허리 다트도 옆선 쪽으로 옮겨주었다.

(그림125) = 허리 다트의 위치를 옆선 쪽으로 옮겼다. 자연스럽게 M.P시켜주기 위해 견갑골 다트의 곡도 수정해주었다. 절개선의 결이 많이 휘어져 봉제 시 원단이 늘어날 수 있어 유의해야 한다.

2.3 basic dart manipulation(기본 다트 조작)

절개선이 어깨 선상에서 허리 쪽으로 이어지는 형태를 *princess line*(프린세스 라인)이라고 부른다. *princess line*은 과거 최초의 디자이너로 불린 *Charles Frederic Worth*에 의해 개발된 방법이다. 당시에 다트의 의존에서 벗어나 다트를 *manipulation*을 시킨 획기적인 방법이었으며 *Princess Alexandra*를 기리기 위해 *princess line*으로 명명되었다. 또 다른 말로는 *french dart line*로 불린다.

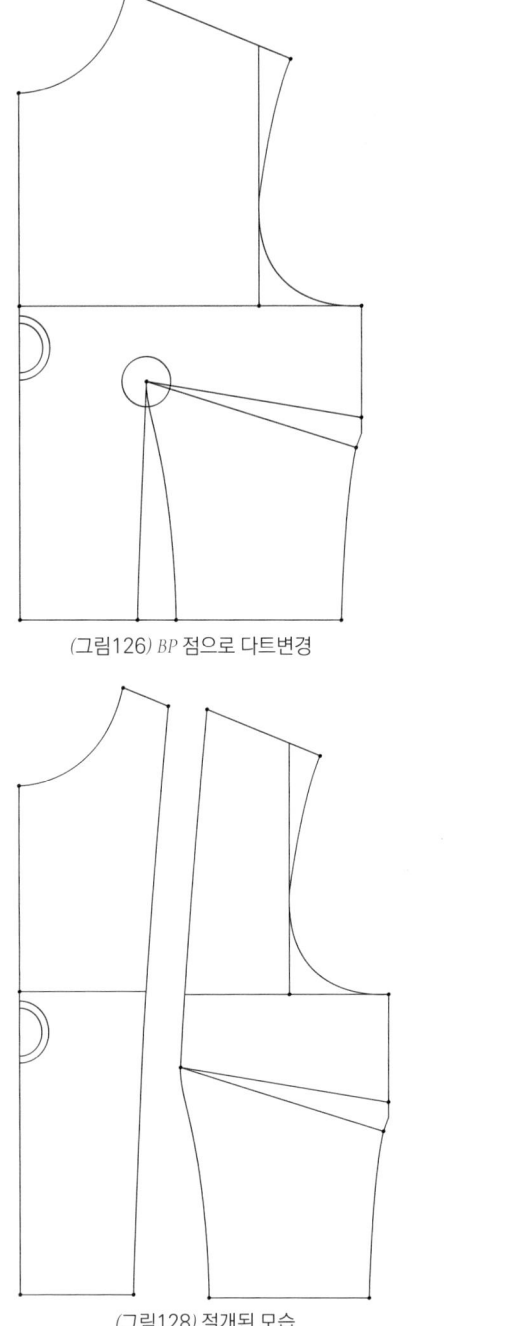

(그림126) BP 점으로 다트변경

(그림128) 절개된 모습

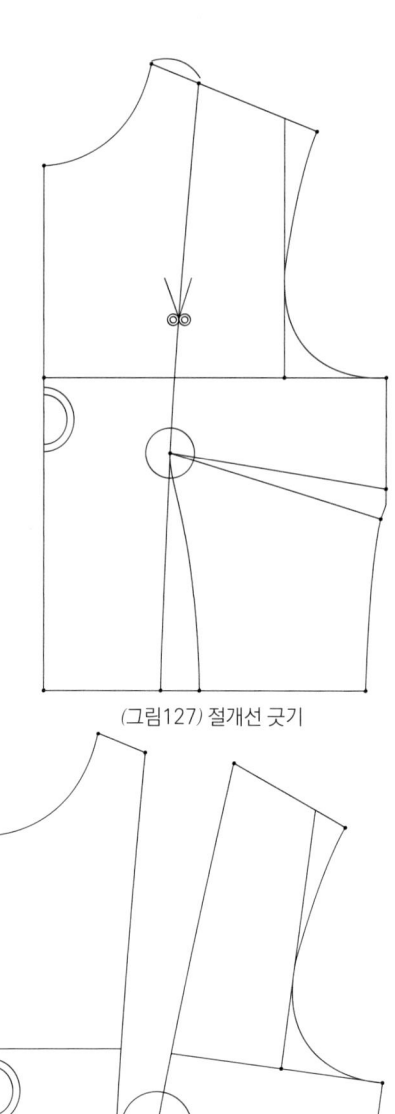

(그림127) 절개선 긋기

(그림129) 가슴 다트 접기

front(앞판)

순서 1(그림126) *dart manipulation*을 하기 위해 BP 점을 통과하도록 원형 패턴의 다트를 수정해준다.

순서 2(그림127) 절개선의 결이 너무 휘어지지 않도록 어깨선에서 적절한 위치를 잡아 절개선을 긋고 가위로 커팅해준다.

순서 3(그림128) 절개된 모습

순서 4(그림129) 가슴 다트를 접어준다. 동그라미로 표시된 부분의 곡이 부드럽지 않다.

2.3 basic dart manipulation(기본 다트 조작)

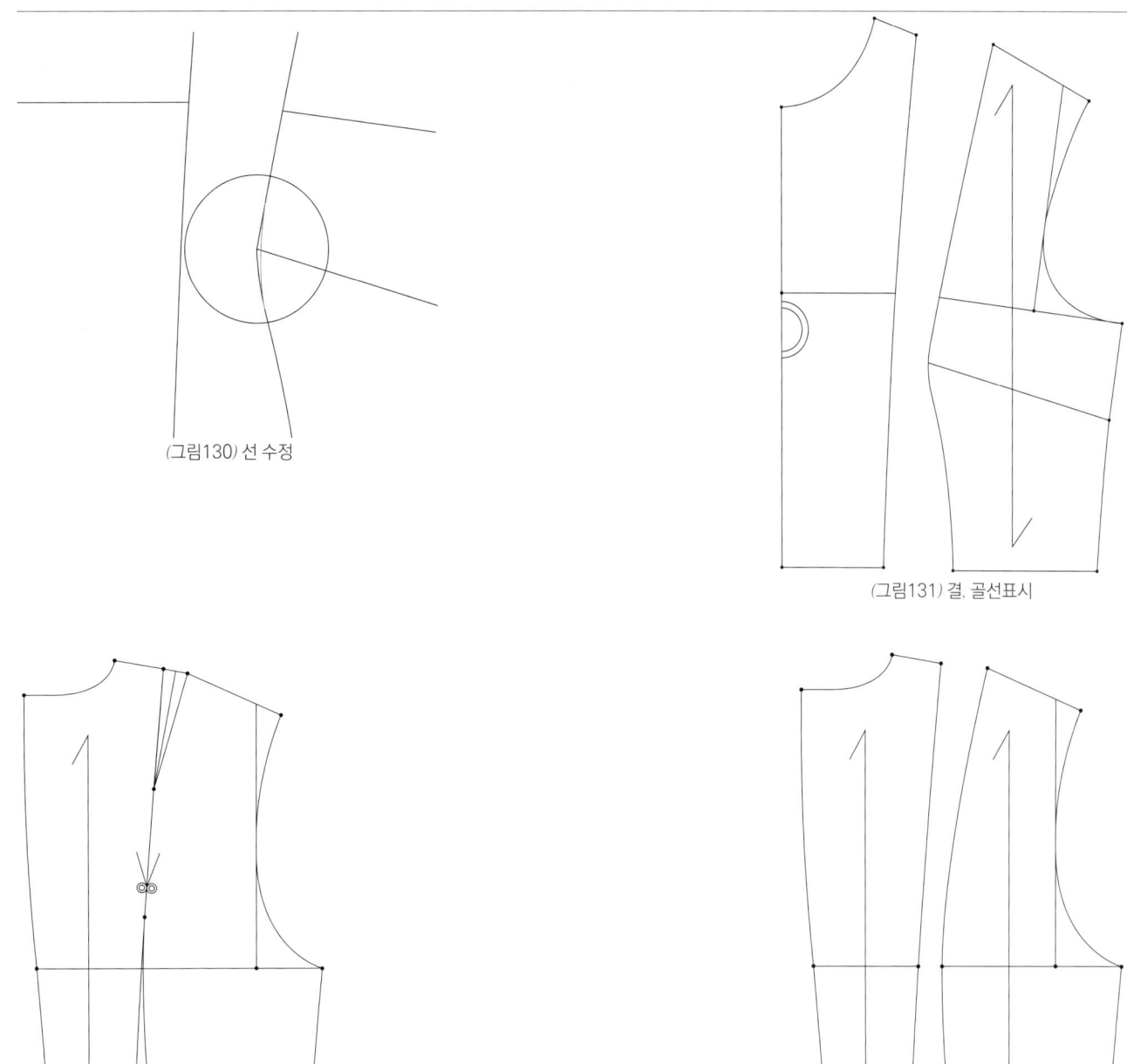

(그림130) 선 수정

(그림131) 결. 골선표시

(그림132) 절개

(그림133) 완성

순서 5(그림130) 부자연스러운 곡선을 부드럽게 수정해준다. 봉제되는 절개선이 부드럽게 떨어지도록 다듬어주는 것이다.

순서 6(그림131) 골선과 결선을 만든다.

back(뒤판)

순서 7(그림132) 절개라인을 만들고 절개해준다.

순서 8(그림133) 선이 부드럽게 이어지는지 확인 후 필요 시 수정해준다. 결선을 긋는다. (완성)

3.
tight bodice to hip
(상의 원형 힙라인까지 = 타이트 원피스 원형)

3.1
tight bodice to hip(상의 원형 힙라인까지 = 타이트 원피스 원형)

3.2
뒷중심 파임 변화

3.3
tight bodice to hip manipulation(원피스 원형 M.P)

3.1 tight bodice to hip(상의 원형 힙라인까지 = 타이트 원피스 원형) 앞판

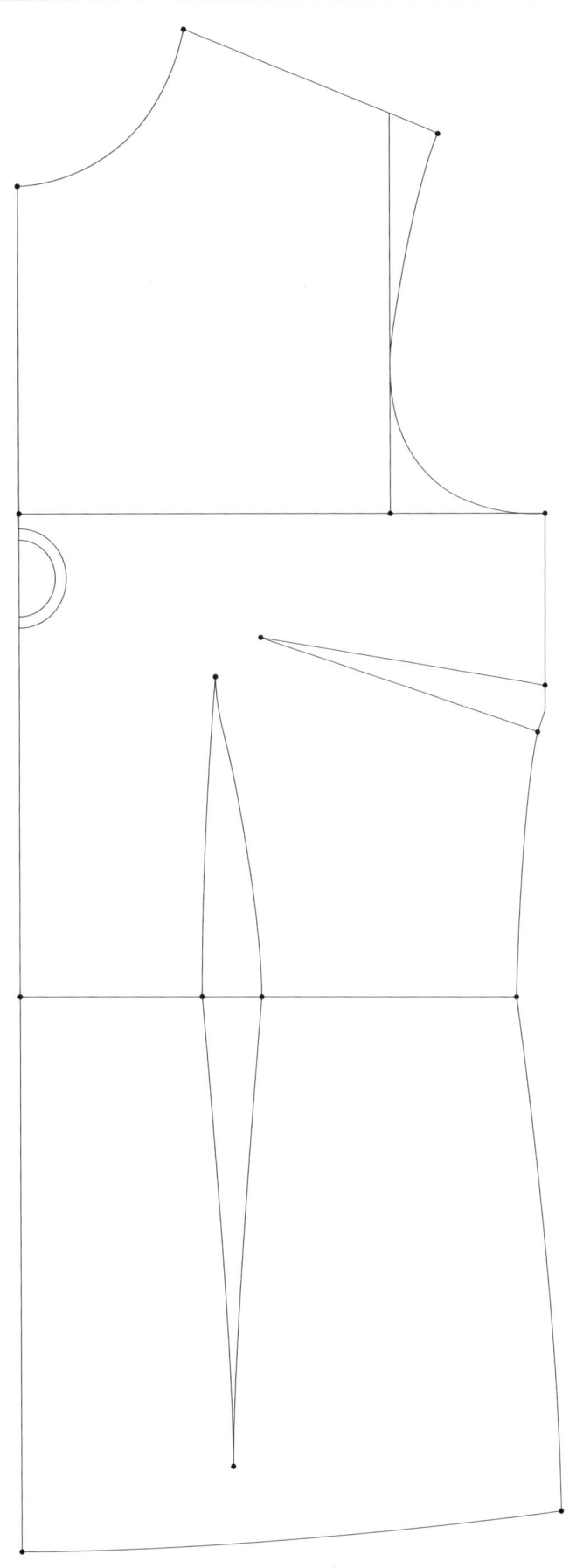

3.1 tight bodice to hip(상의 원형 힙라인까지 = 타이트 원피스 원형) 앞판

front (앞판)

1. 원형 패턴을 가져와 힙(엉덩이)선의 높이를 정해준다.

*(점1)*에서 수직으로 21.6*cm*(8 1/2″) 내려간다. *(점2)*
*(점2)*에서 수평선을 긋는다. *(점3)*

📖 엉덩이 길이(깊이)

허리선에서 힙(엉덩이)선까지의 수직거리를 엉덩이 길이라고 부른다. 엉덩이 길이는 많은 여성들을 측정해본 경험으로 19-23*cm* 정도의 범위를 가졌다.

엉덩이 길이가 사람마다 다른 이유로 첫 번째는 키이다. 엉덩이 길이는 길이의 항목이기 때문에 신장이 클수록 엉덩이 길이도 길어지는 경우가 많다.

두 번째 이유는 힙둘레이다. 힙둘레가 큰 사람은 일반적으로 엉덩이 길이가 길어진다. *(그림135)*를 보면 힙 둘레가 증가할 때 자연스럽게 엉덩이 돌출점이 내려가는 것을 확인할 수 있다.

세 번째 이유는 자세와 습관에 의한 변형이다. 하이힐을 자주 신거나 다리를 꼬는 습관이 골반의 균형을 앞으로 쏠리게 하는데 하체가 체중을 받치는 것에 무리가 가서 엉덩이가 뒤로 빠지게 되어 오리 궁둥이라고 불리는 체형이 될 수 있다. 이런 경우 정상체형의 엉덩이 길이보다 짧은 경우가 많다.

2. *H*/4 지점을 찾는다.

*(점2)*에서 수평 방향으로 *H*/4만큼 나간다. *(점4)*

원피스는 힙선에 여유량을 줄 수 있지만 타이트핏의 경우 몸에 딱 맞는 핏을 선호하는 고객분들이 많아 원단의 스판강도에 따라 여유량을 주지 않거나 적게 준다.

3. 옆선을 곡자로 긋는다.

*(점5)*와 *(점4)*를 곡자로 이어준다.

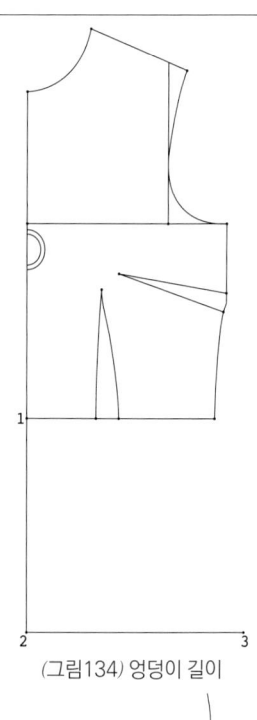
(그림134) 엉덩이 길이

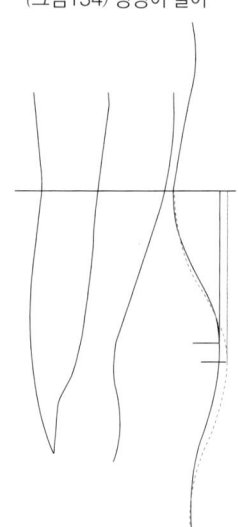
(그림135) 힙둘레 증가와 엉덩이 길이의 관계

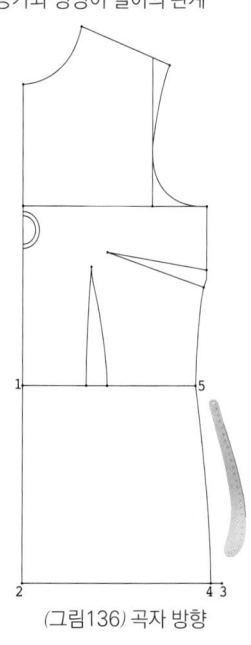
(그림136) 곡자 방향

3.1 tight bodice to hip(상의 원형 힙라인까지 = 타이트 원피스 원형) 앞판

4. 허리 다트를 힙선까지 이어준다.

허리 다트폭의 이등분 점을 찾는다. (점6)
(점6)에서 수직으로 20.3cm(8") 내려간다. (점7)
다트를 곡자로 이어준다.

다트 끝점을 힙선까지 내려주지 않은 이유는 외관상 다트의 길이가 너무 길어 보이지 않도록 하기 위함이다.

다트를 그릴 때 곡자의 완만한 곡을 써주는 이유는 신체의 앞면은 배와 힙 높이 사이의 곡이 완만하여 집어 줄 수 있는 다트의 양이 뒤판보다 적기 때문이다.

5. 앞내림을 해준다.

(점2)에서 수직으로 1cm(3/8") 내려간다. (점8)
(곡선 4-5) 선상 (점4)에서 0.6cm(1/4") 올라간다. (점9)

(점4)에서 0.6cm(1/4")를 올려주는 이유는 옆선 봉제 시 앞, 뒤판의 옆선이 만나는 솔기가 자연스럽게 이어지도록 하기 위함이다. 0.6cm를 올려주어야 하는지 올려주지 않아도 되는지는 의상마다 앞, 뒤판의 옆선을 맞대어 옆선이 이어지는 상태를 확인하여 판단할 수 있다.

(점8)과 (점9)를 곡자로 자연스럽게 연결한다.

6. 골선을 넣는다. (완성)

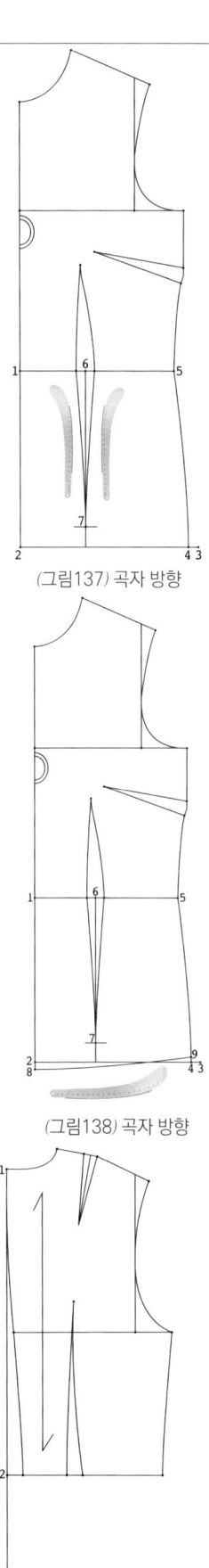

(그림137) 곡자 방향

(그림138) 곡자 방향

(그림139) 엉덩이 길이

back(뒤판)

1. 힙선의 위치를 정해준다.

(점1)에서 수직으로 38.1cm(15") 내린다. (점2) = 등길이 재확인
(점2)에서 수직으로 21.6cm(8 1/2") 내린다. (점3)
(점3)에서 수평선을 긋는다. (점4)

3.1 tight bodice to hip(상의 원형 힙라인까지 = 타이트 원피스 원형) 뒤판

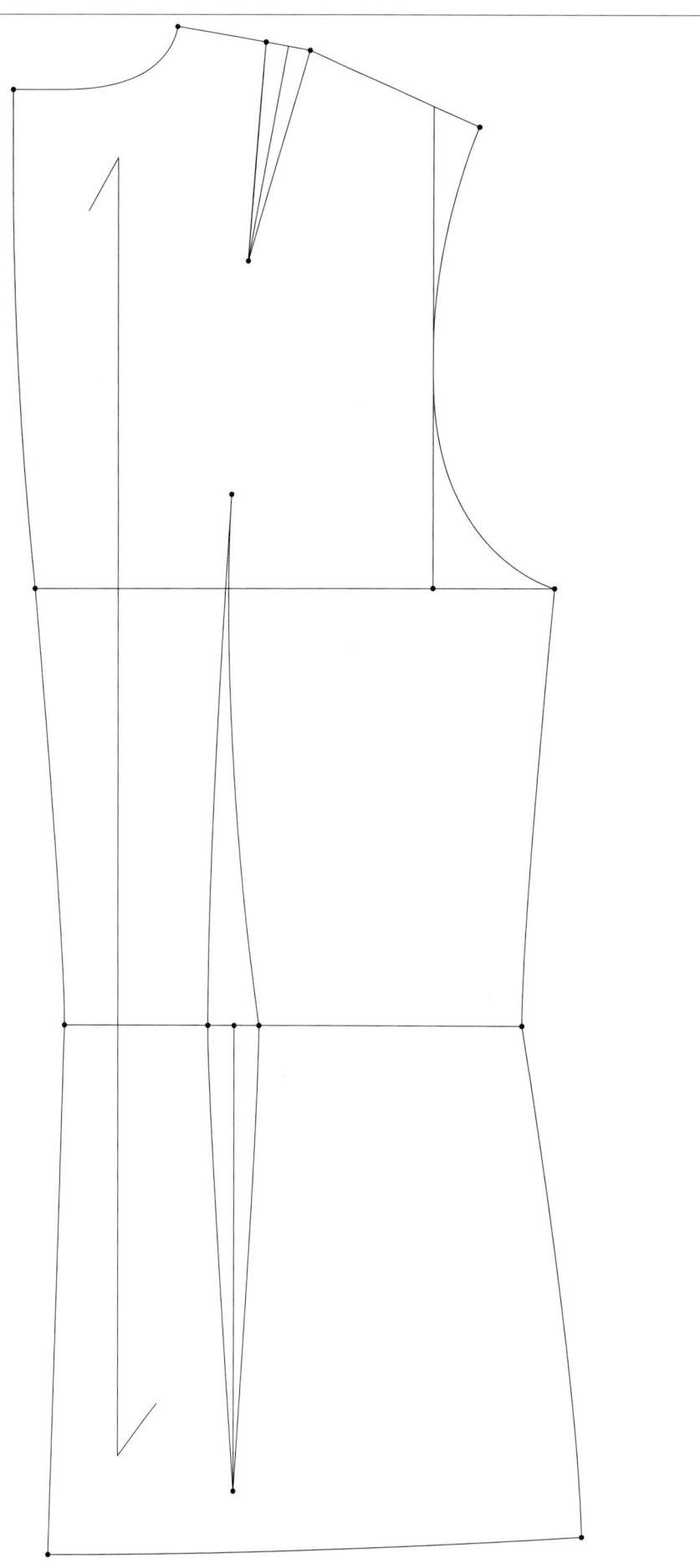

3.1 tight bodice to hip (상의 원형 힙라인까지 = 타이트 원피스 원형) 뒤판

2. 뒷중심파임선과 옆선을 그어준다.

*(점5)*지점을 찾는다.
*(점3)*에서 수직으로 1.2*cm*(1/2″) 이동한다. *(점6)*
*(점5)*와 *(점6)*을 직선으로 이어준다.

*(선분 2-5)*와 *(선분 3-6)*의 길이는 차이가 있는데 허리에서 엉덩이로 내려갈수록 다트로 집을 수 있는 면적이 줄어들기 때문이다.

3. 힙 길이를 정해주고 옆선을 긋는다.

*(점6)*에서 수평 방향으로 *H*/4만큼 나간다. *(점7)*
*(점8)*과 *(점7)*을 곡자로 잇는다.

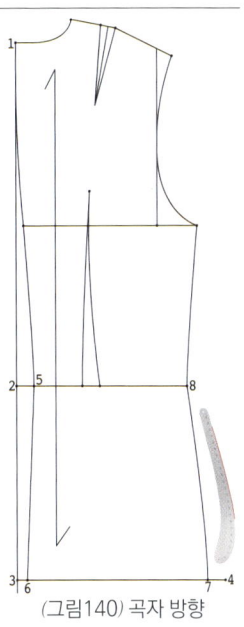

(그림140) 곡자 방향

4. 허리 다트를 힙까지 연장한다.

허리 다트폭의 이등분 점을 찾는다. *(점9)*
*(점9)*에서 수직으로 20.3*cm*(8″) 내린다. *(점10)*
다트를 곡자로 이어준다.

5. 옆선의 밑단 끝점을 0.6*cm*(1/4″) 올린다.
*(옆선8-7)*선상중 *(점7)*에서 0.6*cm*(1/4″) 올려 *(점11)*을 잡아준다.
*(점6)*과 *(점11)*을 곡자로 이어준다.

6. 결선 표시를 해준다. *(완성)*

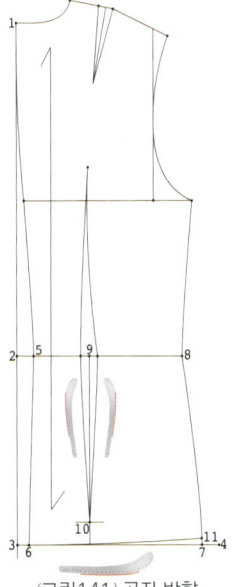

(그림141) 곡자 방향

📖 허리와 엉덩이 체표면 사이의 공간

*(그림142)*를 보면 허리 선상에서 엉덩이 선상까지 앞, 뒤의 체표면 공간이 다르다는 것을 확인할 수 있다. 따라서 앞뒤 면적의 차이를 반영해주기 위해 힙까지 이어지는 허리 다트를 그려줄 때 앞, 뒤 곡자의 방향을 바꿔주는 것이 바람직하다.

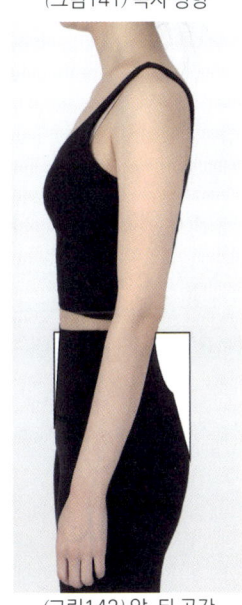

(그림142) 앞, 뒤 공간

3.2 뒷중심 파임 변화

1. 힙둘레 감소

힙둘레가 줄어든 변화를 빨간 선으로 표시하였다.

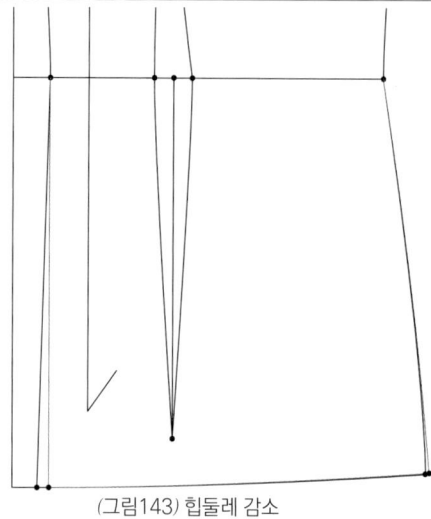

(그림143) 힙둘레 감소

2. 힙둘레의 증가

힙둘레가 증가한 변화를 빨간 선으로 표시하였다.

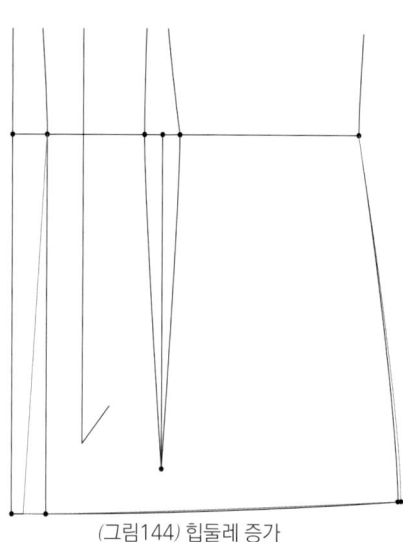

(그림144) 힙둘레 증가

3. 허리둘레의 감소

허리둘레가 줄어든 변화를 빨간 선으로 표시하였다. 줄여주는 분량은 허리 선상중 옆선에서 줄여주지 않고 뒷중심 쪽에서 줄여주는 것이 일반적이다. 줄어든 분량을 옆선 쪽에서 깎아주지 않는 이유는 뒷중심 쪽 다트처리 가능한 체표면 공간이 허리의 옆면보다 넓기 때문이다.

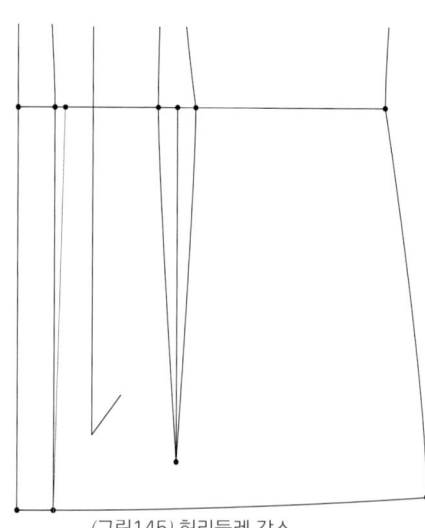

(그림145) 허리둘레 감소

3.3 tight bodice to hip manipulation (원피스 원형 M.P)

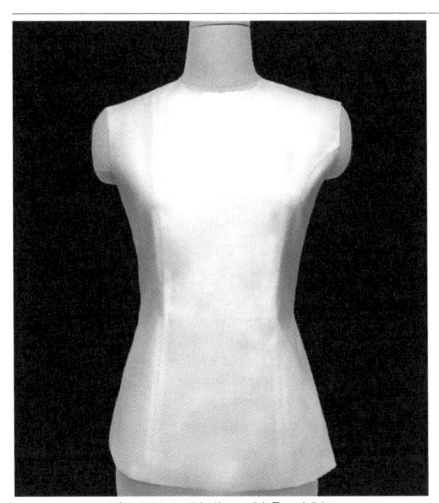
(그림146) 프린세스, 암홀 라인 M.P

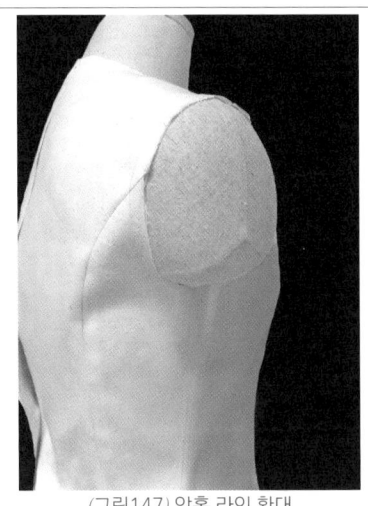
(그림147) 암홀 라인 확대

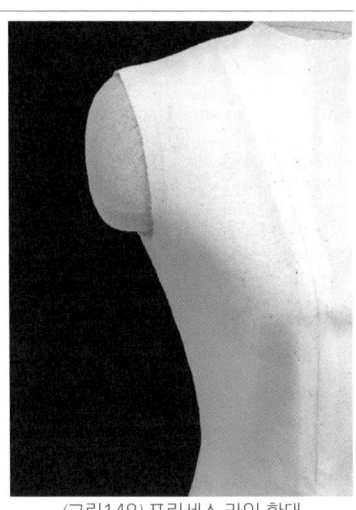
(그림148) 프린세스 라인 확대

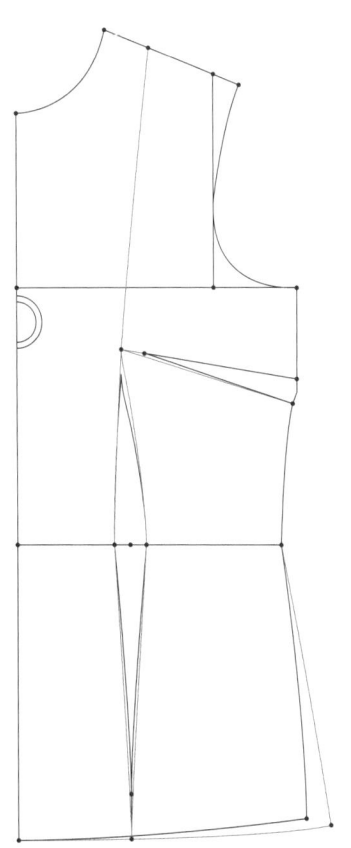
(그림149) M.P 과정 1

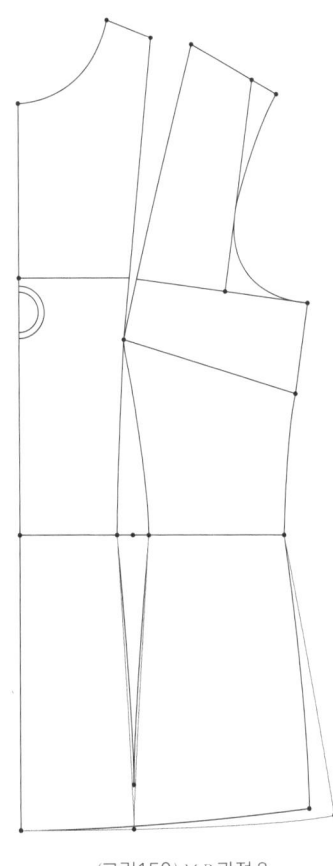
(그림150) M.P 과정 2

(프린세스 라인 M.P)

1. 다트 조작을 위해 원피스 원형을 가져온다.

2. 다트를 절개하기 위해 표준 BP점으로 다트를 수정한다.

3. 다트 끝점을 힙둘레선까지 연장하였다.

4. H/4를 H/4 + 1.9cm(3/4")로 바꿔주었다.
(선택사항)

5. 가슴 다트를 접는다.

3.3 tight bodice to hip manipulation(원피스 원형 M.P)

6. 절개 후 그림(151)과 같이 곡선을 다듬어준다.

(그림151) 선 수정

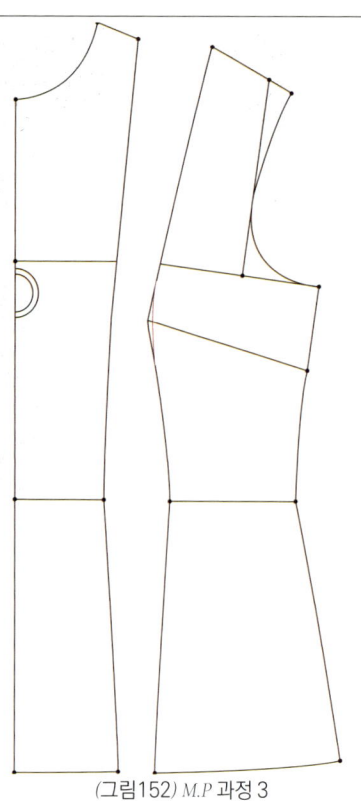

(그림152) M.P 과정 3

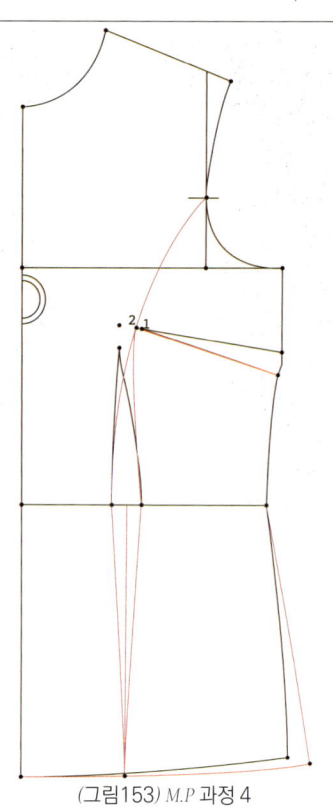

(그림153) M.P 과정 4

(암홀 라인 M.P)

1. 암홀 라인으로 절개할 곡선을 그려준다.
(그림153)

그려준 절개선을 기준으로 자연스러운 암홀 라인의 곡을 만들어주기 위해 허리 다트의 위치를 움직인다.

2. 가슴 다트를 접는다. 옆선 라인이 부드럽게 이어졌는지 확인하고 필요시 라인을 다듬어준다. (그림154)

3. 절개선을 따라 절개하고 곡선 부분을 부드럽게 다듬어 준다. (그림155)

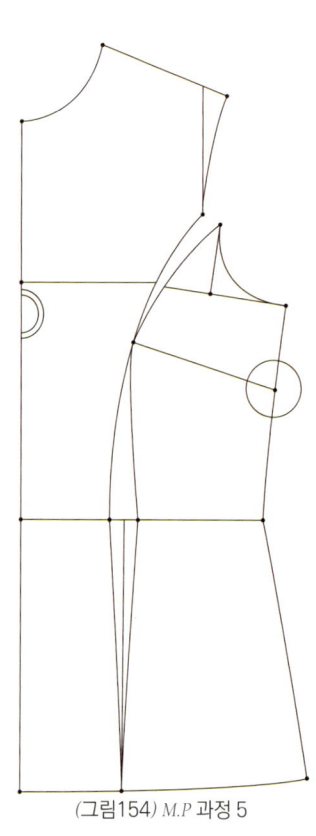

(그림154) M.P 과정 5

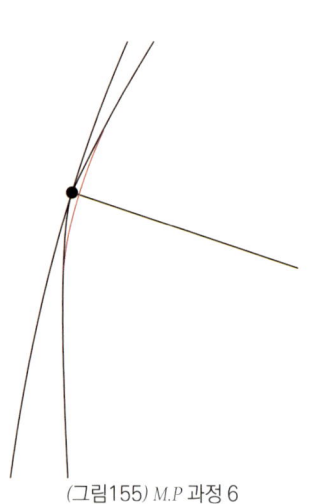

(그림155) M.P 과정 6

3.3 tight bodice to hip manipulation(원피스 원형 M.P)

뒤판

(그림156)

4. 다트의 위치를 움직여 절개라인을 만들었다. *(완성)*

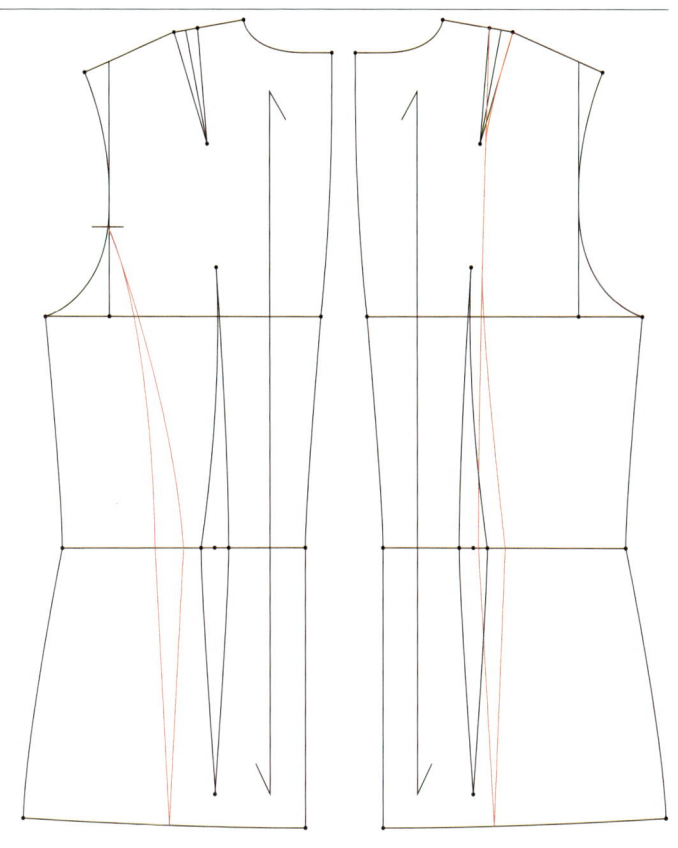

(그림156) 암홀 라인(왼쪽) , 프린세스 라인(오른쪽)

길이 확인

*(그림158)*의 허리 다트는 양쪽 변의 길이가 다름으로 길이를 맞추기 위해 *(그림157)*과 같이 수정해준다.

*(선분 1-2)*를 연장하여 *(선분 1-3)*길이와 같도록 임의의 *(점4)* 를 찾아 준다.

*(점4)*를 기준으로 암홀 모양을 수정해준다. 암홀의 기존 형태가 크게 바뀌지 않아야 함으로 수정은 미세하게 이루어져야한다.

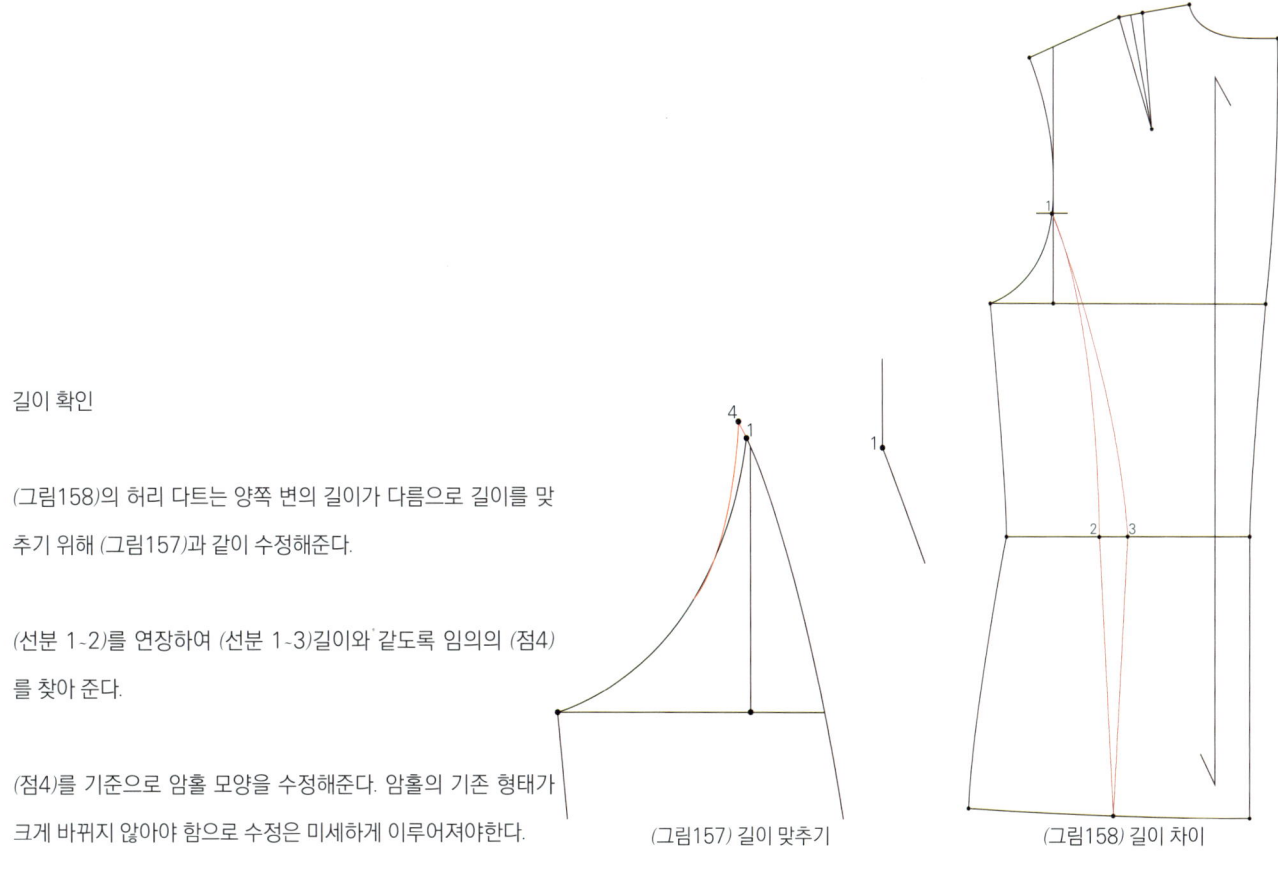

(그림157) 길이 맞추기   *(그림158)* 길이 차이

4.
tight bodice pattern advanced

(타이트 상의 원형 심화)

4.1
neckline variation(네크라인 변화)

4.2
shoulder dart variation(견갑골 다트 처리)

4.3
사이즈 그레이딩으로 인한 목 둘레와 어깨선의 변화

4.1 neckline variation(네크라인 변화)

**55치수 목 밑둘레를 기준으로 앞목점과 옆목점, 뒷목점을 정했습니다.

(그림159)

검은색 네크라인 = 원형 네크라인

빨간색 네크라인 = 목이 답답해 보이지 않도록 넓혀준 네크라인으로 스탠드나 칼라가 부착되는 기본 블라우스, 원피스에 주로 쓰인다.

주황 선 네크라인 = 앞중심이 골일 경우 앞중심이 각지지 않도록 라운드 네크라인 형태로 만든다.

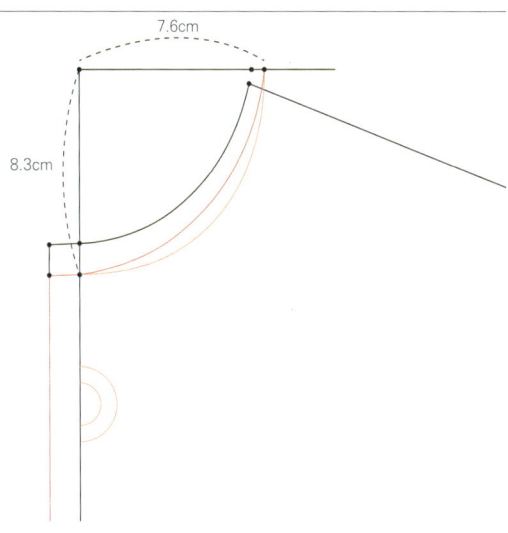

(그림159) 변화 1

(그림160)

보트 네크라인 형태로 제도한 그림이다. 기존의 어깨선(검정선)을 앞으로 이동시켜 빨간 선으로 바꿔준다.

빨간 선은 어깨선이 앞으로 이동되어 옷이 뒤로 젖혀지는 것을 방지해주고 좀 더 납작한 보트 네크라인 모양으로 그려줄 수 있다. 또한 네크라인 면적이 앞이 줄어들고 뒤가 늘어가 네크라인이 뜨거나 남는 증세를 없애줄 수 있다.

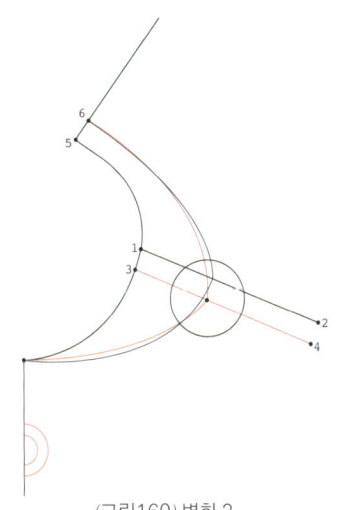

(그림160) 변화 2

어깨선 위치와 옷의 균형

몸의 움직임은 주로 앞쪽을 향한다. 몸이 앞으로 움직일 때 옷은 관성을 받아 반대로 뒤로 젖혀질려고 하는데 어깨선을 앞쪽으로 옮기게 되면 (그림161)의 화살표와 같이 옷이 뒤로 넘어가려고 할 때 어깨 부위의 경사에 막혀 옷이 뒤로 젖혀지는 것을 방지해줄 수 있다.

검정 선 = 기존 어깨선
빨간 선 = 이동된 어깨선

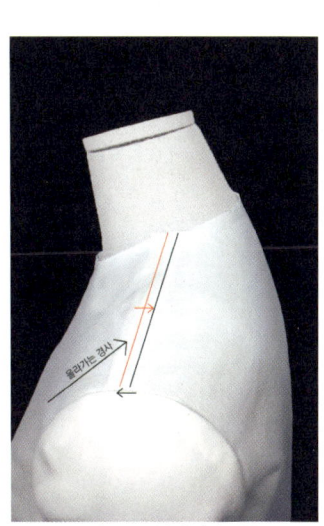

(그림161) 어깨선의 이동

4.1 neckline variation (네크라인 변화)

(그림162)

네크라인을 각진 네크라인으로 바꿔주었다. 네크라인에 디자인이 들어갈 경우 어깨라인에서 넘어가는 부분이 자연스럽게 이어지는지 확인해주는 과정이 필요하다.

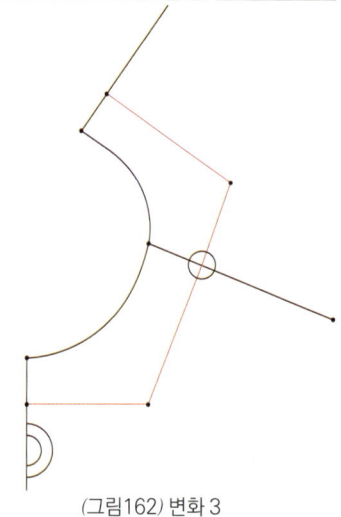

(그림162) 변화 3

(그림163)

*(선분 1-2)*가 접어지는 선으로 *(점3)*이 *(선분 1-2)*에 의해 접히면서 *(점4)*의 위치로 가게 된다.
*(그림163)*의 골선표시는 접히는 부분이라는 의미의 표시로 사용된다.

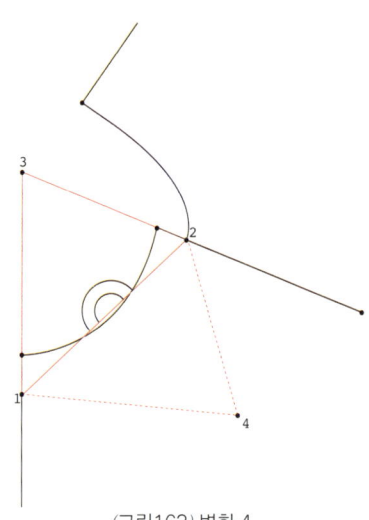

(그림163) 변화 4

(그림164)

*(그림164)*는 뒷목점을 임의로 내려주었을 때 나타나는 균형의 변화를 설명한 그림이다. 사이즈 그레이딩의 의도가 아닐 때 뒷목점 또는 뒷목점과 옆목점을 동시에 파주게 될 경우 옷이 뒤로 넘어가는 현상이 빈번히 일어난다. 이러한 이유는 관성과 견갑골의 움직임이 연관된 것으로 추측된다. 관성은 몸이 앞으로 움직일 때 옷이 관성을 받아 뒤로 넘어가는 것을 말하는 것이며 두 번째로 견갑골은 동작 시 영향을 미치는데 신체가 앞으로 움직일 때 견갑골 주변 근육의 움직임이 어깨선을 뒤로 향하도록 만드는 것이다. 이는 견갑골 주변 근육이 움직일때 뒤를 감싸고 있는 원단이 뒤쪽 방향으로 당겨지므로 어깨선이 움직이려고 하는 것이다. 어깨선이 뒤로 넘어가는 현상은 뒷목점을 내려줄수록 심해지는데 이는 뒷목점이 내려갈수록 견갑골 주변을 감싸는 뒤판 패턴의 면적이 감소하여 더 쉽게 움직이는 것으로 판단하고 있다. 그래서 뒷목점을 내려주는 의상의 경우 어깨선을 절개하여 앞쪽으로 옮겨주는 방식으로 옷이 뒤로 넘어가는 현상을 방지해주고는 한다.

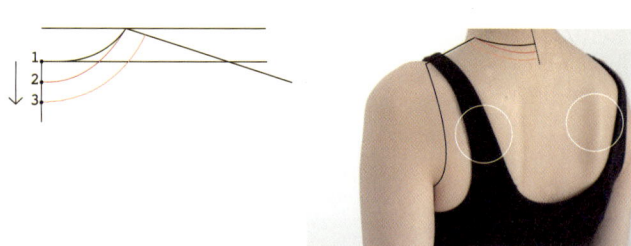

(그림164) 뒷목점을 내려주는 행위가 옷의 균형에 미치는 영향

4.2 shoulder dart variation (견갑골 다트 처리)

견갑골 다트 처리란 뒤판의 견갑골 다트를 없애주고 견갑골 다트와 유사한 효과가 나타나도록 처리하는 방법이다. 온전히 견갑골 다트와 같은 효과를 누릴 수 없기 때문에 불완전한 처리 방법이다.

1. 상의 원형 뒤판 패턴을 가져온다.

2. 견갑골 다트 끝점을 기준으로 수평선을 암홀 쪽으로 그어준다.

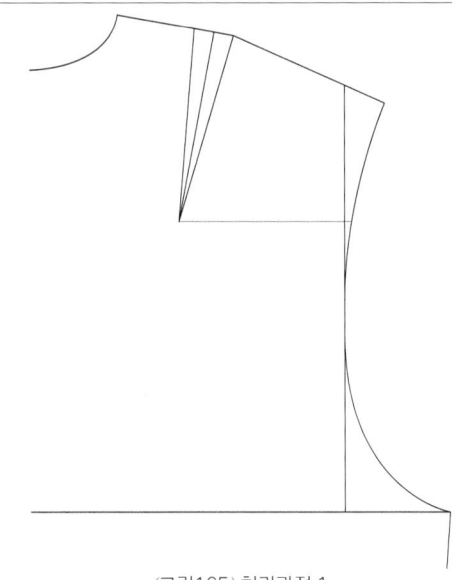

(그림165) 처리과정 1

3. 그어준 수평선을 절개하고 견갑골 다트를 접어 M.P시켜준다.

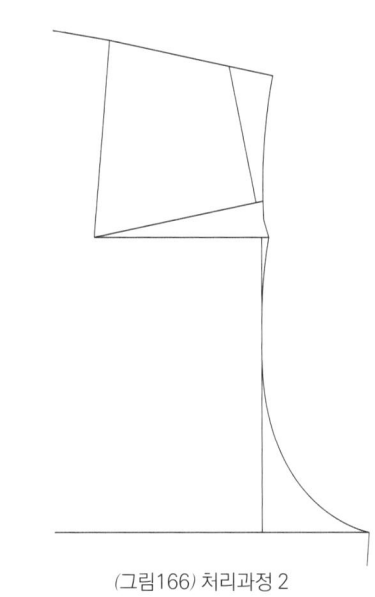

(그림166) 처리과정 2

4. 암홀로 이동된 다트 분량을 손으로 집어 위로 끌어올린다고 가정(상상)한다.

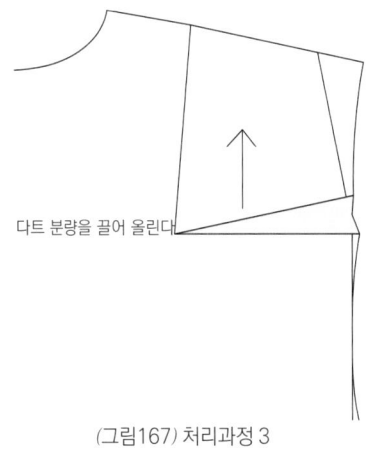

(그림167) 처리과정 3

4.2 shoulder dart variation (견갑골 다트 처리)

5. 위로 끌어올린 분량만큼 어깨 각도를 깎아준다.

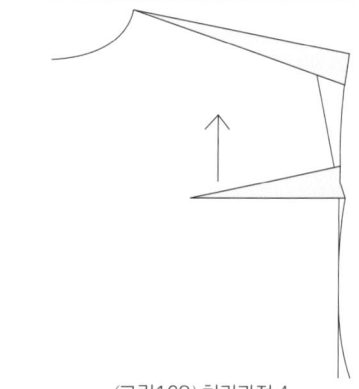

(그림168) 처리과정 4

(그림169) 견갑골 다트가 암홀로 이동된 모습

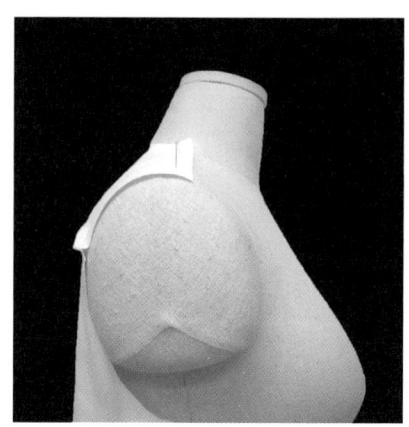

(그림169) 암홀로 M.P된 다트

(그림170) 암홀로 M.P된 다트(뒷모습)

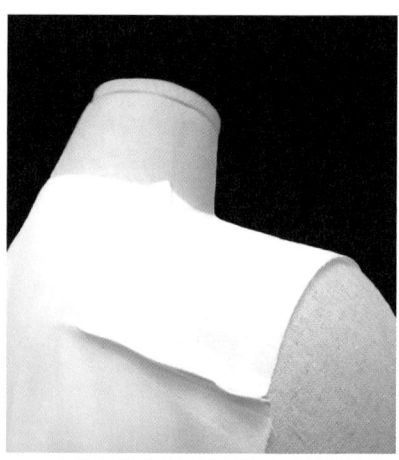

(그림170) 뒤에서 본 암홀로 M.P 된 다트

(그림171)

이동된 암홀 다트 폭만큼 뒤판 어깨선 각도를 내려주었다.

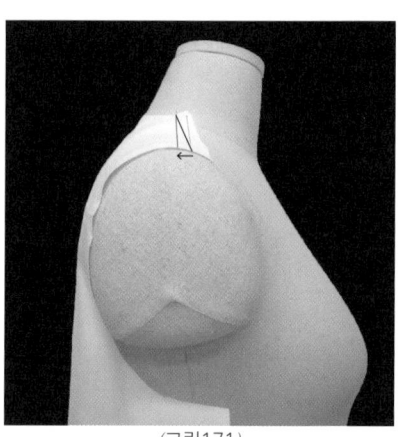

(그림171)

4.2 shoulder dart variation (견갑골 다트 처리)

견갑골 다트 실무 처리과정

1. 뒤판을 제도하는 과정 중 어깨선을 긋는 과정에서 견갑골 다트 처리를 해준다.

2. 어깨선 각도를 내려줄 때 내려주는 길이를 정한다.

내려주는 분량 = 1.9cm(3/4″)

3. 기존의 어깨선 각도(어깨너비/2에서 수직으로 0.6cm 올라간 지점)에서 1.9cm(3/4″) 수직으로 내려준다.

견갑골 다트 분량만큼 어깨선을 낮춰주는 것은 원단에 따라 혹은 체형마다 미세한 차이가 있을 수 있다. 그러므로 어깨선을 낮춰주는 분량은 낮춰준 뒤 달라진 뒤판 암홀길이가 앞판 암홀길이와 적절한 길이차이를 보이는지가 판단기준이 될 수 있다.

책의 원형 제도방식을 이용할 경우 어깨선 각도를 수직으로 1.9cm(3/4″) 내려주면 앞, 뒤 암홀 길이의 차이가 1.9cm(3/4″)로 유지되어 안정적인 길이차이를 유지한다.

4. 어깨너비/2 지점을 어깨선상에서 찾아 어깨점을 찾아주고 암홀을 자연스럽게 그려준다.

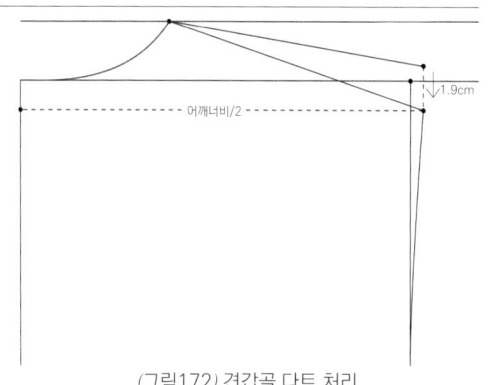

(그림172) 견갑골 다트 처리

그림(173)

견갑골 다트 처리를 해준 어깨선을 빨간 선처럼 곡자로 약간의 곡을 그려 수정해주면 뒤판에 미세한 이즈량이 생겨 견갑골 주변의 볼륨을 커버하는 데 도움이 된다.

단 요크나 기타 디자인으로 어깨선을 앞쪽으로 이동시킨 패턴은 가능하지 않다.

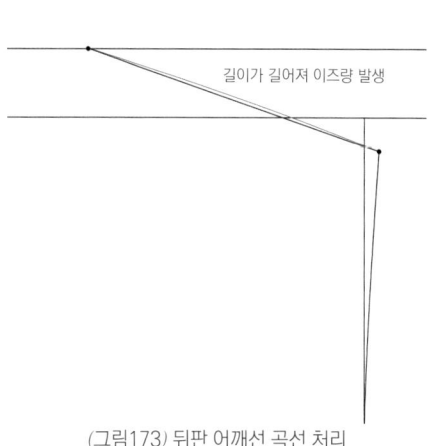

(그림173) 뒤판 어깨선 곡선 처리

4.3 사이즈 그레이딩으로 인한 목 둘레와 어깨선의 변화
(55치수에서 88치수로의 변화)

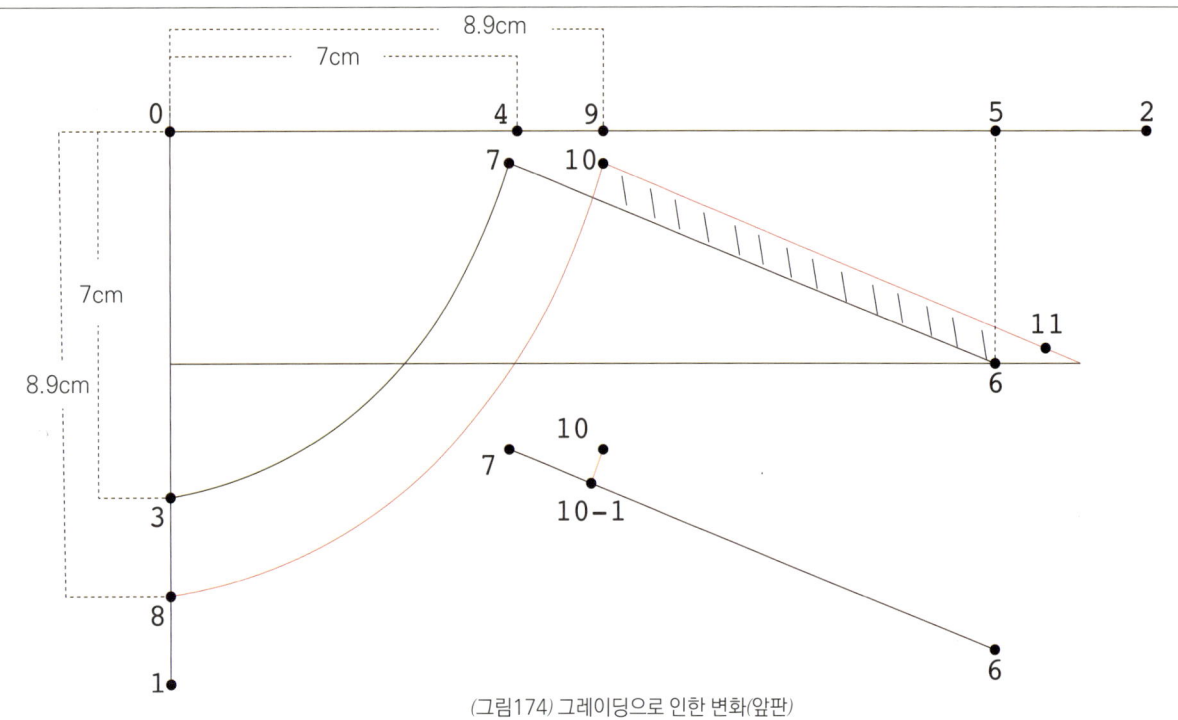

(그림174) 그레이딩으로 인한 변화(앞판)

(그림174)는 사이즈 그레이딩으로 달라지는 어깨너비와 목 둘레를 반영해 어깨 각도와 어깨점을 찾아주는 그림이다.

**55치수 기본 셔츠칼라 네크라인 둘레를 기준으로 앞목점과 옆목점, 뒷목점을 지정하였습니다.

앞판

1. 직각 선을 그린다. (선분 1-0-2)

2. 55치수 기본 셔츠칼라 네크라인의 옆목점과 앞목점을 지정한다. (점3, 점4)

3. (점3)과 (점4)를 이어 네크라인을 그려준다.

4. (점4)에서 수직으로 0.6cm 내려간 높이 선상에서 네크라인과 만나는 지점을 옆목점으로 바꿔준다. (점7)

5. (점4)에서 어깨 각도 공식을 이용하여 (점6)을 찾아준다.

6. 어깨선을 이어준다. (선분 7-6)

7. 사이즈 그레이딩으로 달라지는 목밑둘레와 어깨너비를 확인한다.

8. 달라진 목밑둘레를 기준으로 옆목점과 앞목점을 떨어트려준다. (점8, 9) / 88사이즈 목밑둘레 적용

9. (점8), (점9)를 이어 네크라인을 그리고 (점9)에서 수직으로 0.6cm 내려간 지점과 네크라인이 만나는 지점을 찾는다. (점10)

4.3 사이즈 그레이딩으로 인한 목둘레와 어깨선의 변화
(55치수에서 88치수로의 변화)

10. (점10)과 (선분 7-6) 사이의 수직거리를 측정한다. (주황 선 = 선분 10-10-1)

11. (주황 선 = 선분 10-10-1) 길이만큼 (선분 7~6)에서 어깨선을 평행이동시킨다. (선분 10~11)

12. 바뀐 어깨선(선분 10~11)를 기준으로 88치수 어깨너비를 나가주는데 어깨너비/2 - 0.6cm(1/4") 공식을 사용해 어깨점을 찾는다.

**체중의 증가가 반영된 그레이딩은 신체의 어깨 각도가 변하지 않는다. 동일한 어깨선 각도를 만들어주고 그 뒤에 어깨너비 공식을 이용해 어깨점을 찾아주는 것이 포인트이다.

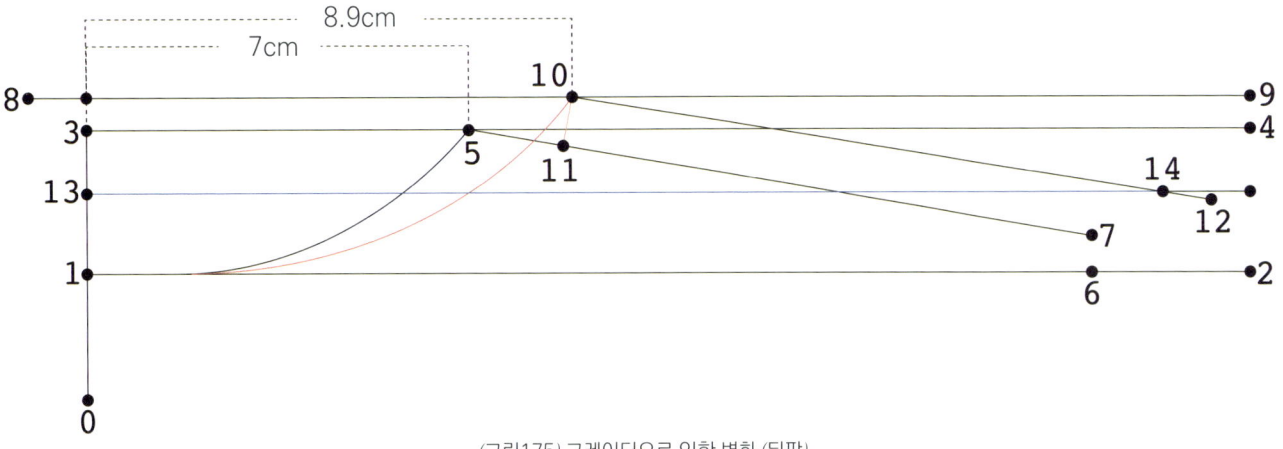

(그림175) 그레이딩으로 인한 변화 (뒤판)

뒤판

1. 직각 선을 긋는다. (선분 0-1-2)

2. 뒷목점에서 옆목점 사이의 수직높이를 반영해 (점1)에서 수직으로 2.5cm(1") 올라간 뒤 (점3), 수평선을 그린다. (선분 3-4)

3. 옆목점을 정해준다. (점5)

4. (점1)에서 어깨너비/2 길이만큼 수평으로 나간 지점을 찾고(점6), 수직으로 0.6cm(1/4") 올려준다. (점7) - 정상체형의 어깨선 각도

5. 어깨선을 그어준다. (선분 5-7)

6. 88치수로의 변화에 맞춰 뒷목점에서 옆목점 사이의 수직높이를 2.5cm에서 3.2cm로 바꿔준다. (선분 8-9)

7. 88치수의 옆목점을 찾아준다. (점10)

8. (점10) 과 어깨선(선분 5-7) 사이의 수직거리를 측정한다. (주황 선 = 선분 10-11)

9. (선분 5-7)에서 주황 선거리만큼 평행이동해 어깨선을 다시 그려준다. (선분 10-12)

10. 88치수의 어깨너비를 확인 후 뒷 중심에서 어깨너비/2만큼 수평으로 뻗어 어깨점을 찾아준다. (점14)

4.4 동일한 사이즈에서 어깨너비 수치의 변화

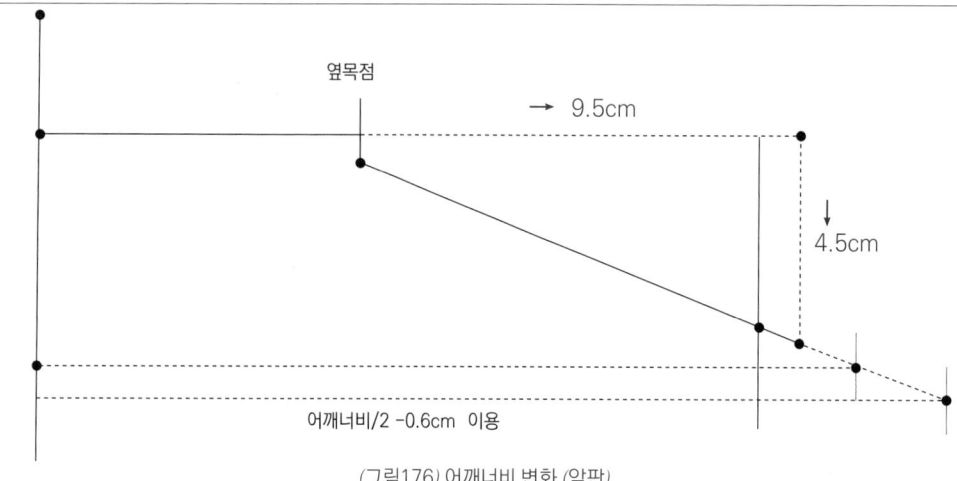

(그림176) 어깨너비 변화 *(앞판)*

동일 사이즈에서 어깨너비만 커질 경우 다음과 같이 적용해준다.

앞판

1. 옆목점을 정해준다.
2. 원형의 어깨선 각도를 구하는 공식을 이용해 어깨선을 긋는다.
3. 달라진 어깨너비를 적용한다. 어깨너비/2-0.6*cm*(1/4″) 공식을 대입하여 어깨선과 만나는 지점에 어깨점을 놓는다.

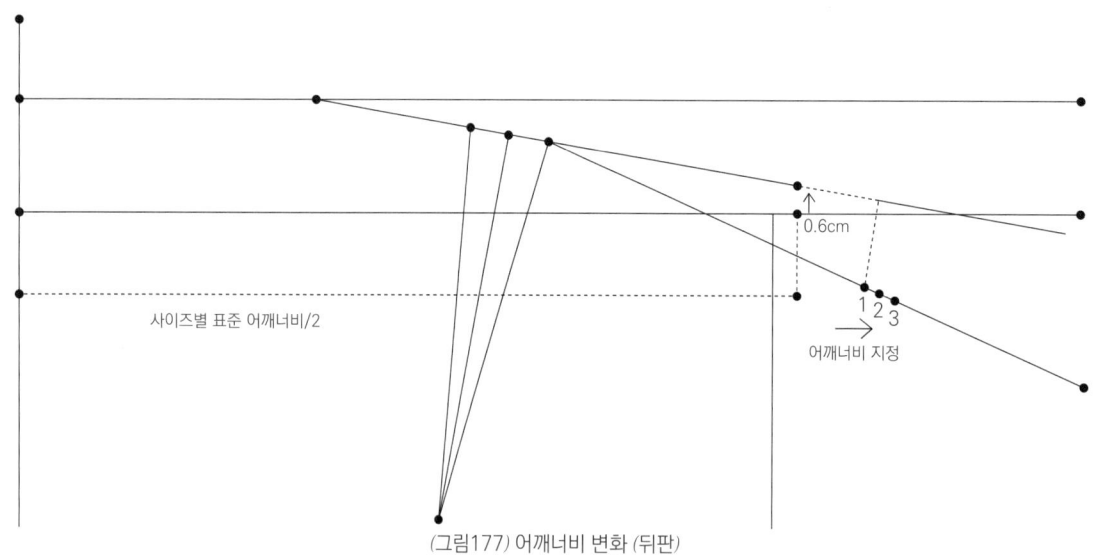

(그림177) 어깨너비 변화 *(뒤판)*

뒤판

1. 뒤판 제도를 진행한다. 표준 사이즈의 어깨너비를 기준으로 제도를 이어나간다. *(어깨점 = 점1)*
2. 어깨선에서 어깨너비에 맞춰 어깨점을 찾아준다. *(점2, 점3)*

4.5 어깨선 각도 문제

1. 어깨 각도 주의사항 *(그림178,179)*

디자인적 요소로 옆목점과 앞목점의 이동이 있을경우 옮겨준 옆목점을 기준으로 어깨선 각도를 잡아주는 실수를 하지 않기 위해 먼저 착용자의 표준 사이즈에 맞춰 어깨 각도를 잡아준 후 옆목점과 앞목점의 위치를 움직여야 한다.

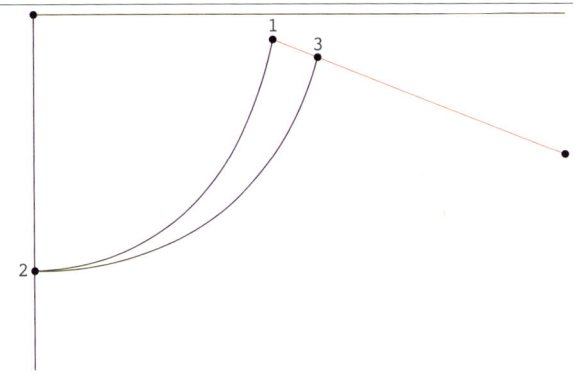

(그림178) 옆목점 변화

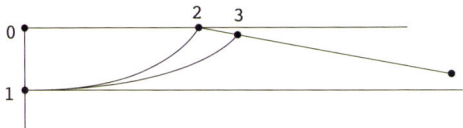

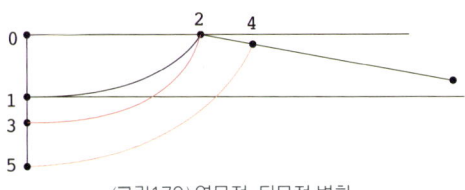

(그림179) 옆목점, 뒷목점 변화

2. 소재의 물성으로 인한 변화 *(그림180)*

원단이 쉬폰이나 실크 등 가볍고 드레이프성이 높은 경우 *(그림180)* 과 같이 어깨 각도를 0.3*cm*(1/8″) 정도 내려줄 수 있다. 이는 쉬폰이나 실크의 처지는 성질을 고려하여 옷의 미세한 처짐 현상을 미리 방지해 주는 것이다.

얇고 드레이프성이 높은 원단으로 재킷이나 원피스를 제작한다면 소매에 슬리브헤드나 어깨패드를 넣기때문에 처짐 현상이 어느 정도 방지된다. 비치는 원단의 경우도 투명심지를 몸판에 붙여주기 때문에 이런 경우 어깨선 각도의 변화를 주지 않아도 된다. 하지만 패드나 심지의 사용이 제한된 경우 어깨 각도를 조금만 내려주어 처짐 현상을 방지해주는 것이 노하우가 될 수 있다.

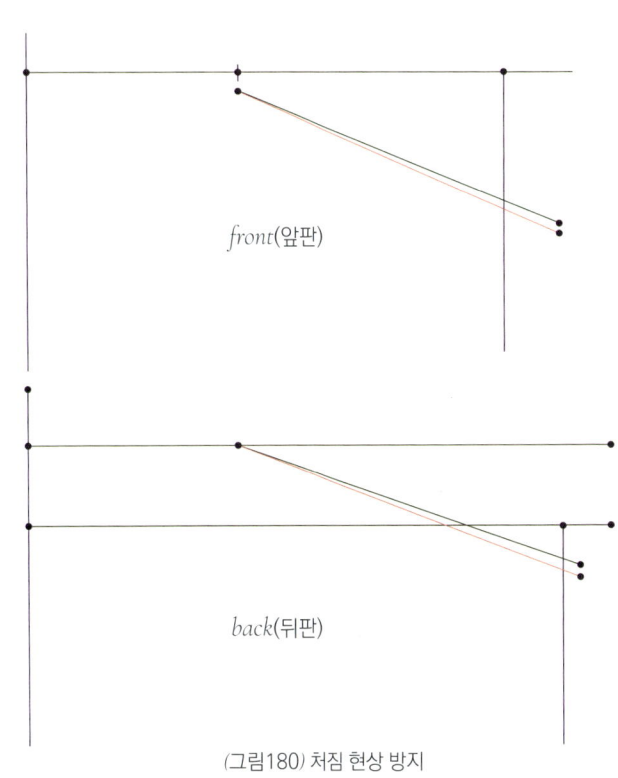

(그림180) 처짐 현상 방지

4.5 어깨선 각도 문제

3. 어깨 패드가 5mm 이하인 경우 (패턴 변화 없음)

어깨 패드가 5mm 이하인 경우 어깨선을 조정하지 않아도 문제가 없는 경우가 많다. 이는 패드의 두께가 얇기 때문에 겉으로 분별할 정도의 문제를 일으키진 않는 것으로 판단된다.

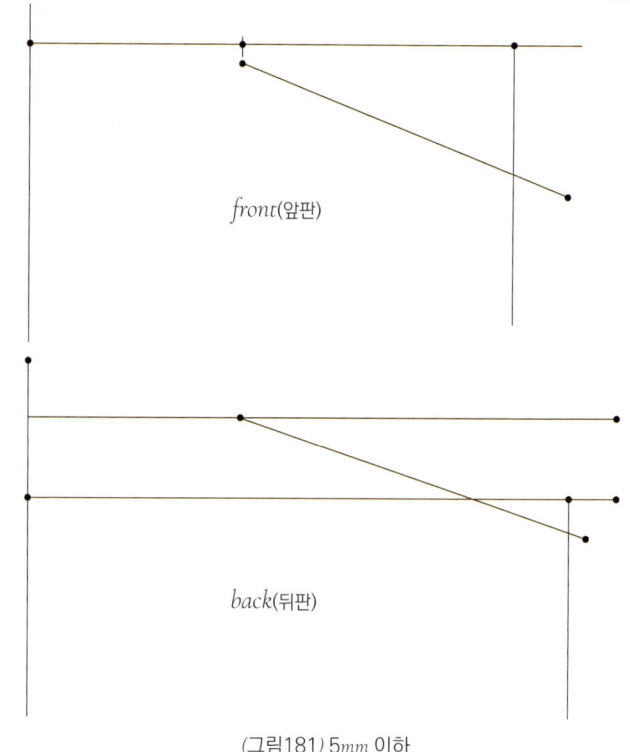

(그림181) 5mm 이하

4. 어깨 패드가 5mm 초과일 경우

어깨 패드가 5mm 초과일 경우에는 패드 두께/2만큼 어깨선 각도를 올려준다. 만약 패드 두께가 10mm라면 어깨선 각도는 5mm만 올려준다. 암홀 둘레가 달라짐으로 소매 제도 시 달라진 암홀 둘레를 기준으로 소매를 제도해주어야 한다.

**패드는 모양과 굴곡이 다양한 패드들이 존재하므로 결정한 패드에 따라 어깨선의 기울기 조정이 들어간다. 또한 패드의 모양이 어깨선과 암홀둘레에 잘 맞게 들어가는지 확인을 한뒤 패드의 모양을 암홀과 어깨부근의 모양에 맞춰서 잘라준 뒤 달아주는것이 이상적이다.

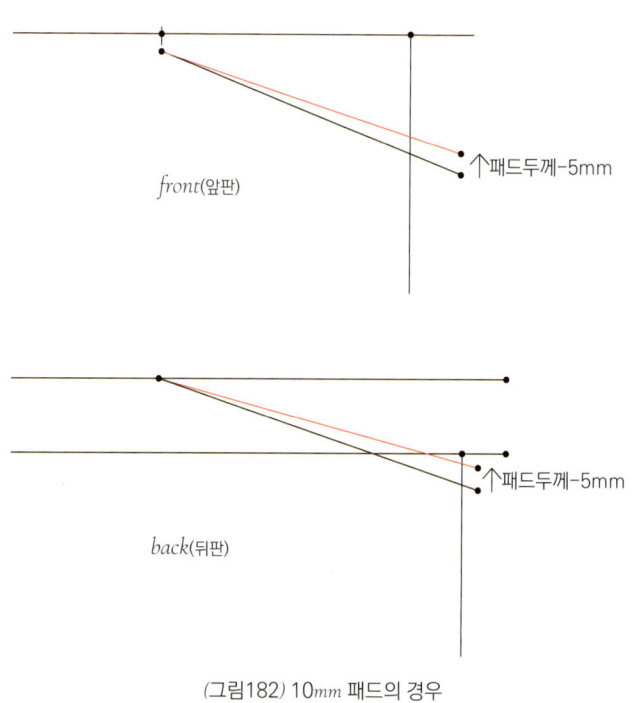

(그림182) 10mm 패드의 경우

5. sleeve
(소매)

5.1
sleeve understanding(소매의 이해)

5.2
tight sleeve pattern(타이트 소매 원형)

5.3
sleeve pattern variation 1(팔꿈치 다트 옮기기)

5.4
sleeve pattern variation 2(팔꿈치 다트 효과)

5.5
sleeve pattern variation 3(팔꿈치 다트 효과 2)

5.6
sleeve pattern variation 4(소매중심점 옮기지 않기)

5.7
sleeve pattern variation 5(이즈량 조절)

5.8
sleeve pattern variation 6(소매폭 고정)

5.1 sleeve understanding (소매의 이해)

소매는 팔을 감싸는 부위이다. 소매는 각 부위의 형태와 디자인에 따라 다양한 이름이 붙여지는데 원형패턴에서는 *set in sleeve* = 셋 인 슬리브(인체의 어깨점 부근에서 소매와 패턴의 경계가 생기는 소매)를 기준으로 설명하였다. 소매는 몸판과 한 판이거나 암홀과 봉제되는 부위이므로 암홀의 형태에 영향을 받는다. 소매 원형 패턴의 각 부위를 (그림185)와 같이 나누어 정의하였다.

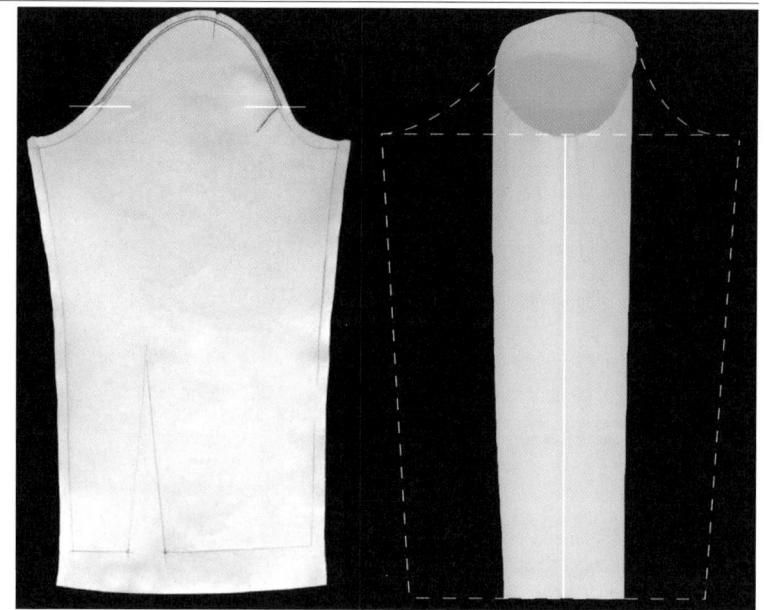

(그림183) 재단된 소매 원형   (그림184) 소매 옆선 봉제후

소매달림선(*sleeve cap length*) : 몸판의 암홀선과 봉제되는 선이다.

소매폭(*bicep line*) : 소매폭은 가장 넓은 지점으로, 보통 겨드랑이 바로 아래에 있다. 이두근 주변을 측정하여 소매폭을 정해줄 수도 있다.

소매중심점(*sleeve shoulder point*) : 봉제 시 몸판 어깨점과 맞추는 지점

소매너치(*sleeve notch*) : 이즈량을 계산하여 암홀과의 길이 차이를 맞춰주는 표시

소매 옆선(*inseam length*) : 소매의 안기장

소매 기장(*sleeve length*) : 어깨 끝점- (손목 기장 or 선택)

팔꿈치선(*elbow line*) : 소매패턴에서 가상의 팔꿈치선

소매산(*cap height*) : 소매폭선과 소매중심점 사이의 수직높이

소매부리(*wrist line*) : 소매패턴의 밑단선

팔꿈치 다트(*elbow dart*) : 팔꿈치 밑 팔의 기울어진 정도를 표현하기 위해 존재하는 다트

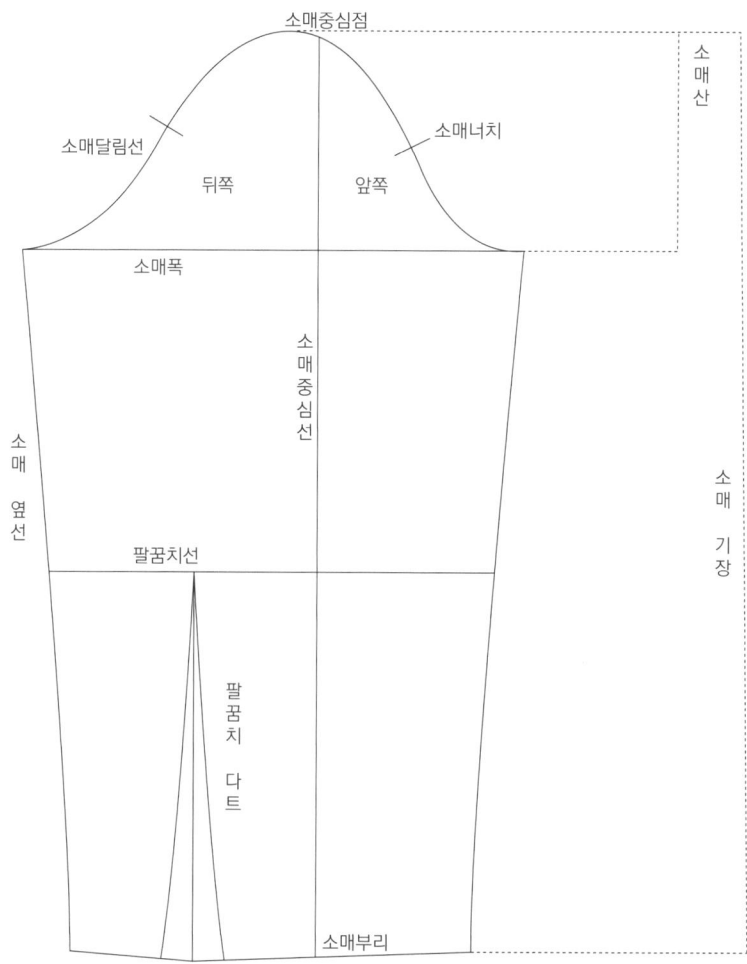

(그림185) 소매각 부위 명칭

5.1 sleeve understanding (소매의 이해)

소매달림선 *(sleeve cap length)*

소매달림선이란 소매패턴에서 암홀 둘레와 봉제가 되는 선이다. 따라서 소매달림선의 길이는 기본적으로 암홀 둘레와 같다.

소매달림선의 길이를 암홀 둘레보다 0.3cm(1/8″) 정도 짧게 만들어주는 경우가 있는데 이는 소매를 달 때 소매달림선의 상단 부분을 약간 당겨서(늘려서) 달아주게 되면 이상적인 텐션이 가해지면서 봉제된 소매달림선의 맵시가 좋아 보이기 때문이다.

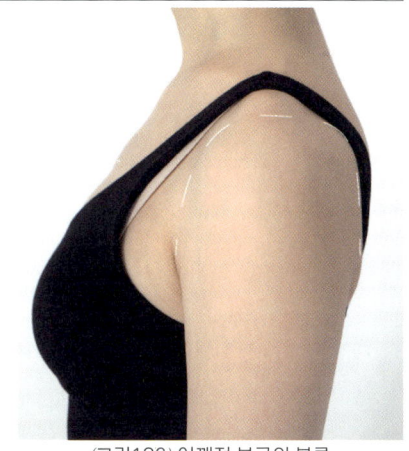

(그림186) 어깨점 부근의 볼륨

반대로 암홀 둘레보다 소매달림선의 길이가 긴 경우는 일반적으로 소매의 이즈분량으로 해석된다. 신체의 어깨점에서 팔로 떨어지는 라인을 보면 둥그스름한 형태임을 알 수 있는데 이즈를 넣어주면 소매달림선에 둥그스름한 볼륨을 만들어줄 수 있다. 이러한 작업을 소매이즈처리 = 이즈작업 이라고불러준다.

소매달림선 길이 = 몸판의 암홀 둘레 + 이즈량(선택)

(그림187) 2줄의 스티치

이즈처리과정

1. 이즈량이 들어간 소매를 재단한다.

2. 완성선에서 시접선 쪽으로 조금 떨어져 2줄의 스티치를 넣어준다. 스티치가 들어가는 위치는 어깨점 부근의 볼륨에 근거하여 어깨점에서 겨드랑이 접힘점 부근 정도까지 이다.

3. 봉제된 스티치의 밑 실 양 끝을 풀고 실을 잡아당겨 자연스러운 볼륨을 만들어준다.

4. 이즈로 오그라진 부분을 다리미로 다려서 볼륨이 부드럽게 가라앉도록 만들어준다.

5. 이즈작업 후 소매달림선의 길이 = 몸판의 암홀 둘레

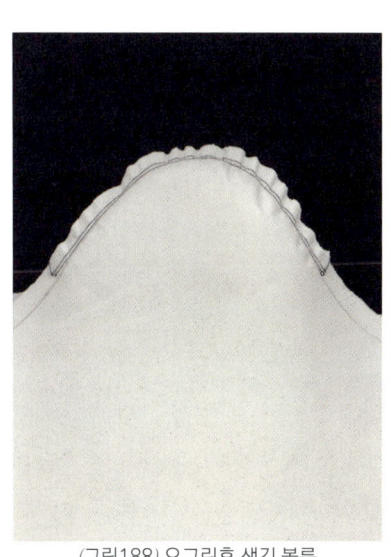

(그림188) 오그린후 생긴 볼륨

5.1 sleeve understanding (소매의 이해)

이즈(ease) = 울림

**이즈는 한국말로 울림이라는 단어를 사용한다.

이즈를 넣어 볼륨을 만드는 데 필요한 수치를 이즈량이라고 부른다.

이즈량은 이즈처리 후 없어지는 길이이므로 이즈처리 후 소매달림선의 길이는 몸판 암홀 둘레와 같아지게 된다.

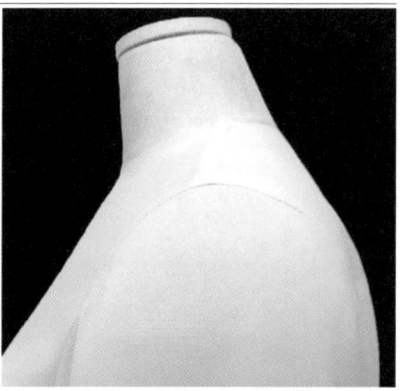

(그림189) 쉬폰, 이즈량 없음

이즈량 실험

소매에 적절한 볼륨을 만들어주는 이즈량을 구하기 위해 성질이 다른 원단들로 이즈를 주어 볼륨을 만들어보았다.

1. 드레이프성이 높고 얇은 쉬폰 원단은 이즈량을 주지 않아도 자연스러운 형태의 모양을 유지한다. 쉬폰이나 실크 종류의 내구성이 약하고 인열강도가 낮고 두께가 얇은 원단들은 이즈량을 많이 주게 되면 오그려지는 정도가 강하여 쉽게 주름이 생기거나 원단이 집여 봉제가 된 것처럼 보이기 쉽다. 그러므로 이즈량은 1cm(3/8″) 이상 주지 않는 편이다.

(그림190) 블라우스 원단, 이즈량 1.2cm

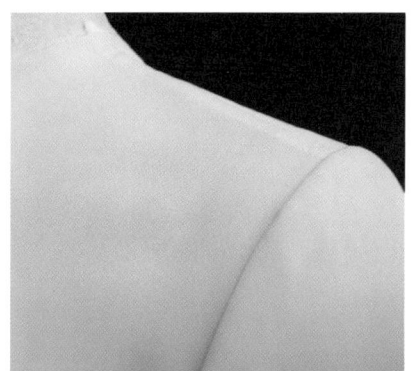

(그림191) 블라우스 원단 측면

2. 블라우스용으로 자주 쓰이는 원단은 약 1.2cm(1/2″) 의 이즈를 주었더니 자연스러운 볼륨이 만들어졌다. 측면모습을 보면 소매달림선이 조금 부풀어진 것이 보인다. 이러한 원단들은 실크나 쉬폰 원단보다 두께가 두껍기 때문에 오그라질 때 1.2cm(1/2″) 정도의 이즈량을 주는 편이다.

(그림192) 재킷 원단, 이즈량 2.5cm

3. 주로 울 원단을 이용하는 재킷에 이즈량을 2.5cm(1″) 주어 자연스러운 볼륨을 만들었다. 원단의 두께를 고려하여 이즈량을 키워주었다. 아이템이 재킷이라도 원단의 두께와 성질이 다름으로 이즈량은 수시로 달라지게 된다.

5.1 sleeve understanding (소매의 이해)

4. 두꺼운 울 원단을 선택해 코트를 가봉하였다. 약 3.2cm(1 1/4")의 이즈량을 주어 자연스러운 볼륨을 만들었다. 원단의 두께가 두꺼워졌으므로 이즈량이 증가해야 원단이 자연스럽게 오그라진다.

**패턴에서 임의로 정해준 이즈량으로 소매를 가봉했을 때 소매달림선 일정영역에서 볼륨이 죽어있거나 과하게 볼륨이 나와보일 수 있다. 그러므로 가봉을 통해 소매패턴을 수정해주는 과정을 거치게된다.

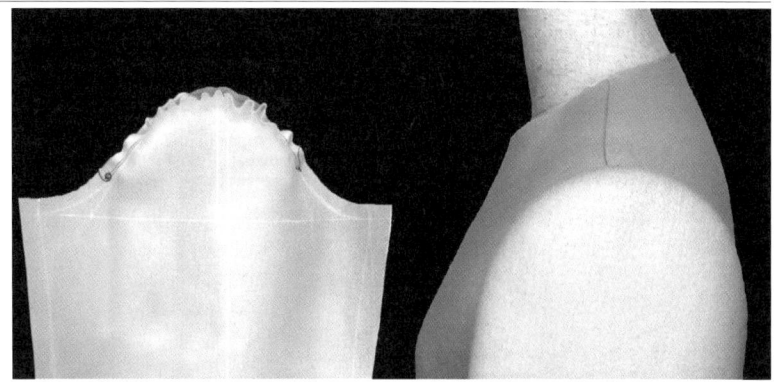

(그림193) 코트 원단 , 이즈량 3.2cm 이즈 작업

이즈량 판단하기

1. 원단의 두께

원단이 얇을수록 오그라지는 데 필요한 이즈량은 줄어든다. 반면 원단이 두꺼워질수록 원단의 두께로 인해 오그라지는 데 필요한 이즈량은 많아지게 된다.

2. 원단의 드레이프성

원단의 드레이프성이 높을수록 이즈량은 적어지고 원단의 드레이프성이 낮을수록 이즈량은 많아진다. 드레이프성이 높을수록 어깨의 둥그스름한 형태에 맞춰 원단이 쉽게 가라앉기 때문이다.

실무 예시

쉬폰. 실크(높은 드레이프성) : 두께가 얇기 때문에 이즈량이 없어도 자연스러운 볼륨을 만들어 주는 경우가 많다.

면직물(셔츠 원단) : 드레스 셔츠에 주로 사용되는 셔츠 원단은 원단이 얇고 드레이프성이 낮다. 주로 사용되는 이즈량은 0.3cm-0.6cm(1/8"-1/4") 정도이다.

블라우스 : 셔츠보다 원단의 두께가 두꺼운 경우 이즈량은 1.2cm(1/2") 정도 사용한다.

울 재킷 : 재킷에 일반적으로 사용되는 울 원단은 두께가 어느 정도 있기 때문에 2.5cm(1") 정도의 이즈량을 주로 사용한다.

플란넬. 울 코트 : 코트는 원단이 재킷보다 두꺼운 경우가 많기 때문에 이즈량은 2.5cm-3.8cm(1"-1 1/2") 정도를 주로 사용한다.

5.1 sleeve understanding (소매의 이해)

📖 암홀 길이보다 소매달림선의 길이가 짧은 경우

바이어스 결을 이용한 디자인 중 나팔모양의 소매는 암홀 길이보다 소매달림선의 길이가 짧은 경우가 있다. 소매가 정바이어스로 재단됨으로 원단이 늘어나는 경우를 대비해서 암홀 길이보다 −0.3cm, −0.6cm 짧게 소매달림선의 길이를 맞춰준 것이다. 그러므로 특정 결을 사용하는 아이템은 패턴 조각의 결을 정한 뒤 결을 고려하여 제도를 들어가는 것이 바람직하다.

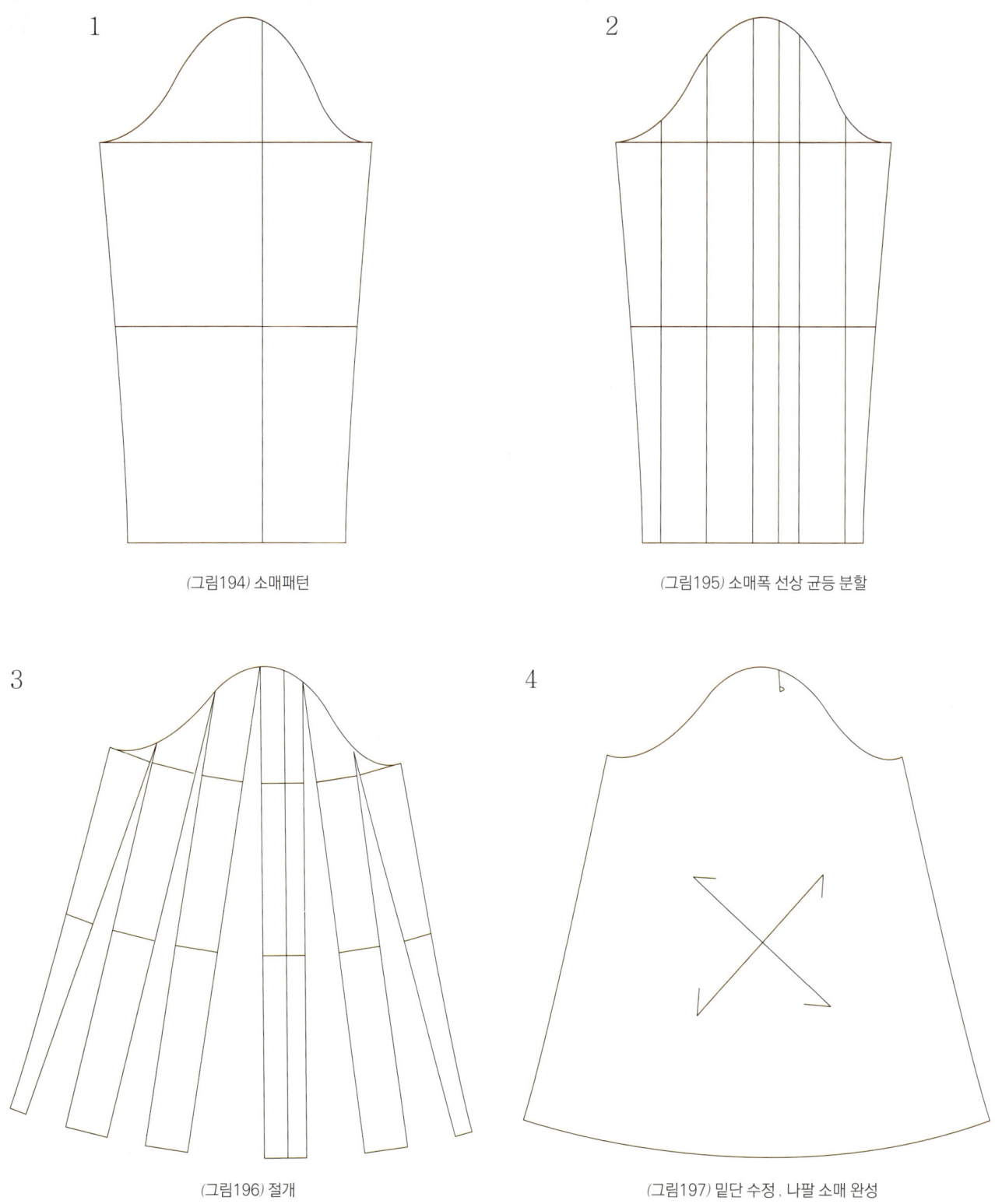

(그림194) 소매패턴

(그림195) 소매폭 선상 균등 분할

(그림196) 절개

(그림197) 밑단 수정, 나팔 소매 완성

5.1 sleeve understanding(소매의 이해)

◪ 이즈의 적용 유무

1. 정위치 어깨의 옷일 경우 *(체촌 어깨너비를 패턴에 적용)*

이즈 넣기

패턴의 어깨점이 착용자의 어깨너비를 기준으로 정해준 어깨점이고 *(정 어깨)* 소매달림선에 볼륨을 넣고 싶으면 이즈량을 넣는다.

이즈 넣지 않기

소매달림선에 볼륨을 주고 싶지 않다면 이즈량을 줄여주거나 없애줄 수 있다. 이즈는 볼륨을 만들어주는 작업으로 하나의 디자인적 요소로 간주할 수 있다. *(그림198)*을 보면 이즈가 없어 어깨점 부근에서 볼륨 없이 소매가 가라앉는 모습을 확인할 수 있다.

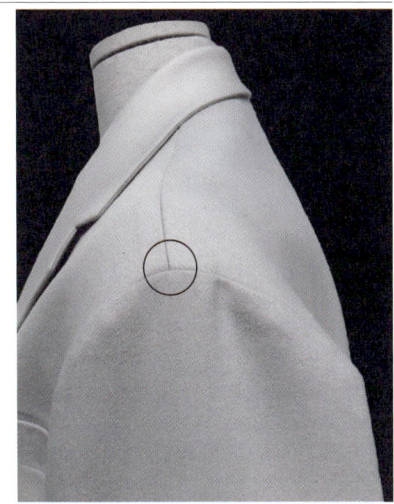

(그림198) 이즈 없는 소매

2. 정 어깨의 옷이 아닌 경우

착용자의 어깨너비보다 더 넓게 어깨너비를 적용한 옷의 경우 소매는 신체의 어깨점에서 떨어져 달리게 된다. 이즈는 신체의 어깨점부근의 곡면을 따라 볼륨을 만들어주기 위한 처리이므로 정 어깨에서 벗어난 옷은 이즈를 넣어줄 이유가 없어진다.

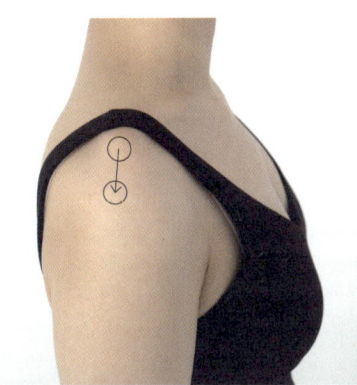

(그림199) 어깨점에서 떨어진 소매중심점

3. 소매산 높이*(그림197)*

소매산의 높이를 낮추면 이즈량을 줄여준다. 소매산의 높이가 낮은 소매는 *(그림200)*처럼 소매가 점점 들리게 된다. 소매산이 낮은 소매는 소매가 들리면서 완만해진 경사때문에 이즈를 넣어줄 수 있는 범위가 줄어든다.

이러한 사실은 직접 소매산을 낮춰 가봉 후 달라지는 소매 경사를 비교해보는 것이 도움이 된다.

원형소매*(가봉된 원형)*

소매산을 낮추기*(빨간 선)*

소매산 더 낮추기*(주황 선)*

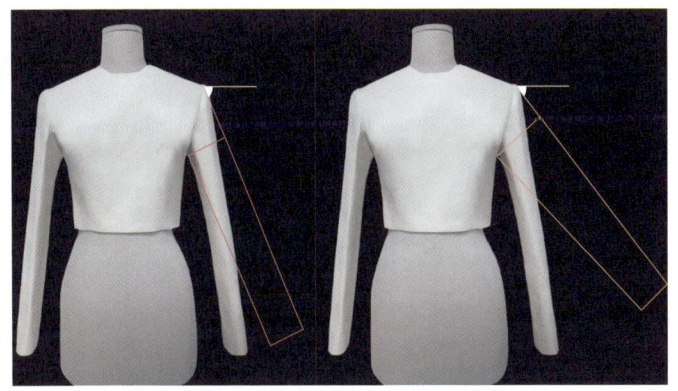

(그림200) 소매산에 따라 달라지는 소매경사

5.1 sleeve understanding (소매의 이해)

📖 소매산(*cap height*)과 소매폭(*bicep width*)의 관계

소매달림선 길이 = (곡선 C1-A1-D1) = (곡선 C-A-D) = (곡선 C2-A2-D2)

(그림201)의 3가지 소매달림선은 같은 길이이다. 소매산의 높이를 조정할 경우 암홀과 봉제되는 소매달림선의 길이는 변함이 없어야 하므로 소매폭이 달라진 것을 확인할 수 있다.

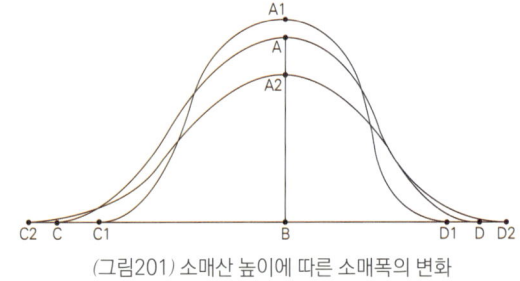
(그림201) 소매산 높이에 따른 소매폭의 변화

소매산을 높이면 소매폭이 줄어든다.
소매산을 낮추면 소매폭이 늘어난다.

(그림202)는 소매산 높이가 다를 경우 소매 옆선의 길이가 달라지는 것을 표현한 그림이다. 소매 기장은 달라지면 안되므로 소매산 높이에 따라 소매 옆선의 길이가 변하게 된다.

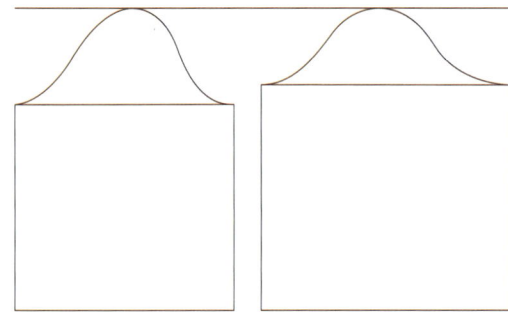
(그림202) 소매산 높이에 따른 소매옆선길이의 변화

📖 소매 옆선(인심) 길이의 변화

소매 옆선을 바라볼때 주의할 점은 소매 옆선의 길이가 너무 짧으면 착용자의 팔 동작에 제한이 걸린다는 점이다. (그림204)는 팔을 올리지 않은 상태에서 팔 안 길이(겨드랑이점-손목)를 측정한 그림이다. 이와 다르게 (그림205)를 보면 팔을 올렸을 때 숨겨져 있던 겨드랑이 면적이 드러나 팔을 내리고 측정한 팔 안 길이보다 팔을 올렸을때 측정한 길이가 더 길게 나온다는 사실을 이해할 수 있다.

일상생활에서 팔을 하늘 위로 올리게 되면 손목이 드러나거나 옷의 기장이 위로 딸려 올라가는 현상을 겪을 수 있는데 이는 소매 옆선의 길이가 팔 동작을 감안할 만큼 충분하지 않다는 의미이다. 따라서 소매를 제도할 때 소매산과 소매폭, 소매 옆선 각 선들의 복합적인 이해관계를 바탕으로 소매를 제도하는 것이 바람직하다. 저자의 경우는 특별히 디자인이 들어가지 않는 이상 소매 옆선의 길이를 최소 39.4cm(15 1/2″) 이상은 나오도록 제도하는데 이 길이보다 짧게 설정할 경우 팔 동작으로 인한 불편함을 호소하는 사례가 종종 있었다.

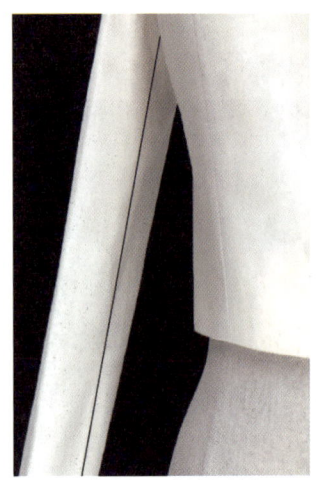
(그림203) 소매 옆선(인심)

(그림204) 팔을 올리지 않은 경우

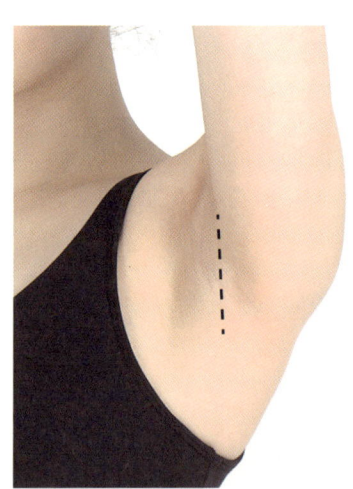
(그림205) 팔을 올린 경우

5.1 sleeve understanding (소매의 이해)

소매산과 소매폭, 소매 옆선의 관계정리

소매산이 높아진다. > 소매폭이 좁아진다. 소매 옆선 길이가 짧아진다.

소매산이 낮아진다. > 소매폭이 넓어진다. 소매 옆선 길이가 길어진다.

소매를 제도할 때 소매 핏을 타이트로 정할 경우 소매폭이 좁아야 하므로 소매산은 높아지게 되고 소매 옆선의 길이는 짧아진다. 주로 몸에 맞는 핏의 재킷, 제복, 양복의 경우 소매폭이 넓지 않아 팔을 위로 올릴 때 불편함을 느낄 수 있다.

반대로 셔츠의 경우는 소매폭을 넓게 하는 경우가 많기 때문에 팔 동작시에도 불편함이 줄어든다. 셔츠는 원래 속옷으로 입던 옷이기 때문에 편안한 활동을 위하여 소매산을 낮게 제도하는 것이 일반적이다. 그 외 편안함을 추구하거나 팔의 움직임이 편해야 하는 환자복, 운동복, 발레복의 경우는 소매산을 매우 낮게 제도해준다.

원하는 소매폭과 소매 옆선의 길이가 나오지 않으면 암홀 둘레를 재조정하여 원하는 폭과 길이를 맞춰 줄 수 도있다. 진동 깊이를 수정하면 암홀 길이가 변함으로 변한 암홀 길이에 맞춰 소매를 제도하면 소매폭과 소매 옆선 길이도 달라지게 때문이다.

(그림206) 좁은 소매 폭

(그림207) 넓은 소매 폭

암홀 높이와 소매산 높이의 관계

(그림208)은 소매를 달기 전 원형의 가봉상태이다. 가봉된 착장을 보면 암홀의 높이가 존재한다.

관계 1. 소매산의 높이를 암홀의 높이와 유사하게 설정할 경우

소매산의 높이를 암홀의 높이와 0.6cm(1/4") 이하로 차이가 나도록 정해주면(그림209)처럼 대체로 소매폭이 좁아지며 암홀 주변이 남거나 부족한 것 없이 말끔하게 떨어지게 된다. 이는 암홀의 높이와 소매산의 높이가 거의 동일하여 소매부착 시 주름이 가거나 처지는 등의 형태를 왜곡시킬 요소가 없기 때문이다. 반대로 암홀의 높이보다 낮은 소매산 높이의 소매는 암홀에 연결하면 넓은 소매폭으로 인해 자연스럽게 겨드랑이 부위 쪽에서 남는 원단이 처지거나 고여있는 모습을 확인할 수 있다.

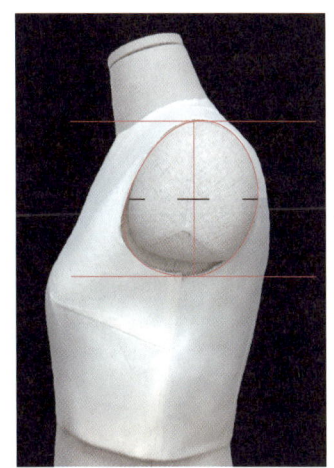 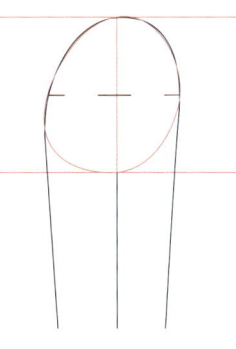

(그림208) 암홀 높이와 소매산 높이

5.1 sleeve understanding (소매의 이해)

📖 소매산 높이 산출공식 : 암홀 둘레/3

예시 : 암홀 둘레 = 15cm 소매산 높이 = 5cm
다음 공식값으로 소매산 높이를 정해줄 경우 대부분의 경우 암홀의 높이와 이즈처리된 소매산의 높이가 비등해진다.

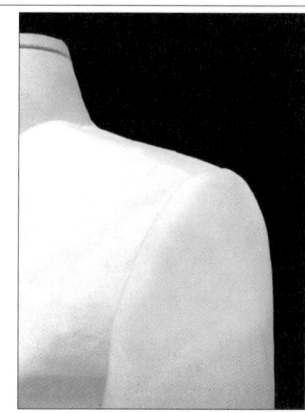
(그림209) 말끔한 소매달림선 부근

이즈처리 시 낮아지는 소매산

소매를 재단하고 이즈분을 오그리게 되면 오그리면서 소매산의 높이가 낮아지게 된다. 원단에 따라 이즈량이 적으면 높이가 거의 동일시되는 경우도 있지만 반대로 원단이 두껍고 이즈량이 많으면 0.6cm(1/4") 이상 재단된 소매산 높이가 낮아질 수도 있다.

관계2. 암홀의 높이보다 소매산의 높이가 높을 경우 (0-0.6cm)

암홀의 높이보다 소매산의 높이가 0-0.6cm 정도 높으면 높이차이가 심하지 않아 원단이 민감하지 않은 이상 대체로 봉제되는 암홀 라인에 문제가 나타나지 않는다. 대신 소매산이 소매산 높이 공식값보다 조금 더 높아졌으므로 그만큼 소매폭이 줄어들게 된다. 따라서 줄어든 소매폭이 적절한 너비인지 판단할 필요가 있다.

(그림210) 이즈 처리로 낮아진 소매산

최소 소매폭(신축성[1]에 따라 달라진다.)

신축성이 낮은 원단 : 위팔 둘레 + 3.8cm-5.1cm(1 1/2"-2")
신축성이 높은 원단 : 위팔 둘레 - 0-5.1cm(0-2")

위팔 둘레는 위팔의 가장 두꺼운 부분을 지나는 곳으로 측정해줄 수 있다.

신축성이 낮은 원단은 체촌 된 위팔 둘레에 3.8cm-5.1cm(1 1/2"-2") 정도의 여유를 준 값을 최소 소매폭으로 정해준다. 이는 팔 동작에 필요한 최소 여유분이다.

저지나 니트 등의 신축성이 높은 편성물[2]은 잘 늘어나기 때문에 오히려 위팔 둘레보다 적은 수치를 소매폭으로 놓아도 원단이 늘어나면서 팔에 밀착되기 때문에 문제가 생기지 않는다. 따라서 편성물의 타이트핏은 신축성을 판단하여 소매폭을 적절하게 정해주는 능력이 요구된다.

1. 신축성 (stretch) : 원단이 늘어나고 줄어드는 성질
2. 편성물 (knit) : 각종 편직기에 의해서 생산되는 편직물을 통틀어 이르는 말. 저지를 비롯하여 니트 종류, 벨루어 따위가 있다.

(그림211) 편성물의 신축성

5.1 sleeve understanding(소매의 이해)

관계 3. 암홀의 높이보다 소매산의 높이가 높을경우 *(0.6cm 초과)*

소매폭을 좁히기 위해 소매산의 높이를 암홀의 높이보다 0.6cm 초과로 높일 경우 (그림212)와 같은 현상이 일어날 수 있다.

두껍고 드레이프성이 낮은 원단은 암홀 높이보다 높은 소매산의 높이만큼 소매달림선쪽에서 볼륨이 과하게 형성되어 이즈량이 많아 보이게 된다. *(1번)*

원단이 얇고 드레이프성이 높은 경우 형태 유지가 어려워 1번처럼 볼륨의 형태를 띠지 않고 암홀 높이와 소매산 높이의 차이만큼 원단이 눌리게 되어 소매가 눌려 보일 수 있다. *(2번)*

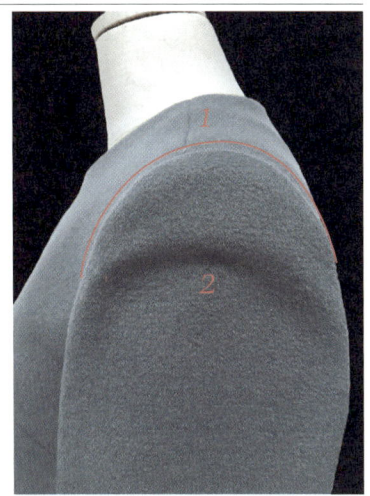

(그림212) 소매산이 너무 높아 생기는 현상

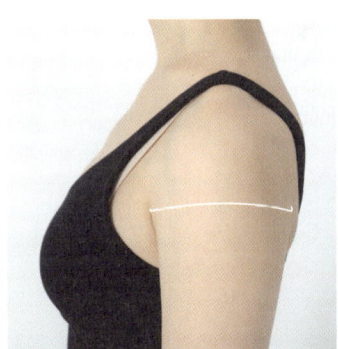

(그림213) 소매 너비(cap width)

소매 너비*(cap width)*

소매 너비란 소매패턴의 적합성을 판단할 때 기준이 될 수 있는 요소로 신체의 어깨점에서 약 5.1-7.6cm(2-3") 내려간 높이의 선상에서 앞, 뒤 겨드랑이 접힘점 사이의 거리로 정의할 수 있다.

소매 너비는 착용자마다 위팔 둘레가 가장 두껍게 나오는 위치로 조정해주는 것이 바람직하다.

소매 너비를 측정하는 이유는 소매패턴에서 소매 너비와 착용자의 소매 너비를 비교하여 패턴에서 적절한 너비가 확보됐는지 확인하기 위함이다.

신체의 소매 너비에 비해 패턴의 소매 너비가 부족한 경우 당기는 주름이 발생하고 꽉 끼는 듯한 느낌을 받을 수 있다. 위팔 둘레가 많이 나오는 착용자의 경우 패턴과 신체의 소매 너비를 비교하여 착용자의 소매너비보다 패턴의 소매너비가 넓은지 확인하는 과정을 추가로 거치게 된다.

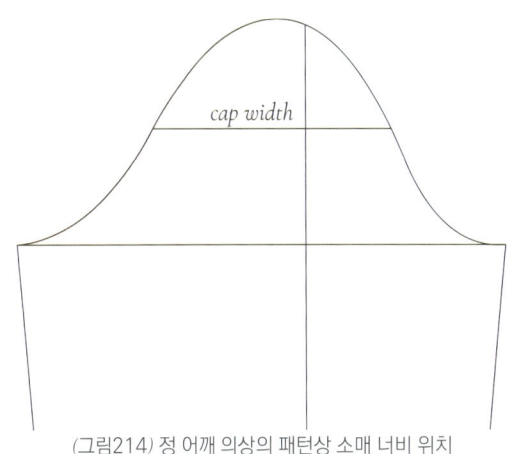

(그림214) 정 어깨 의상의 패턴상 소매 너비 위치

5.1 sleeve understanding(소매의 이해)

패턴의 소매 너비가 부족한 경우 다음 방법으로 패턴을 수정해줄 수 있다.

1. 진동 깊이를 내려준다.

진동 깊이를 더 내려주면 암홀 둘레는 길어진다. 길어진 암홀 둘레로 소매를 제도하면 소매 너비 또한 자연스럽게 넓어지게 된다.

2. 이즈량을 키워준다.

이즈량을 키워 소매 너비 부근의 여유 공간을 넓혀주는 방법이다.

3. 소매산을 낮춘다.

소매산을 낮추면 자연스럽게 소매 너비는 넓어진다.

소매부리(wrist line)

소매부리 사이즈는 소매폭과 마찬가지로 여유량이 존재하는데 여유량은 트임 존재 여부로 나누어 바라볼 수 있다.

트임이 없는 경우

(그림215)처럼 트임이 없는 경우 주먹 사이즈를 체촌 후 최소 소매부리 사이즈를 주먹 사이즈로 정해준다. 이는 주먹이 무리 없이 빠질 정도의 사이즈로 정해준 것이다. 간편하게 손목 둘레 + 5.1cm(2″) 수치를 적용해 줄 수도 있다.

(그림215) 트임이 없는경우

트임이 있는 경우

트임이 있는 경우 손목 둘레 + 여유량값을 최소 소매부리 길이를 정해준다. 여유량은 기본 1.2cm(1/2″) 정도를 주게 되는데 원단의 굵기나 신축성, 옷의 종류와 디자인에 따라 적절한 최소 여유량 수치가 달라진다.

(체촌 손목 둘레) = 15.2cm(6″)

트임이 없는 최소 소매부리 : 20.3cm(8″)

트임이 있는 최소 소매부리 : 16.5cm(6 1/2″)

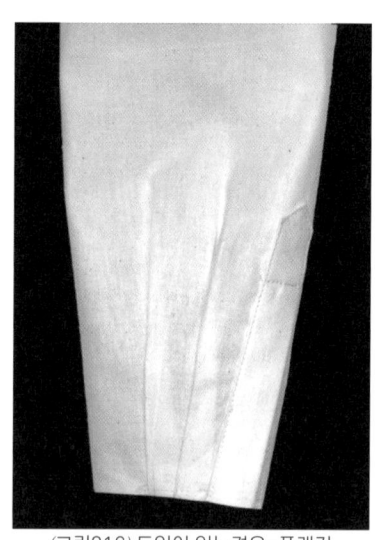

(그림216) 트임이 있는경우-플래킷

5.1 sleeve understanding (소매의 이해)

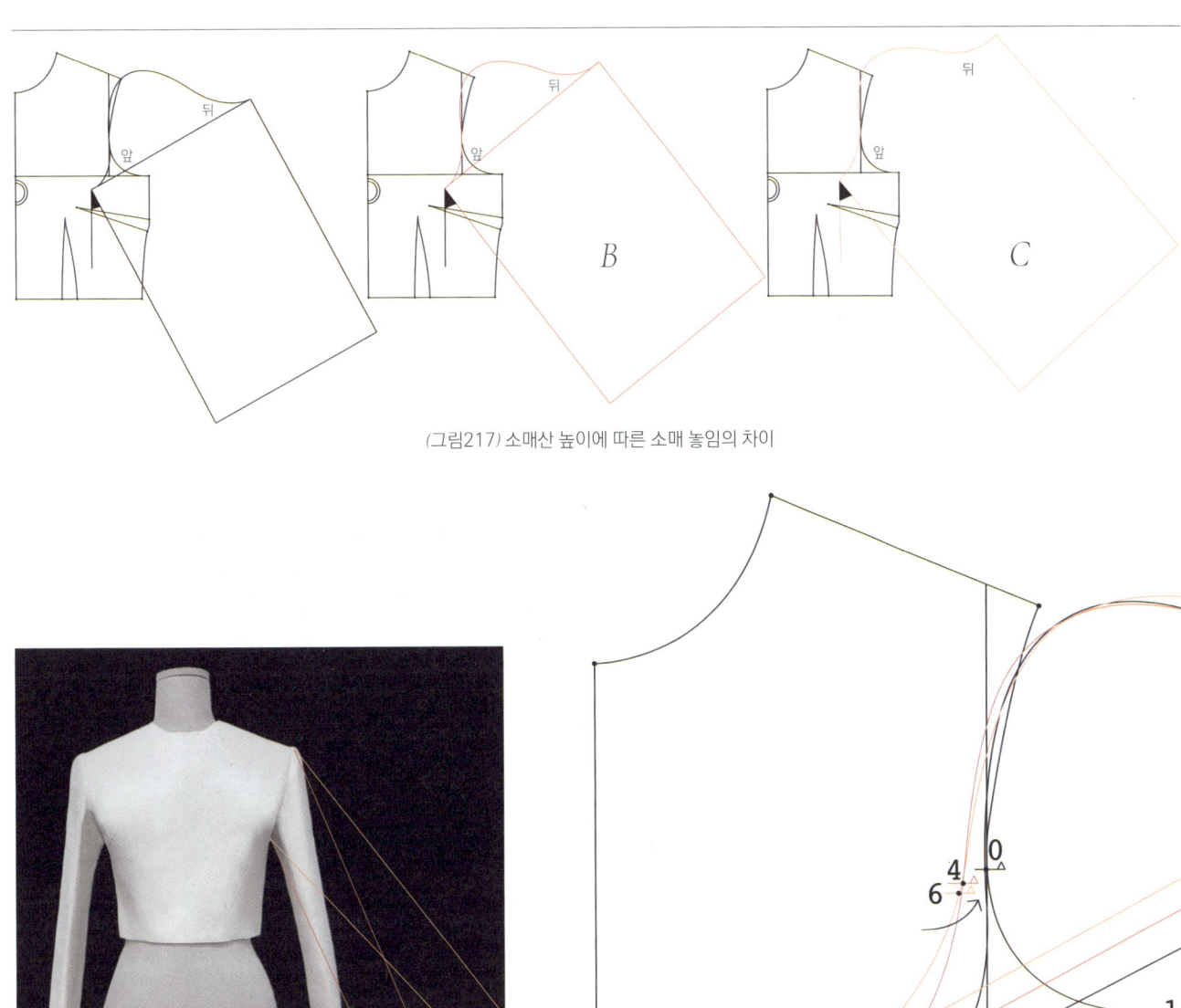

(그림217) 소매산 높이에 따른 소매 놓임의 차이

(그림218) 소매가 들리는 정도

(그림219) 소매의 회전이 일어나는 이유

🔷 소매산 높이와 소매달림형태의 관계

(그림217)은 소매산 높이를 다르게 하여 소매달림선과 암홀을 맞댔을 때 달라지는 소매 놓임의 변화를 나타낸 그림이다. 소매산이 낮으면 소매를 부착했을 때 소매가 들리게 되고 소매산이 높으면 소매는 지면을 향해 가라앉게 된다.

(그림219)의 검은 선은 원형의 소매패턴이다. 소매달림선(곡선 0-2)와 암홀(곡선 1-0)의 길이를 맞추어 너치를 표시하였다. 빨간 선은 소매산을 1차로 낮춘 형태이다. 주황 선은 소매산을 2차로 더 낮춘 형태이다. 빨간색과 주황색 소매의 너치는 소매달림선과 암홀(곡선 1-0)의 길이를 맞춘 너치이다. (점4.점6)

빨간 선과 주황 선의 소매달림선 너치가 원형의 암홀너치점(점0)과 만나야 함으로 소매는 화살표 방향으로 회전하게 된다. 회전을 하면 소매가 놓이는 각도가 달라지는데 이러한 이유로 소매산이 낮을수록 소매부착 시 소매가 들리게 되고 소매산이 높을수록 소매가 가라앉게 된다. 결론적으로 소매산 높이에 따라 암홀과 맞춰져 합봉이 될 때 소매가 붙어있는 각도가 달라진다.

5.2 tight sleeve pattern (타이트 소매 원형)

tight sleeve pattern

앞 암홀 길이 : 19cm(7 1/2")

뒤 암홀 길이 : 21cm(8 1/4")

팔길이 : 55.9cm(21 1/2")

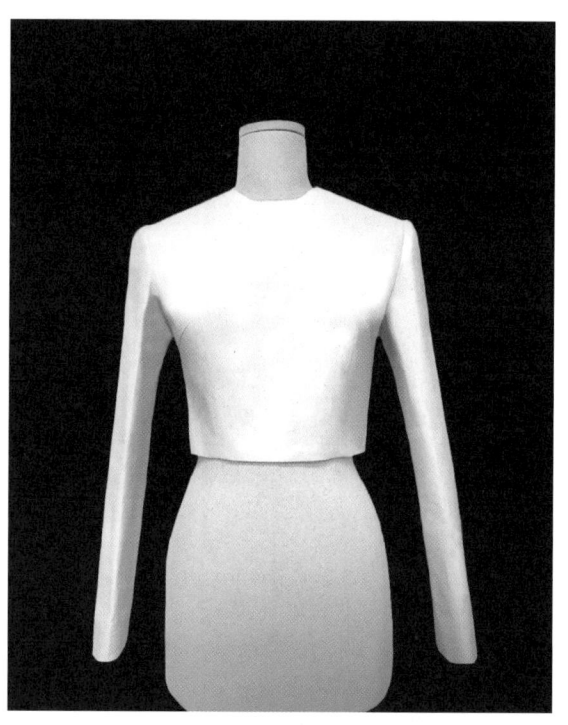

55 사이즈의 원형 패턴 사이즈를 기준으로 소매를 제도하였습니다.

기본 재킷 소매를 기준으로 제도한 원형이며 2.5cm(1")의 이즈를 넣어주었습니다.

5.2 tight sleeve pattern(타이트 소매 원형)

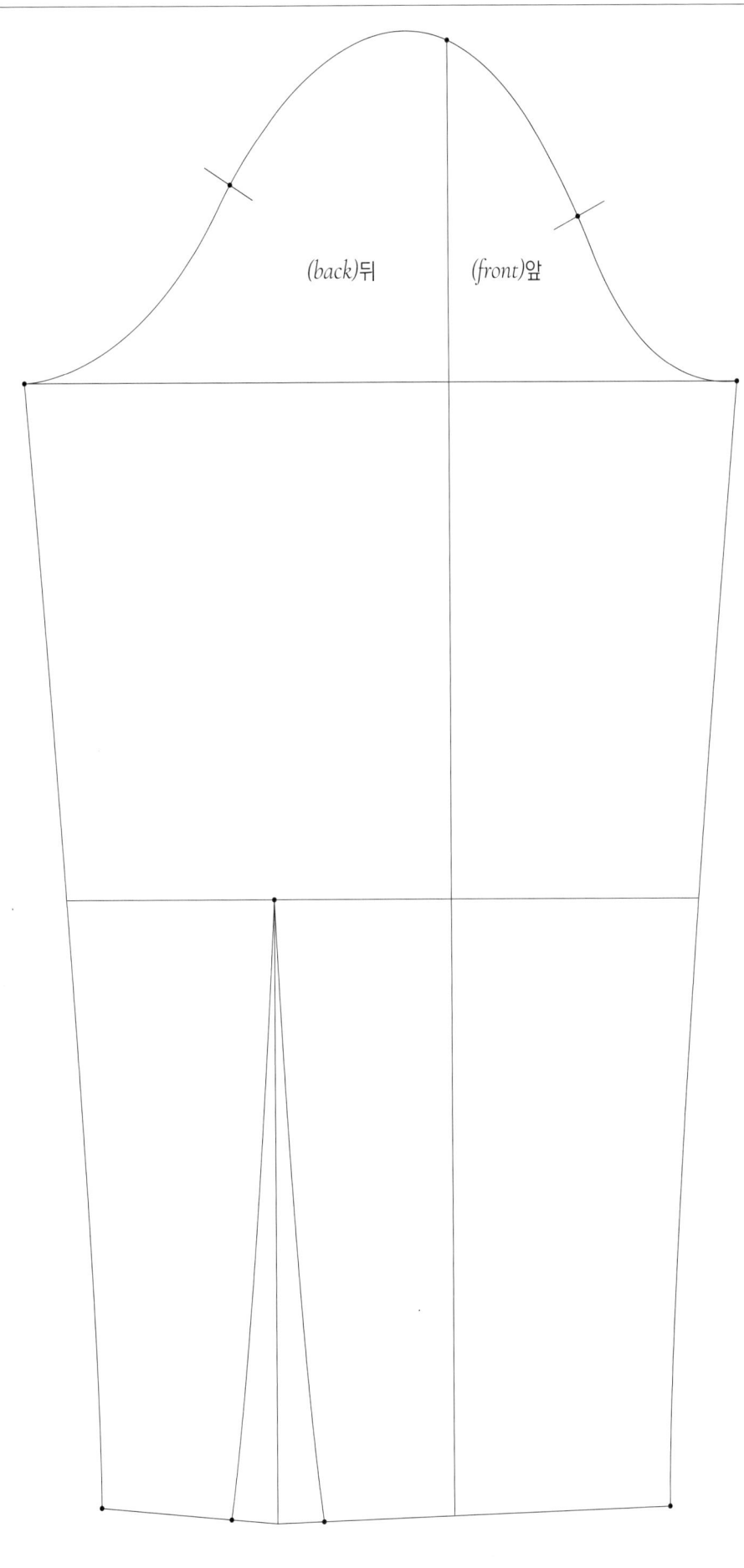

5.2 tight sleeve pattern(타이트 소매 원형)

1. 직선을 긋는다. (선분 0-1)

2. 소매산 높이를 정해준다. (선분 2-3)

(선분 0-1)에서 암홀 둘레/3 만큼 수직으로 올려 평행선을 긋는다.
40cm/3 = 약 13.3cm

(그림220) 소매산 높이 결정

**55치수 타이트 원형의 암홀 둘레를 40cm로 정하였습니다.

3. 보조선을 긋는다.

(선분 0-1)과 (선분 2-3)사이의 직선 길이가 뒤 암홀 길이 + 0.3cm(1/8″) 이 되는 두 지점을 찾아 직선을 긋는다.
(선분 4-5)

보조선은 소매를 자연스럽게 그리기위해 그어주는 선분이다. 뒤 암홀 길이 + 0.3cm(1/8″) 에서 1/8″ 은 뒤 소매달림선의 이즈량을 키워주기 위해 더해준 값이다.

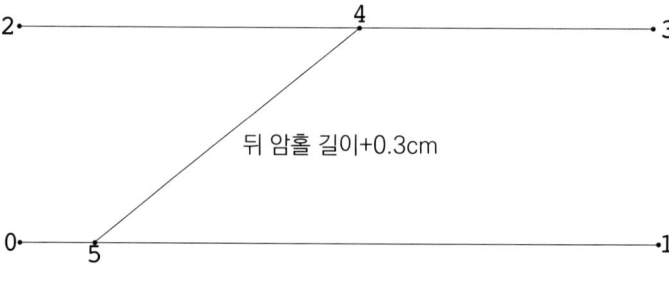

(그림221) 보조선 긋기

보조선을 따라 소매달림선을 그릴 때 보조선이 길어지게 되면 그만큼 소매달림선의 길이가 길어져 이즈량이 증가하게 된다. 뒤 소매달림선의 이즈량이 1.2cm(1/2″)가 나오도록 뒤 보조선의 길이를 맞춰주었다.

소매의 이즈량은 소매중심점(점4)을 기준으로 앞뒤 각각 1.2cm(1/2″)로 정하였다. 전체 이즈량은 2.5cm(1″) 가 되며 기본 재킷 소매의 이즈량으로 정해주었다.

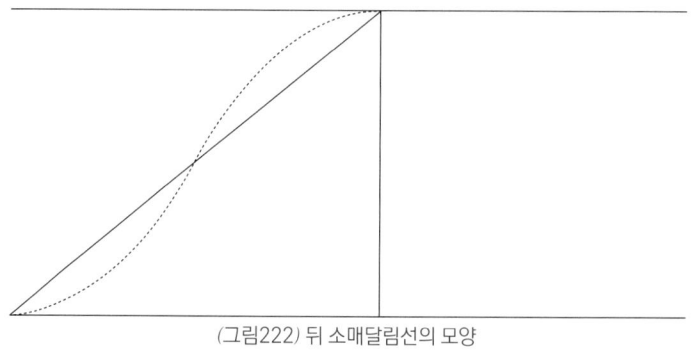

점선 : 뒤 소매달림선 길이 = 암홀길이 + 1.2cm(이즈)

실선 : 뒤 암홀 길이 + 0.3cm(1/8″)

(그림222) 뒤 소매달림선의 모양

5.2 tight sleeve pattern (타이트 소매 원형)

4. (점4)에서 (선분 0-1)까지의 직선 길이가 앞 암홀 길이가 되는 지점을 찾아 선분을 긋는다. (선분 4-6)

보조선(선분 4-6)을 기준으로 앞 소매달림선을 그리면 앞 소매달림선의 이즈량은 1.2cm(1/2″)가 나온다.

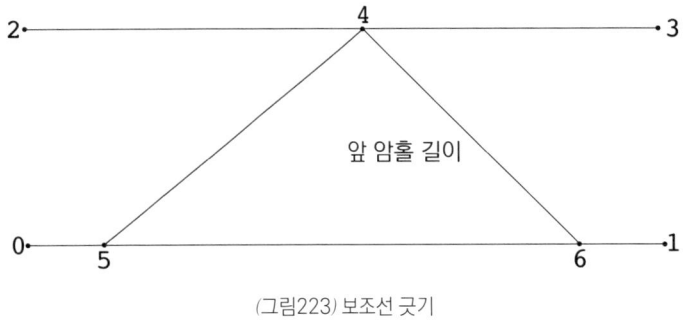

(그림223) 보조선 긋기

5. (점4)에서 수직선을 내려 (선분 0-1)과 만나는 지점을 찾는다. (점7)

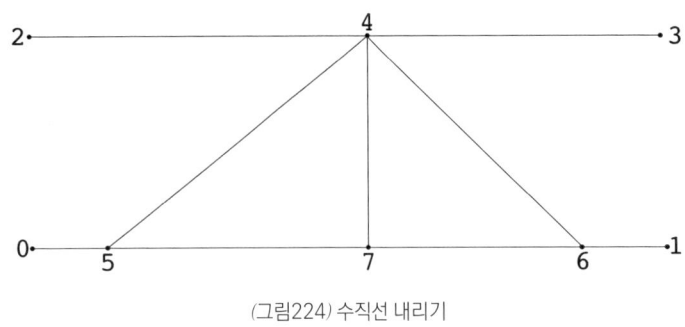

(그림224) 수직선 내리기

6. (선분 5-7)의 길이를 4등분한다. 4등분 수치만큼 (점5)에서 오른쪽으로, (점4)에서는 왼쪽으로 나간다. (점8, 9)

**등분 분할은 소매달림선을 그릴 때 도움이 되는 보조선을 만들어주기 위한 행위입니다.

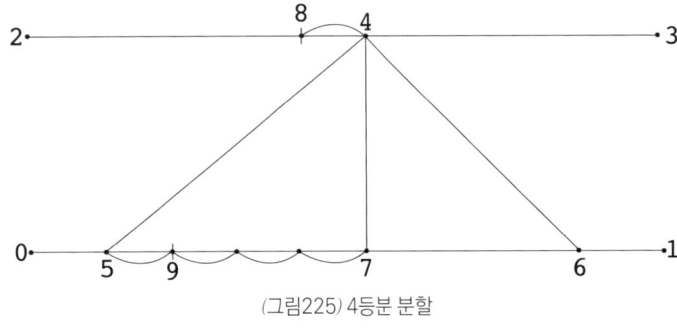

(그림225) 4등분 분할

7. (점8)과 점(9)를 직선으로 연결한다.
(선분 8-9) – 보조선

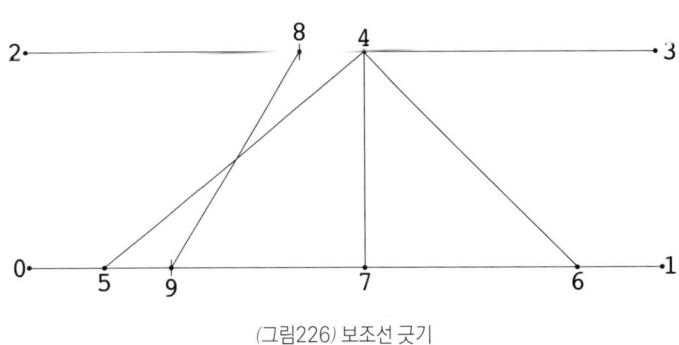

(그림226) 보조선 긋기

5.2 tight sleeve pattern(타이트 소매 원형)

8. *(선분 7-6)*길이를 3등분한다. 3등분 수치만큼 *(점4)*에서 오른쪽으로, *(점6)*에서는 왼쪽으로 나간다. *(점10,11)*

**소매의 앞쪽은 3등분이 적절하다고 판단하였습니다.

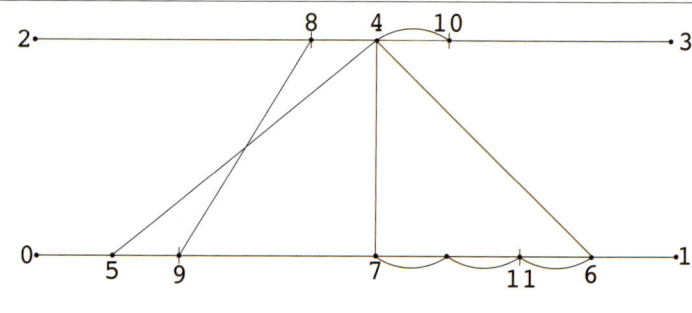

(그림227) 3등분 분할

9. *(점10)*과 *(점11)*을 직선으로 이어준다.

(선분 10-11) = 보조선

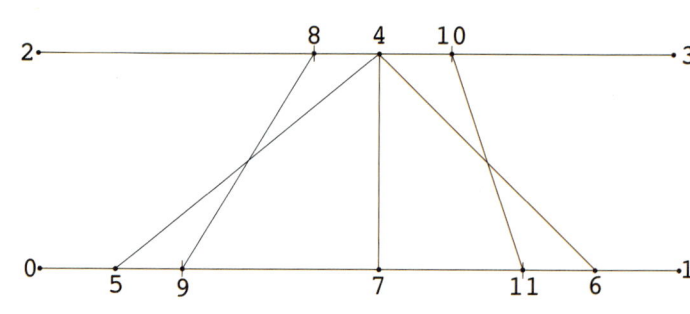

(그림228) 보조선 긋기

10. 곡자로 소매달림선을 그려준다.

앞쪽은 그릴때 *(점6)*에서 1.2cm 정도 직선을 유지해준다.

**몸판의 앞 암홀을 그릴 때와 마찬가지로 1.2cm를 떨어트려 주어 암홀의 형태와 동일한 모양으로 소매를 만들어주기 위한 의도입니다.

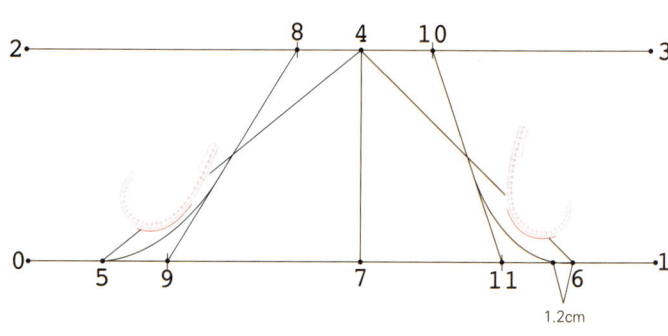

(그림229) 소매달림선 긋기

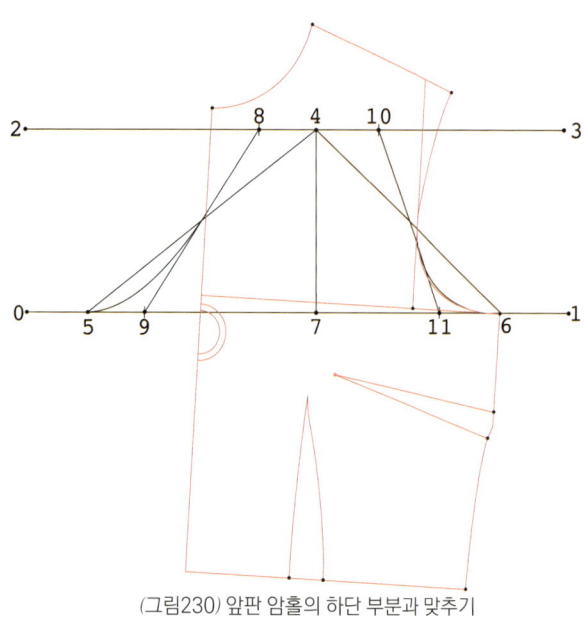

(그림230) 앞판 암홀의 하단 부분과 맞추기

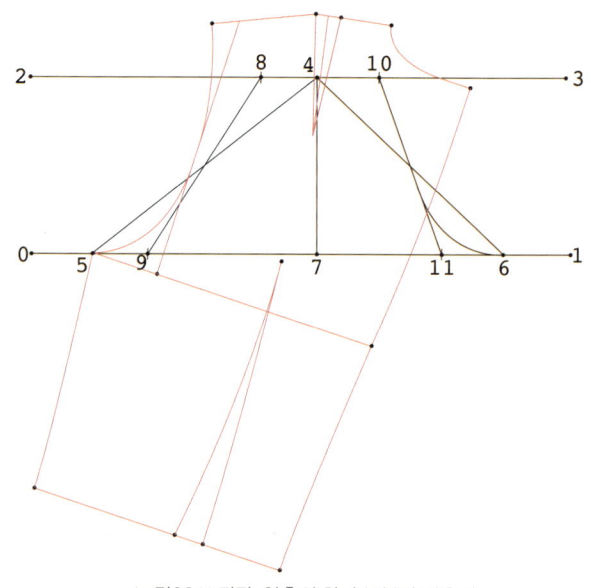

(그림231) 뒤판 암홀의 하단 부분과 맞추기

5.2 tight sleeve pattern (타이트 소매 원형)

10. 곡자로 소매달림선을 만든다.

소매달림선의 상단 부분을 그린다.

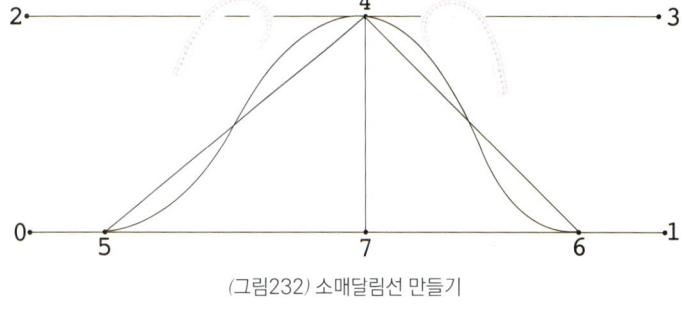
(그림232) 소매달림선 만들기

**면적이해

(그림232)의 색칠된 너비를 보면 뒤쪽이 더 넓다는 것을 알 수 있다. 이러한 차이는 (그림233)을 보면 이해할 수 있다. 신체의 어깨 뒤 굴곡은 등을 타면서 굽어지는 상태이며 앞쪽은 반대로 어깨점에서 내려가는 경사가 뒤쪽보다 급한 것을 볼 수 있다. 그래서 기본적으로 소매달림선의 상단 부분을 그려줄 때 뒤 면적이 더 넓게 나오도록 만들어주게 된다. 반면 소매달림선의 경사를 임의로 바꿔 일정 영역의 소매달림선 볼륨이 더 나와 보이게 하거나 죽여줄 수 있다.

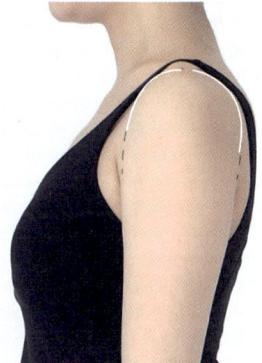
(그림233) 어깨 주변의 볼륨

11. 앞, 뒤 암홀길이를 확인한다.

(곡선 4-5)의 길이가 뒤 암홀 길이 + 1.2cm인지 확인한다.

(곡선 4-6)의 길이가 앞 암홀 길이 + 1.2cm인지 확인한다.

12. 소매부리선과 팔꿈치선을 만든다.

(선분 2-3)에서 수직으로 55.9cm(22″) 내려가 소매부리선을 만들어준다. (선분 5-12), (선분 6-13), (선분 12-13)

(선분 2-3)에서 수직으로 33cm(13″) 내려가 팔꿈치 선을 만들어준다. (선분 14-15)

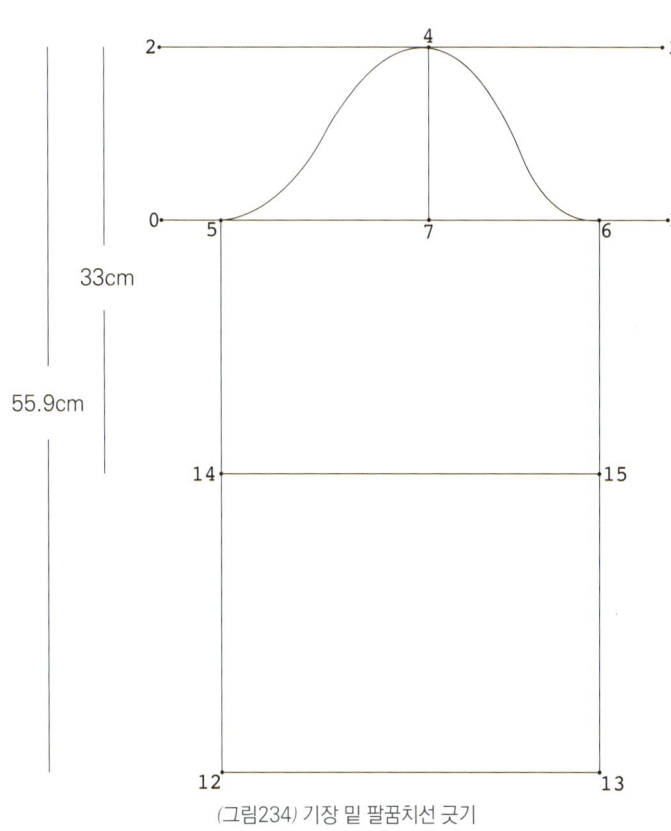

팔길이

20대 여성의 평균 위팔 길이(어깨점 - 팔꿈치)는 약 31.8cm(12 1/2″)이다. 그러므로 (선분 2-3)에서 수직으로 31.8cm(12 1/2″)를 내려가 줄 수 있지만 팔꿈치 다트의 길이가 너무 길어 보이는 것을 피하기 위해 다트의 높이를 낮춰 (선분 2-3)에서 33cm(13″)를 내려갔다.

팔꿈치 길이는 키가 클수록, 팔길이가 길수록 길어진다.

(그림234) 기장 밑 팔꿈치선 긋기

5.2 tight sleeve pattern (타이트 소매 원형)

13. 소매중심점을 옮긴다. (점4 > 점16)

소매중심점을 옮기기 위해 소매중심선을 소매앞쪽으로 1.2*cm*(1/2")
옮긴다. (점4)에서 오른쪽으로 1.2*cm* 수평이동한다. (점16)

(점16)에서 기장까지 수직선을 내린다. (선분 16-19)

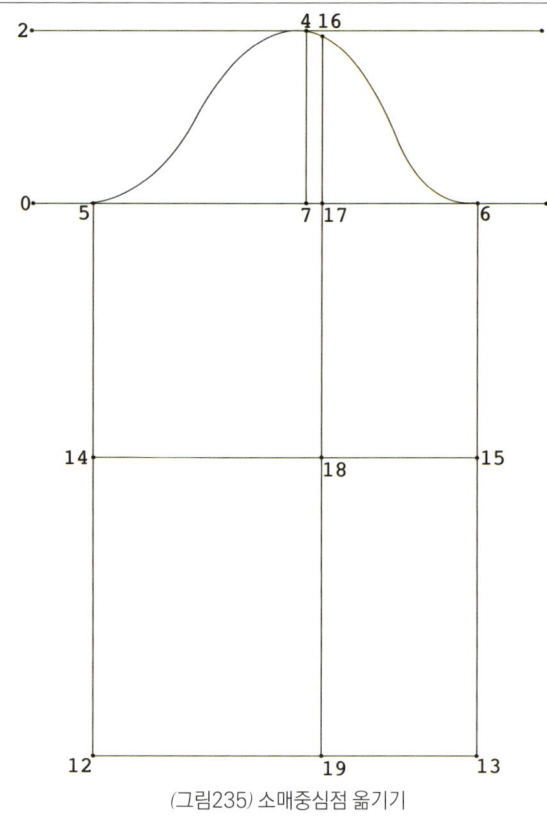

(그림235) 소매중심점 옮기기

소매중심점의 이동

(그림236)은 소매중심점을 옮겼을때 달라지는 솔기선의 변화이다.

A = 어깨선 솔기 끝점
B = 소매중심점을 옮기기전 소매와 몸판이 만나는 옆선솔기 끝점
C = 소매중심점을 옮긴 소매 옆선솔기의 끝점

이동된 소매패턴의 소매중심점은 그대로 *A*점에 맞춰 진다. 소매의 옆선 솔기 끝점은 *B*에서 *C*로 이동하는데 소매 옆선의 솔기와 몸판옆선솔기가 만나지 않아 양쪽의 시접이 겹쳐지지 않는다.

그 결과 시접이 서로 겹쳐지지 않으면서 시접부분이 투박해보이는 것을 방지해 줄수 있으며 시접이 겹쳐지는 두께로 인해 외관상 시접 자국이 비치지 않도록 도와줄 수 있다.

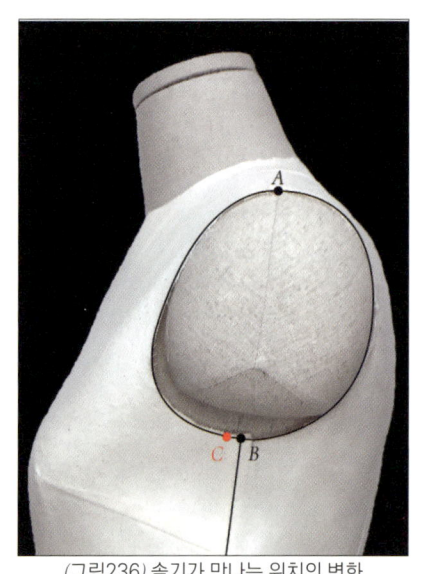

(그림236) 솔기가 만나는 위치의 변화

5.2 *tight sleeve pattern* (타이트 소매 원형)

 사이즈별 평균 손목 둘레

55치수 = 15.2*cm*(6″)

66치수 = 17.8*cm*(7″)

77치수 = 19.1*cm*(7 1/2″)

88치수 = 20.3*cm*(8″)

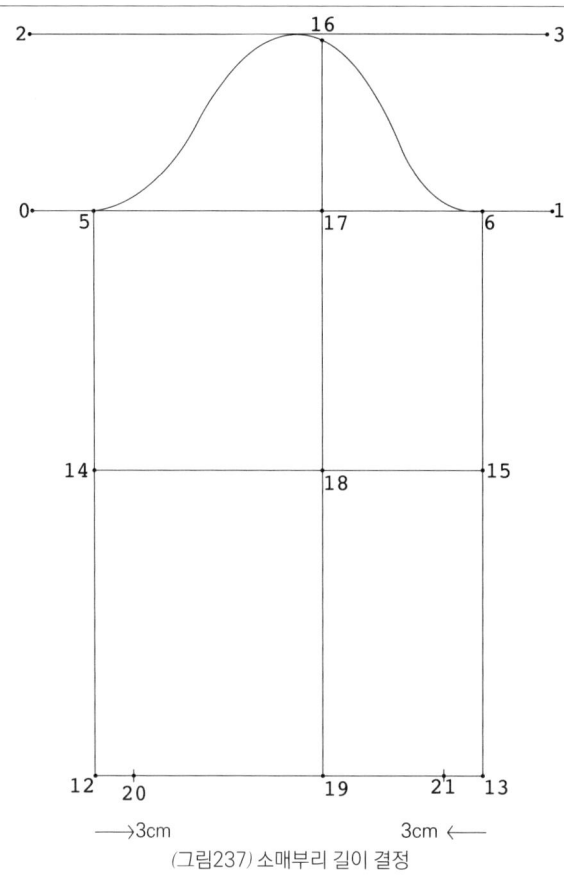

(그림237) 소매부리 길이 결정

14. 소매부리 길이를 정한다.

55치수 여성의 표준 손목 둘레는 약 15.2*cm*(6″) 이다. 트임이 없는 소매로 제작하기 때문에 주먹이 들어갈 정도의 여유량을 주어 20.3*cm*(8″)로 소매부리 길이를 정해준다.

(선분 12-13)선상 소매부리 길이를 맞춰준다.

(선분 12-13) 길이 = 30.1*cm*

소매부리 길이 = 손목둘레 15.2*cm*(6″) + 여유량 5.1*cm*(2″) + 다트 폭 3.8*cm*(1 1/2″) = 24.1*cm*(9 1/2″)

**다트 폭은 사라지는 길이입니다.
**팔꿈치 다트의 폭은 팔의 기울기를 반영하여 3.8*cm*(1/2″)로 정해주었습니다.

(선분 12-13) 30.1*cm* - 소매부리 24.1*cm* = 6*cm*

6*cm* = 줄여주는 수치

(선분 12-13)의 길이를 24.1*cm*(9 1/2″)로 만들어주기 위해 (점12, 점13)에서 각각 3*cm*씩 줄여준다. (점20, 점21)

15. 팔꿈치 다트를 만든다.

(선분 20-19)의 이등분 지점을 찾아준다. (점22)

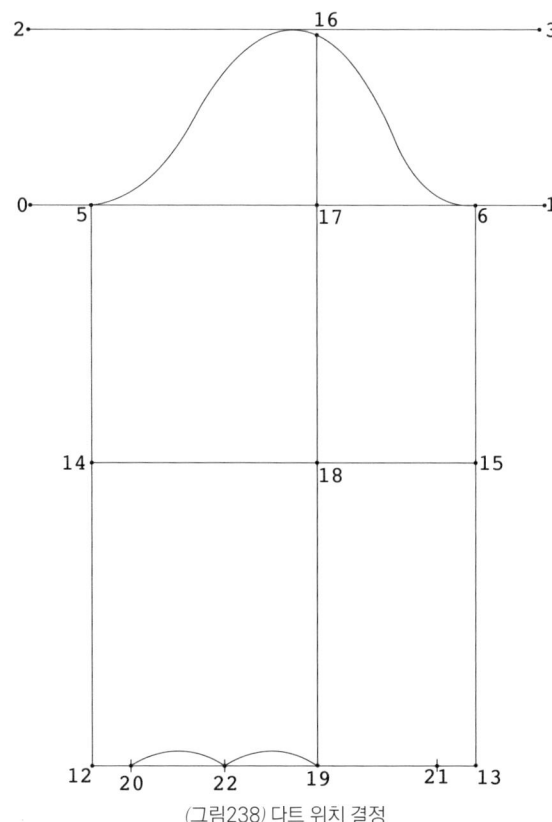

(그림238) 다트 위치 결정

5.2 tight sleeve pattern (타이트 소매 원형)

(점22)에서 팔꿈치선까지 수직선을 긋는다. (점25)

(점22)에서 다트 폭을 양쪽으로 분배해준다. (점23, 점24)

(점22-점23) = 1.9cm(3/4")
(점22-점24) = 1.9cm(3/4")

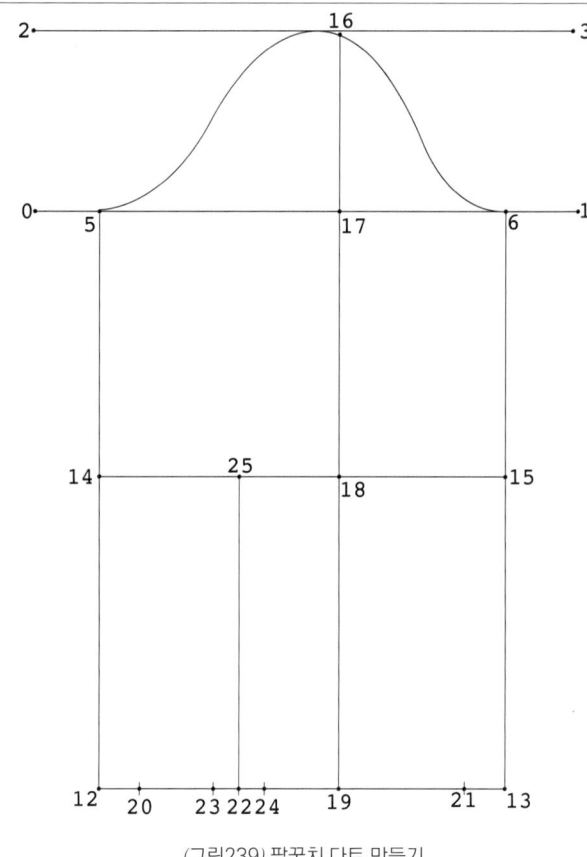

(그림239) 팔꿈치 다트 만들기

16. 소매 다트를 그려주고 소매 옆선을 만든다.

(점25)와 (점23)을 완만한 곡선으로 연결해준다.
(점25)와 (점24)를 완만한 곡선으로 연결해준다.

**소매 다트에 곡선을 사용하는 이유는 다트가 부드럽게 보이기 위해서입니다.

(점5)와 (점20)을 곡자로 연결해준다.
(점6)과 (점21)을 곡자로 연결해준다.

(각 5-20-21)과 (각 6-21-20)이 직각에서 너무 벗어나지 않도록 곡에 유의하며 소매 옆선을 그어준다. 이는 소매 옆선이 봉제될 때 해당 부위가 각이 지지 않도록 해주기 위함이다.

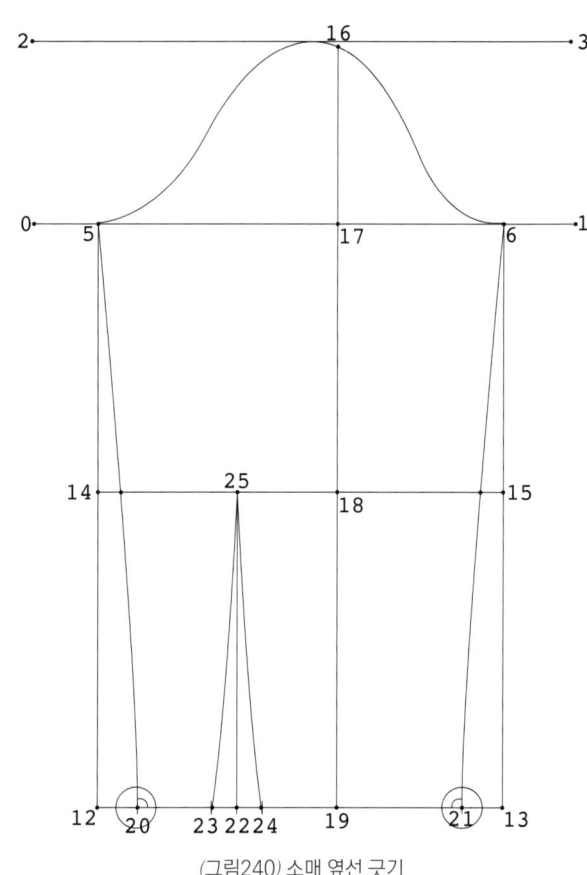

(그림240) 소매 옆선 긋기

5.2 tight sleeve pattern (타이트 소매 원형)

17. 다트를 접을 때 변하는 밑단선을 정리한다.

*(점22)*에서 0.5cm 수직으로 내려간다. *(점28)*

*(점20)*과 *(점28)*을 직선으로 이어준다.

*(점21)*과 *(점28)*을 직선으로 이어준다.

팔꿈치 다트를 바꾼 밑단선까지 연장해준다. *(점29, 점30)*

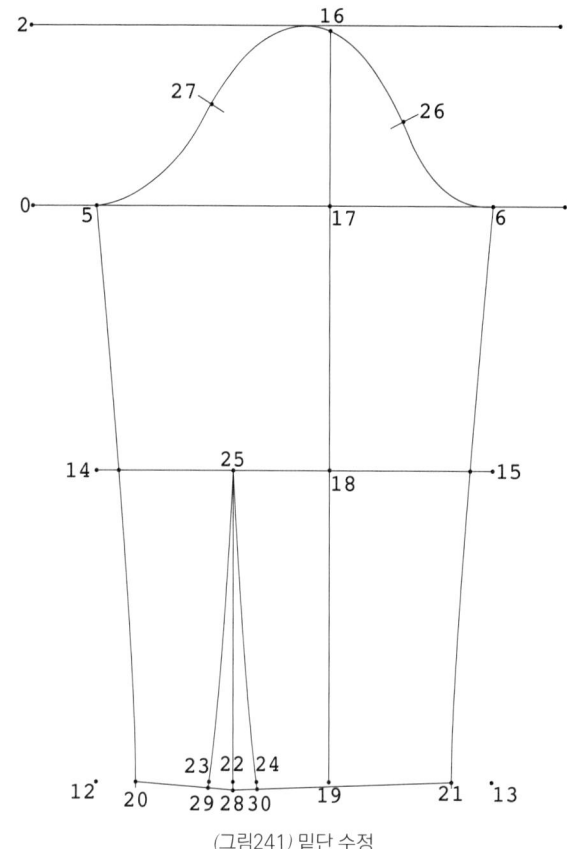

(그림241) 밑단 수정

다트 정리

*(그림242)*는 팔꿈치 다트를 접은 후의 모습이다. 다트를 접게 되면 밑단에 각이 생기는데 이 각을 다시 직선*(빨간 선)*으로 바꿔주고 접은 다트를 풀어주면 소매 밑단이 *(선분 20-28-21)*로 바뀌게 된다.

*(선분 22-28)*의 길이는 다트의 폭에 따라 달라짐으로 다트를 접고 밑단을 직선으로 이어주는 후*(後)*처리를 해주는 것이 일반적이다.

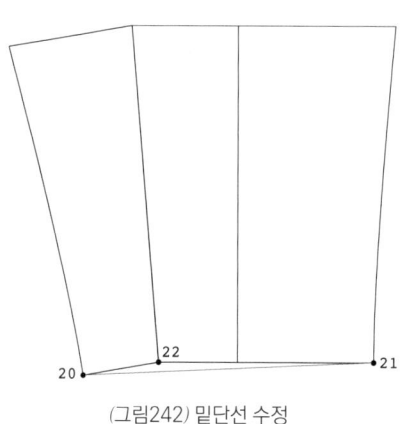

(그림242) 밑단선 수정

5.2 tight sleeve pattern (타이트 소매 원형)

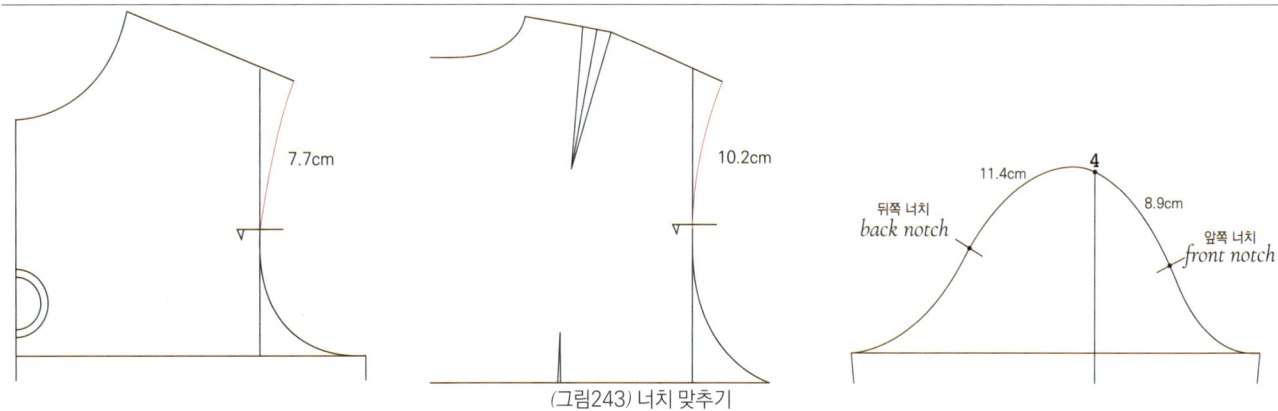

(그림243) 너치 맞추기

18. 소매와 몸판에 너치를 표시한다.

몸판 : 암홀선상 패턴의 어깨점에서 *(앞판)* 7.7cm(3"), *(뒤판)* 10.2cm(4") 나간 지점에 너치를 표시한다.

소매 : 소매달림선상 *(점4)*에서 *(앞쪽)* 8.9cm(3 1/2"), *(뒤쪽)* 11.4cm(4 1/2") 나간 지점에 너치를 표시한다.

8.9cm − 1.2cm(이즈량) = 7.7cm, 11.4cm − 1.2cm(이즈량) = 10.2cm

팔의 경사

(그림244)의 팔 경사를 보면 어깨점에서 수직으로 떨어지지 않고 앞쪽으로 기운 모습을 확인할 수 있다.

(그림244) 팔의 경사

팔의 경사를 반영하지 않고 소매 원형을 다트 없이 만들게 되면 소매가 어깨점에서 수직으로 떨어지게 된다. *(그림245의 빨간 점선)*

책의 타이트 원형에서는 팔꿈치 다트를 주었기 때문에 소매가 팔의 경사에 맞춰 앞쪽으로 기울어지게 된다.

**소매의 회전

소매패턴이 한 조각이면 한 장 소매라고 부르고 절개선이 존재해 두 개의 조각으로 나뉘면 두 장 소매라고 부른다. 두 장 소매는 한 장 소매보다 소매의 회전을 더 자유롭게 구사할 수 있는데 이는 절개되어 나눠진 두 개의 패턴으로 패턴의 라인을 더 휘어지게 할 수 있기 때문이다.

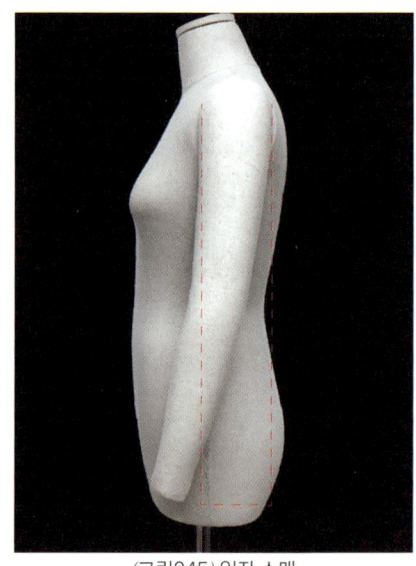

(그림245) 일자 소매

5.2 tight sleeve pattern(타이트 소매 원형)

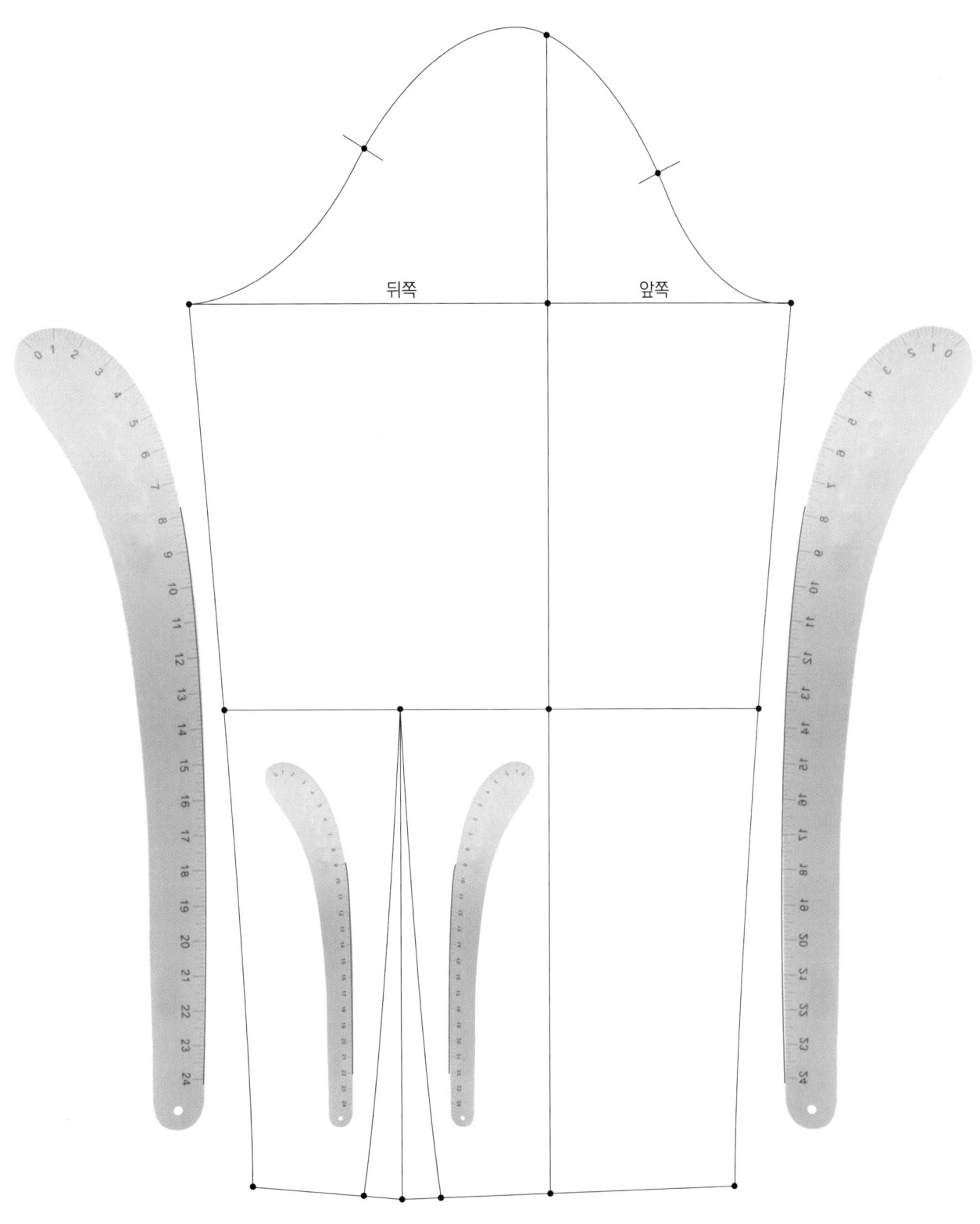

5.3 sleeve pattern variation 1(팔꿈치 다트 옮기기)

5.3 sleeve pattern variation 1 (팔꿈치 다트 옮기기)

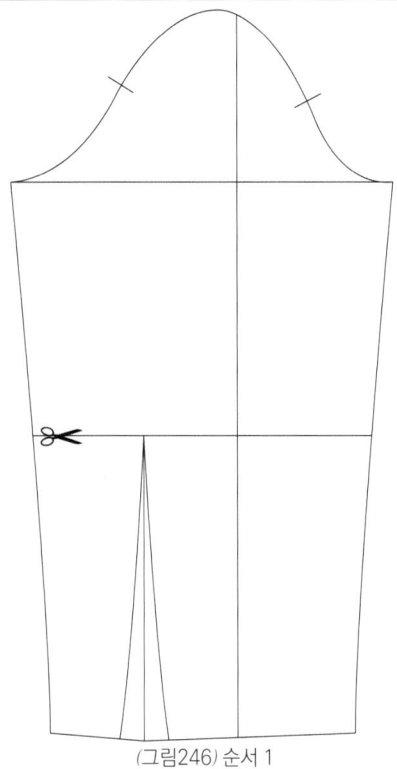

(그림246) 순서 1

(그림247) 순서 2

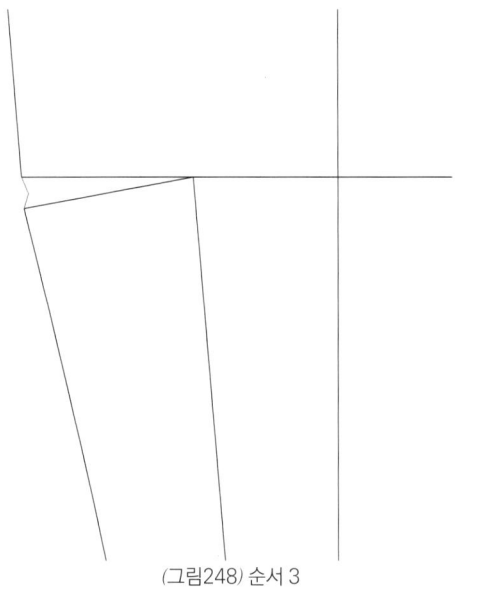

(그림248) 순서 3

1. 팔꿈치선을 다트 끝점까지 절개한다.

2. 팔꿈치 다트를 접어준다.

다트가 절개선을 따라 이동되었다.
소매 밑단에 각이 지게 되었다.

3. 밑단선을 직선으로 수정해준다.

4. 이동된 다트의 접는 방향을 고려하여 다트 모양을 정리해준다. (완성)

** 다트를 이동시킬 때 절개선의 길이에 따라 이동된 다트의 폭이 달라진다. 이동된 다트의 폭이 달라져도 옮기기 전 다트의 효과는 그대로 유지된다.

5.4 sleeve pattern variation 2 (팔꿈치 다트 효과)

5.4 sleeve pattern variation 2 (팔꿈치 다트 효과)

1. 팔꿈치 다트를 팔꿈치선으로 옮긴 소매패턴을 불러온다.

2. 다트가 위치한 쪽의 소매 옆선을 자연스럽게 곡자로 이어준다.

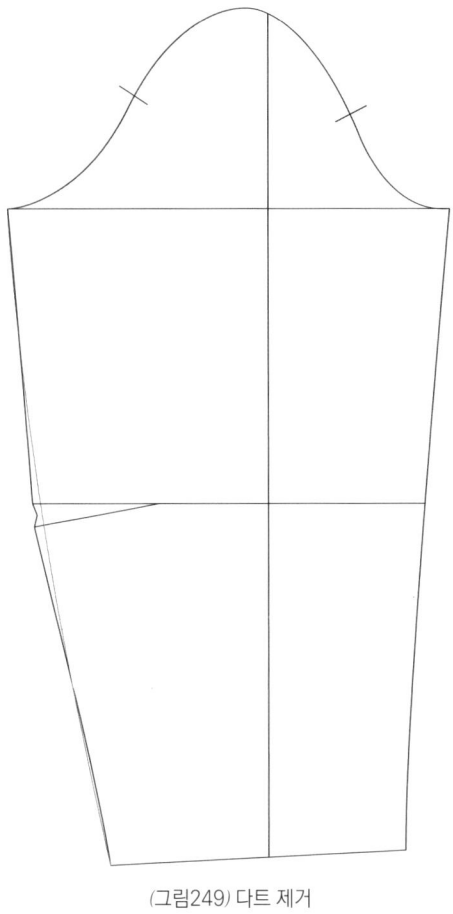

(그림249) 다트 제거

3. (점2)를 기준으로 밑단을 수평으로 맞춰준다. (점5)

(선분 1-2)의 길이와 (선분 3-5)의 길이차이가 존재하는데 차이는 미세함으로 이즈로 처리해준다. (완성)

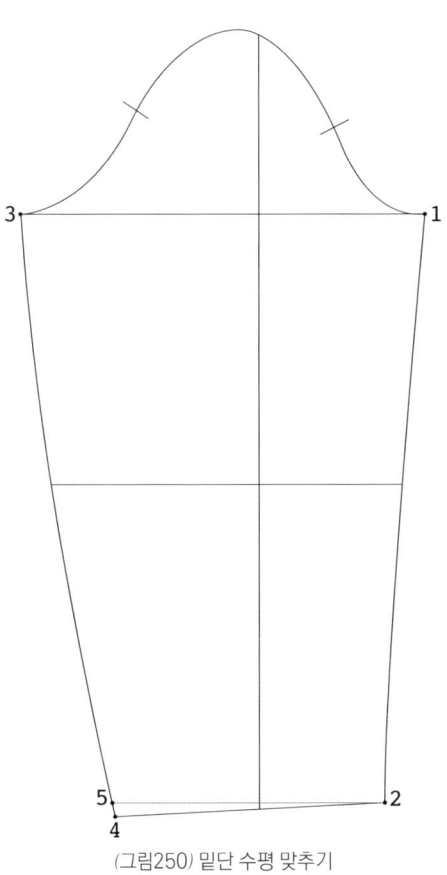

(그림250) 밑단 수평 맞추기

5.4 sleeve pattern variation 2 (팔꿈치 다트 효과)

📖 **원리 파악**

팔꿈치 다트를 없애도 소매의 회전이 일어나는 이유는 소매 옆선의 회전이 일어났기 때문이다. *(그림251)*

팔꿈치 다트를 팔꿈치선으로 옮길 때 뒤쪽 소매 옆선이 회전됨으로 부착된 소매에도 회전이 일어나게 된다.

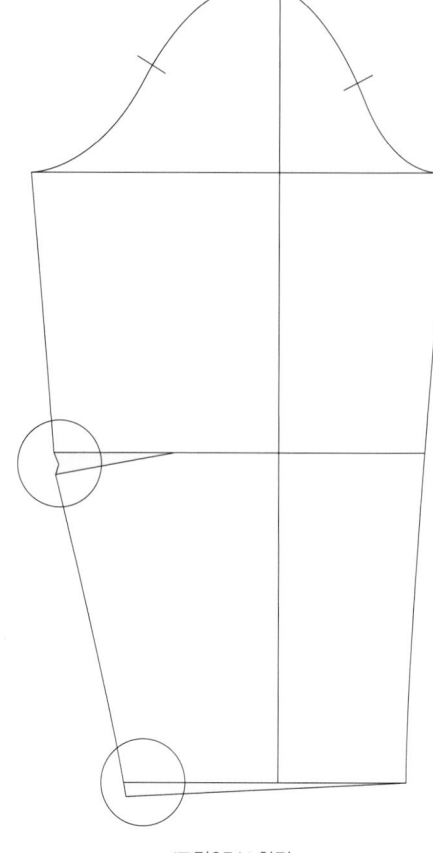

(그림251) 회전

(그림252)
위의 원리를 이용하여 소매를 제도 과정중에 회전 시켜 보았다.

*(점1)*에서 떨어지는 분량 : $2x$

*(점4)*에서 떨어지는 분량 : x

*(점4)*에서 떨어트리는 분량을 두 배로 *(점1)*에서 떨어져 보았다. 이런 경우 양쪽 옆선의 길이 차이가 심해짐으로 뒤쪽 옆선에 넣어주는 이즈량이 많아 진다. 많은 이즈량은 예민한 원단의 경우 문제를 일으킬 수 있음으로 상황에 따라 제한이 생김으로 범용성이 없다.

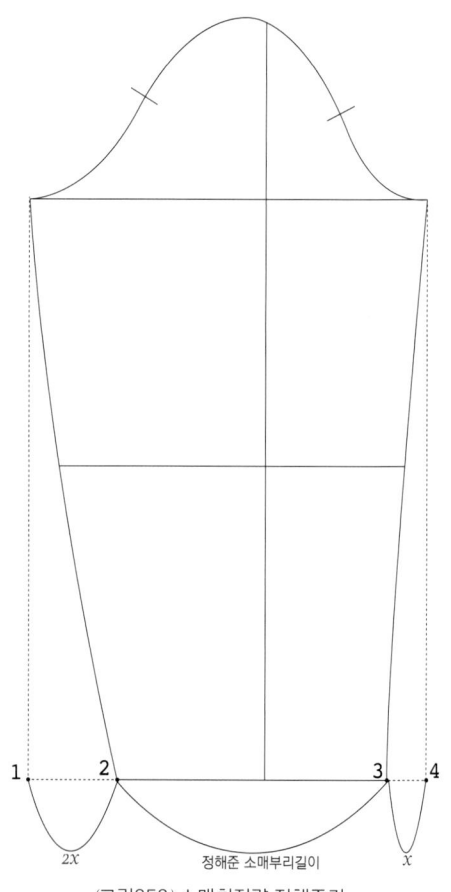

(그림252) 소매회전량 정해주기

5.4 sleeve pattern variation 2 (팔꿈치 다트 효과)

(그림253)

(점1)에서 떨어지는 분량 : $1.5x$

(점4)에서 떨어지는 분량 : x

떨어지는 분량을 조정하여 이즈량문제를 완화시켰다.

소매 옆선 봉제 시 밑단에 각짐현상도 완화된다.

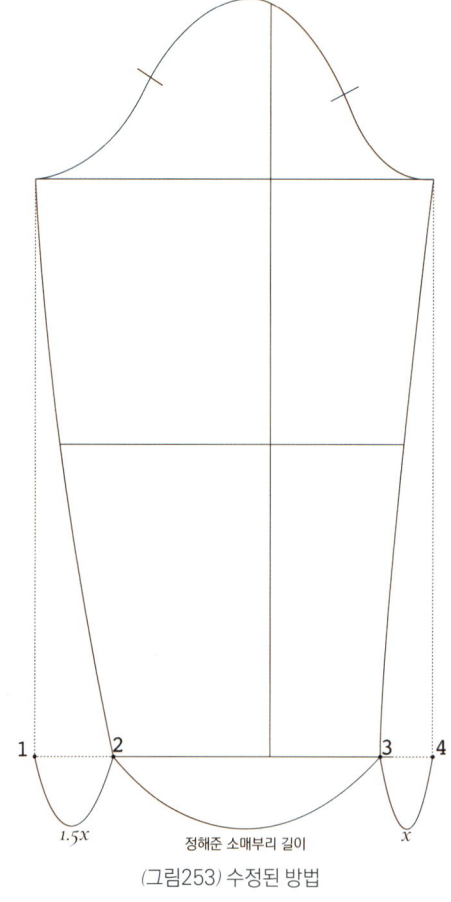

(그림253) 수정된 방법

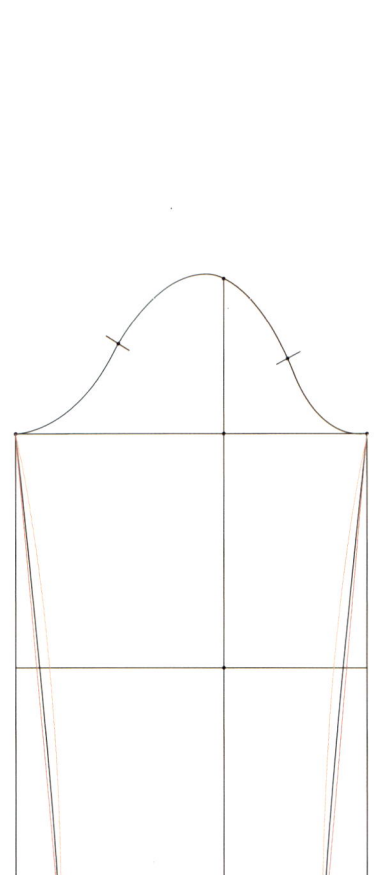

(그림254) 곡률의 변화

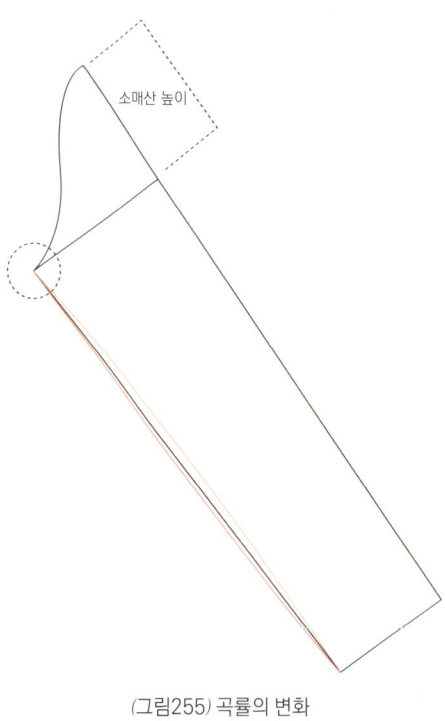

(그림255) 곡률의 변화

📙 옆선의 곡

소매 옆선을 그어줄 때 옆선의 곡률이 변하는 것은 그대로 소매 실루엣의 변화를 가져온다. 또한 옆선을 그어줄 때 옆선봉제 시 동그라미 표시 부분에 각이 지면 안되므로 패턴의 옆선을 테이프로 붙여 각짐을 판단할 수 있다.

5.5 sleeve pattern variation 3(팔꿈치 다트 효과 2)

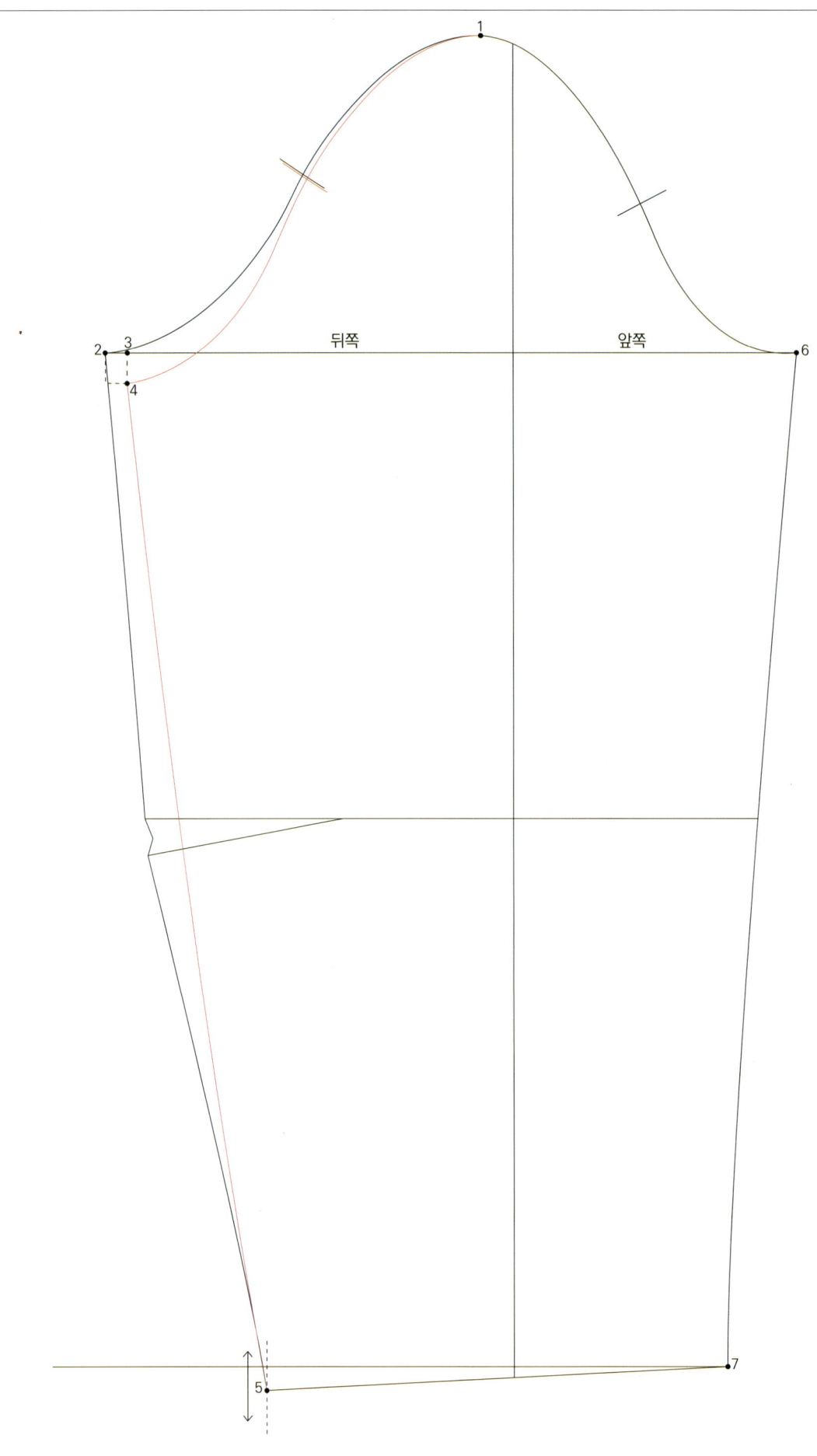

5.5 sleeve pattern variation 3 (팔꿈치 다트 효과 2)

5.5 sleeve pattern variation 3 (팔꿈치 다트 효과2) 제도순서

1. 팔꿈치 다트를 팔꿈치선으로 옮긴 소매 원형을 불러온다.

2. (점2)에서 수평으로 1cm(3/8") 이동한다. (점3)

3. (점3)에서 수직으로 1.2cm(1/2") 내려간다. (점4)

4. (점4)를 뒤판 소매폭 끝점으로 바꿔준다.

5. (점4)를 기준으로 소매달림선을 긋는다.
기존의 뒤 소매달림선길이(선분 1-2)에 맞춰 소매달림선(선분 1-4)를 자연스럽게 만든다.

(선분 1-2) 길이 = (선분 1-4) 길이

6. (점4)와 (점5)를 이어 소매 옆선을 그어준다.

7. 그어준 소매 옆선(선분 4-5)의 길이가 소매 옆선(선분 6-7)길이와 동일한지 확인한다.

길이가 같지 않다면 (점5)의 높이를 수직 선상으로 움직이면서 (선분 4-5)길이가 (선분 6-7)길이와 동일하도록 (점5)의 위치를 조정한다.

** 응용 방법

1. (점2)의 위치를 (점4)로 바꿔주는 이동시킬때 필요한 수치는 소매패턴마다 회전의 정도를 고려하여 조정해줄 수 있다.

2. 반대쪽 옆선의 길이와 맞추기 위해 (점4)와 (점5)의 위치를 적절하게 조정해준다.

3. 소매 제도 시작시 (점2)의 위치가 (점4)의 위치로 바뀌면서 뒤쪽 소매폭이 줄어드는 현상을 감안하여 소매산 높이와 소매폭을 결정해준다.

5.5 sleeve pattern variation 3 (팔꿈치 다트 효과 2)

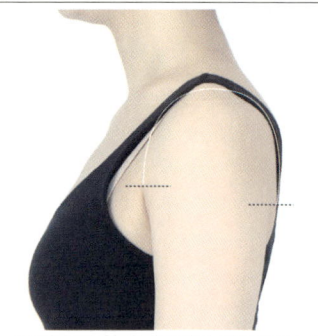

(그림256) 앞뒤 겨드랑이 접힘점의 높이

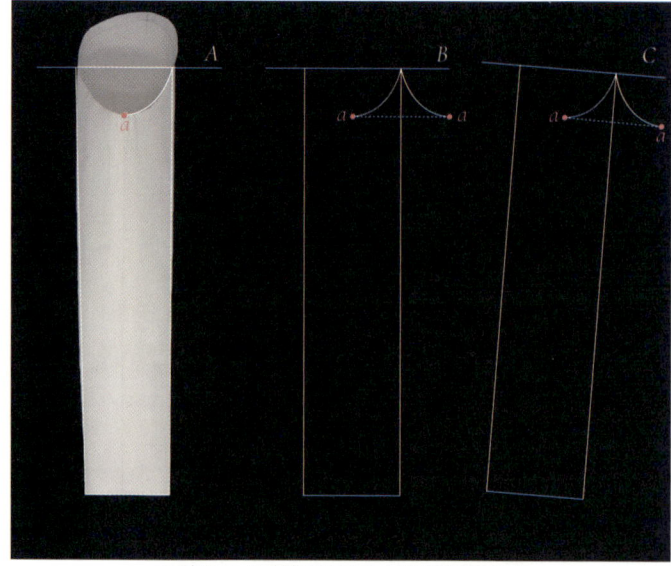

(그림257) 소매회전에 따른 소매달림선의 변화

5.5 sleeve pattern variation 3 (팔꿈치 다트 효과2) 제도방식의 원리이해

(그림256)을 보면 신체는 앞뒤 겨드랑이 접힘 점의 높이가 다름을 알 수 있다. 동시에 팔은 앞으로 기울어진 전방성을 띠고 있다. 이러한 점을 고려하여 소매패턴의 변화를 생각하게 되었다.

(그림257)을 보면 소매가 회전함에 따라 (점a)의 높이가 회전하기 전 높이보다 낮아지는 것을 확인할 수 있다. 이러한 점을 고려하여 (점2)의 위치를 (점4)의 위치로 바꿔주었다.

책의 패턴에서는 (점2)와 (점4)의 높이 차이를 1.2cm(1/2")로 맞춰주었는데 높이차이가 심해지면 소매 옆선 길이가 맞지 않거나 소매달림선의 형태가 왜곡되어 소매의 균형이 틀어지면서 무리가 오게 된다.

제도방식의 장점

1. 봉제 과정에서 양쪽 소매 옆선의 길이를 맞추기 위해 이즈를 넣거나 늘려 박는 등의 행위가 필요하지 않다.
2. 옆선 봉제 시 다림질을 하는 과정에서도 무리 없이 안정적으로 소매가 놓인다.
3. 소매산을 낮춰 제도한 소매에도 이 제도 방법을 사용하면 소매의 전방성이 좀 더 뚜렷하게 나타난다.

제도방식의 단점

1. 뒤쪽 소매폭이 감소하는 변수를 감안하는 가정하에 제도법을 적용할 수 있다.
2. 체크의 경우 결이 맞지 않으므로 솔리드 원단에 한해서 사용가능하다.

5.6 sleeve pattern variation 4(소매중심점 옮기지 않기)

1. 소매중심점을 앞쪽으로 1.2cm(1/2″) 옮긴 상태의 타이트 소매패턴을 불러온다.

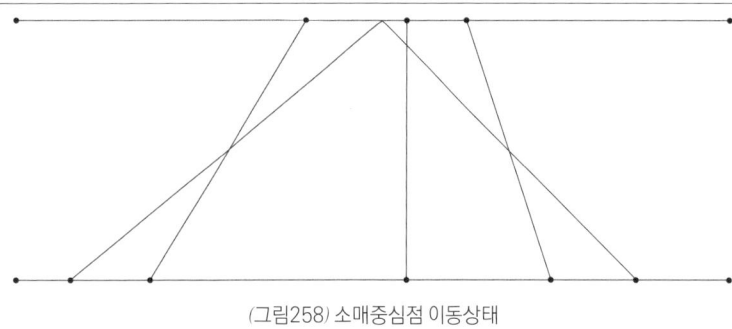

(그림258) 소매중심점 이동상태

2. 소매중심선을 1.2cm(1/2″) 이동되기 전 상태로 옮겨준다. 소매 보조선도 1.2cm(1/2″) 옮겨준다.

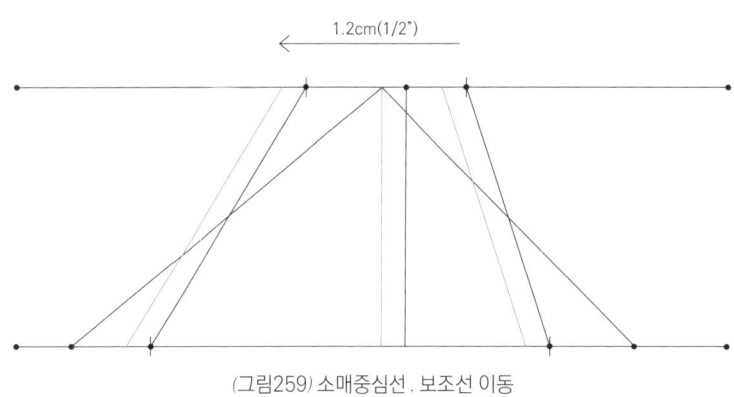

(그림259) 소매중심선, 보조선 이동

3. 이동된 소매 보조선을 기준으로 소매달림선을 자연스럽게 그려준다. (완성)

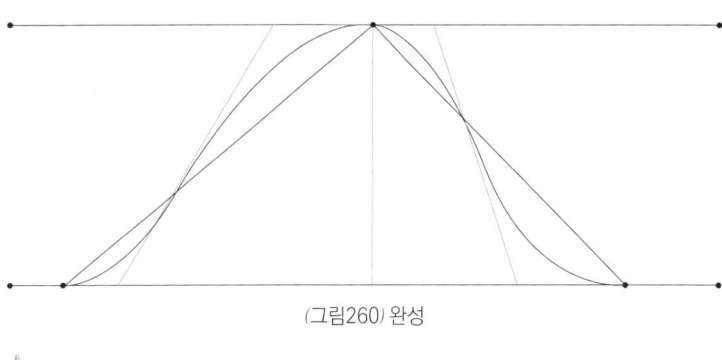

(그림260) 완성

5.7 sleeve pattern variation 5 (이즈량 조절)

소매산의 높이가 낮아질수록 이즈량을 줄여주는 소매원리의 이해를 바탕으로 이즈량을 조절해준다.

기준 소매달림선(검정선)의 이즈량 = 2.5cm(1")

(그림261)

1. 소매폭 양 끝점을 0.6cm(1/4") 올리면 소매산의 높이는 0.6cm(1/4)" 줄어들고 이즈량은 2.5cm(1")에서 약1.2cm(1/2")로 변한다. 이즈량이 변하여 너치위치가 바뀌었다.

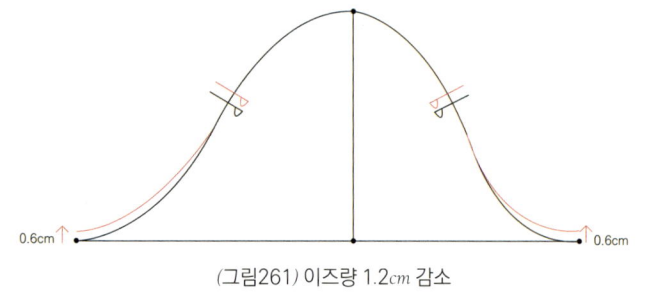

(그림261) 이즈량 1.2cm 감소

(그림262)

2. 소매폭 양 끝점을 1.2cm(1/2") 올리게 되면 소매산의높이는 1.2cm(1/2") 줄어들고 이즈량은 2.5cm(1")에서 약 0-0.6cm(0-1/4")로 변하게 된다. 이즈량이 변하여 너치위치가 바뀌었다.

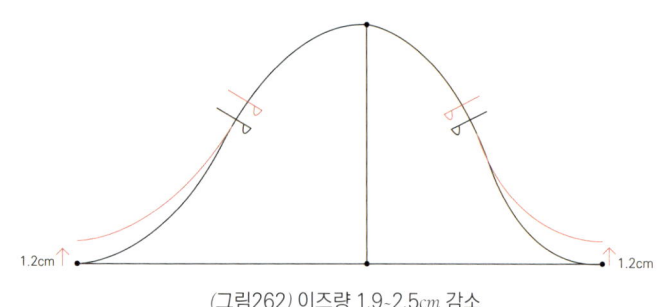

(그림262) 이즈량 1.9-2.5cm 감소

(그림263)

3. 소매폭 양 끝점을 0.6cm(1/4") 내리게 되면 소매산 높이는 0.6cm(1/4") 높아지고 이즈량은 2.5cm(1")에서 3.2cm(1 1/4")로 변하게 된다. 이즈량이 변하여 너치위치가 바뀌었다.

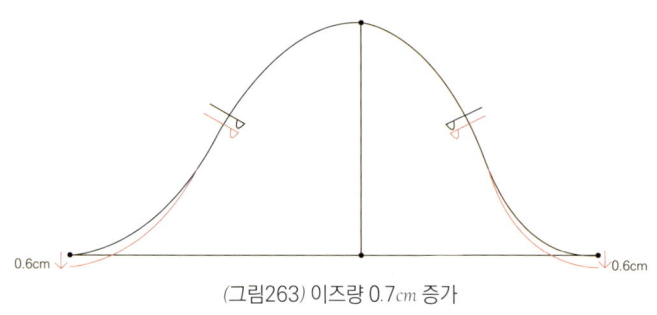

(그림263) 이즈량 0.7cm 증가

5.8 sleeve pattern variation 6 (소매폭 고정)

소매폭 사이즈를 고정시켜놓고 소매를 제도하는 방법을 알아본다.
소매폭 사이즈를 35.6cm(14″)로 고정해 놓고 제도하였다.

(그림264) 소매폭 결정

방법 1

(그림264)
1. 원하는 소매폭 길이를 결정하고 그 길이만큼 직선을 그어준다.

(그림265)
2. 패턴의 앞, 뒤 암홀 길이를 대입하여 만나는 지점(소매중심점)을 찾는다.

**(방법 1)은 소매산 높이가 자동으로 정해진다.

3. 소매달림선을 그려준다.

4. 원하는 이즈량이 나오지 않았다면 소매산 높이를 조절해준다.

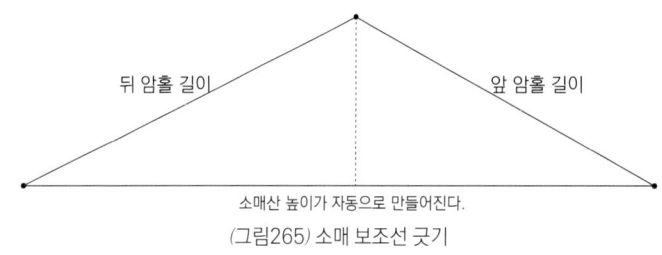

(그림265) 소매 보조선 긋기

방법 2

(그림266)
1. 패턴의 암홀 둘레/3 값을 소매산 높이로 정해주고 앞, 뒤 암홀길이 수치로 보조선을 긋는다.

2. 원하는 소매폭이 되도록 진동 높이를 조절한다.
진동 높이의 조절로 변한 암홀 둘레를 토대로 다시 소매를 제도한다. 원하는 소매폭이 나올 때까지 과정을 반복한다.

3. 소매달림선을 그어준다.

4. 원하는 이즈량이 나오지 않았다면 소매산 높이를 조절해준다.

**(방법2)는 진동 깊이의 변화로 달라지는 암홀 길이를 이용하여 소매폭을 맞추는 방법이다.

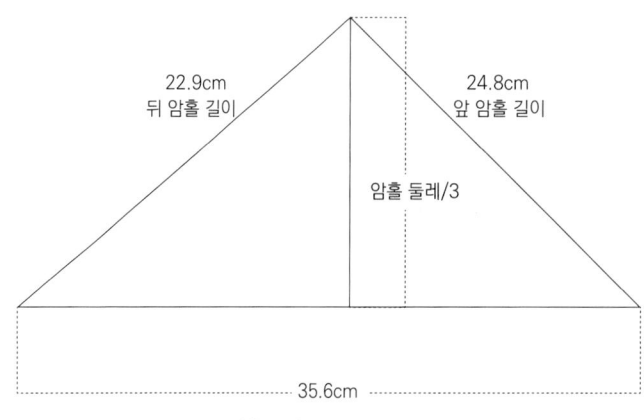

(그림266) 암홀 둘레 조정을 통한 소매폭 맞추기

6. shirt sleeve
(셔츠 소매)

6.1
shirt sleeve(셔츠 소매)

6.2
two piece sleeve(두 장 소매)

6.3
two piece sleeve variation(두 장 소매 변화)

6.4
two piece sleeve vent(두 장 소매 트임)

6.1 shirt sleeve (셔츠 소매)

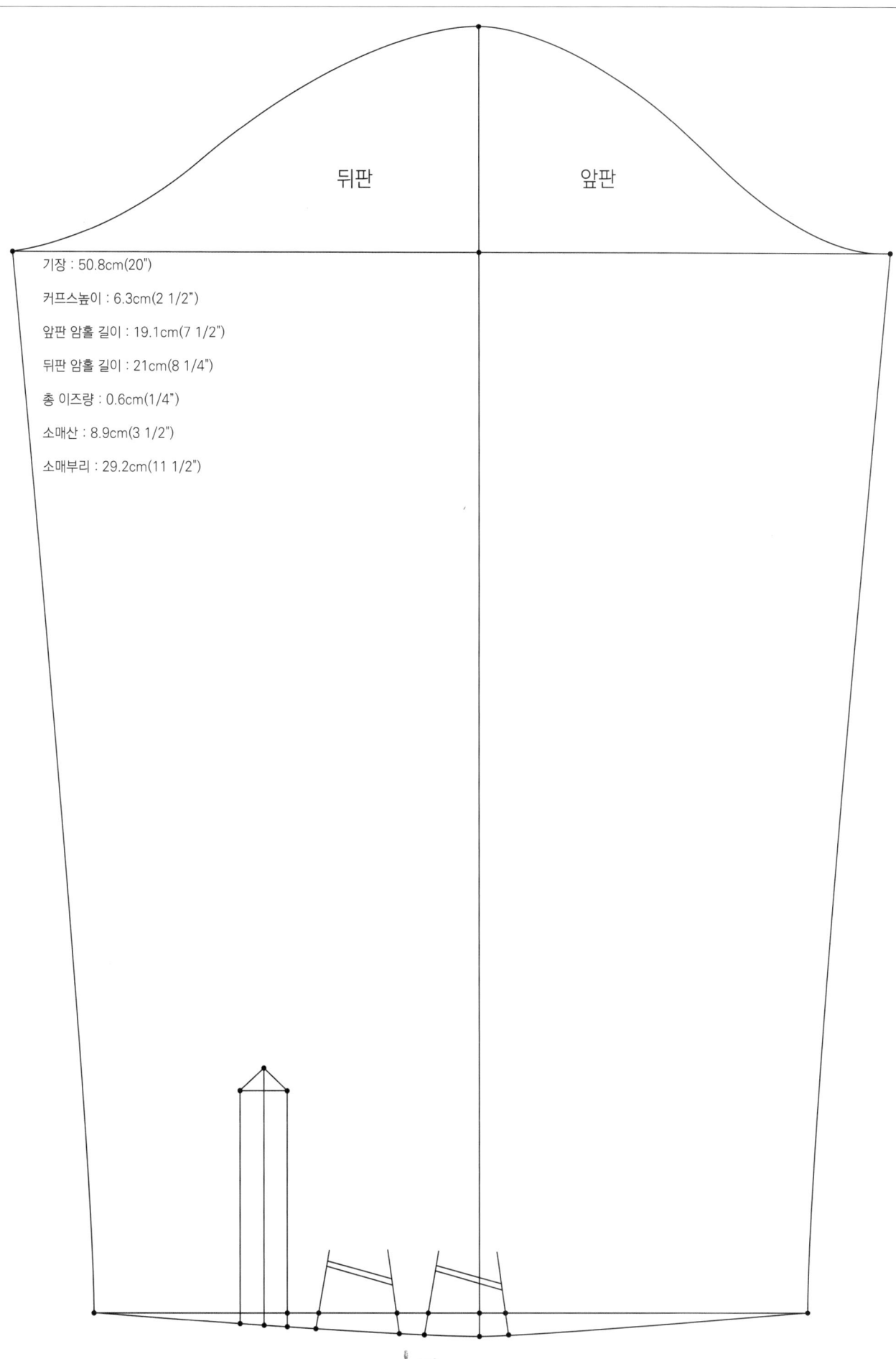

6.1 shirt sleeve(셔츠 소매)

셔츠 슬리브

셔츠는 원래 속옷의 용도로 입었던 의류이다. 그래서 재킷보다 소매의 기장을 조금이라도 길게 하여 재킷소매단이 더러워 지는 것을 방지하곤 하였다. 과거엔 탈착식 셔츠 커프스의 사용으로 커프스단이 더러워지면 분리가 가능하였다. 또한 소매산 높이를 낮추고 소매폭을 키워 팔 동작이 편안하도록 제작되었다.

**55 치수 타이트 상의 원형을 기준으로 제도 되었습니다.

(그림267) 소매산 높이 결정

1. 소매산 높이를 정한다.

편안함을 위해 소매산을 8.9cm(3 1/2″)로 먼저 정해준다.

2. 보조선을 긋는다.

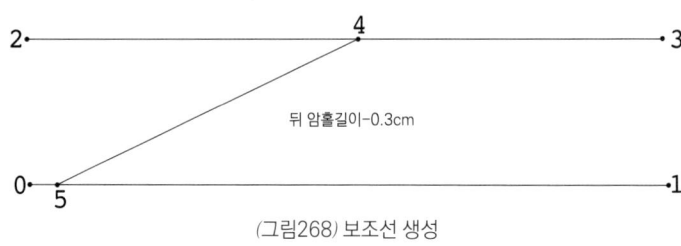
(그림268) 보조선 생성

(선분 0-1)과 (선분 2-3)사이의 길이가 뒤 암홀 길이 −0.3cm (1/8″) 이 되는 두 지점을 찾아 직선을 긋는다. (선분 4-5)

−0.3cm(1/8″)를 해준 이유는 이즈량을 줄여주기 위해서이다. 앞, 뒤 소매달림선에 이즈량을 각각 0.3cm(1/8″)씩 넣어주기 위해 보조선의 길이를 조정해본 결과 뒤 보조선의 길이가 뒤 암홀길이−0.3cm(1/8″) 일 때 0.3cm(1/8″)의 이즈량이 나온다.

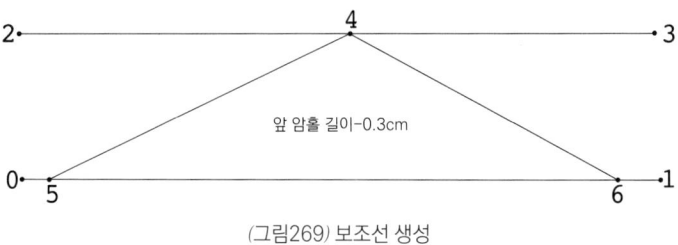
(그림269) 보조선 생성

(점4) 에서 (선분 0-1)까지의 길이가 앞 암홀 길이 −0.3cm(1/8″) 이 되는 지점을 찾아 선분을 긋는다.(선분 4~6)

3. (점4)에서 소매중심선을 만들어준다. (선분4-7)

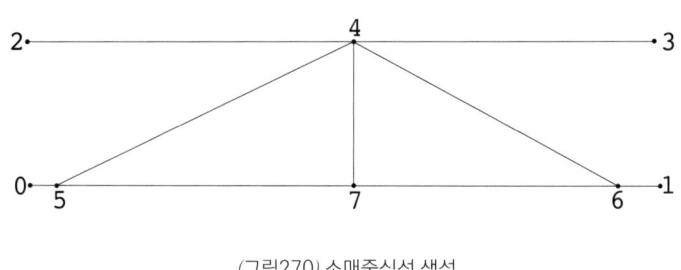
(그림270) 소매중심선 생성

6.1 shirt sleeve (셔츠 소매)

4. 소매달림선를 그린다.

암홀둘레/3 공식을 벗어난 소매산의 소매패턴은 등분 보조선이 적합하지 않아 등분보조선을 만들지 않고 자연스럽게 소매달림선을 그려준다.

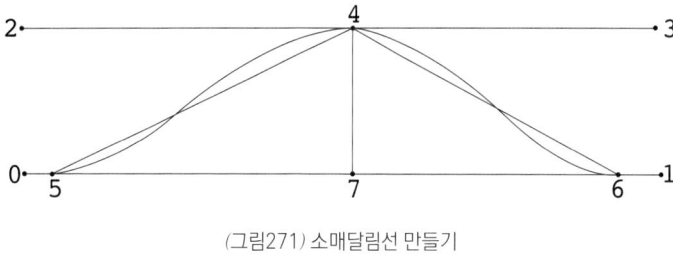

(그림271) 소매달림선 만들기

소매중심점을 옮기지 않는 이유

대량생산의 경우 셔츠는 옆선과 소매를 한꺼번에 봉제하는 과정을 거쳐 시간을 절약할 수 있는데 이를 고려하여 소매중심점을 이동시키지 않았다.

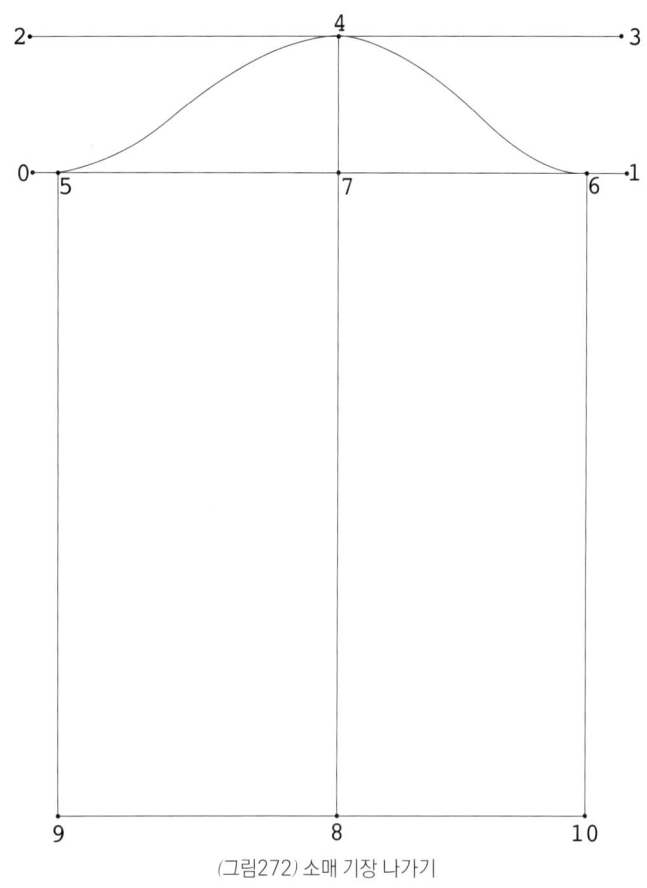

(그림272) 소매 기장 나가기

5. 소매달림선의 길이를 측정한다.

소매달림선의 이즈량이 총 0.6cm(1/4")가 나오는지 확인한다.

6. 소매기장을 정한다.

소매기장 = 55.9cm(22") - 커프스 높이 6.3cm(2 1/2") + 1.2cm(1/2") 여유량

소매 기장 = (선분 4-8) = 50.8cm(20") = 55.9cm(22") - 6.3cm(2 1/2") + 1.2cm(1/2")

(점4)에서 수직으로 50.8cm(20") 내려간다. (점8)

(점 5, 6)에서 소매 기장까지 수직선을 긋는다.(점9, 10)

(점9) 와 (점10) 을 잇는다.

커프스가 채워지는 소매의 여유량

커프스의 단추를 채우면 소매의 움직임은 커프스로 인해 일정 부분 제한이 걸린다. 하지만 팔은 다방면으로 움직이기 때문에 팔을 움직일 때 소매가 당기는 느낌을 받아 불편할 수 있다.

따라서 팔 동작에 대한 여유분을 주기 위해 소매 기장에 1.2cm(1/2")의 여유량을 더해준다. 여유 분량은 커프스 위에 존재함으로 커프스를 채우고 나서 커프스 포함 소매기장은 55.9cm(22")가 된다.

커프스 길이가 디자인상 주먹을 통과할 정도로 길게 만들어진 경우에는 1.2cm(1/2")의 여유 분량을 넣지 않는다.

6.1 shirt sleeve (셔츠 소매)

7. 소매부리 길이를 정한다.

1. 기본 소매부리 길이 = 22.9cm(9")
2. 투턱 길이 = 6.3cm(2 1/2")
(1 + 2) 총 길이 = 29.2cm(11 1/2")

(점9)와 (점10)에서 동일하게 떨어져 소매부리 길이를 맞춘다.

(선분 11-12) = 29.2cm(11 1/2")

8. 커프스를 제도한다.

소매 플래킷 폭 = 1.9cm(3/4")

턱 분량 6.3cm(2 1/2")를 제외한 길이인 22.9cm(9")에서 소매 플래킷 겹침분량인 1cm(3/8")를 더해준다.

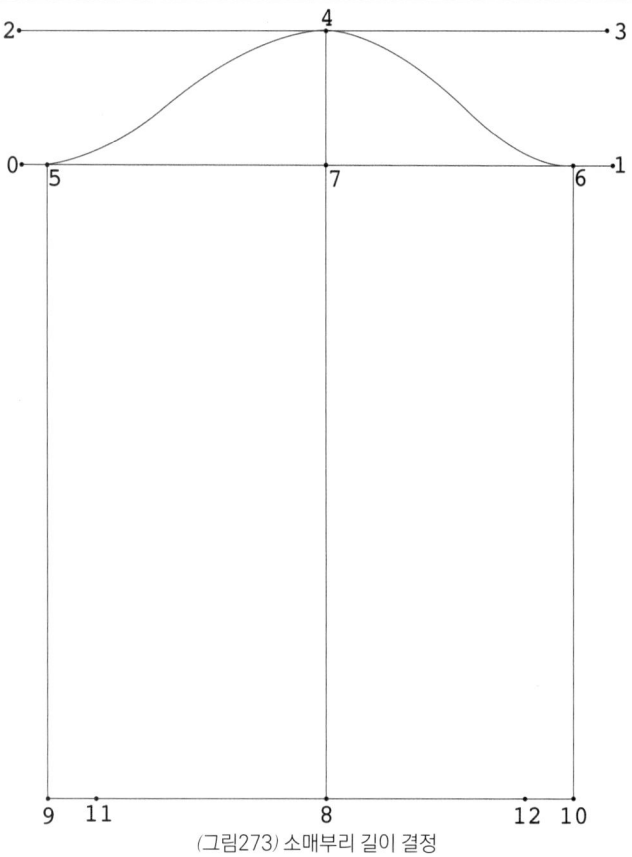

(그림273) 소매부리 길이 결정

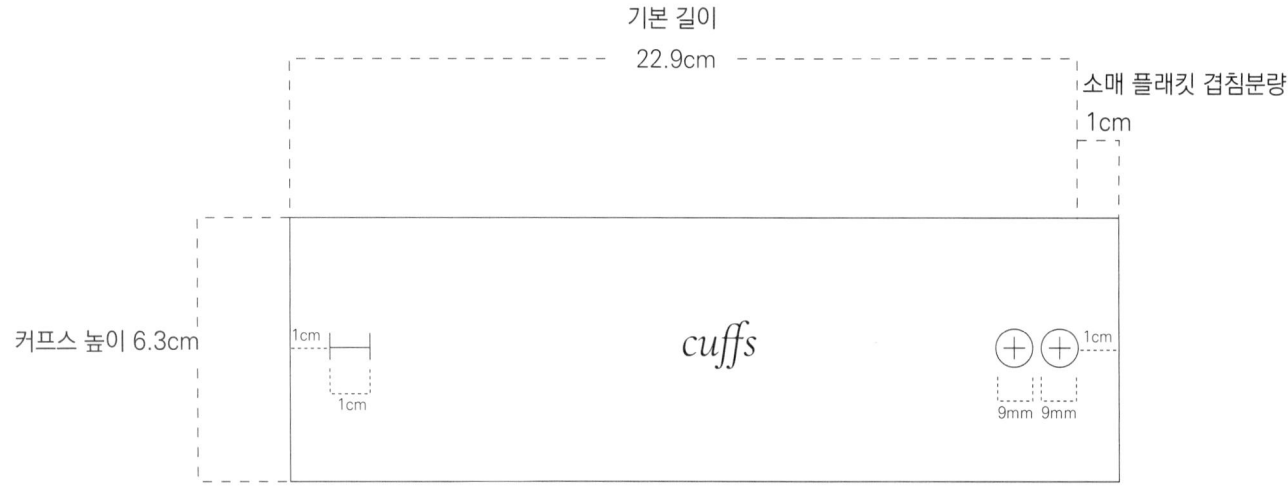

**소매부리에 소매 플래킷을 부착하면 (그림274)와 같이 소매 플래킷 폭의 절반만큼 소매부리가 길어지게 된다.

그러므로 커프스 길이는 소매 플래킷 폭의 절반만큼 더해주어야 한다.

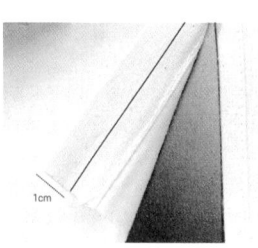

(그림274) 소매 플래킷 겹침분량

(그림275) 소매 플래킷 모습

6.1 shirt sleeve (셔츠 소매)

9. 소매 옆선을 긋는다.

10. 소매 밑단선을 수정한다.

*(점8)*에서 수직으로 0.6cm(1/4") 내려간다. *(점13)*

*(점 11-13-12)*을 자연스럽게 곡선으로 연결해준다.

소매 밑단선을 수정하는 이유는 턱 분량을 접으면 다트를 접을 때와 같이 소매부리선의 변형이 일어나기 때문이다.

(선수정)

(후수정)
선 수정을 거치지 않고 턱을 접고 변하는 소매부리선을 자연스럽게 이어준다.

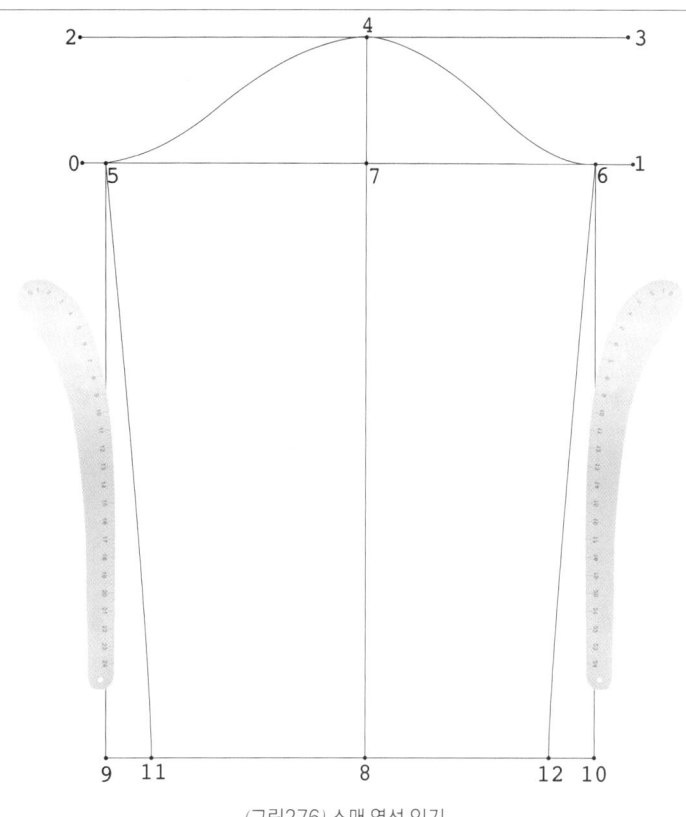

(그림276) 소매 옆선 잇기

11. 소매 플래킷을 만들어준다.

*(곡선 11-13-12)*선상 *(점11)*에서 오른쪽으로 6cm 이동한다. *(점14)* = 소매 플래킷 위치선정

*(곡선 11-13-12)*선상 *(점14)*에서 오른쪽으로 1.9cm (3/4") 이동한다. *(점15)*

(선분 14~15) = 소매 플래킷 폭

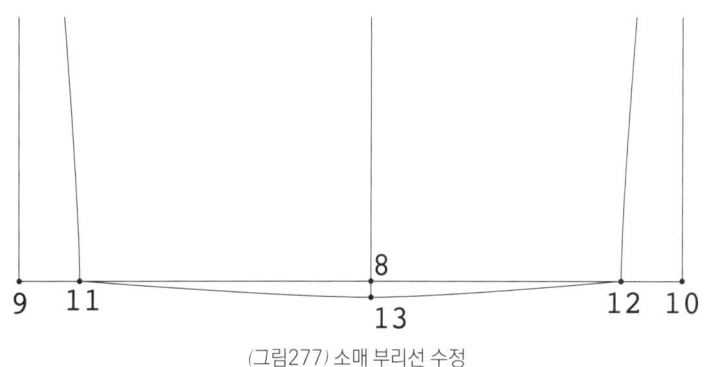

(그림277) 소매 부리선 수정

*(곡선 14-15)*길이의 이등분 지점을 찾는다. *(점16)*

*(점16)*에서 수식으로 10.2cm(4") 이동한다. *(점17)*
= 소매 플래킷 높이 결정

*(점17)*에서 수직으로 1cm(3/8") 내려간다. *(점18)*

*(점18)*에서 수평을 유지하며 양쪽으로 1cm(3/8") 나가준다.

(점 19, 20) = 소매 플래킷 모양 결정

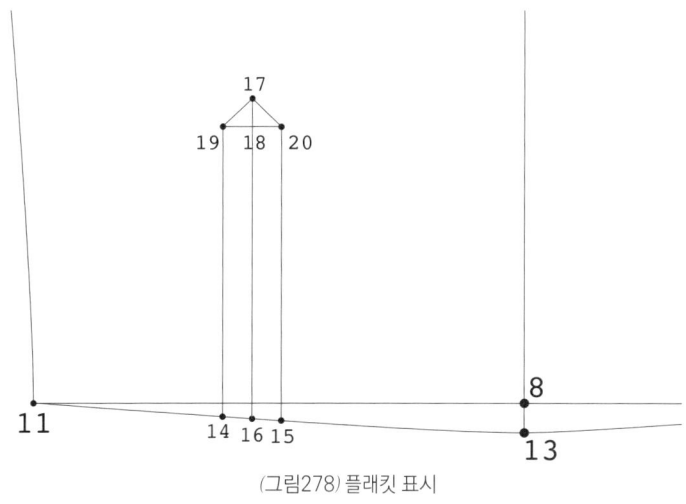

(그림278) 플래킷 표시

6.1 shirt sleeve (셔츠 소매)

📖 소매 플래킷

소매 플래킷의 위치는 기본적으로 소매 뒤쪽에 위치한다. 소매 뒤쪽 플래킷의 위치를 잡아줄 때 (점11)에서 떨어지는 거리를 소매부리 길이에 비례하여 잡아주는 것이 비율적으로 바람직하다.

소매 플래킷의 폭은 수치에 따라 주는 인상이 많이 달라진다. 주로 1.7-2.5cm 정도로 정해진다.

소매 플래킷의 높이는 트임의 끝 위치를 고려하여 결정해준다. 소매 플래킷의 높이가 높다면 플래킷에 넣어주는 단추의 개수를 늘려 단추 사이가 벌어져 살이 보이지 않도록 방지해주기도 한다.

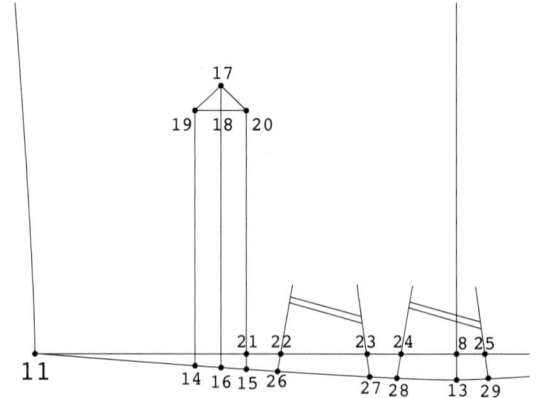

(그림279) 턱 표시

12. 턱(tuck)을 만들어 준다.

(점21)에서 수평으로 1.2cm(1/2″) 이동한다.(점22)

(점22)에서 수평으로 3.2cm(1 1/4″) 이동한다. (점23)

(점23)에서 수평으로 1.2cm(1/2″) 이동한다. (점24)

(점24)에서 수평으로 3.2cm(1 1/4″) 이동한다. (점25)

턱의 기호표시를 넣어준다.

📖 턱(tuck)

턱의 위치는 디자인에 따라 자유롭게 움직일 수 있다. 다만 턱의 폭이 넓어지는 것은 소매의 볼륨이 커지는 것을 뜻함으로 이를 고려하여 턱의 폭을 정해주어야 한다.

13. 소매중심점에서 수직으로 내린 선을 결선으로 사용한다. (완성)

**이즈량은 미세하게 들어가서 봉제할 때 자연스럽게 맞춰줄 수 있어 소매달림선과 몸판에 너치표시를 하지 않았습니다.

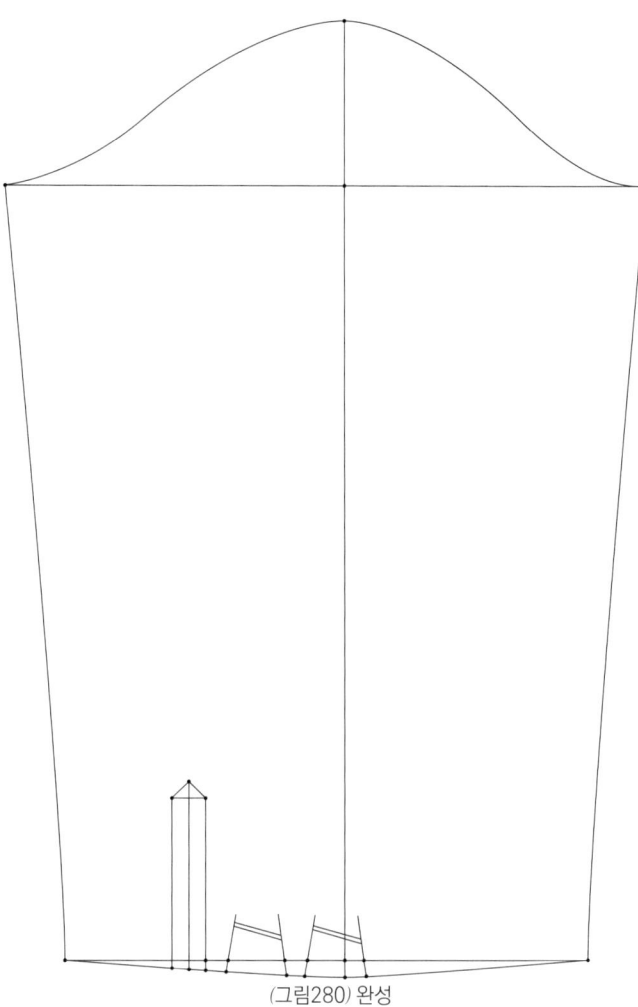

(그림280) 완성

6.2 two piece sleeve (두 장 소매)

두 장 소매

두 장 소매는 두 조각으로 분리된 패턴의 소매로 주로 정장 재킷의 소매로 자주 쓰인다. 두조각의 패턴 중 팔의 겉쪽이 되는 부분을 겉소매라고 하며, 안쪽이 되는 부분을 안소매라고 한다.

두 장 소매는 한 장 소매보다 소매의 기울기를 조정하는데 좀 더 자유로운 면이 있다. 두 장 소매는 고객의 팔 형태에 맞춰 소매를 만들어 줄 수 있고 이로 인해 팔꿈치에서 더 넓은 범위의 굽힘 동작을 가능하게 한다. 또한 팔꿈치를 굽힐 때 한 장 소매보다 소매의 주름이 덜 가게 되므로 고객에게 세련된 핏을 제공해줄 수 있다.

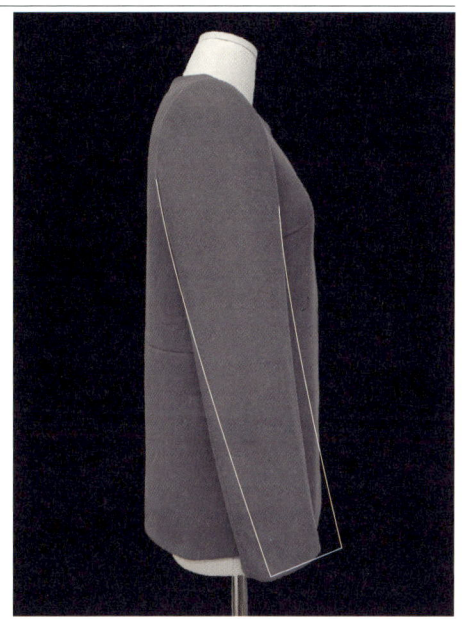

(그림281) 두 장 소매의 회전

(그림282)를 보면 두 장 소매는 절개선을 통해 소매를 회전시킬 수 있다. 회전하는 정도를 조절하여 착용자의 팔에 맞춰 회전하거나 디자인상 회전을 주기도 한다.

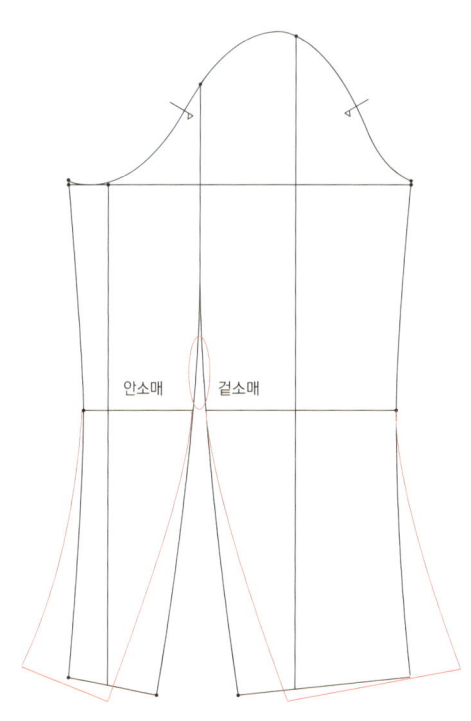

(그림282) 두 장 소매의 절개

6.2 two piece sleeve(두 장 소매)

기장:55.9cm(22")

앞판 암홀 길이 : 19.1cm(7 1/2")

뒤판 암홀 길이 : 21cm(8 1/4")

총 이즈량 : 2.5cm(1")

소매산 : 13.3cm(5 1/4")

소매부리 : 23.5cm(9 1/4")

**상의 원형의 암홀길이를 토대로 제작해주었으며 일반적으로 진동선을 더 내려 암홀 길이가 더 길어 집니다.

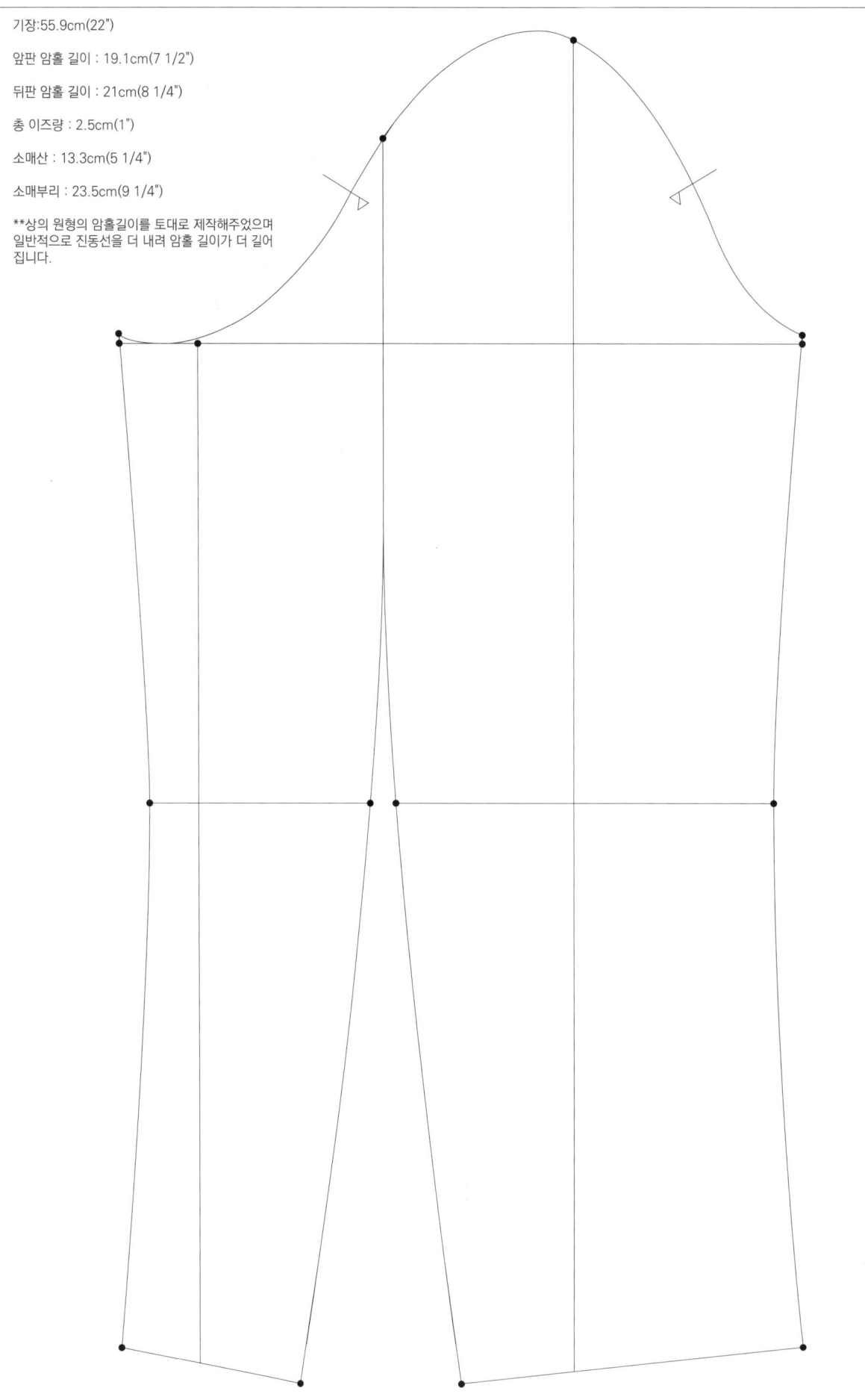

6.2 two piece sleeve(두 장 소매)

1. 한장소매 제도 방법으로 (그림283)의 단계까지 제도를 진행한다.

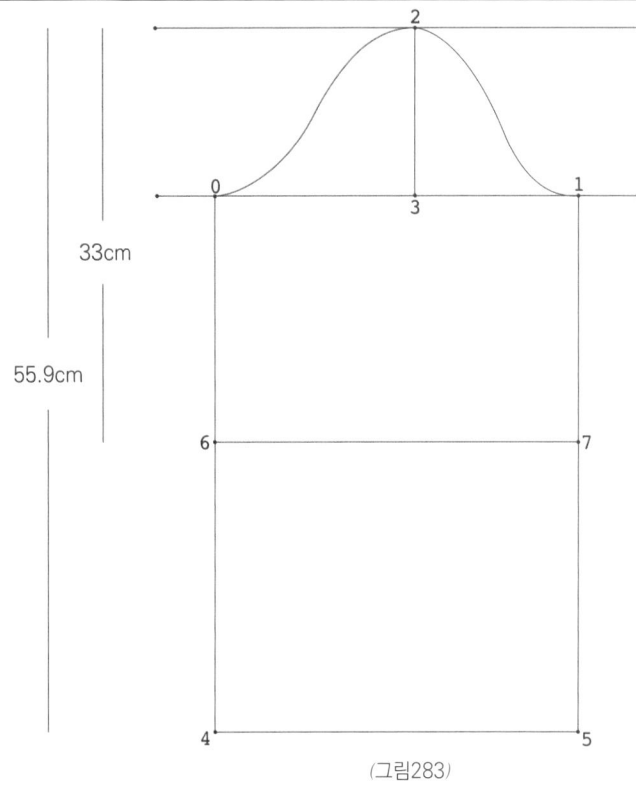

(그림283)

2. 소매중심점을 1.2cm(1/2") 옮겨준다. (선분 8-9-10)

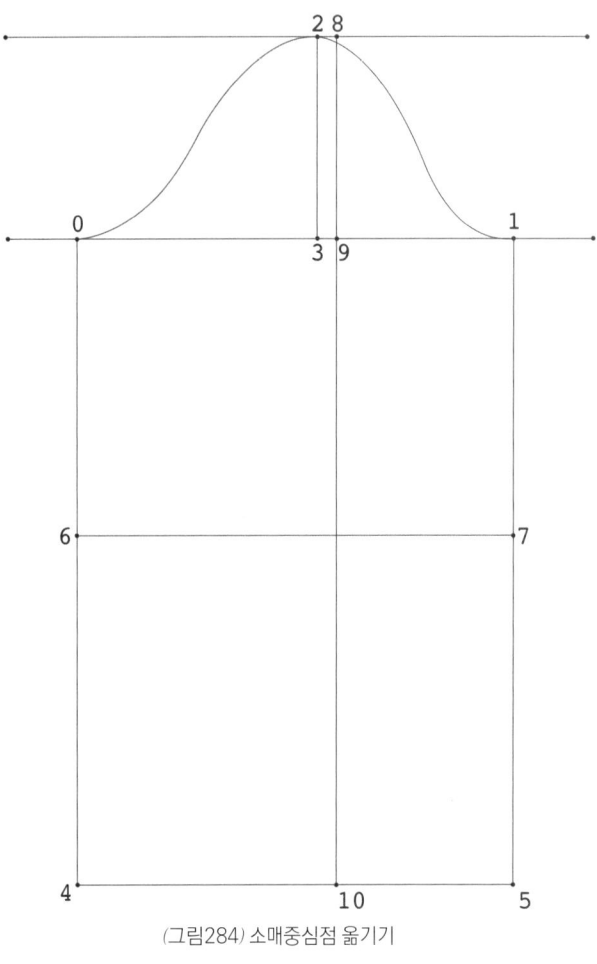

(그림284) 소매중심점 옮기기

6.2 two piece sleeve(두 장 소매)

3. (점1)에서 수평으로 2.2cm(7/8″) 떨어진다. (점11)

(점11)에서 소매 기장까지 수직선을 내린다. (점12, 점13)

(점0)에서 수평으로 2.2cm(7/8″) 떨어진다. (점14)

(점14)에서 소매 기장까지 수직선을 내린다. (점15, 점16)

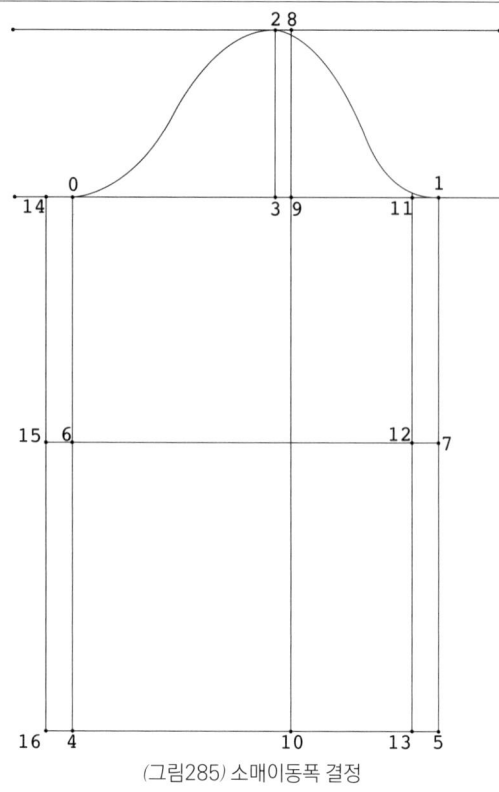

(그림285) 소매이동폭 결정

4. (점11)에서 수직선을 올려 소매달림선과 만나는 지점을 찾는다. (점17)

(도형 17-1-5-13)을 뒤쪽으로 이동시킨다.

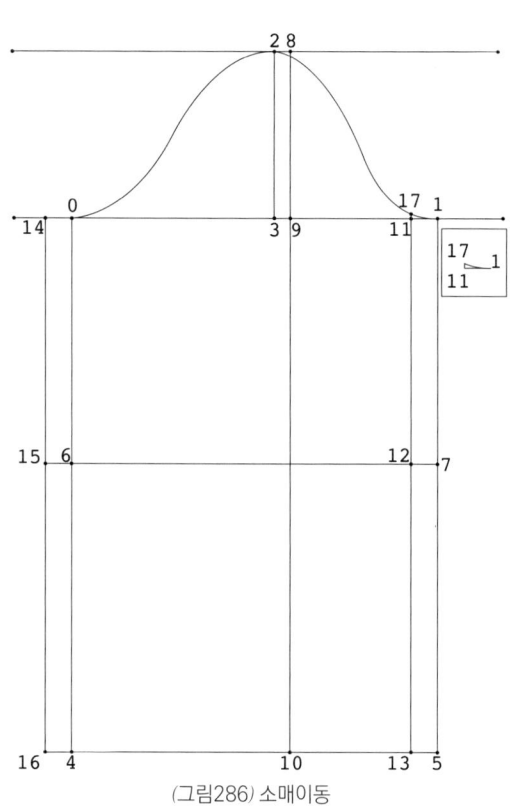

(그림286) 소매이동

6.2 two piece sleeve(두 장 소매)

5. (도형 17-1-5-13)을 옮겨주기 위해 (곡선 17-1)의 형태를 그대로 (점0)에서 만들어준다.

(점14)에서 수직으로 (선분 11-17)의 높이만큼 올려준다. (점18)

(점0)과 (점18)을 이어 (곡선17-1)의 형태로 그어준다.

(그림288)의 색칠 면적 = 이동된 면적

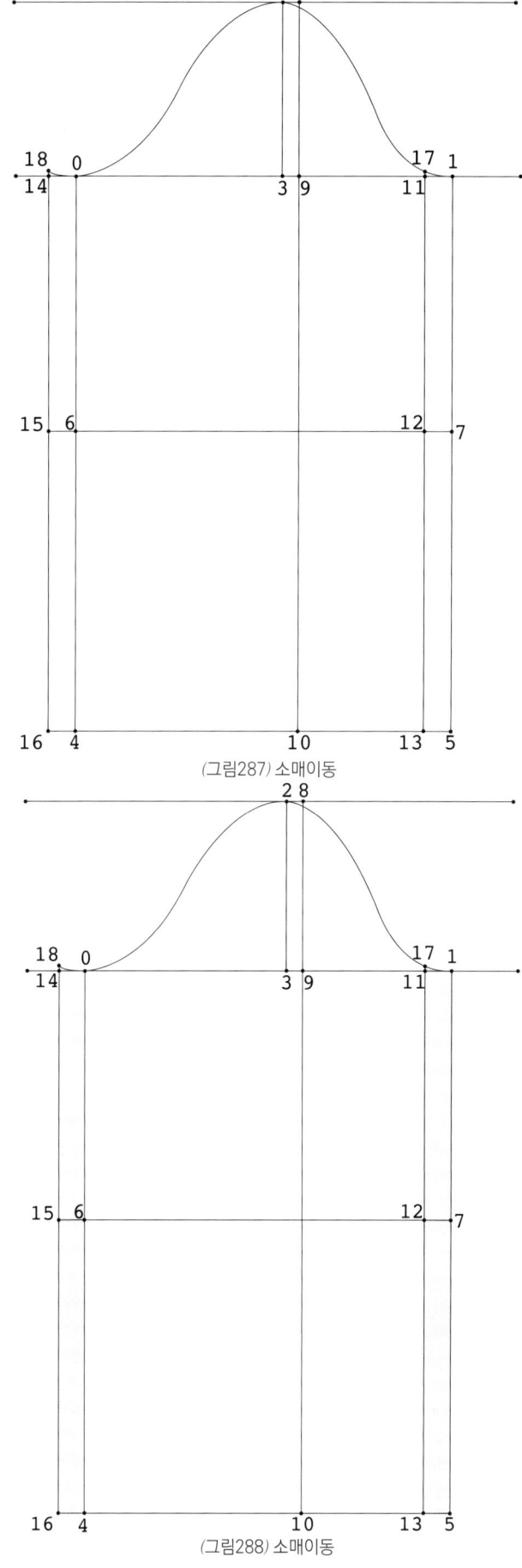

(그림287) 소매이동

(그림288) 소매이동

6.2 two piece sleeve (두 장 소매)

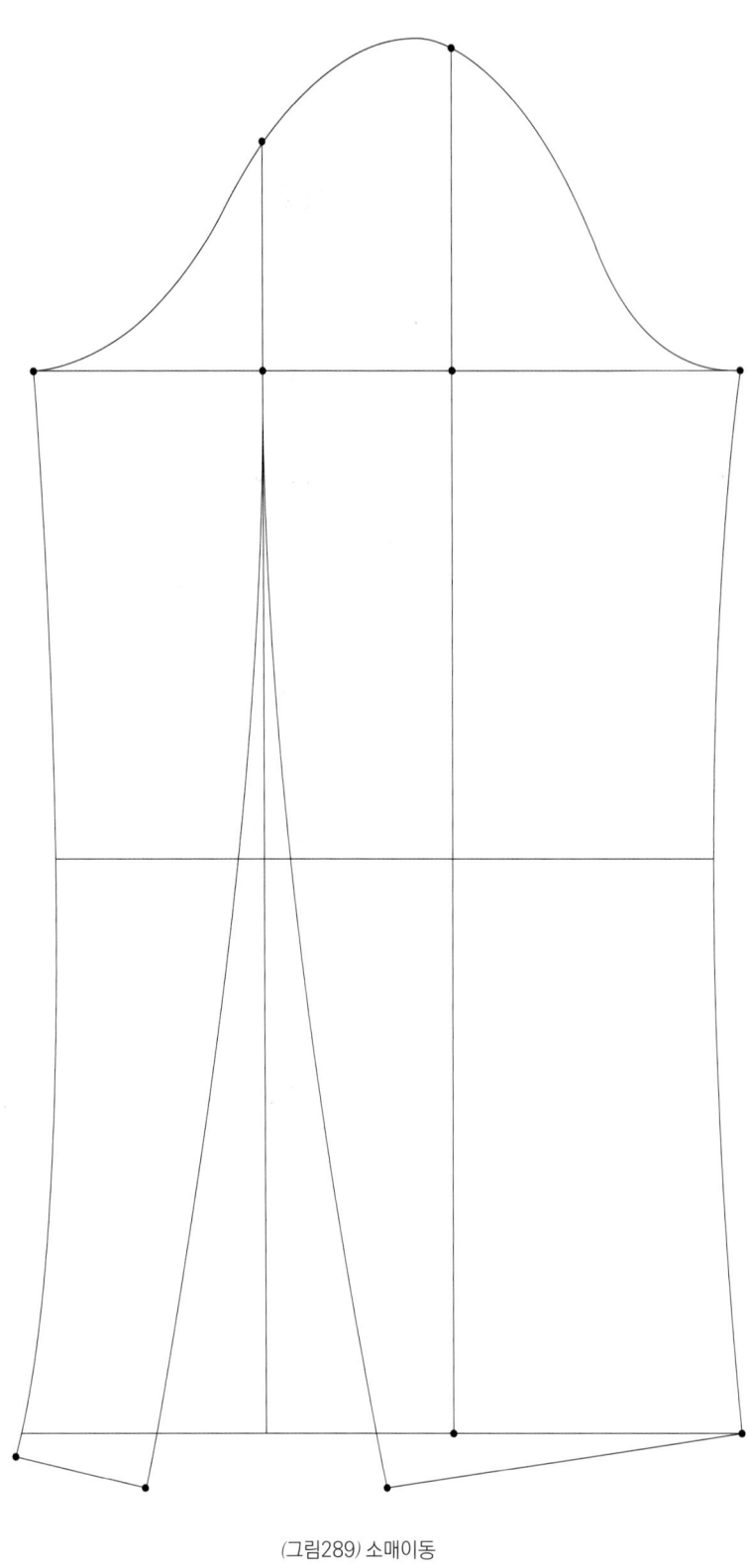

(그림289) 소매이동

(그림289)는 소매의 일정영역을 이동시키지 않고 제도한 두 장 소매의 패턴이다. 패턴을 살펴보면 겉소매와 안소매의 회전량이 줄었음을 확인할 수 있다. 회전량이 적기때문에 이러한 패턴은 팔의 경사를 표현하기에 회전이 부족하다. 그러므로 두 장 소매를 제도할때 일정영역을 이동시켜주는 행위는 소매의 회전을 위한 것임을 알 수 있다.

6.2 two piece sleeve(두 장 소매)

6. (점0)에서 수평선 선상 1.2cm(1/2") 떨어진다. (점19)

(점19)에서 수직선을 소매 기장까지 긋는다. (선분 19-20)

7. (점20)과 (점10)의 중간지점을 찾아 표시한다. (점21)

(점21)에서 수직선을 올려 소매달림선과 만나는 지점을 찾는다. (점A)

(선분 A-21)은 소매를 두 조각으로 나누는 절개선이다.

(선분 19-20)은 (점21)을 찾기 위해, (선분 A-21)을 만들기 위해 임의로 찾은 선분이며 (선분 A-21)의 위치는 다음과 같은 의미를 갖는다.

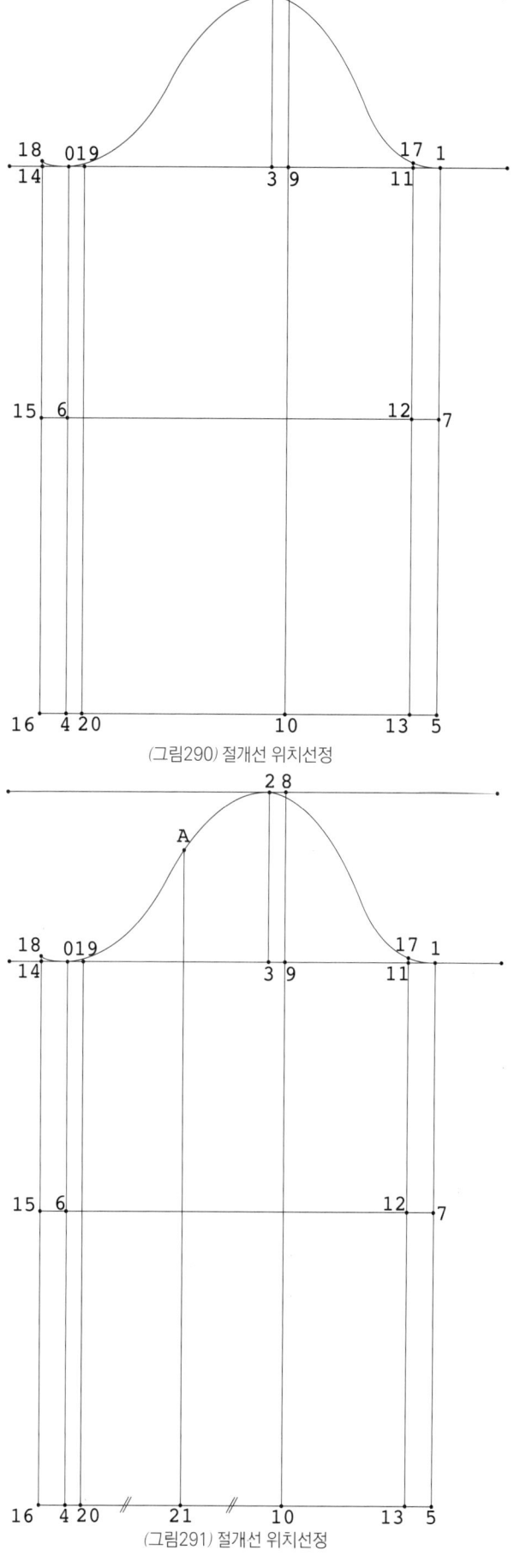

(그림290) 절개선 위치선정

(그림291) 절개선 위치선정

6.2 two piece sleeve(두 장 소매)

📖 *(선분 A-21) 위치의 이해*

소매중심점을 1.2cm(1/2″) 이동한 임의의 두 장 소매패턴에서 절개선은 (점0)에서 수평으로 1.2cm(1/2″) 이동하고(점19), (점19)에서 기장까지 수직으로 내린 점 (점20)과 소매중심선 선상의 점 (점10)의 이등분 지점(점21)을 절개선의 위치로 지정한다.

이렇게 맞추게 되면 (선분 A-21) 위치는 (그림293)의 흰색선 위치로 위치한다.

절개선의 위치를 흰색선에 위치시키지 않고 소매 뒤쪽으로 이동시켜줄 경우 팔을 움직이면서 단추가 허리 옆면에 닿아 불편함을 느낄 수 있다. 반대로 위치를 소매 앞쪽으로 보내게 되면 트임의 위치가 앞쪽에 위치해 거슬릴 우려가 있다. 그러므로 저자의 경우 절개선의 위치는 디자인적 요소를 제외하면 임의로 절개선의 위치를 이동시키지 않는다.

소매패턴의 소매중심점을 1.2cm(1/2″) 오른쪽으로 이동시키지 않았을 경우 (그림292)처럼 절개선의 위치를 결정해준다.
(빨간 선) = (점0)과 (점3)의 이등분

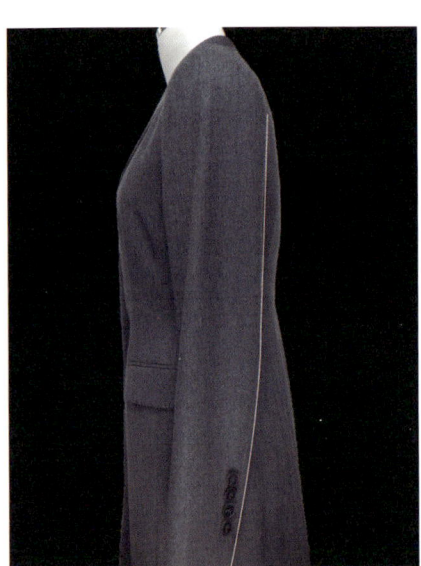

(그림293) 절개선 위치

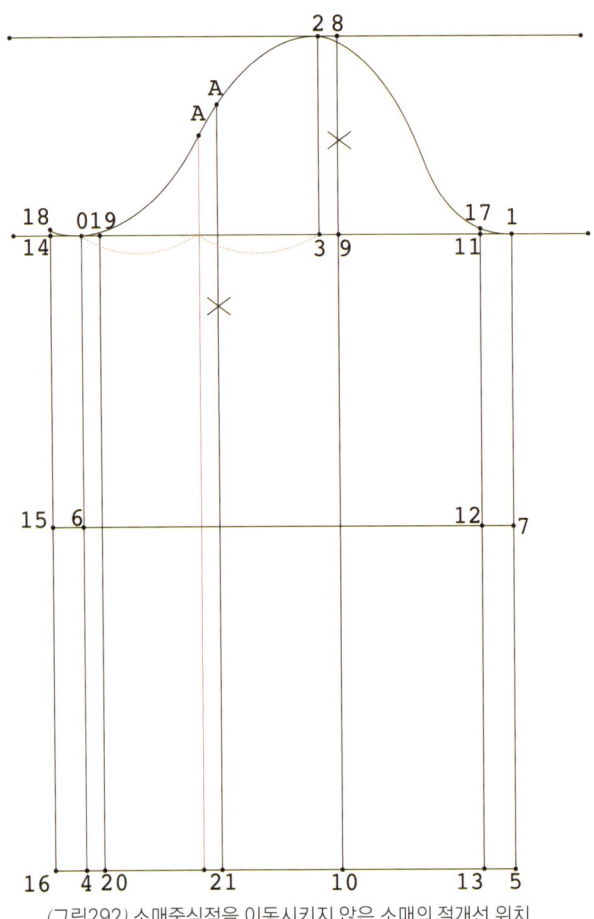

(그림292) 소매중심점을 이동시키지 않은 소매의 절개선 위치

(그림294) 절개선 위치

6.2 two piece sleeve (두 장 소매)

8. 소매부리 길이를 결정하고 그에 맞춰 소매부리선을 만든다.

**트임이 없는 소매로 제도하였습니다. 소매부리 길이를 23.5cm(9 1/4")로 정하였습니다.

(선분 16-23) + *(선분 13-22)*의 길이가 소매부리 길이 = 23.5cm(9 1/4")가 되도록 *(점22)*와 *(점23)*의 위치를 잡아준다.

*(점22)*와 *(점23)*의 위치를 찾아줄 때 *(점21)*로부터 떨어지는 거리를 동일하게 맞춰준다. *(선분 23-21)* = *(선분 21-22)*

*(점13)*에서 15.2cm(6") 떨어진 지점을 찾는다. *(점22)*
*(점16)*에서 8.3cm(3 1/4") 떨어진 지점을 찾는다. *(점23)*

(선분 16-23) + *(선분 22-13)* = 23.5cm(9 1/4")

(그림297)
*(점21)*에서 양쪽으로 균일하게 위치를 조정하여 원하는 소매부리 길이로 맞춰준다.

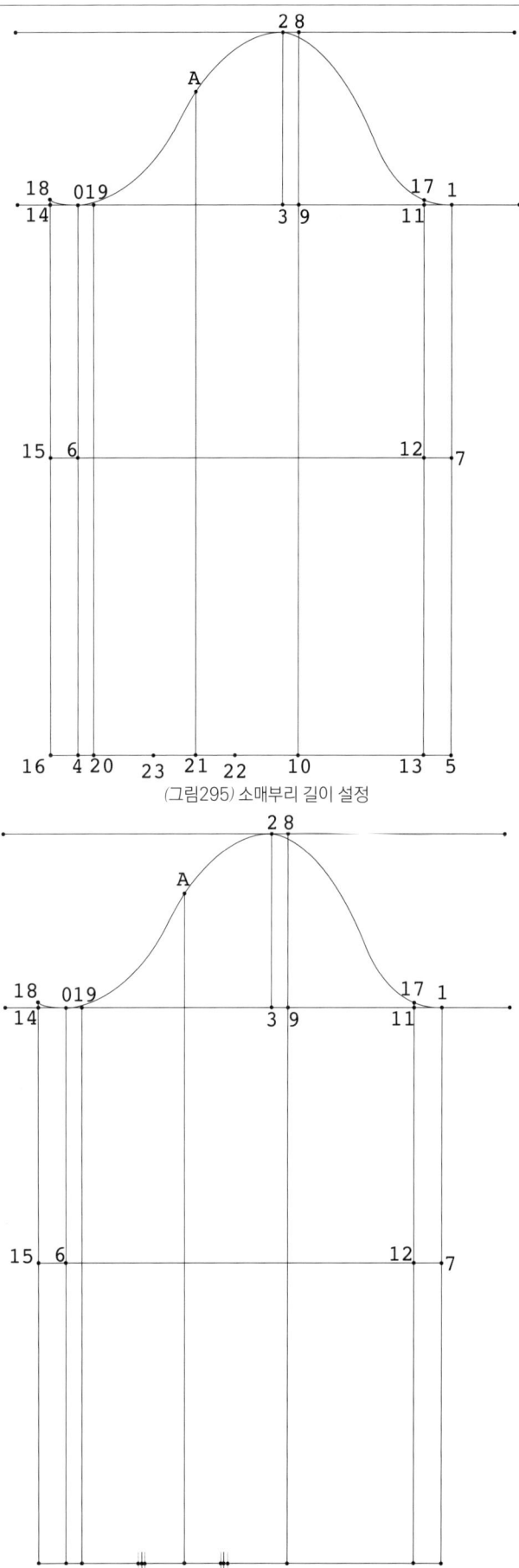

(그림295) 소매부리 길이 설정

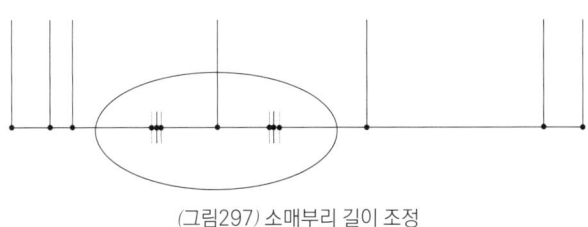

(그림297) 소매부리 길이 조정

(그림296) 소매부리 길이 조정

6.2 two piece sleeve(두 장 소매)

9. (점A)에서 (점23, 점22)까지 곡자로 이어준다.

(그림298)의 소매폭 선

절개선을 그어줄 때 소매폭 선까지 곡을 만들어 면적을 깎아주게 되면 소매폭이 줄어듦으로 기본제도에서는 소매폭 선에서 깎아주는 분량이 없도록 곡자를 써준다.

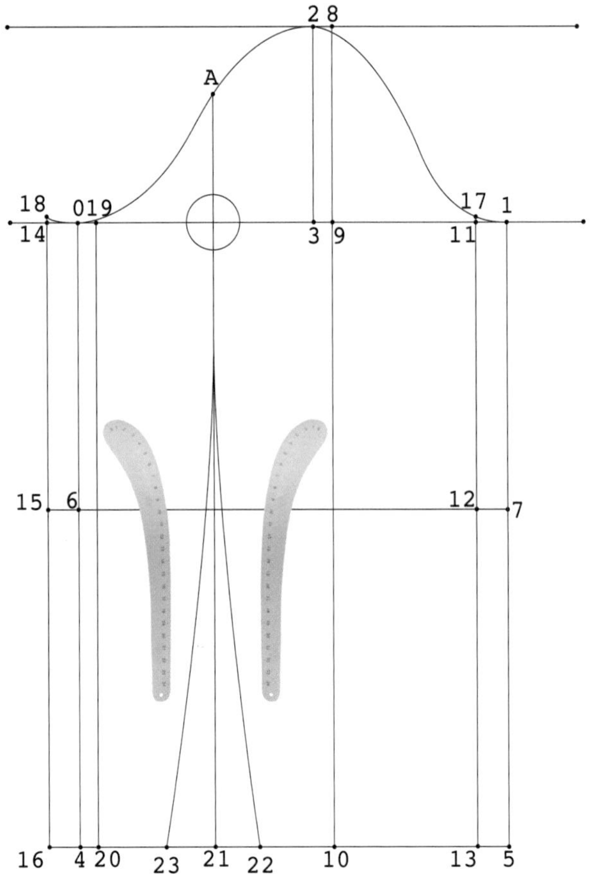

(그림298) 곡자 방향

절개선 라인의 변화

절개선을 그을 때 소매폭을 깎아주게 되면 (그림299)처럼 소매의 실루엣이 변한다.

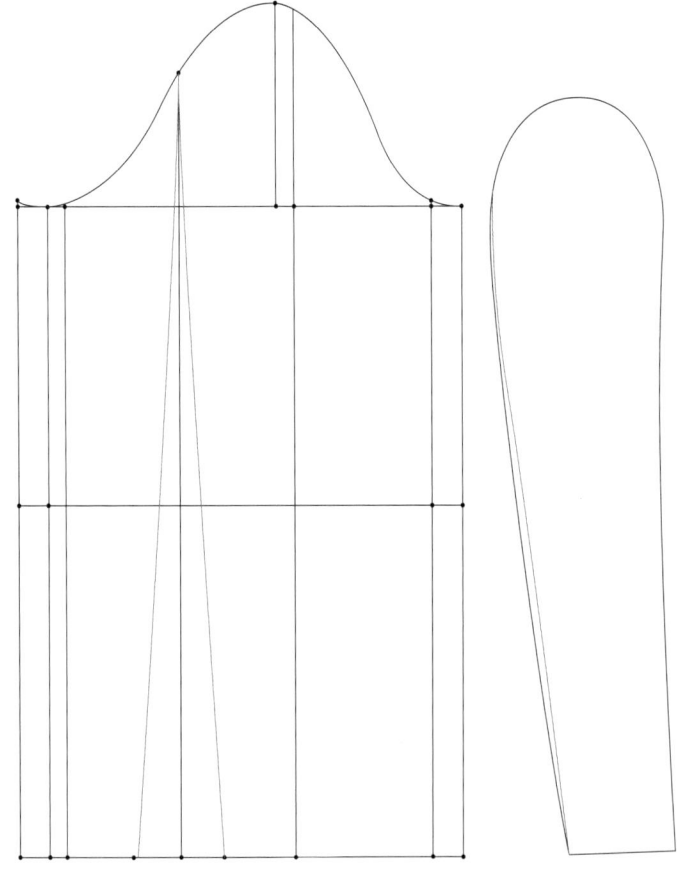

(그림299) 절개 라인의 곡률이 실루엣에 미치는 영향

6.2 two piece sleeve (두 장 소매)

10. 밑단을 보면 각이 생긴것을 확인할 수 있다. 이 상태로 봉제하게 되면 절개선 솔기부분에 각이 생김으로 수정이 필요하단 사실을 알 수 있다.

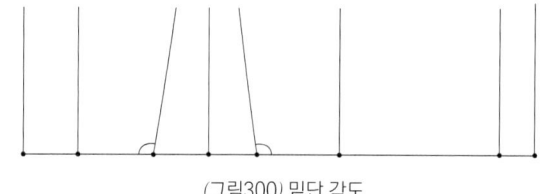

(그림300) 밑단 각도

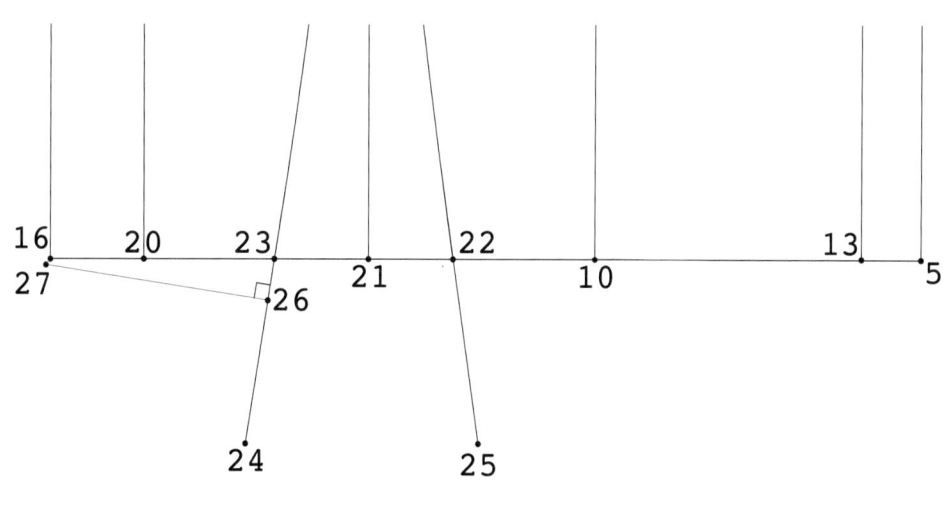

(그림301) 직각 맞추기

11. 소매부리선를 만든다.

(점23)에서 자연스럽게 다트 선분의 경사와 동일하게 직선을 뻗어 임의의 (점24)를 만든다.
(점22)에서 자연스럽게 다트 선분의 경사와 동일하게 직선을 뻗어 임의의 (점25)를 만든다.

직각을 만들어주기 위해 직각이 만들어지는 (점26)을 생성해야 한다.
(선분 26-27)의 길이는 (선분 16-23)의 길이(작은 소매 소매부리 길이)와 동일해야 한다.
(선분 23-24)선상 중 (선분 16-26)이 (선분 23-24)와 직각이 되도록 (점26)을 잡는다.
(점26)과 (점16)을 직선으로 이어준다.

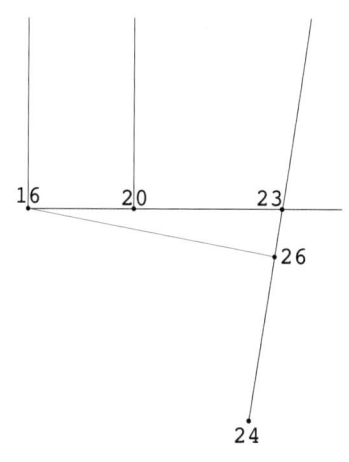

(그림302) 선분 26-16

(선분 16-26)의 길이가 (선분 16-23)길이와 같은지 확인한다.
길이가 같지 않다면 길이를 맞추기 위해 (선분 26-27)의 길이가 (선분 16-23)의 길이와 같아지도록 (점27)을 만든다.

6.2 two piece sleeve (두 장 소매)

12. (점15)에서 소매 옆선에 약간의 곡을 주기 위해 1.2cm(1/2") 수평이동한다. (점28)

13. (점 18-28-27)을 자연스럽게 곡자로 연결해준다.

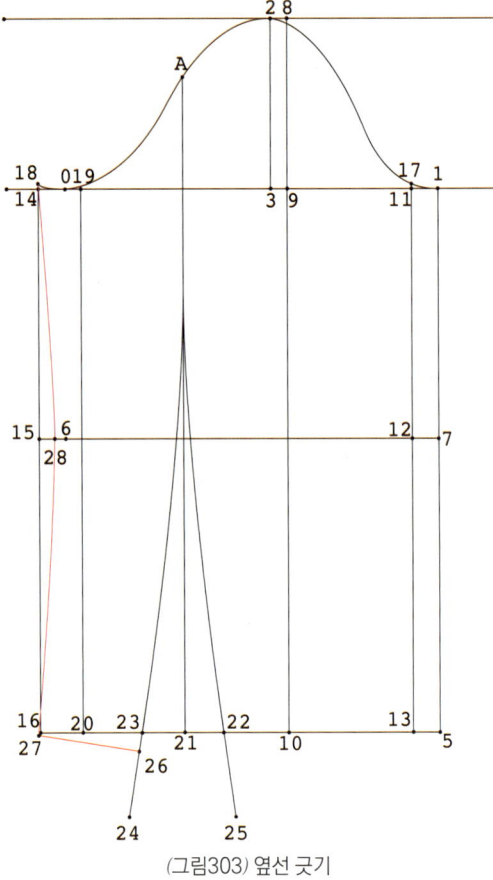

(그림303) 옆선 긋기

14. (선분 22-25) 선상 중 (점26)의 높이와 같은 높이에 (점29)를 만든다. 이는 봉제되는 (곡선 A-26), (곡선 A-29)의 길이를 동일하게 해주기 위함이다.

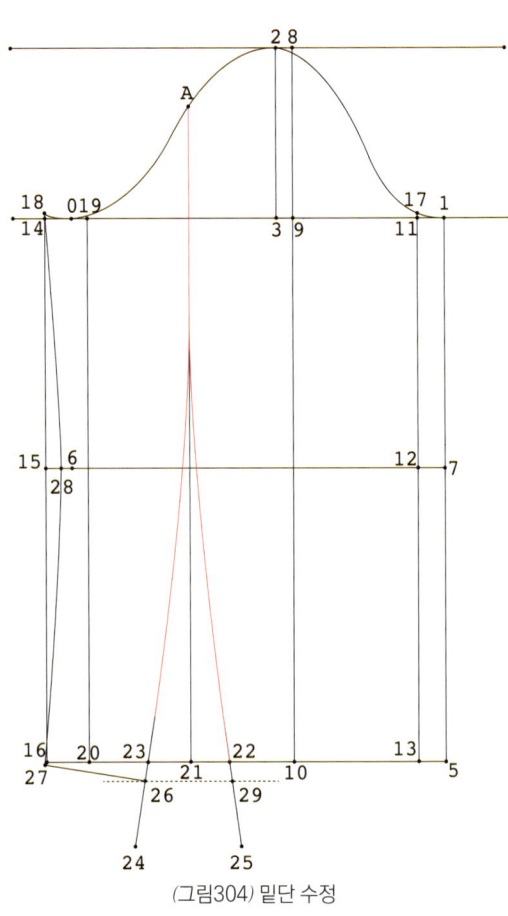

(그림304) 밑단 수정

6.2 two piece sleeve(두 장 소매)

15. (점29)와 (점5)를 직선으로 이어준다.

16. (점13)에서 수직으로 선분을 내려 (선분 29-5)와 만나는 지점을 찾는다. (점30)

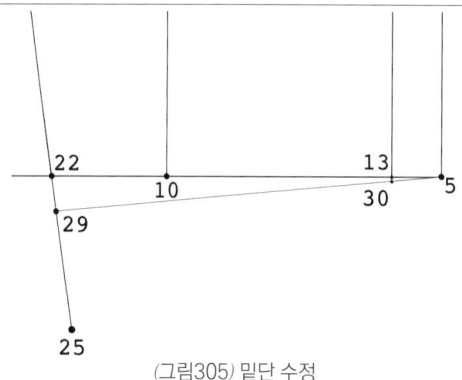

(그림305) 밑단 수정

17. (점12)에서 1.2cm(1/2") 수평 이동한다. (점31)

18. (점 17-31-30)을 곡자로 자연스럽게 이어준다.

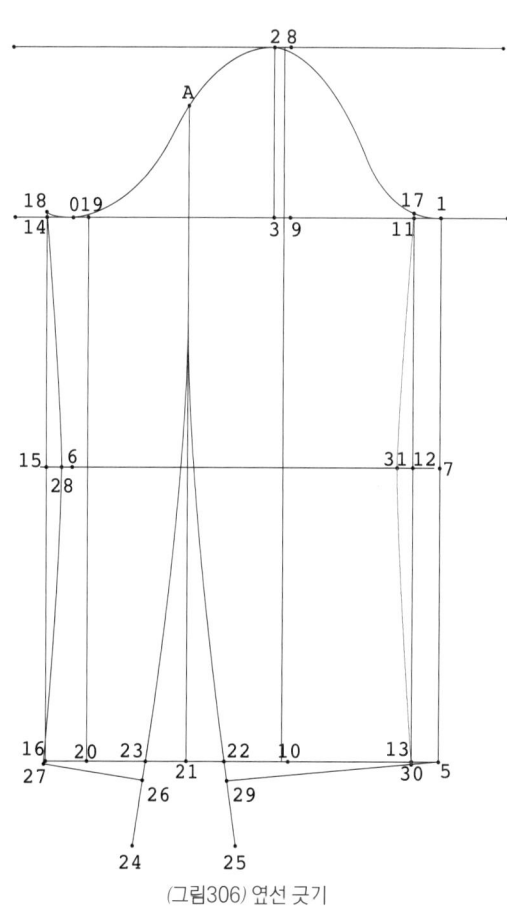

(그림306) 옆선 긋기

6.2 two piece sleeve(두 장 소매)

19. 소매 옆선(곡선 18-28-27)의 길이와 소매 옆선(곡선 17-31-30)의 길이가 일치하도록 (점30)의 위치를 세로 방향으로 움직여준다. (점30)

수정된 (점30)의 위치에서 (선분 29-30)의 길이가 기존의 소매부리 길이(선분 22-13)과 동일한지 확인한다. 다르다면 (점30)의 위치를 가로 방향으로 움직여준다.

(점30)의 위치를 가로 방향과 세로 방향으로 움직이면서 소매 옆선 길이가 반대쪽 옆선과 동일하도록, 기존의 소매부리 길이(선분 22-13)와 동일하도록 위치를 조정하는 과정을 거치게 된다.

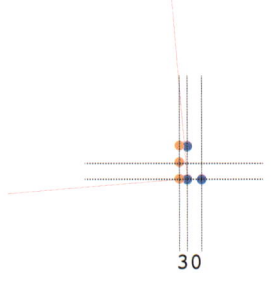

(그림309) 위치 조정

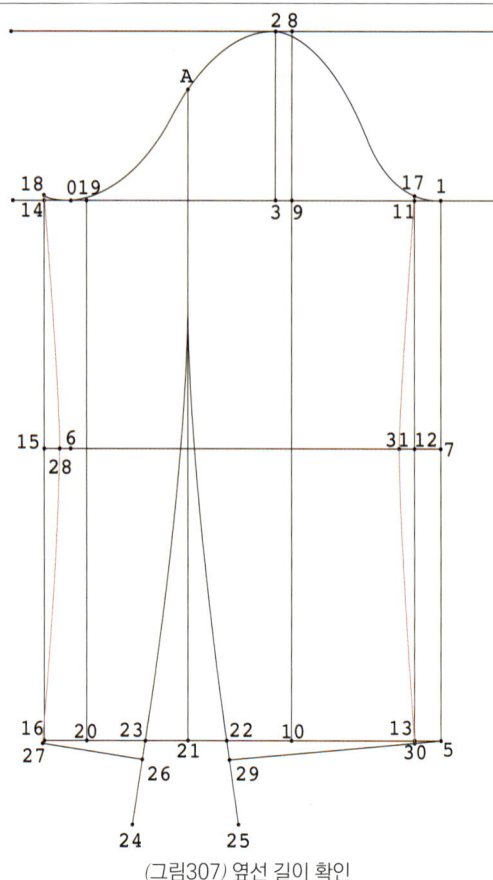

(그림307) 옆선 길이 확인

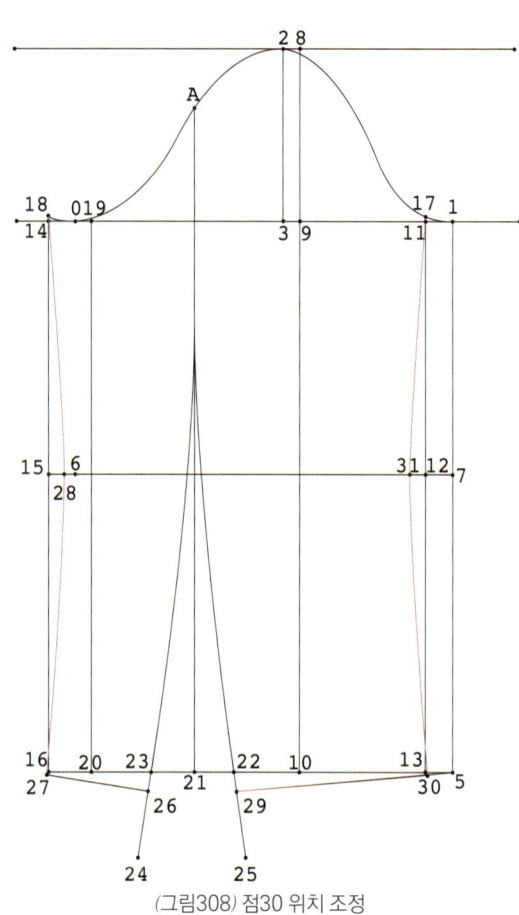

(그림308) 점30 위치 조정

6.2 two piece sleeve (두 장 소매)

20. 필요 없는 선들을 지우고 (그림310)의 빨간선을 결선으로 사용한다.

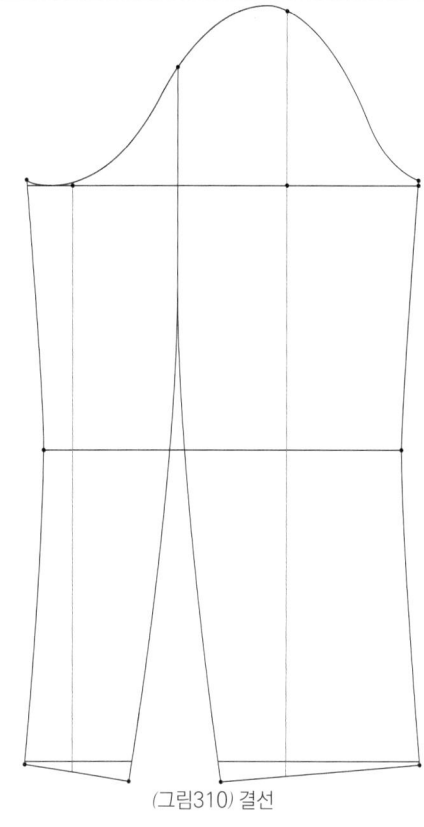

(그림310) 결선

21. 절개선을 따라 두 조각의 소매패턴으로 나누어준다. (완성)

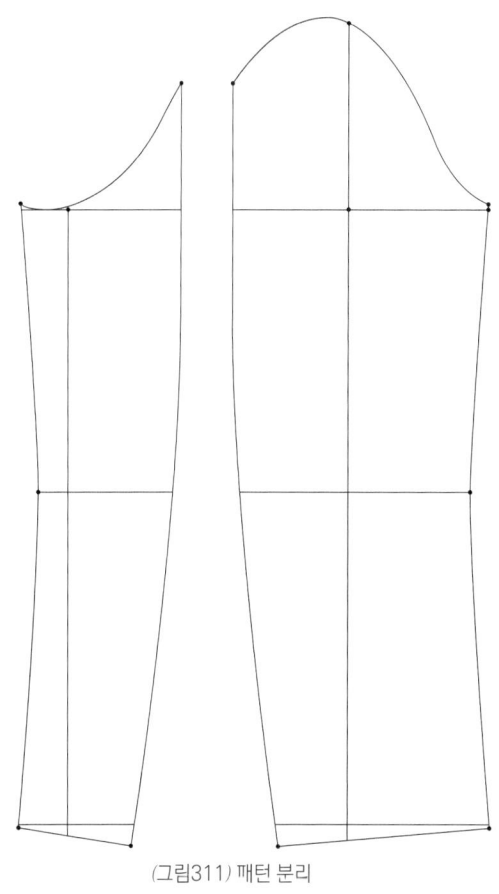

(그림311) 패턴 분리

6.3 two piece sleeve variation(두 장 소매 변화)

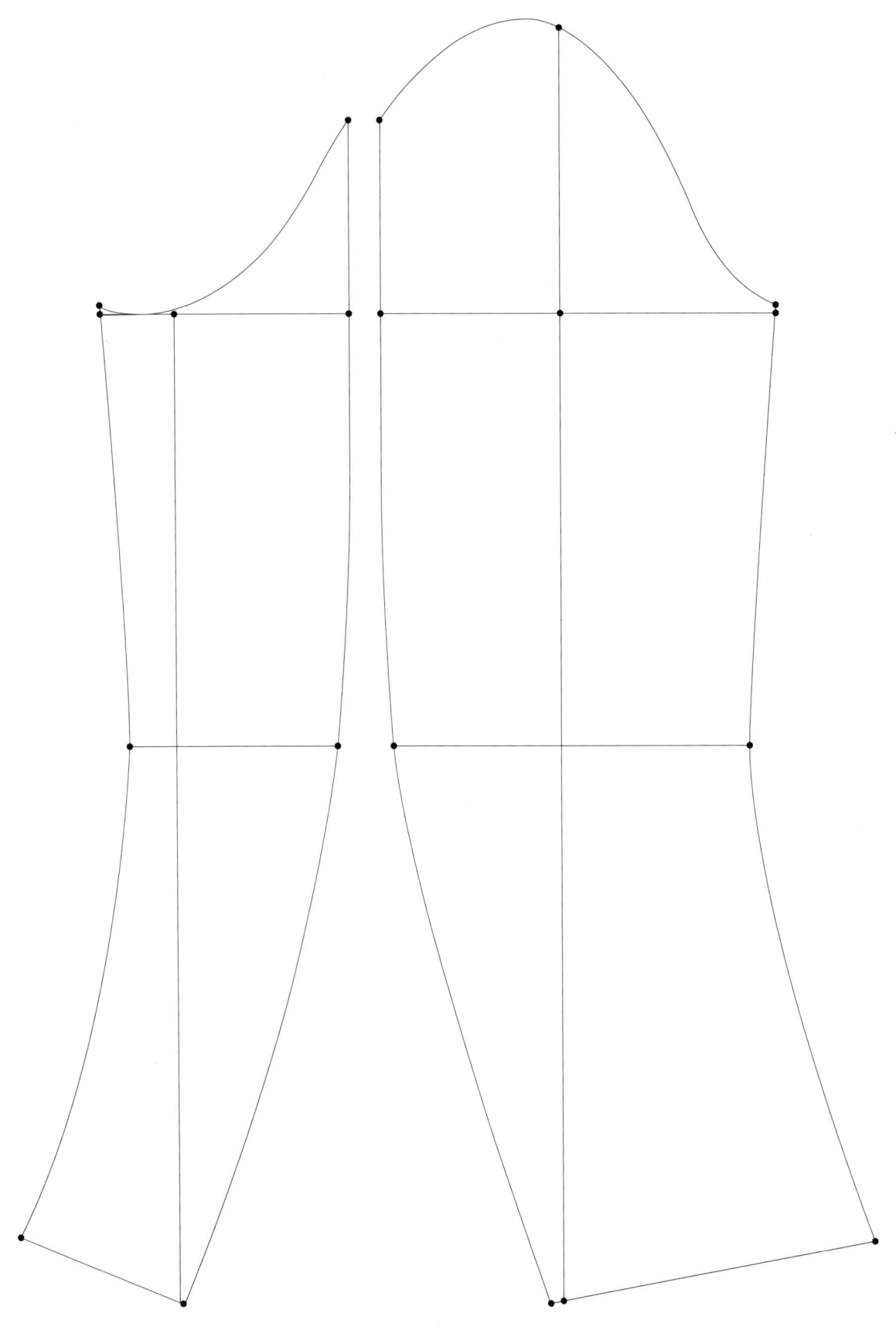

6.3 two piece sleeve variation(두 장 소매 변화)

6.3 two piece sleeve variation (두 장 소매 변화)

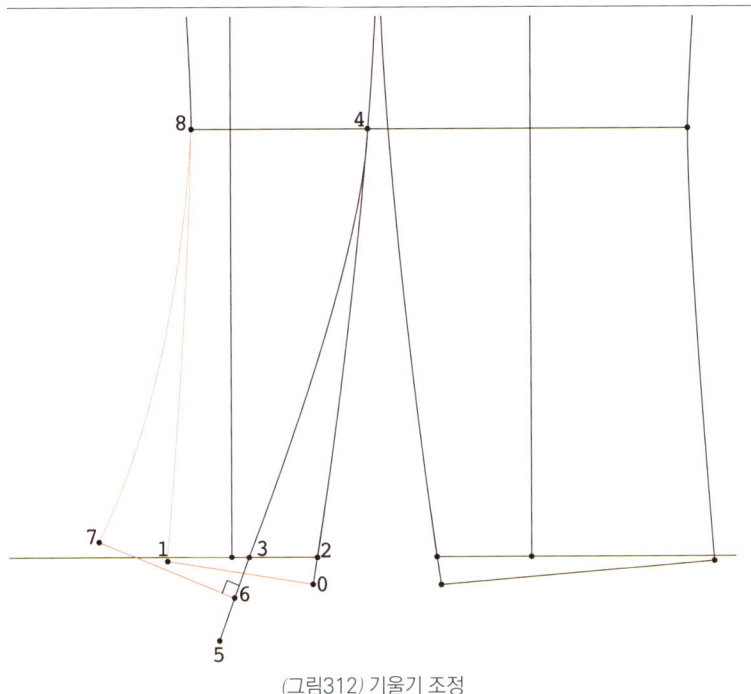

(그림312) 기울기 조정

(그림313) 전방성이 강해진 소매

(그림313)은 전방성이 강해진 소매이다. 이해를 위해 전방성이 강해진 소매의 제도순서는 기본 두 장 소매에서 제도해가는 과정으로 설명하였습니다.

1. (점2)에서 의도하는 소매의 기울기에 맞춰 (점2)에서 수평 이동되는 지점까지의 거리를 정해준다. 설정거리 5.7cm (1 1/2")
**설정거리가 길수록 소매의 전방성이 강해진다.
(점2)에서 수평으로 5.7cm(1 1/2") 이동한다. (점3)

2. (점3)과 (점4)를 곡자로 연결한다.

3. (곡선 3-4)의 곡률을 따라 (점3)에서 선분을 연장해준다. (점5)

4. (선분 3-5)에 직각이 되는 지점을 찾는다. (점6)

**(점6)을 찾는 방법

(선분 3-5) 선상 임의의 (점6)을 잡고 소매부리(선분 0-1)길이만큼 직선을 긋는다. (선분 6-7)
(점8)과 (점7)을 곡자로 이어준다.
(곡선 7-8) 길이가 (곡선 8-1)의 길이와 일치하도록 (점7)의 위치를 수정해준다.
(점7)의 위치가 변하였으므로 (선분 6-7)이 (선분 3-5)와 직각이 되도록 (점6)의 위치를 조정해준다.

6.3 two piece sleeve variation(두 장 소매 변화)

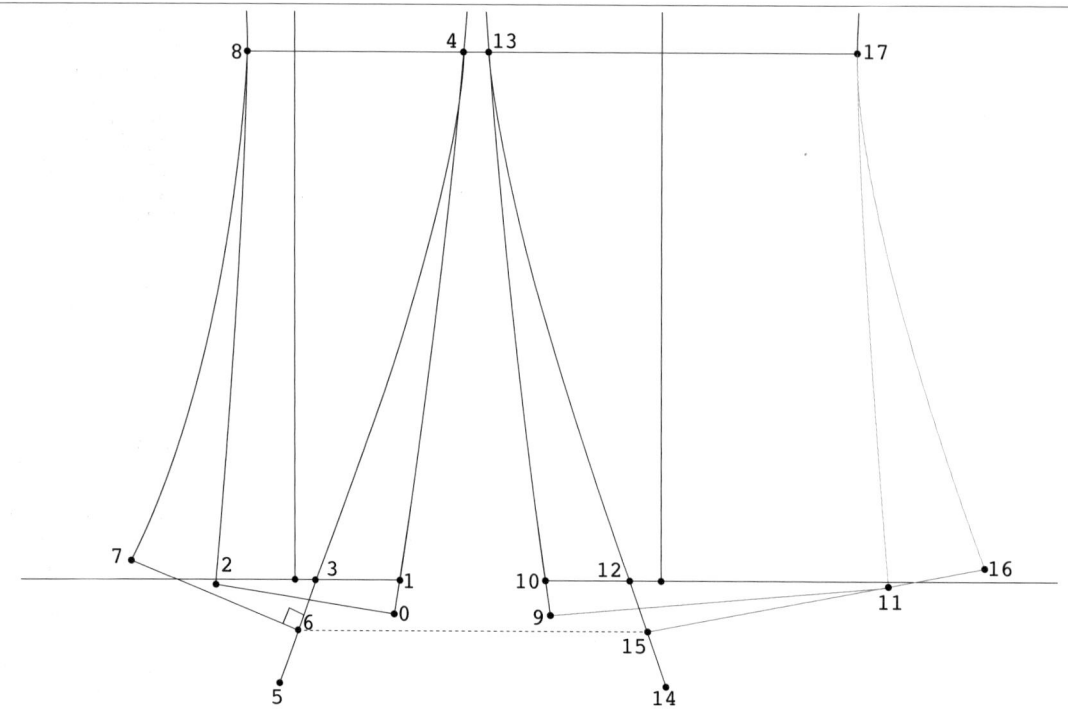

(그림314) 소매부리 길이와 옆선 길이 확인하기

5. (점10)에서 수평으로 5.7cm(1 1/2") 이동한다. (점12)

6. (점12)과 (점13)를 곡자로 연결한다.

7. (곡선 12-13)의 곡률에 따라 선분을 연장해준다. (점14)

8. (점6)의 높이와 동일하게 (점15)의 위치를 (선분 12-14) 선상에서 만든다.

**(점16)을 찾는 방법

(점15)에서 소매부리(선분 9-11)길이만큼 직선을 그어준다. (선분 15-16)
(점16)과 (점17)을 곡자로 이어준다.
(곡선 16-17)의 길이가 (곡선 11-17)의 길이와 일치하도록 (점16)의 위치를 수정해준다.

6.3 two piece sleeve variation (두 장 소매 변화)

9. 절개선을 따라 절개한다.

빨간선을 결선으로 사용해준다.

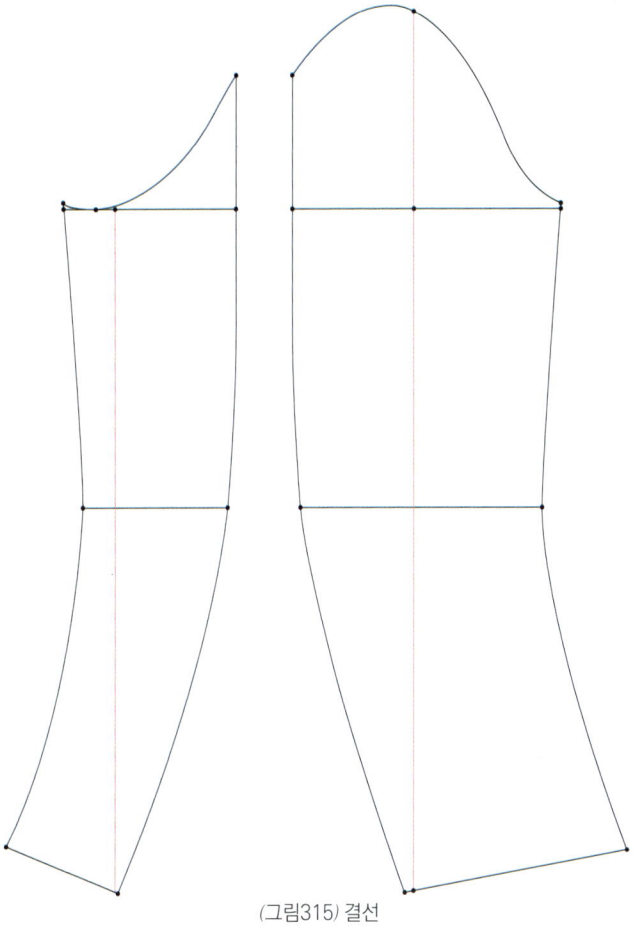

(그림315) 결선

10. 동그라미로 표시된 각도가 직각에서 많이 틀어지진 않았는지 확인한다.

직각에서 각도가 많이 벗어날 경우 봉제 시 각짐현상이 일어나므로 유의한다. (완성)

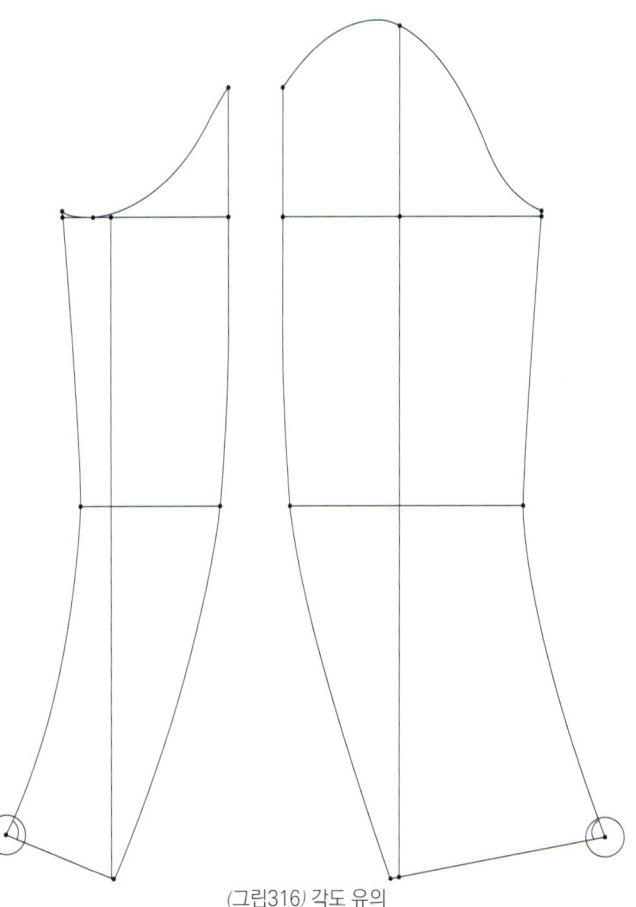

(그림316) 각도 유의

6.4 two piece sleeve vent(두 장 소매 트임)

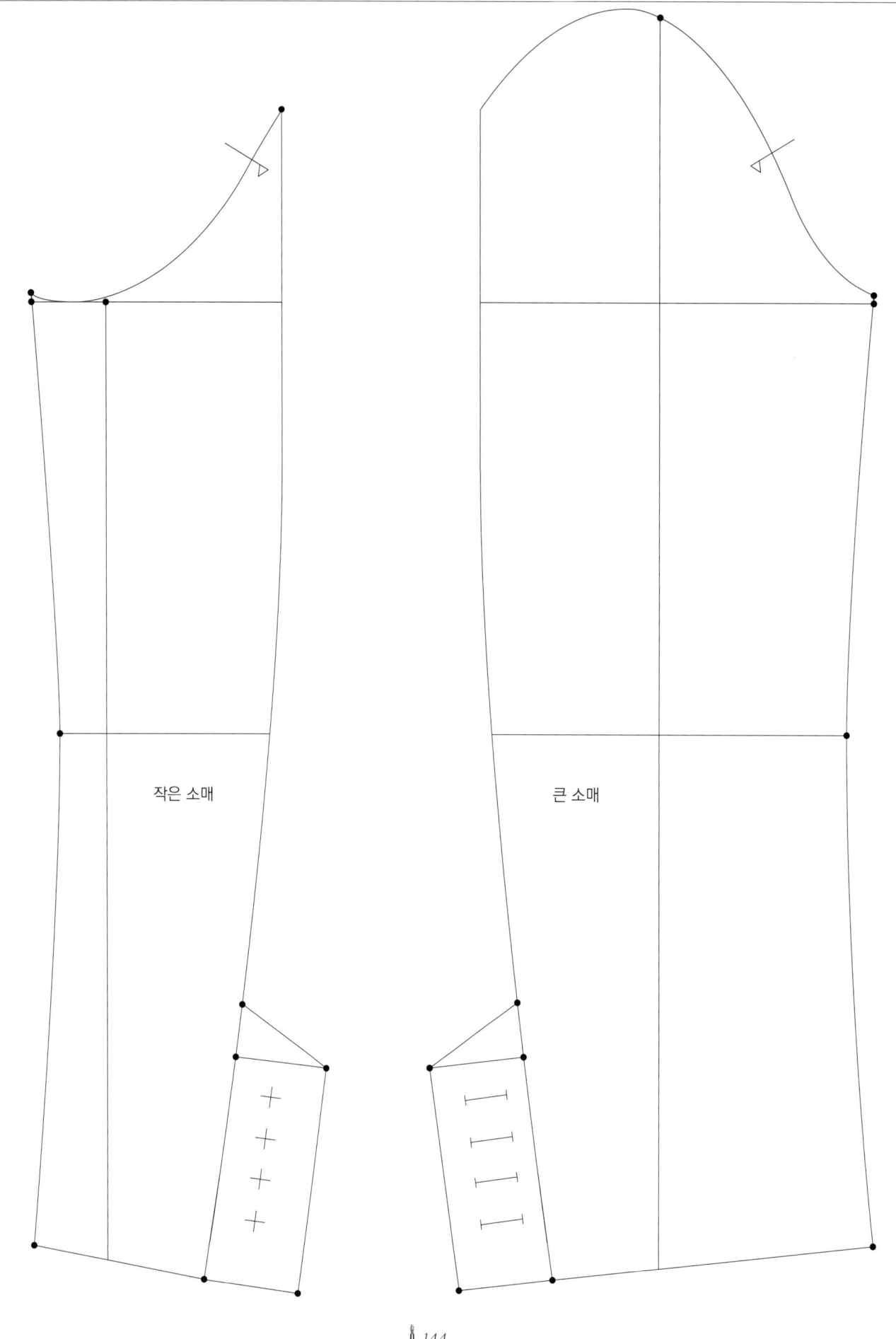

작은 소매   큰 소매

6.4 two piece sleeve vent(두 장 소매 트임)

오픈 트임 제도

소매절개선상 *(점1)*에서 12.7*cm*(5") 올라간다. *(점2)*

소매절개선상 *(점2)*에서 2.5*cm*(1") 내려간다. *(점3)*

소매부리선상 *(점1)*에서 4.4*cm*(1 3/4") 이동한다. *(점4)*

*(점4)*에서 *(곡선 1-3)*과 평행을 맞춰 10.2*cm*(4") 올라간다. *(점5)*

작은 소매도 동일하게 트임을 만들어준다.

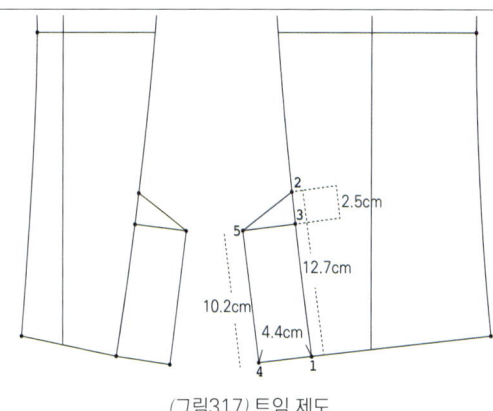

(그림317) 트임 제도

(그림318) 컬러링 전

(그림319) 면적 컬러링

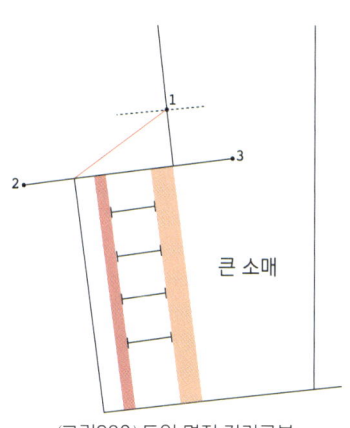

(그림320) 트임 면적 컬러구분

트임 면적의 구분과 이해

갈색 면적 : 안감이 겉감과 봉제될 때 필요한 시접이다. 주로 1*cm*(3/8") 정도의 공간을 확보한다.

빨간색 면적 : 단추구멍 끝과 안감 사이의 공간이다. 0.6*cm*~1*cm*(1/4-3/8") 정도의 공간을 확보해주었다.

주황색 면적 : 단추구멍 끝과 트임 끝 사이의 공간이다. 1.2*cm*(1/2") 정도의 공간을 확보해주었다.

단추구멍 : 단추의 사이즈와 단추의 높이에 비례하여 단추구멍 사이즈를 정해준다.

ex 1. 단추 사이즈 : 15*mm* 단추 높이 : 낮은정도 , 단추구멍 사이즈 : 16*mm*

    2. 단추 사이즈 : 15*mm* 단추 높이 : 높은정도 , 단추구멍 사이즈 : 18*mm*

단추의 높이가 높을수록 단추구멍 사이즈를 키워야 단추가 무리 없이 들어가진다.

갈색 면적 1*cm* + 빨간색 면적 0.6*cm* + 단추구멍 1.6*cm* + 주황색 면적 1.2*cm* = 4.4*cm*

**단추 사이즈와 난추구멍 크기, 각 면직의 차지하는 공간을 바탕으로 트임의 폭을 정해주었다.

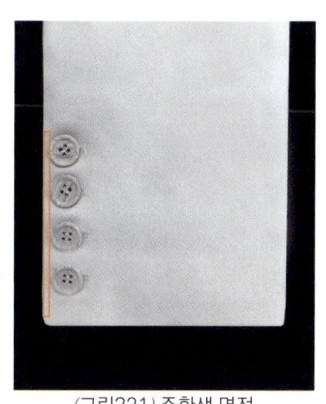

(그림321) 주황색 면적

6.4 two piece sleeve vent(두 장 소매 트임)

📖 트임높이와 단추 위치선정

트임의 높이는 단추의 개수와 단추의 사이즈, 단추와 단추사이의 간격을 고려하여 정해준다. 기본 재킷 기준 10.2-12.7cm(4-5") 정도로 정해준다. 빨간색 점선은 스티치가 들어가 막히는 부분이다.

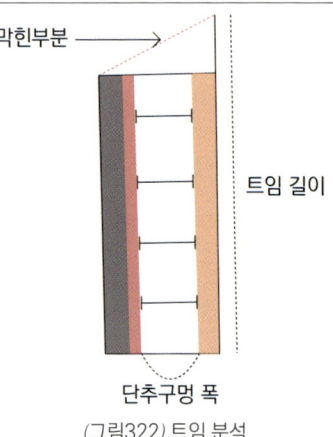

(그림322) 트임 분석

📖 트임높이와 단추구멍의 높이

트임 끝지점은 (점1)이므로 단추구멍의 위치는 최대높이가 존재한다. 기본적으로 트임 끝지점(점1)에서 2.5cm(1") 정도 내려간 지점을 단추구멍의 최대높이로 간주한다.(선분 2-3)

그이유는 (선분 2-3)보다 단추구멍의 위치가 높이 올라갈 경우 단추구멍을 뚫는 과정에서 (선분 1-2)와 맞닿아 뚫는 과정이 불편하기 때문이다.

단추구멍 간격
단추구멍 사이의 간격은 단추의 사이즈를 고려하여 의도적으로 단추를 겹치지 않는이상 단추가 겹쳐지지 않도록 위치를 정해준다.

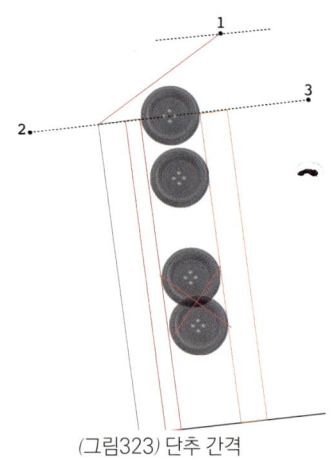

(그림323) 단추 간격

7.
collar
(칼라)

7.1
shirt collar(1) - 셔츠칼라(1)
shirt collar(2) - 셔츠칼라(2)

7.2
standing collar(스탠딩칼라)

7.3
stand collar(스탠칼라)

7.4
flat collar(플랫칼라)

7.5
high neckline using dart(다트를 이용한 하이네크라인)

7.6
high neckline without dart(다트를 이용하지 않는 하이네크라인)

7.1 shirt collar(1) – 셔츠칼라(1)

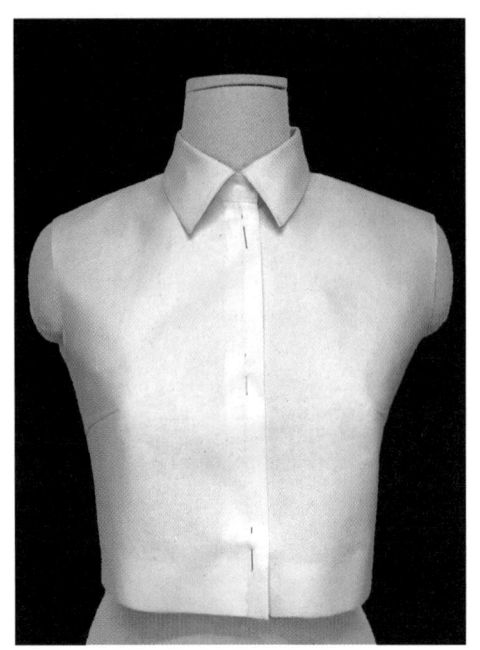

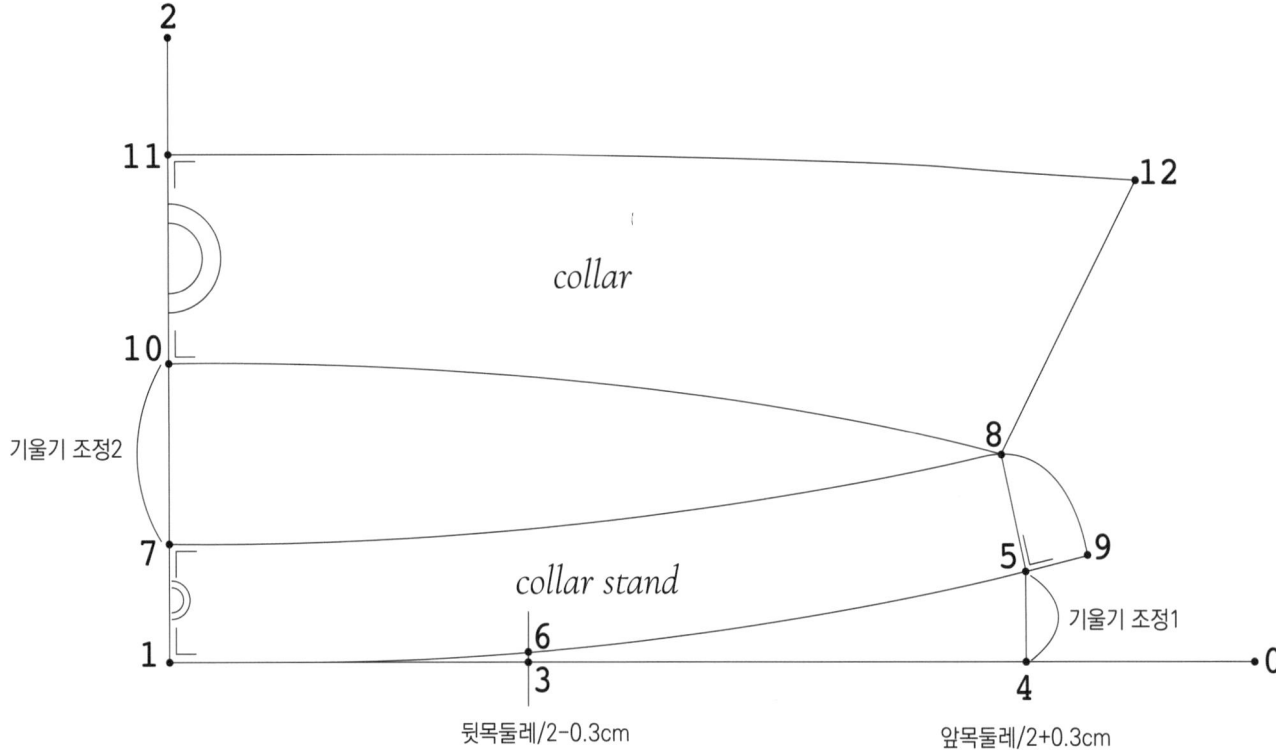

7.1 shirt collar(1) – 셔츠칼라(1)

1. 스탠드 밑길이 (선분 1-5)

스탠드 밑길이는 몸판의 네크라인과 봉제가 되는 부분이다. 따라서 스탠드의 밑길이는 몸판의 네크라인 둘레와 비례한다. 스탠드 밑길이는 아래 공식을 기본으로 사용한다.

스탠드 밑길이 = 앞 네크라인 둘레/2 +0.3cm(1/8″) + 뒤 네크라인 둘레/2 −0.3cm(1/8″)

앞 네크라인과 봉제되는 스탠드 구간은 앞 네크라인 둘레 /2에 0.3cm(1/8″)를 더해 시접이 안정적으로 자리잡도록 여유 공간을 만들어준다.
시접이 위치하는 공간 = (그림325)의 검은 점선 부분과 빨간 점선 부분

만약 몸판에 안단[1]이 들어가고 (그림326)의 빨간 점선 부분이 투박해보이지 않도록 시접을 양쪽으로 갈라주는 경우 0.3cm(1/8″)를 더해주지 않는다.

뒤 네크라인과 봉제 되는 스탠드 밑길이 구간은(선분1-6) 0.3cm(1/8″)를 줄여주는데 부족한 0.3cm(1/8″)만큼 약간 당기면서 봉제됨으로 밴드가 뜨지않고 목에 잘 붙게 된다.

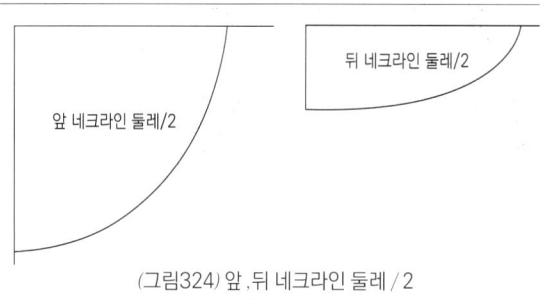

(그림324) 앞 ,뒤 네크라인 둘레 / 2

2. 스탠드 여밈 분의 폭 (선분 5-9)

스탠드 여밈 분의 폭은 일반적으로 앞중심에서 플래킷(그림326의 빨간선사이의 간격)이 겹쳐지는 폭과 동일하게 정해준다.

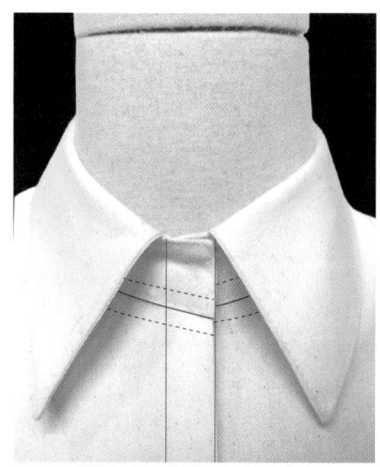

(그림325) 시접과 스탠드 밑길이의 관계

3. 스탠드 높이와 칼라 높이

칼라 높이는 스탠드 높이보다 1.2cm(1/2″) 정도 높아야 칼라를 꺾어 접었을 때 뒤에서 스탠드가 가려져 보이지 않게 된다.

1.2cm(1/2″) 수치는 원단의 두께와 드레이프성에 따라 달라질 수 있다. 원단이 두꺼울수록 칼라가 꺾어지면서 말아지는 분량이 많아지므로 1.2cm(1/2″)보다 더 높이차이를 주어야 한다. 반대로 뒤에서 스탠드가 보이게 할려면 높이차이를 1.2cm(1/2″)보다 적게 조정해준다.

1.2cm(1/2″)는 칼라가 꺾어져 접혀졌을 때 꺾어지는 부분의 두께와 칼라가 스탠드를 안정적으로 덮을 수 있게 가려주는 면적을 고려한 수치로 이해할 수 있다.

(그림326) 시접 가름솔과 플래킷 폭

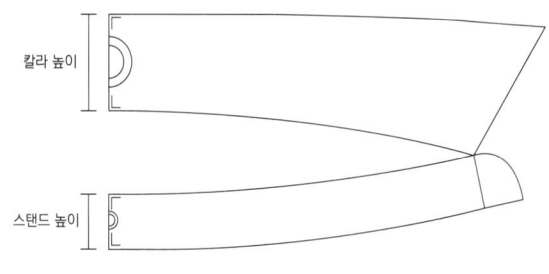

[1] 안단(facing) ·의상 안의 앞부분에서 볼 수 있는 겉감과 같은 천을 사용한 부분

(그림327) 스탠드와 칼라의 높이

7.1 shirt collar(1) – 셔츠칼라(1)

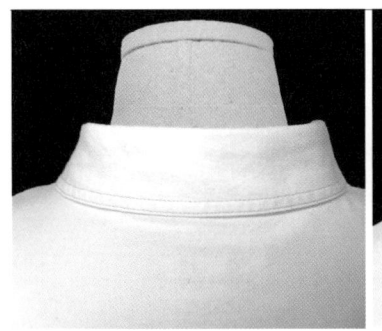
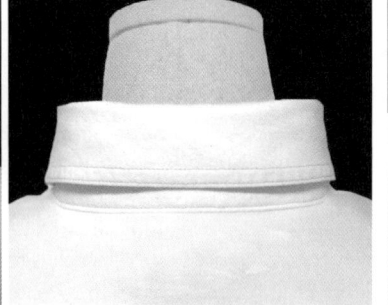
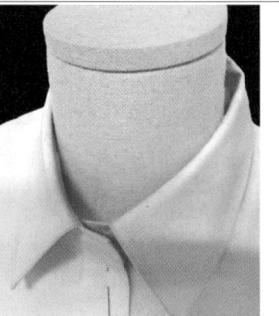
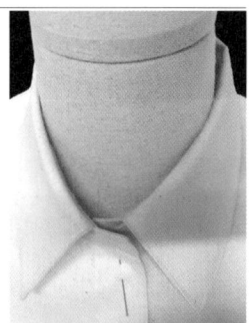

(그림328) 스탠드를 덮은경우 　(그림329) 스탠드를 덮지 않은 경우 　(그림330) 기울기 조정1의 높이 차이로 달라지는 여유공간

4. 기울기 조정 1

(점 0-1) = 뒷목둘레/2-0.3cm

(점 1-2) = 앞목둘레/2+0.3cm

(점 1-3) = 앞목둘레/2+0.3cm

스탠드 윗길이 = (선분 4-5, 4-6)

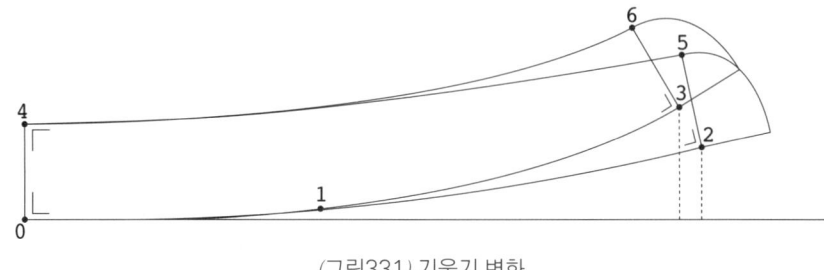

(그림331) 기울기 변화

기울기 조정 1의 높이는 높일수록 스탠드 윗길이가 줄어들게 된다. 기울기 조정 1의 높이를 높이다 보면 스탠드 윗길이가 목둘레보다 더 작아지는 순간이 오게 된다. 스탠드 윗길이는 목둘레보다 커야 함으로 기울기 조정 1의 높이는 최대값이 존재한다. 기울기 조정 1의 값은 스탠드가 목을 어느정도로 감싸는지 결정해주는 요인으로 이해할 수 있으며 앞목점을 얼마나 내려주는가에 따라 기울기 조정1의 최대값이 달라지게된다.

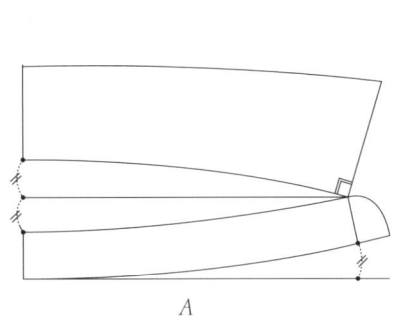
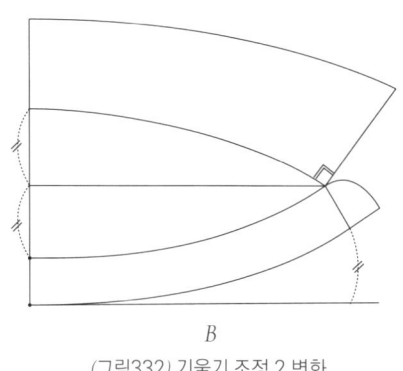
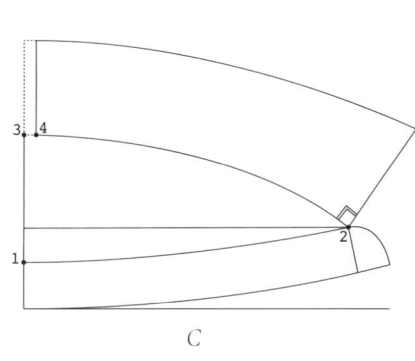

A　　　　　　　　　　　B　　　　　　　　　　　C

(그림332) 기울기 조정 2 변화

5. 기울기 조정 2

(그림332) A, B, C의 동일수치 = 스탠드 밑길이, 칼라 높이, 스탠드 높이, 칼라각도(직각)

A, B, C 분석

기울기 조정1 높이 : $A = C < B$

스탠드 윗길이 : $A = C > B$

기울기조정1 높이대비 기울기 조정2 높이 : $C > B > A$

칼라외곽선 길이 : $C > B > A$

7.1 shirt collar(1) - 셔츠칼라(1)

A 셔츠칼라는 기울기 조정1의 높이가 낮아 스탠드 윗길이가 길어 목에 어느 정도 여유 공간이 발생한다. 또한 기울기 조정2의 높이도 낮아 칼라외곽선의 길이가 B, C에 비해 짧다.

B 셔츠칼라는 기울기 조정1,2의 높이를 높여주었다. 스탠드 윗길이가 짧아져 목에 여유 공간이 줄어든다. 반면 기울기 조정2의 높이가 높아져 칼라외곽선의 길이가 길어졌다.

C 셔츠칼라는 기울기 조정1과 기울기 조정2의 높이의 차이를 크게 주었다. 스탠드 윗길이가 길어 목에 어느 정도 여유 공간이 생기고 칼라외곽선의 길이가 가장 길다. (선분 1-2)와 (선분 3-2)의 길이 차이가 발생하여 이를 맞춰주기 위해 (선분 3-2)를 (선분 4-2)로 수정하였다.

칼라외곽선 길이 변화의 의미

(그림332)를 통해 기울기 조정2의 값은 칼라의 외곽선 길이와 관련이 있다는 사실을 알 수 있다.

스탠드가 붙는 셔츠칼라의 경우 외곽선의 길이가 길어지면 (그림333)처럼 길어진 외곽선이 몸판에 가라앉을 때 길어진 길이로 인해 칼라가 누우면서 외관상 곡이 생기게 된다. (하얀 점선) 이는 길어진 외곽선이 가라앉을 공간 부족으로 생기는 현상이다.

(그림333) 외곽둘레에 따른 변화

반대로 기울기 조정2의 높이를 낮춰 칼라의 외곽선 길이를 줄여주면 (그림334)의 빨간 점선처럼 가라앉는 면적이 줄어들어 칼라가 곧게 서 있는 형태를 띠게 된다.

스탠드가 붙어있는 셔츠칼라는 스탠드에 의해 칼라가 꺾어지는 꺾임선이 고정되어 있어 꺾어지는 칼라의 높이는 큰 차이를 보이지 않는다. (그림 333, 334)의 주황 점선

(그림334) 외곽둘레에 따른 변화

(그림335)는 기울기 조정2의 차이를 비교한 그림이다.

면적을 비교해보면 색칠된 회색 칼라의 넓이가 더 넓고 외곽선의 길이가 더 길다는 것을 알 수 있다. 외곽선 길이에 따라 칼라가 가라앉는 정도가 다르므로 칼라가 가라앉는 정도는 기울기 조정2 수치를 통해 조정해줄 수 있다.

칼라외곽선이 가라앉는 정도는 원단의 성질에 따라 달라지는데 원단의 드레이프성이 높고 얇을수록 잘 가라앉게 되고 반대로 뻣뻣하고 드레이프성이 낮고 두께가 두꺼울 경우 잘 가라앉지 않게 된다.

그러므로 가봉을 통해 칼라가 자연스럽게 가라앉는지 확인하여 수정이 필요할 시 외곽둘레길이를 조정해주어야 한다.

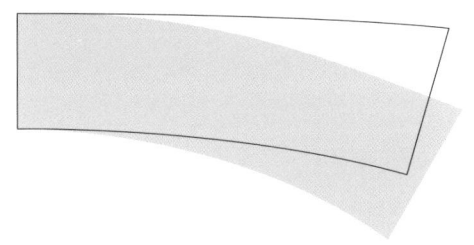

(그림335) 넓이의 차이

7.1 shirt collar(1) – 셔츠칼라(1)

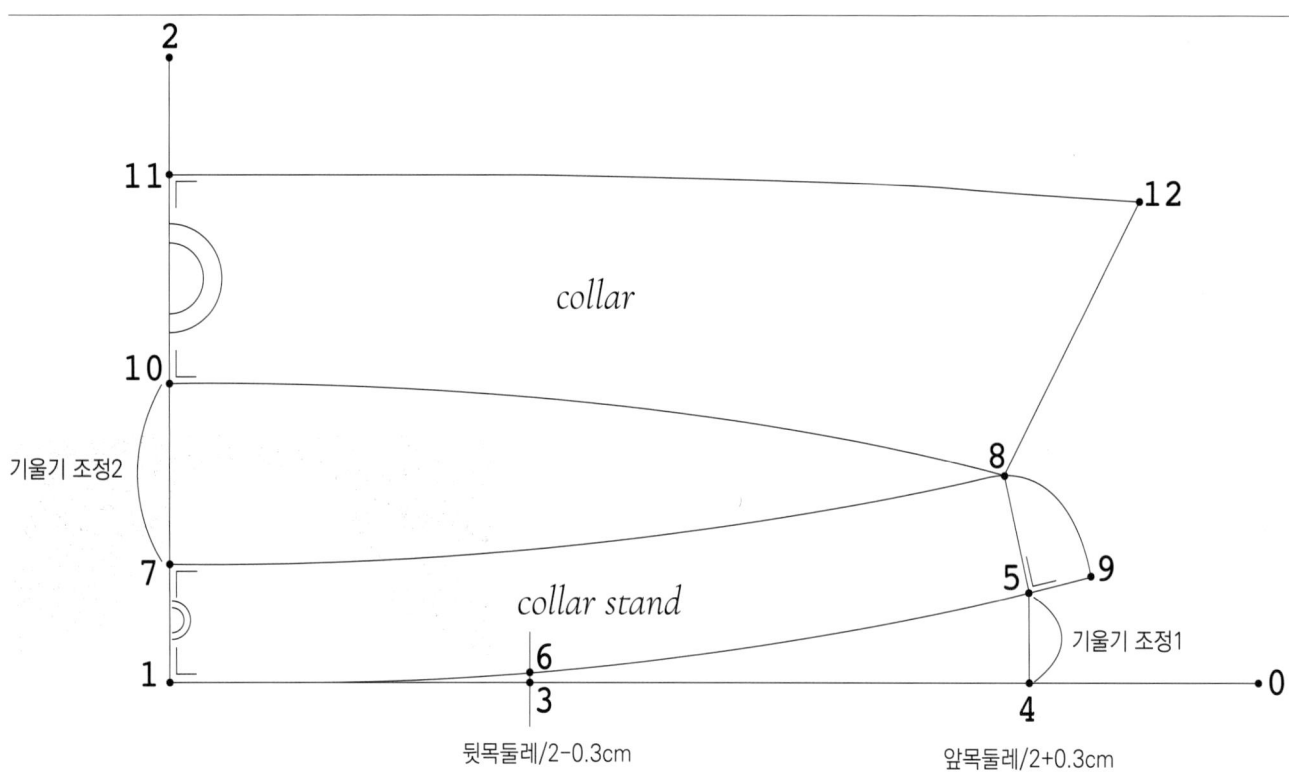

shirt collar(1) 제도

1. 직각 선을 긋는다. (선분 0-1-2)

2. 스탠드 밑길이를 결정한다.

(점1)에서 뒤판 패턴의 네크라인/2 -0.3cm 만큼 수평으로 나간 지점을 체크한다. (점3)

(점3)에서 앞판 패턴의 네크라인/2 +0.3cm 만큼 수평으로 나간 지점을 체크한다. (점4)

3. 기울기 조정1의 높이를 결정한다.

(점4)에서 수직으로 1.9cm(3/4″) 올라간 지점을 체크한다. (점5)
1.9cm(3/4″) = 기본 높이

4. 스탠드 밑선을 그린다.

(점1)과 (점5)를 자연스럽게 이어준다.

5. (곡선 1-5)의 길이를 맞춰준다.

(곡선 1-5) 선상 (점1)에서 뒷목둘레/2 - 0.3cm 만큼 나간 지점을 체크하고(점6), (곡선 5-6)의 길이가 앞목둘레/2 + 0.3cm 인지 확인하고 아니라면 (점5)의 위치를 조정하여 맞춰준다.

조정된 (점 5, 6)을 기준으로 스탠드밑선을 다시 그려준다.

6. 스탠드 높이를 결정한다.

(점1)에서 수직으로 2.5cm(1″) 올려준다. (점7)
2.5cm(1″) = 기본높이

(곡선 1-5)선상 (점5)에 직각을 맞춰 수직으로 2.5cm(1″) 올려준다.(점8)

**스탠드의 높이

스탠드 높이는 스탠드가 목에 접촉하는 정도를 고려해야 하며 몸판 패턴의 네크라인을 얼마나 파주었는지에 따라 스탠드 높이가 고려되어야 한다.

7.1 shirt collar(1) − 셔츠칼라(1)

7. 스탠드 윗선을 그린다.

(점7)과 (점8)을 곡자로 이어준다.

(그림336)처럼 스탠드 폭이 2.5cm(1")가 유지되게 잇는다.

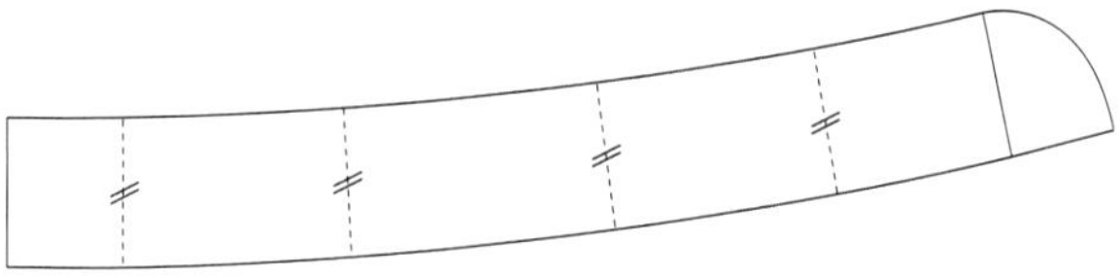

(그림336) 스탠드 높이유지

8. 여밈 모양을 만든다.

(곡선 1~5)의 연장으로 (점5)에서 1.9cm(3/4") 떨어진다. (점9)

(점8)과 (점9)를 이어 여밈모양을 만들어준다.

**1.9cm(3/4") = 여밈 폭

**여밈과 칼라포인트의 모양은 다양한 전개가 가능하다. (그림337)

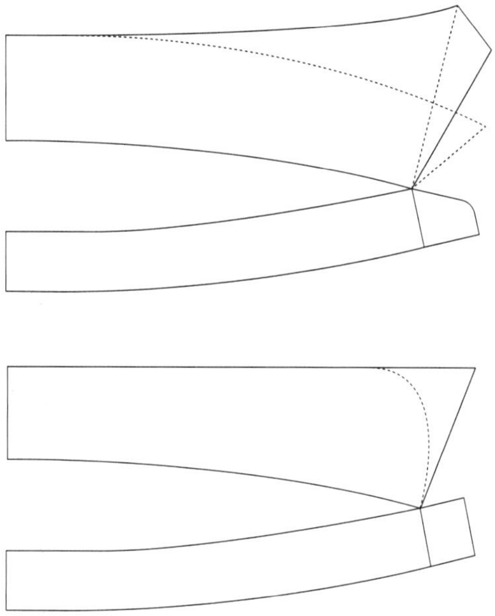

9. 골선을 넣어준다. (스탠드 완성)

10. 기울기 조정2의 높이를 정해준다.(칼라제도)

(점7)에서 수직으로 3.8cm(1 1/2") 올라간 지점을 체크한다. (점10)

3.8cm(1 1/2")의 높이는 기울기 조정1의 높이인 1.9cm(3/4")를 2배적용한 높이이다. 기울기 조정2의 높이를 기울기 조정1 높이의 2배로 해줄 경우 스탠드와 칼라가 연결되는 봉제선(선분 7-8)과 (선분10-8)의 곡률을 동일하게 만들어줄 수 있다.

(그림337) 칼라포인트와 여밈모양의 변화

11. 칼라높이를 정한다.

(점10)에서 4.4cm(1 3/4")를 수직으로 올린다. (점11)

칼라높이 = 4.4cm(1 3/4")

12. 칼라 밑선을 긋는다.

(점10)과 (점8) 를 이어준다.

13. 칼라포인트를 정한다. (점12)

(점8)에서 원하는 각도와 길이를 정한뒤 칼라포인트 지점을 만든다.

(선분 8-12) 길이 = 7cm(2 3/4")

14. 칼라외곽선을 그린다. (곡선 11-12)

외곽선을 그려줄 때 (그림338)처럼 칼라포인트 근처는 직선에 가까운 곡선으로 그려주면 좀 더 샤프한 이미지를 줄 수 있다.

13. 골선을 표시한다. (칼라완성)

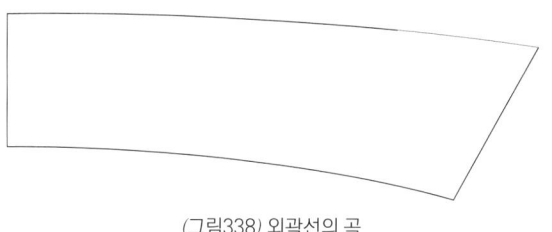

(그림338) 외곽선의 곡

7.1 shirt collar(2) - 셔츠칼라(2)

shirt collar(2) 는 (선분 7-8)의 길이가 길어 목에 충분한 여유 공간이 있는 칼라이다. 또한 밴드밑선의 곡률로 인해 셔츠의 맨 윗 단추를 오픈했을 때 밴드가 잘 쳐지지 않는 모습을 보여준다. 넥타이를 매는 남성복이나 맨 윗단추를 풀고 입는 캐쥬얼셔츠에 주로 사용되는 제도방법이다.

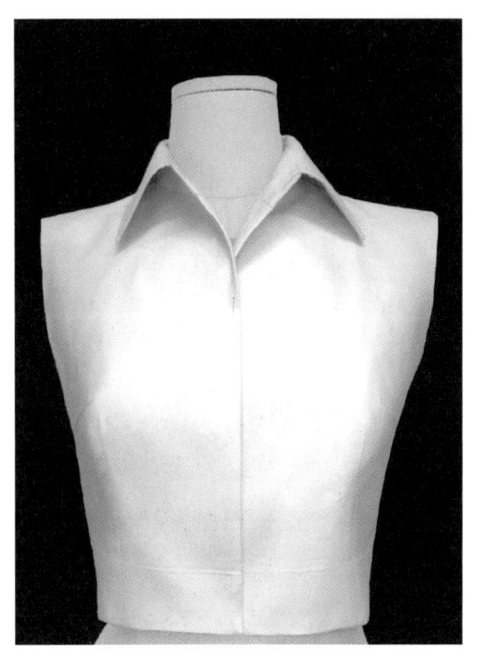

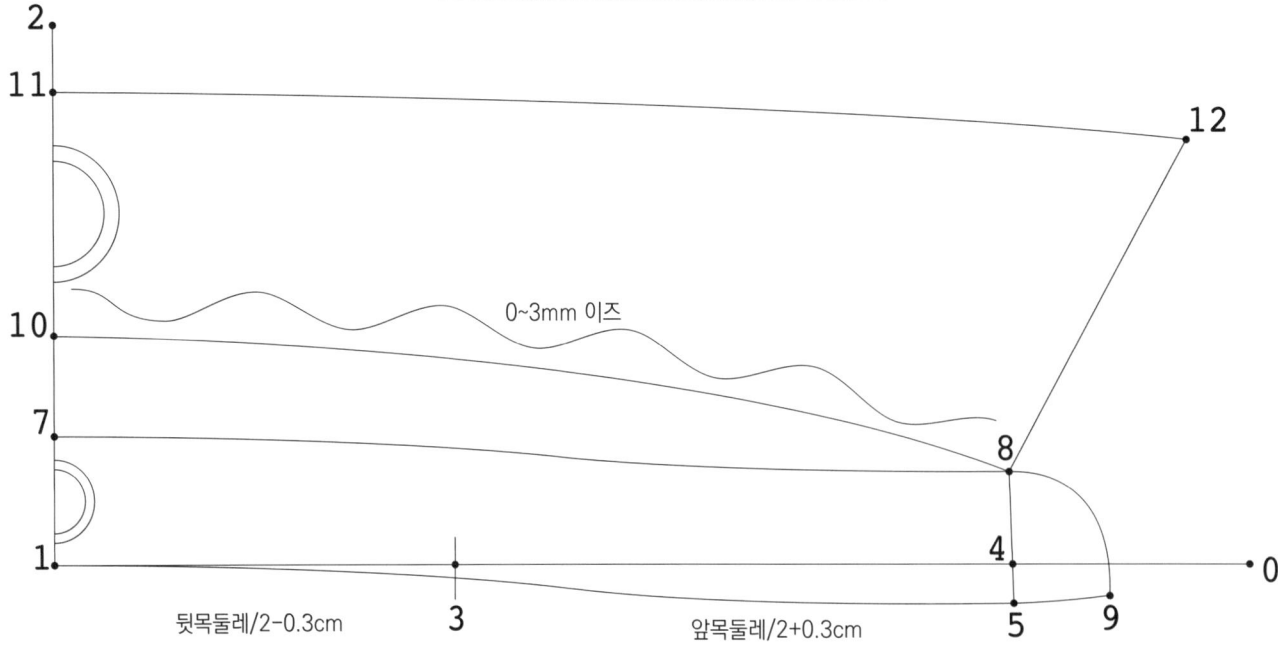

뒷목둘레/2-0.3cm   앞목둘레/2+0.3cm   0~3mm 이즈

7.1 shirt collar(2) - 셔츠칼라(2)

1. 직각선을 긋는다. (선분 0-1-2)

2. 스탠드 밑길이를 정한다.

(점1)에서 뒤 네크라인둘레/2 - 0.3cm만큼 수평으로 나간 지점을 체크한다. (점3)
(점3)에서 앞 네크라인둘레/2 + 0.3cm만큼 수평으로 나간 지점을 체크한다. (점4)

3. 기울기 조정1의 높이를 정해준다.

(점4)에서 수직으로 1cm(3/8") 내려간 지점을 체크한다. (점5)

4. 스탠드 밑선을 그린다.

(점1)과 (점5)를 자연스럽게 이어준다.
(곡선 1-5)의 길이가 뒷목둘레/2-0.3cm + 앞목둘레/2-0.3cm 인지 확인하고 아니면 (점5)의 위치를 (곡선 1-5) 선상에서 조정해준다.

5. 스탠드 높이를 정한다.

(점1)에서 수직으로 2.5cm(1") 올려준다. (점7)
(점5)에서 (곡선 1-5)에 직각을 맞춰 수직으로 2.5cm(1") 올린다. (점8)

6. 스탠드 윗선을 그린다.

(점7)과 (점8)을 스탠드 폭 2.5cm(1")를 유지하면서 이어준다.

7. 여밈 모양을 만들어준다.

(곡선 1-5)의 연장으로 여밈분 1.9cm(3/4)를 나간다. (점9)
(그림339)와 같이 여밈 밑 모양을 수평선에서 약간 떨어트려 그려준다.
(점8)과 (점9)를 이어 여밈모양을 만든다.

8. 기울기 조정2의 높이를 정해준다.

(점7)에서 수직으로 1.9cm(3/4") 올려준다. (점10)
1.9cm(3/4")의 높이는 칼라밑선의 길이가 스탠드윗길이와 동일하도록 맞춰준 높이입니다.

9. 칼라높이를 정한다.

(점10)에서 수직으로 4.4cm(1 3/4") 올려준다. (점11)

10. 칼라밑선을 그린다.

(점10)과 (점8)을 곡으로 이어준다.

11. (곡선 10-8)의 길이를 조정해준다.

넥타이 사용 유무를 고려하여 (곡선 10-8)에 이즈량을 원단의 두께에 따라 0-3mm 정도 넣어줄 수 있다. 원단이 두꺼울수록 이즈량을 키워준다.

(곡선 10-8)길이 = (곡선 7-8) 길이 + 이즈량
(그림340)의 점선 수정처럼 (곡선 10-8)의 길이를 조정하여 이즈량을 넣어줄 수 있다.

12. 칼라포인트를 정한다.(점12)

(선분 8-12) 길이 = 7cm(2 3/4")

13. 칼라외곽선을 긋는다.(곡선 11-12)

14. 골선을 넣는다. (완성)

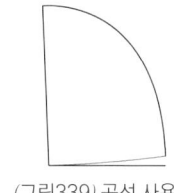

(그림339) 곡선 사용

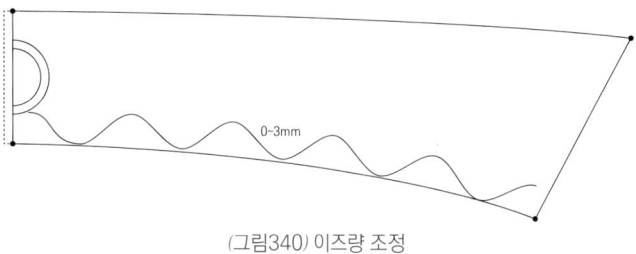

(그림340) 이즈량 조정

7.1 shirt collar(2) – 셔츠칼라(2)

스탠드의 곡률

(그림341)은 기울기 조정1의 값을 키웠을 때 스탠드가 목을 더 감싸는 이유를 쉽게 도형으로 설명한 그림이다. A 스탠드는 일자 스탠드 상태인데 M.P를 시킬 경우 그림의 원뿔처럼 밴드가 휘어지면서 자연스럽게 스탠드가 목 쪽으로 기울어진다.

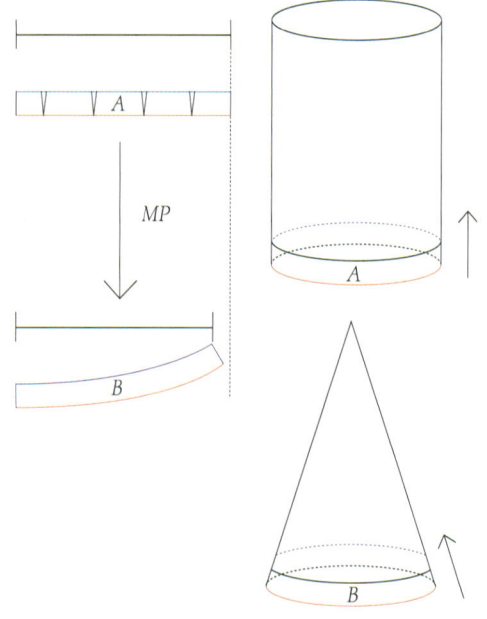

(그림341) 스탠드 곡률의 이해

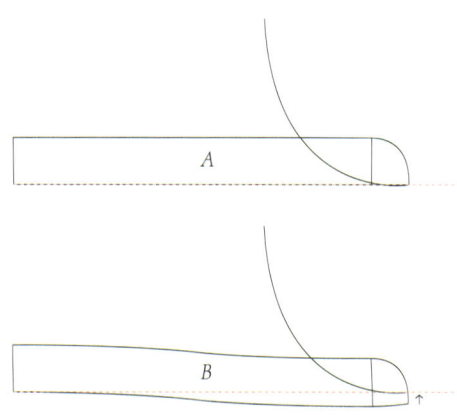

(그림342) 스탠드 곡과 네크라인의 관계

shirt collar(2) 기울기 조정1의 수치는 (점4)에서 수직으로 1cm(3/8") 내려간다. 이럴 경우 스탠드의 윗길이는 길어지고 (곡선 3-5-9)의 곡률은 *shirt collar*(1) 곡률과는 반대방향으로 휘어진다.

(그림342)를 보면 A 스탠드와 B 스탠드를 비교하여 *shirt collar*(2) 제도중 (점4)에서 수직으로 1cm(3/8") 내려준 이유를 알 수 있다.

A와 B 스탠드는 공통으로 스탠드 윗길이를 길어지게 함으로 목을 감싸는 공간을 넓히는 의도를 지닌다. 반면 B 스탠드는 네크라인과 붙어질 때 A 스탠드와는 다른 차이점이 있다.

A 스탠드의 경우 셔츠의 윗단추를 풀었을 때 스탠드는 중력 방향으로 쳐지면서 몸판에 주름이 가는 문제가 발생할 수 있다. (그림343의 화살표 방향)

반면 B 스탠드는 A 스탠드에 비해 색칠된 면적이 올라가면서 붙기 때문에 스탠드가 중력 방향으로 쳐지지 않고 형태를 곧게 유지하려고 한다. 이러한 이유로 A 스탠드형태 처럼 일자모양으로 제도하지 않고 B 스탠드와 같은 곡률을 사용해준다.

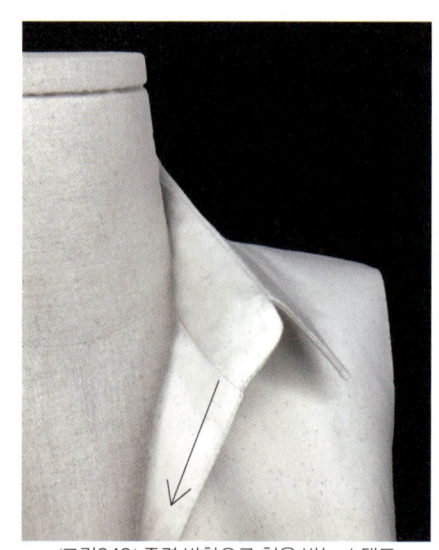

(그림343) 중력 방향으로 힘을 받는 스탠드

7.2 tanding collar (스탠딩칼라)

스탠딩칼라는 네크라인을 따라 깃이 서 있는 칼라의 총칭이다. 칼라가 네크라인을 따라 곧게 서 있게 하기 위해서 스탠드 밑선의 곡을 *collar-shirt collar(2)* 처럼 그려주었다.
(그림344, 345)

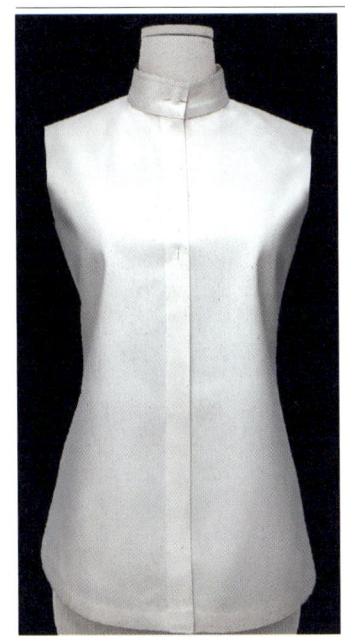
(그림344) 스탠드 칼라

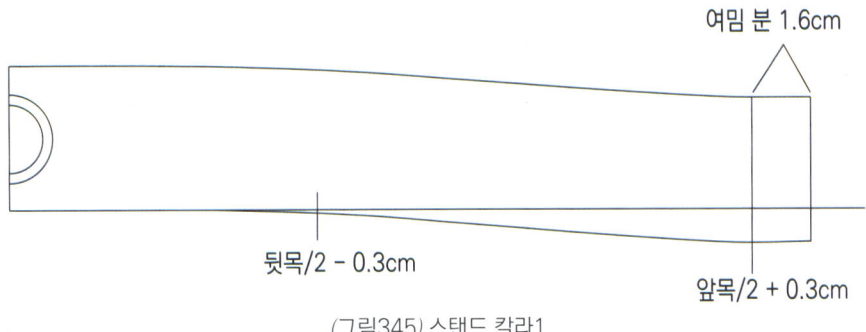
(그림345) 스탠드 칼라1

(그림346) 좁아진 윗목 둘레

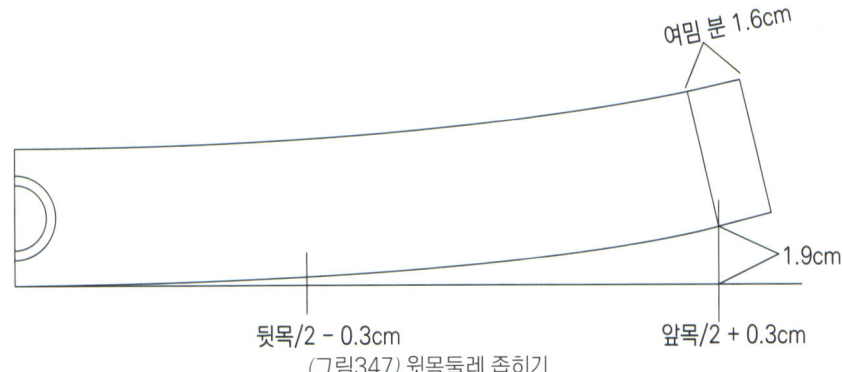
(그림347) 윗목둘레 좁히기

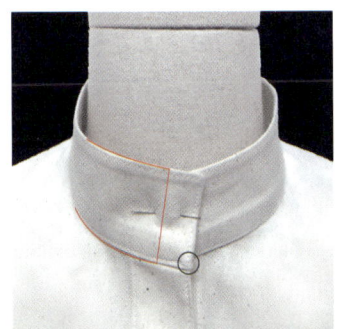
(그림348) 스탠드 봉제 끝 위치

스탠드 봉제 끝 위치와 여유량의 관계 (그림348)

스탠드가 여밈분 끝에서 부착되지 않으면(빨간 선) 스탠드 밑길이를 정할때 앞목둘레/2 + 0.3cm 공식에서 0.3cm를 없애줄 수 있다. 그 이유는 스탠드가 여밈 끝까지 부착되지 않을 경우 플래킷의 시접 공간을 고려해줄 필요가 없기 때문이다. (동그라미 표시)

7.3 stan collar (스탠칼라)

(그림349) 스탠 칼라

스탠칼라는 뒤에 서 있는 깃의 높이가 높고 앞 꺾임 분량이 점점 줄어들어 낮게 접히는 칼라의 총칭이다. (그림350)의 동그라미 표시를 보면 앞중심쪽 꺾임 분량이 적은 것을 확인할 수 있다. 빨간 선 = 꺾임선

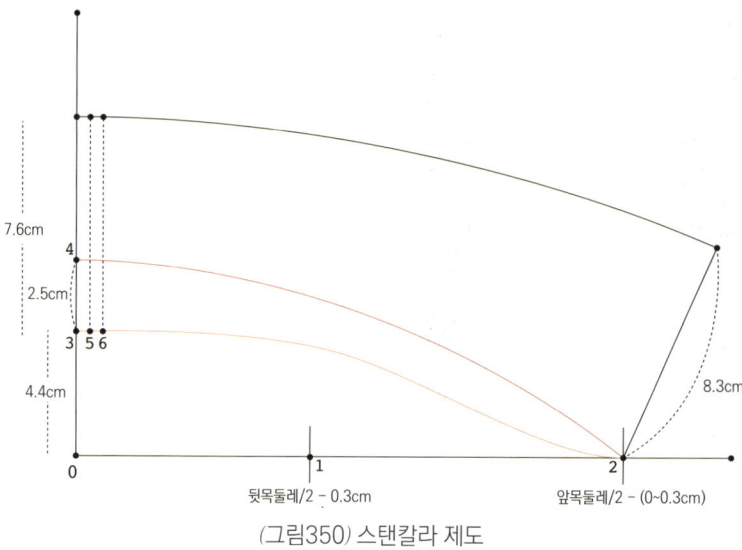

(그림350) 스탠칼라 제도

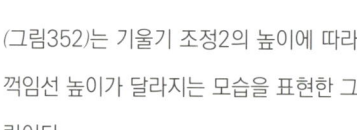

(그림351) 적은 꺾임분량

(그림350)

스탠칼라는 뒷목에서 앞목까지 꺾어지는 선이 존재한다. (빨간 선) 목둘레 공식을 이용하여 (점1, 2)의 위치를 정해주고 칼라밑선(선분 3-2)을 그려주면 (선분 3-2)의 길이와 (선분 0-2)의 길이가 달라진다. 그러므로 (점3)의 위치를 (점5, 6)과 같이 옮겨주면서 칼라밑선길이를 맞춰준다.

기울기 조정2의 높이가 4.4*cm*(선분 0-3)일 때 꺾임선은 약 2.5*cm*(선분 3-4)정도의 높이로 형성되었다. 꺾임선은 스탠칼라를 꺾을 때 자연스럽게 만들어지는 선인데 칼라의 외곽선길이가 길어질 때 꺾임선 높이는 자연스럽게 낮아지게 된다. 이는 외곽선의 길이가 길어질수록 칼라가 몸판에 가라앉는 정도가 강해지기 때문이다.

(그림352)는 기울기 조정2의 높이에 따라 꺾임선 높이가 달라지는 모습을 표현한 그림이다.

파란색의 칼라는 검은색 칼라보다 넓이가 넓어 가라앉는 정도가 강해 꺾임선이 낮아지게 된다.

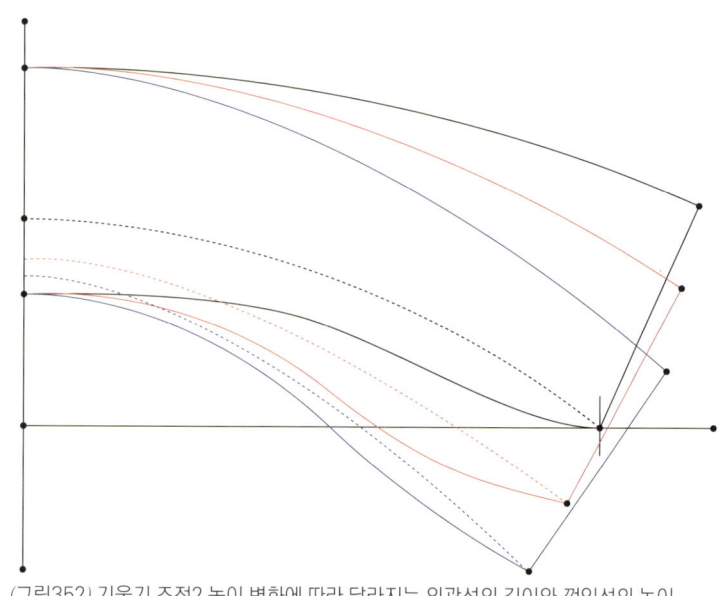

(그림352) 기울기 조정2 높이 변화에 따라 달라지는 외곽선의 길이와 꺾임선의 높이

7.3 stan collar(스탠칼라)

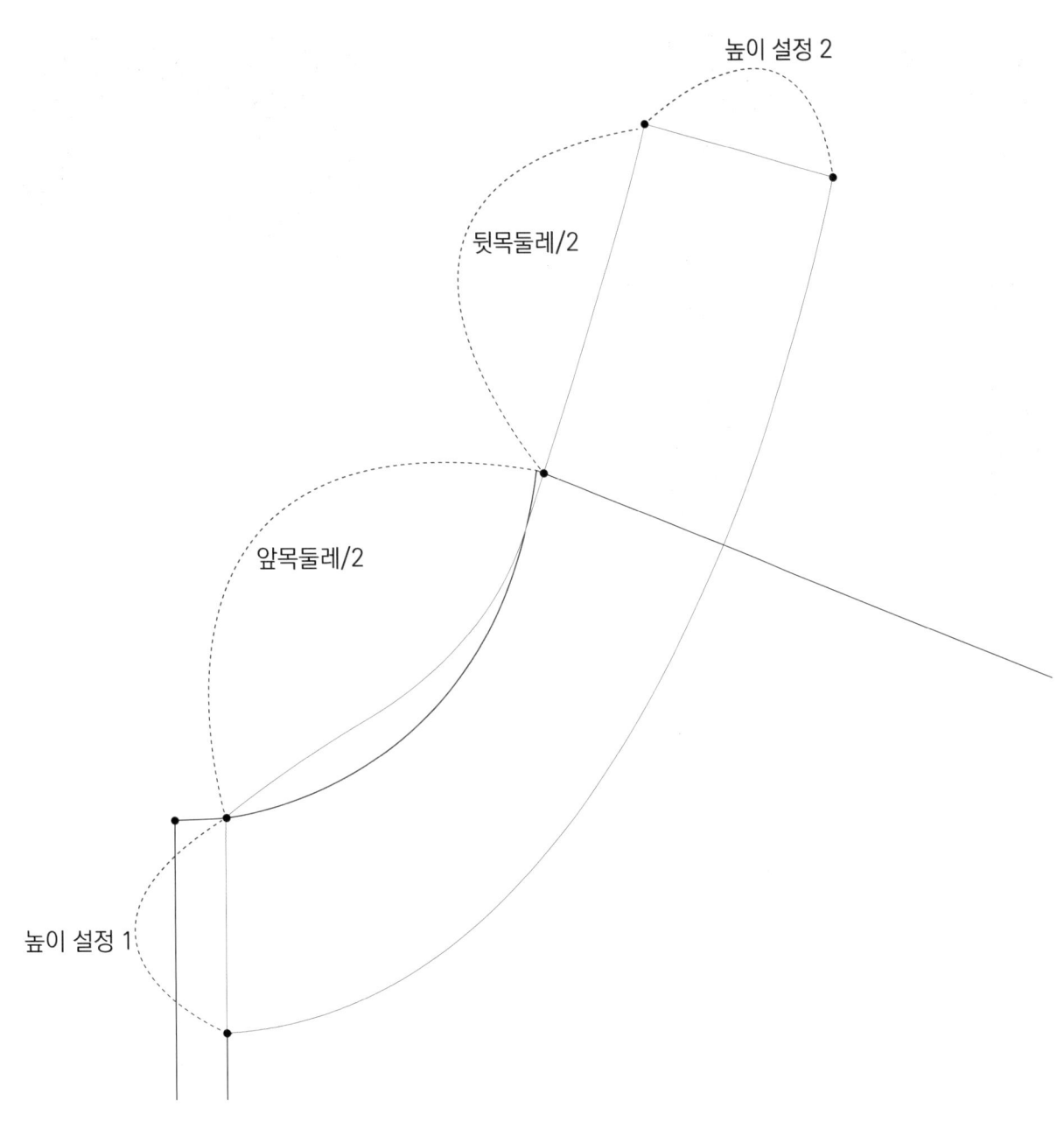

7.4 *flat collar* (플랫칼라)

플랫칼라는 칼라의 네크라인 가장자리(외곽둘레)가 의상의 네크라인 가장자리와 밀접하게 붙는 칼라를 의미한다. 즉 칼라가 몸판에 온전히 눕는다. 또한 *non-convertible collar*의 일종인데 *non-convertible collar*란 목선의 실제 모양과 유사한 칼라를 의미한다. 이 분류의 칼라는 의상의 단추를 잠그지 않아도 칼라가 제자리에 유지되는 특징을 지닌다. 반대로 *convertible collar*는 단추를 풀었을 때 칼라의 형태가 목선의 가장자리와 모양이 일치하지 않는 칼라이다.

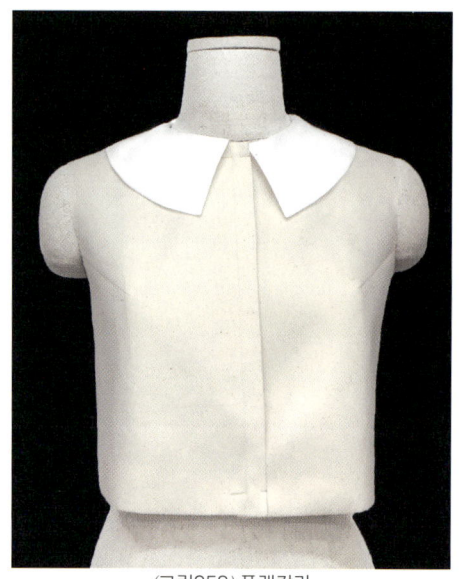

(그림353) 플랫칼라

(그림354) 뒷모습

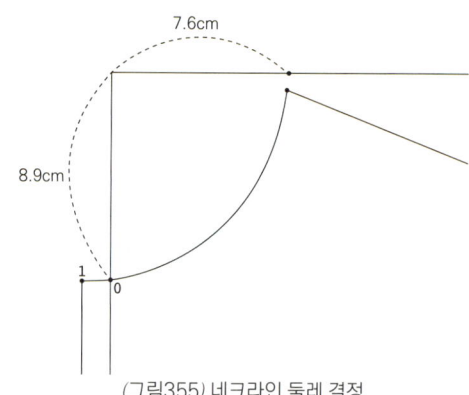

(그림355) 네크라인 둘레 결정

1. 네크라인 둘레를 결정한다.

원형 네크라인보다 좀 더 여유 있는 네크라인으로 설정하였습니다.

2. 여밈 분을 만든다. *(선분 0-1)*

여밈 분 = 1.2*cm*(1/2")

**설명의 편의상 빨간선을 네크라인 봉제선 , 주황선을 외곽선으로 명하였습니다.

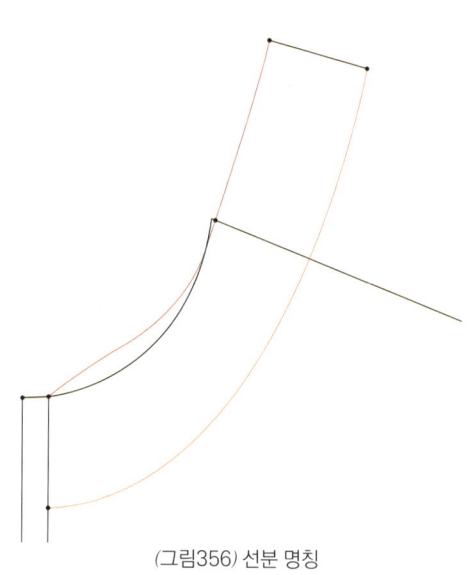

(그림356) 선분 명칭

7.4 flat collar (플랫칼라)

2. 네크라인을 그려준다.

📖 **꺾어지면서 말아지는 면적**
앞 네크라인 봉제선은 빨간선의 형태를 띠게 되는데 이는 (그림358)의 회색 공간을 확보해주기 위해서이다.

회색 공간은 플랫칼라가 꺾어질 때 자연스럽게 꺾어지도록 말아지는 면적인데 이 면적을 충분히 확보하지 않으면 부자연스럽게 칼라가 꺾어질 수 가 있다.

회색 공간의 면적은 원단에 따라 꺾어지는 정도가 다르기 때문에 두께와 드레이프성 등을 고려하여 조정해줄 수 있다.

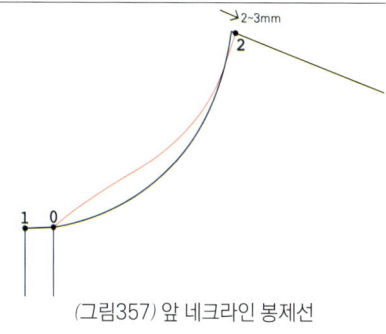
(그림357) 앞 네크라인 봉제선

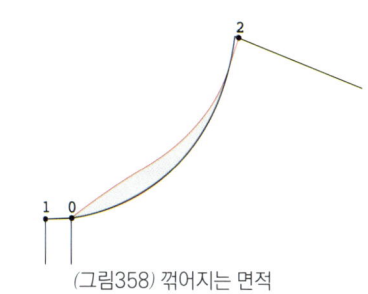
(그림358) 꺾어지는 면적

(곡선 0-2)를 그릴 때 (점2)의 위치를 어깨선상 옆목점에서 2-3mm 정도 떨어트린 곳에 잡아준다.

3. 뒤 네크라인 봉제선과 칼라폭을 그린다.

(점2)에서 (곡선 0-2)의 연장선으로 뒷목둘레/2 만큼 나간다. (점3)
(점3)에서 원하는 칼라폭만큼 직각을 맞춰 나간다. (점4)
(점0)에서 원하는 폭을 정해준다. (점6)

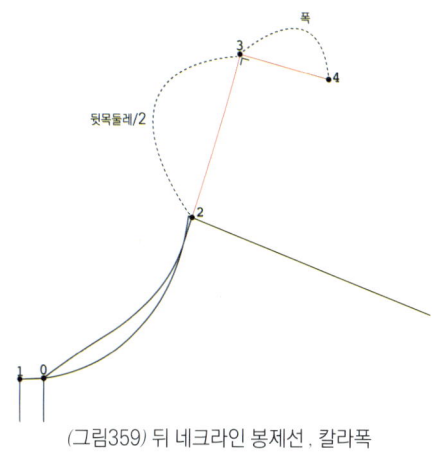
(그림359) 뒤 네크라인 봉제선, 칼라폭

4. 플랫칼라외곽선을 그려준다.(곡선4-6)

(점4)와 (점6)을 자연스럽게 이어준다.

5. 칼라 뒷중심에 골선표시를 해준다. (완성)

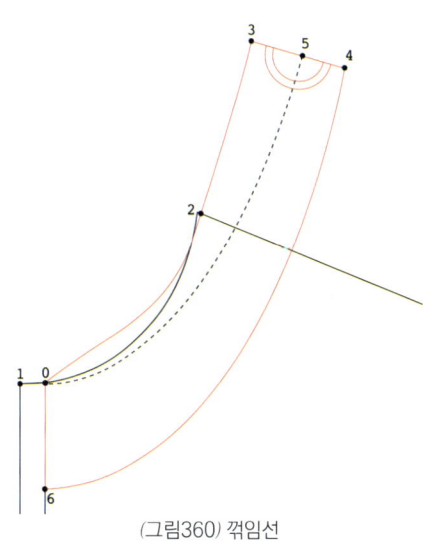
(그림360) 꺾임선

7.4 flat collar(플랫칼라)

📖 꺾임선 설명

완성된 플랫칼라 패턴을 가봉하면 (그림361)과 같이 뒷중심에서 약 2.5cm(1″) 높이의 꺾임선이 생기게 된다. 꺾임선의 높이는 앞중심으로 향할수록 낮아진다.

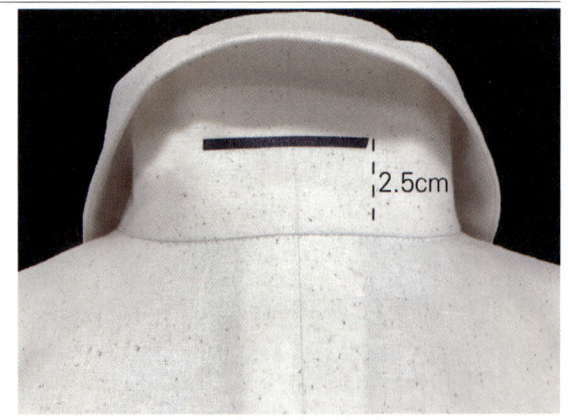

(그림361) 꺾임선 높이

📖 외곽선 길이 변화에 따른 꺾임선의 변화

(그림362)의 검정색 플랫칼라는 (곡선 2-3)의 경사를 (곡선 2-7)로 바꿔 제도한 플랫칼라이다. 그 결과 (곡선 4-6)이 (곡선 8-6)로 바뀌게 된다. 이런 경우 외곽선의 길이가 현저히 늘어나게 되는데 이때 꺾임선의 높이는 낮아지게 된다. 길어진 외곽선으로 몸판에 가라앉을 수 있는 면적이 증가하여 가라앉을 때 꺾임선의 높이가 자연스럽게 낮아진다. 꺾임선이 낮아지는 정도는 원단의 드레이프성과 두께 등에 의해 달라진다.

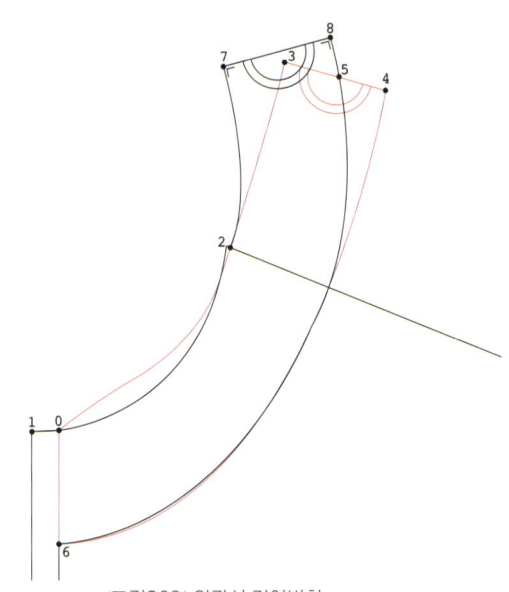

(그림362) 외곽선 길이변화

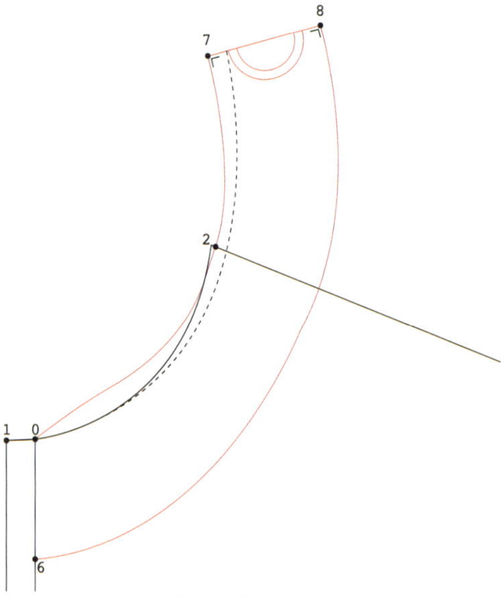

(그림363) 낮아진 꺾임선의 높이

7.4 flat collar(플랫칼라)

(그림364)

플랫칼라를 제도할때 *(점2)*의 위치를 옆목점으로 정해주면 심한 곡률로 외곽선의 길이가 길어짐에 따라 꺾임선이 사라지게 된다. 플랫칼라 면적 전부가 꺾여지는 모습이 나타난다.

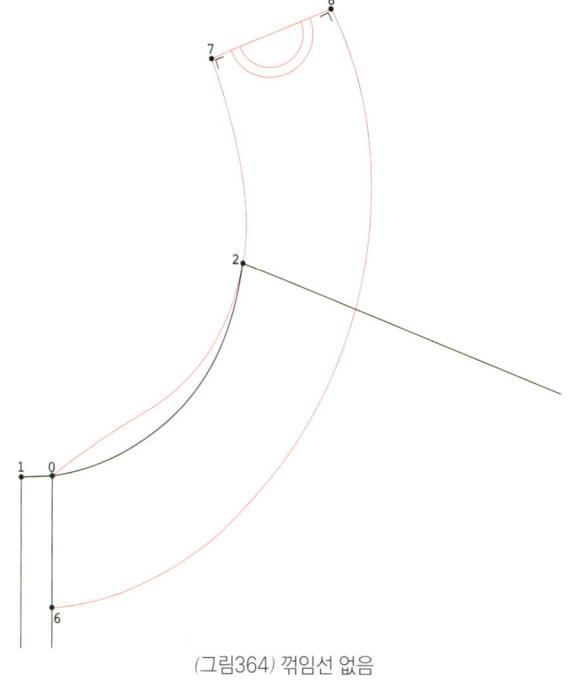

(그림364) 꺾임선 없음

(그림365) 짧은 외곽선

(그림366) 길어진 외곽선

(그림367) 길어진 외곽선으로 낮아진 꺾임선

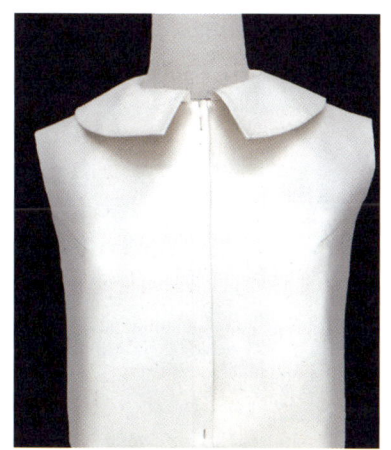

(그림368) 플랫칼라 뜨임현상

*(그림366)*은 칼라외곽선의 길이가 길어져 넓어진 면적이 몸판에 가라앉을 수 있는 면적을 초과하여 칼라가 오그라지면서 뜨는 현상이 발생한 그림이다.

*(그림368)*은 원단의 드레이프성이 낮아 플랫칼라가 몸쪽으로 잘 가라앉지 않는 모습이다. 그러므로 플랫칼라 제도 시 원단의 두께와 드레이프성을 고려하여 외곽선의 길이를 조절해주는 것이 바람직하다.

7.4 flat collar (플랫칼라)

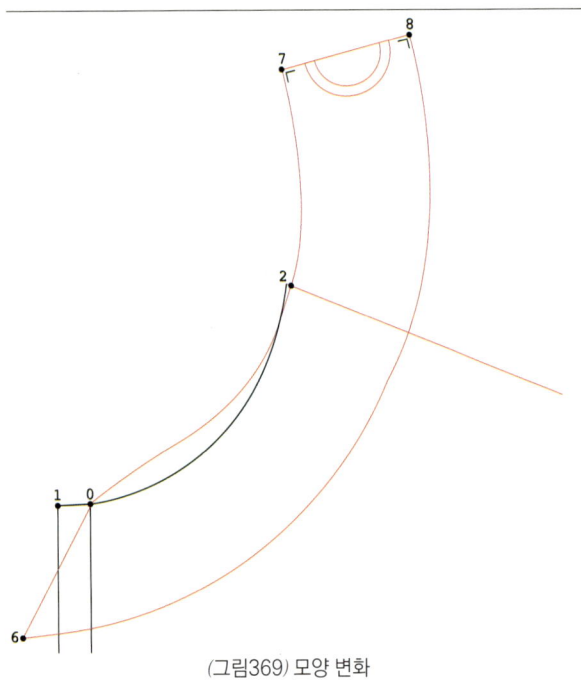

(그림369) 모양 변화

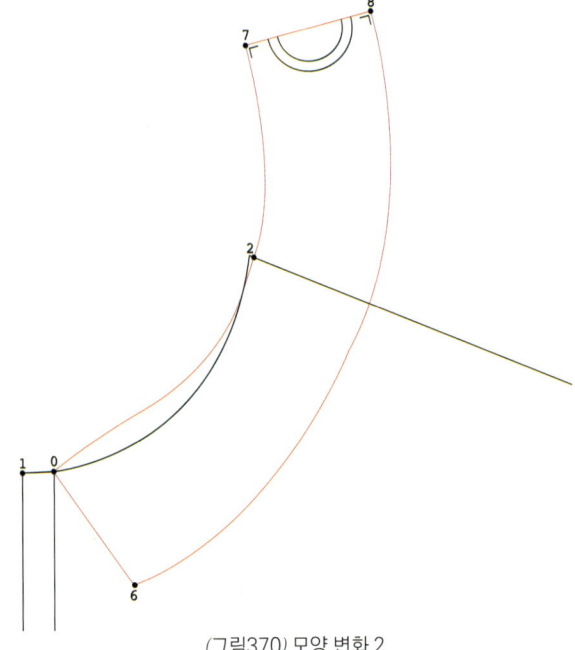

(그림370) 모양 변화 2

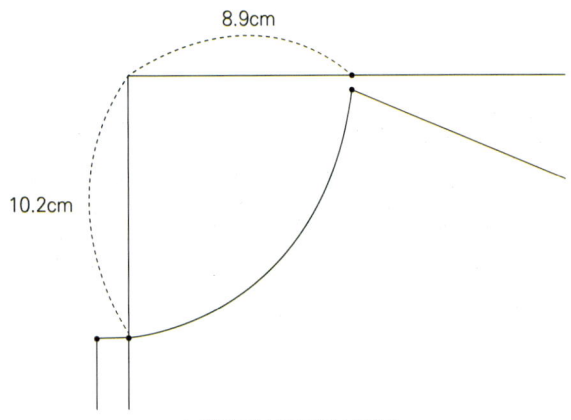

(그림371) 네크라인 넓히기

📖 네크라인 둘레의 증가 (그림371), (그림372)

몸판 패턴의 네크라인 둘레를 키워주면 플랫칼라의 네크라인 봉제선 길이를 -0.3~0.6cm 정도 줄여준다. 그 이유는 원단이 늘어나면서 플랫칼라 네크라인 봉제선의 길이가 길어지기 때문이다. 네크라인 둘레를 키울 시 이러한 현상이 빈번히 일어나 미리 네크라인 봉제선의 길이를 줄여주는 것이다.

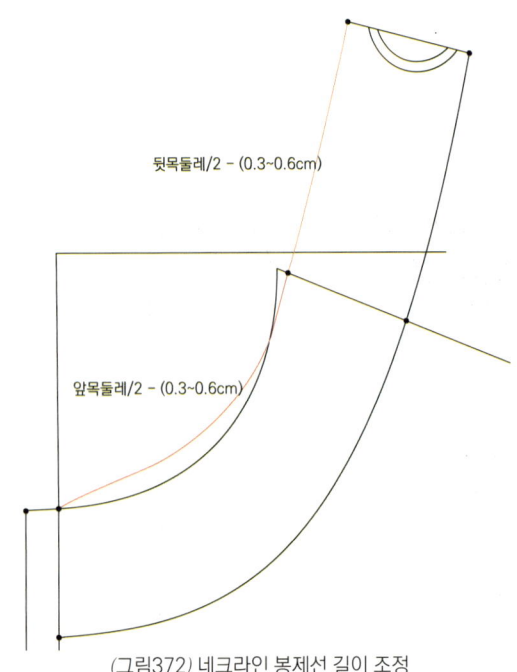

(그림372) 네크라인 봉제선 길이 조정

7.5 high neckline using dart(다트를 이용한 하이네크라인)

(앞판) (뒤판)

7.5 high neckline using dart (다트를 이용한 하이네크라인)

다트를 이용한 하이네크라인

다트를 이용한 하이네크라인은 다트를 네크라인 쪽으로 M.P시키는 방법이다.

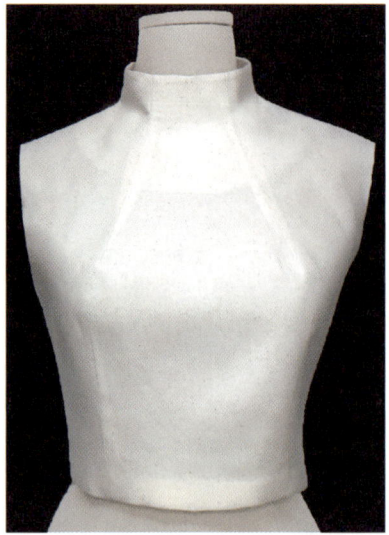

(그림373) 하이네크라인 타이트 원형

목둘레

하이네크라인 패턴은 적절한 네크라인 길이를 맞춰줘야 한다. 맞춤의 경우 목둘레를 측정해주는 경우가 있으며 여유량은 의상이 목을 감싸는 정도와 원단의 신축성과 두께에 따라 달라진다.

20대 여성 평균 목둘레 = 32.4cm(약 12 3/4")

패턴의 네크라인 둘레 = 목둘레 + 여유량

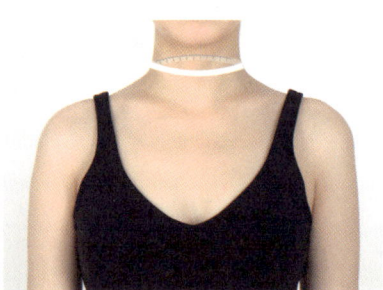

(그림374) 목둘레

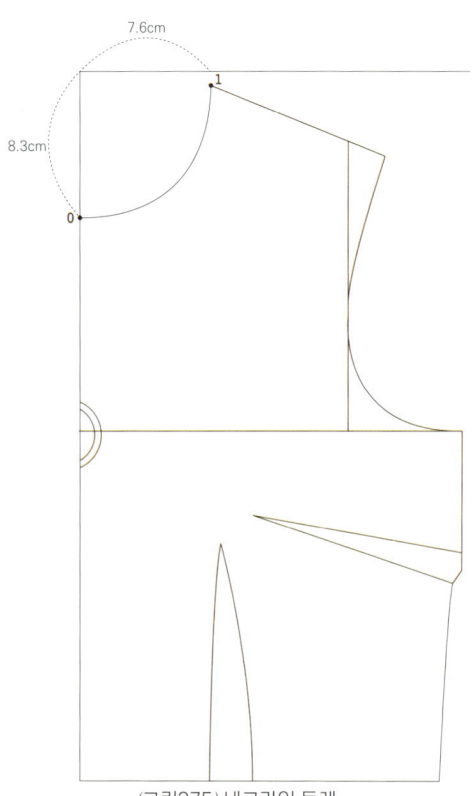

1. 네크라인 둘레 설정

타이트 상의 원형을 불러온다.
불러온 원형의 네크라인보다 여유 있게 옆목점과 앞목점을 바꿔준다.
스탠드나 칼라가 달리지 않음으로 골선에 적합한 라운드 곡으로 네크라인을 그려준다.

(그림375) 네크라인 둘레

7.5 high neckline using dart (다트를 이용한 하이네크라인)

2. 높이 설정

앞목점에서 원하는 높이만큼 수직으로 올린다. (점2)

스트레치 원단이 아닐 경우 일반적으로 목둘레보다 제도된 패턴의 네크라인 둘레가 길어야 한다. 네크라인 둘레는 앞목점과 옆목점의 위치와 높이(점2)에 따라 달라진다.

옆목점에서 원하는 높이만큼 임의의 각도로 나가준다. (점3)
(점0)와 (점2)를 잇고 (점1)과 (점3)을 이어준다.

(선분 0-2) = 3.2cm(1 1/4″)
(선분 1-3) = 3.2cm(1 1/4″)

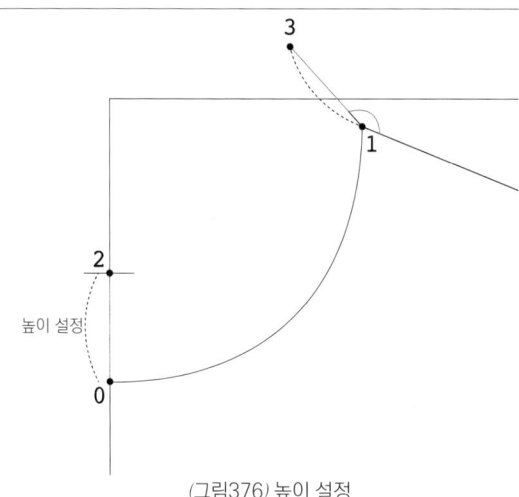

(그림376) 높이 설정

◪ (선분 1-3)의 각도

(선분 1-3)의 각도는 어깨선 연결 시 삼각 현상이 일어나지 않도록 적절한 각도를 찾아야한다. 적절한 각도를 처음부터 찾아주는 방법이 있고 임의의 각도를 만들고 마지막에 수정해주는 방법이 있다. 이번 제도에서는 후자의 방법을 사용하였다. 따라서 (점3)의 위치를 임의로 잡아준다.

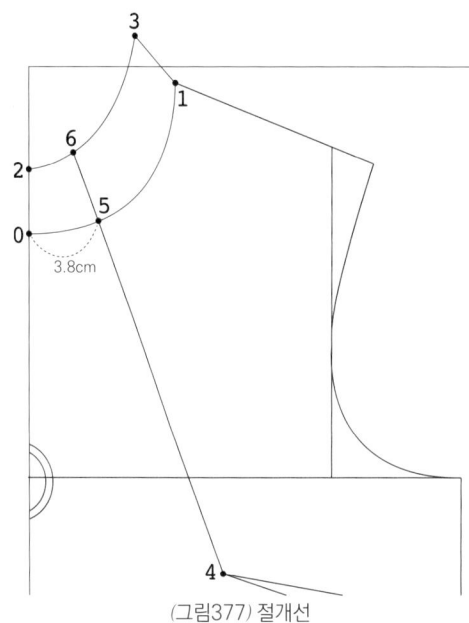

(그림377) 절개선

3. 네크라인 완성 및 다트 이동

(점2)와 (점3)을 이어 네크라인을 그려준다.
(점0)에서 (곡선 0-1)선상 3.8cm(1 1/2″) 떨어져 가슴 다트를 이동시킬 절개선을 그어준다. (점5)

3.8cm(1 1/2″) = 시접 처리의 안정성을 고려한 절개선의 위치

BP(점4)와 (점5)를 직선으로 이어준다.

4. 다트를 이동시킨다.

절개선을 자르고 가슴 다트를 접어준다.

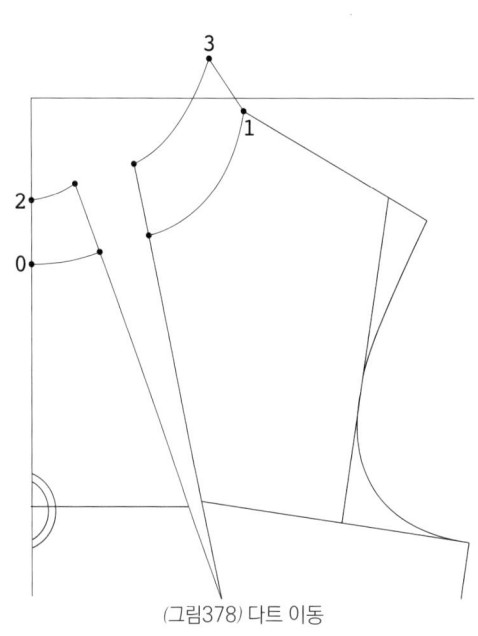

(그림378) 다트 이동

7.5 high neckline using dart(다트를 이용한 하이넥라인)

5. 다트를 수정한다.

다트가 자연스럽게 접히도록 수정한다. (점7, 점8)

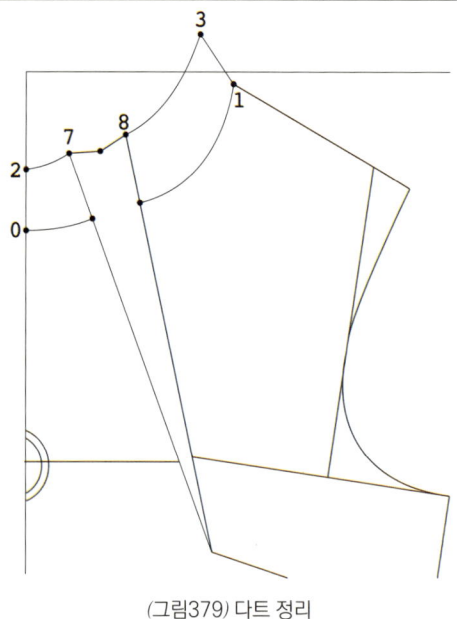

(그림379) 다트 정리

6. 뒤판 타이트 상의 원형을 불러온 뒤 앞판과 동일하게 옆목점과 뒷목점의 위치를 잡아준다.

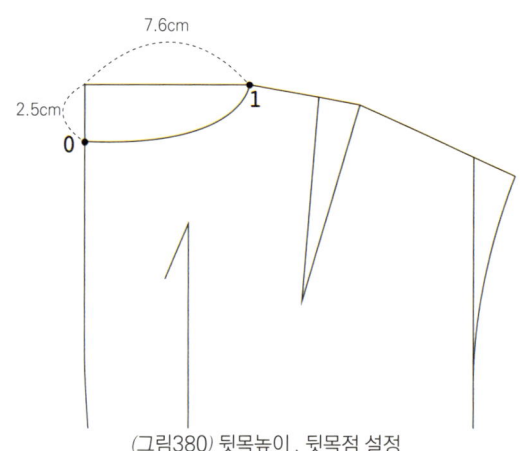

(그림380) 뒷목높이, 뒷목점 설정

7. 높이를 정하고 네크라인과 절개선을 그린다.

(선분 0-2) = 설정 높이

(선분 1-3) = 임의 각도, 설정 높이

절개선 위치 = (점5), (곡선 1-5) = 3.2cm(1 1/4″)

3.2cm(1 1/4″) = 시접 처리의 안전성을 고려한 절개선의 위치

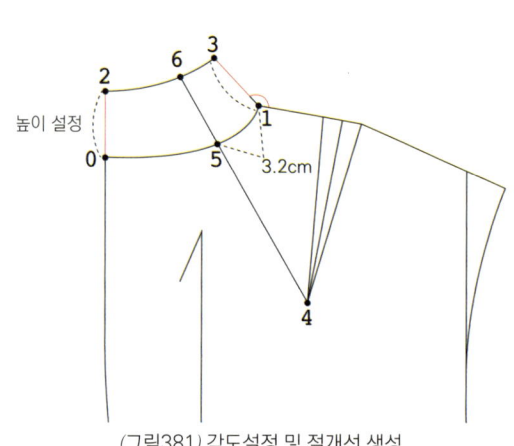

(그림381) 각도설정 및 절개선 생성

7.5 high neckline using dart (다트를 이용한 하이네크라인)

8. 절개선을 따라 견갑골 다트를 이동한다.

9. 다트를 접어 다트 모양을 정리해준다. (점7, 점8)

10. 패턴의 네크라인 둘레가 목둘레보다 긴지, 적절한 네크라인 둘레가 나왔는지 확인한다.

제도에서는 패턴의 네크라인 둘레를 20대 여성의 표준 목둘레 + 1.2cm(1/2) 수치로 맞춰주었습니다.

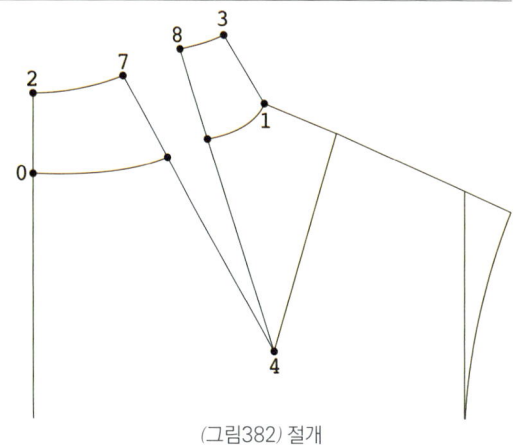

(그림382) 절개

📖 충분한 네크라인 둘레가 나오지 않은 경우

앞판 수정(그림384)

(곡선 2-6)에서 (점8)을 임의로 만들어 (곡선 2-8)로 바꿔준다.

네크라인 길이를 연장해 부족한 길이를 채워주었다.

(곡선 3-6)에서 (점7)을 임의로 만들어 (곡선 3-7)로 바꿔준다.

임의의 (점7)을 만들어줄 때 (선분 5-7)이 (선분 5-8) 길이와 동일하도록 (점7)의 위치를 정해준다.

(선분 5-6)을 기준으로 (점7)과 (점8)을 대칭으로 잡아 밸런스를 맞춰준다.(그림385)

(그림383) 다트 정리

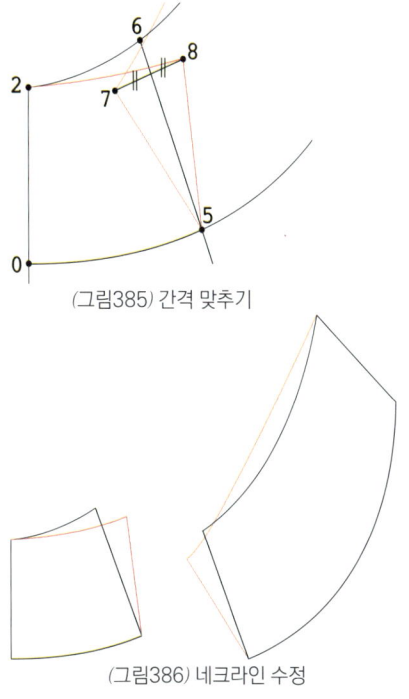

(그림385) 간격 맞추기

(그림386) 네크라인 수정

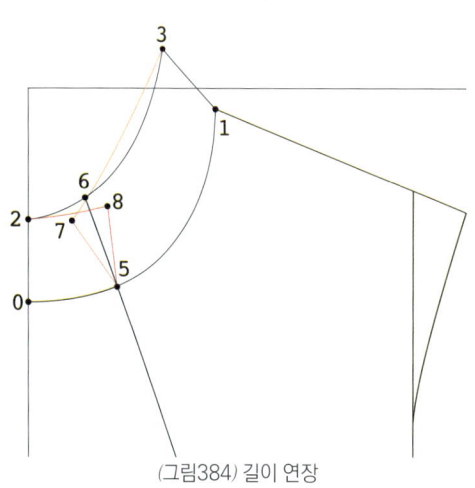

(그림384) 길이 연장

7.5 high neckline using dart(다트를 이용한 하이네크라인)

절개선을 따라 절개해준다.

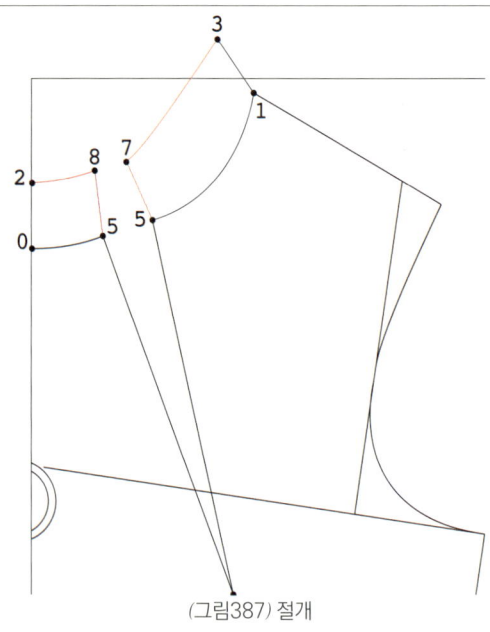

(그림387) 절개

뒤판 수정(그림388)

앞판과 같이 임의의 (점7), (점8)을 잡아서 네크라인 길이를 연장한다.

(선분 5-8)과 (선분 5-7)의 길이가 동일하도록 (점7)과 (점8)의 위치를 조정해준다.

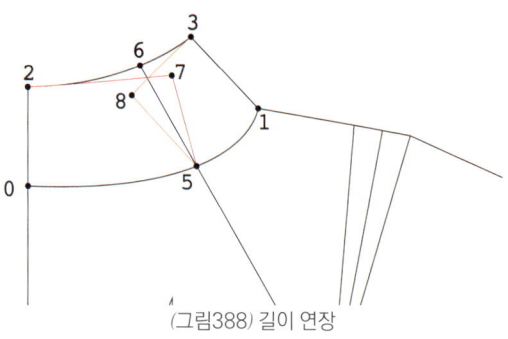

(그림388) 길이 연장

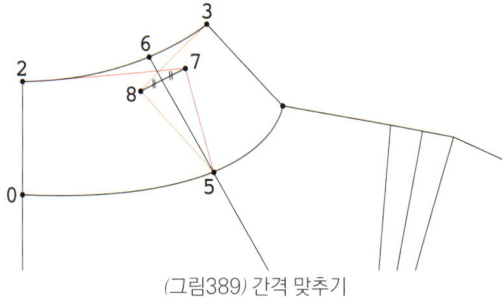

(그림389) 간격 맞추기

절개선을 따라 절개한다. (수정 완료)

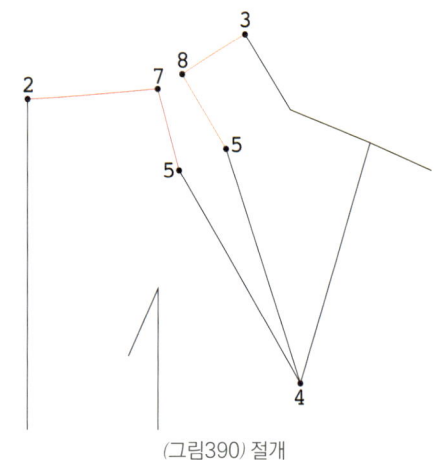

(그림390) 절개

7.5 high neckline using dart (다트를 이용한 하이네크라인)

11. 임의로 각도로 만들어주었던 앞, 뒤판 (점3)의 각도를 수정한다.

종이 패턴의 앞뒤판 어깨선을 테이프로 붙인다. (빨간선)

네크라인의 튀어나온 부분을 다듬어 선을 수정해준다. (그림392)

12. 붙인 테이프를 떼어준다. (완성)

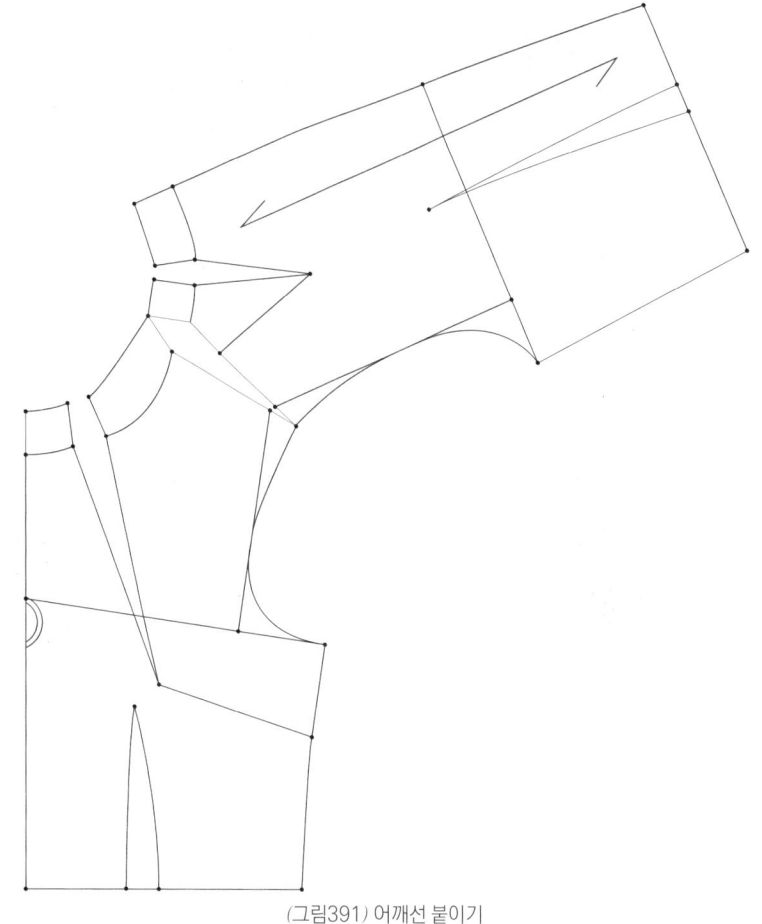

(그림391) 어깨선 붙이기

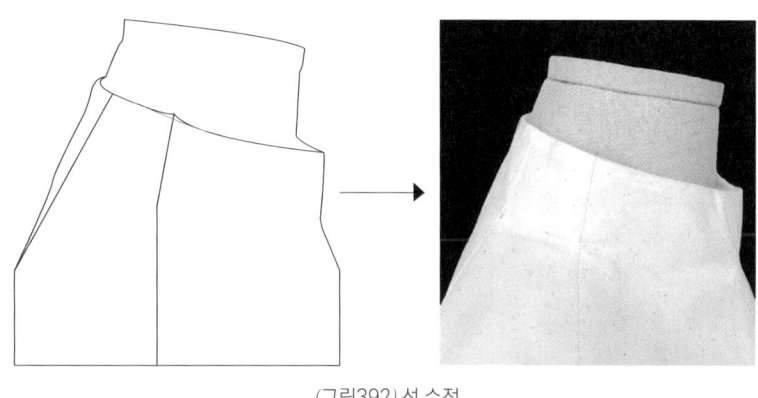

(그림392) 선 수정

** 임의의 각도를 잡아준 후 (점3) 네크라인을 수정해주는 방법은 임의의 각도를 결정할 수 있음으로 목을 감싸는 네크라인의 경사를 조절해줄 수 있는 장점이 있다.

7.6 high neckline without dart(다트를 이용하지 않는 하이네크라인)

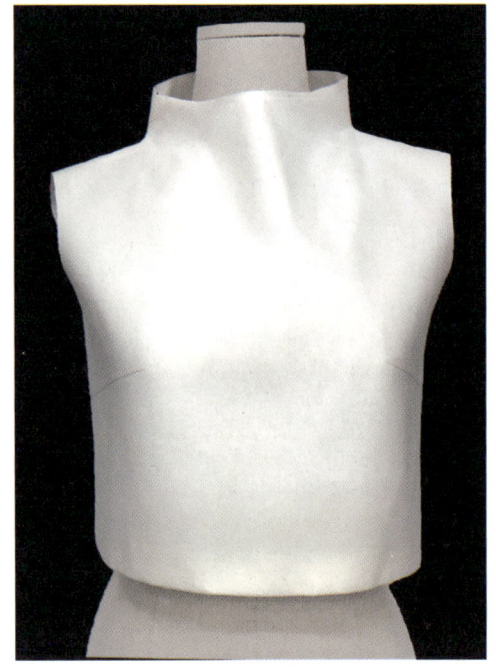
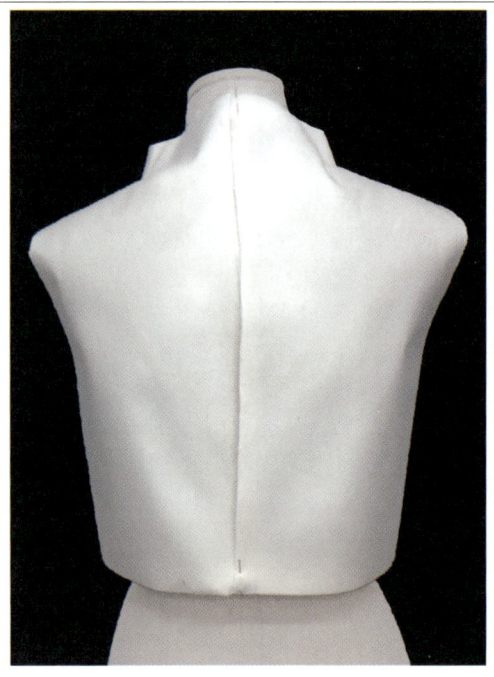

다트를 이용하지 않는 하이네크라인 제도법은 주로 박스핏이나 무다트 패턴에서 사용한다.

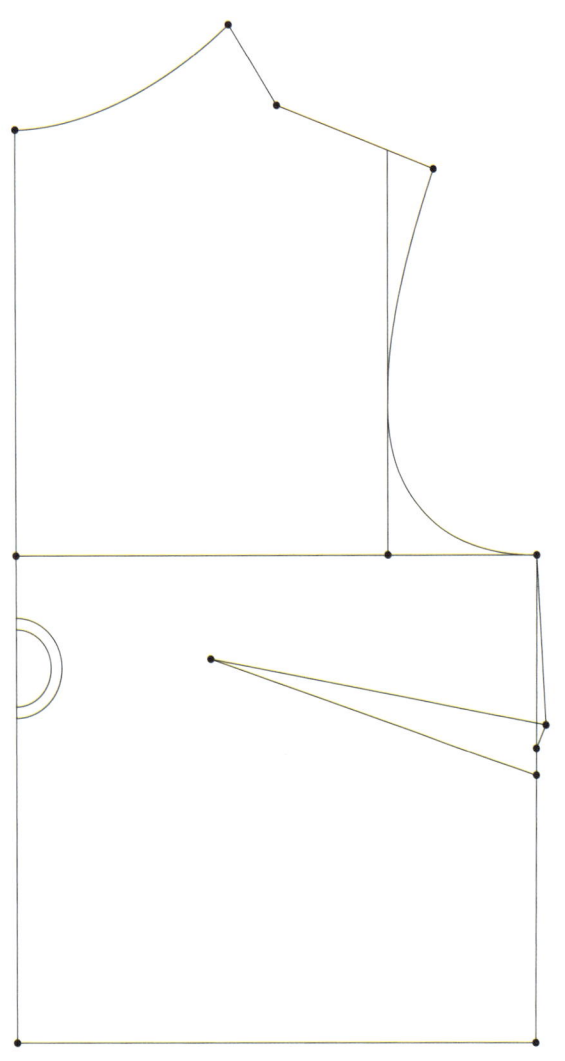
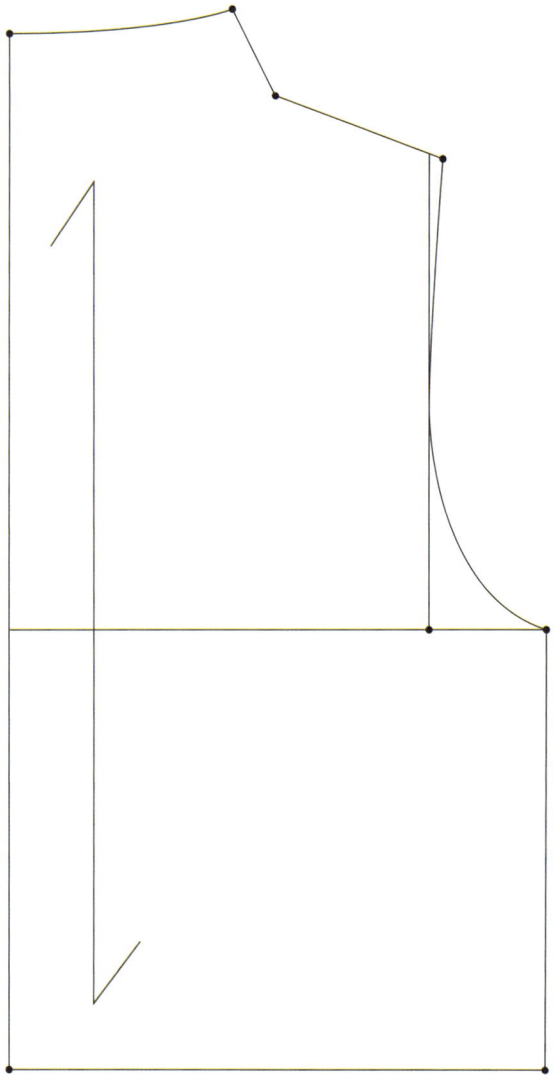

7.6 high neckline without dart (다트를 이용하지 않는 하이네크라인)

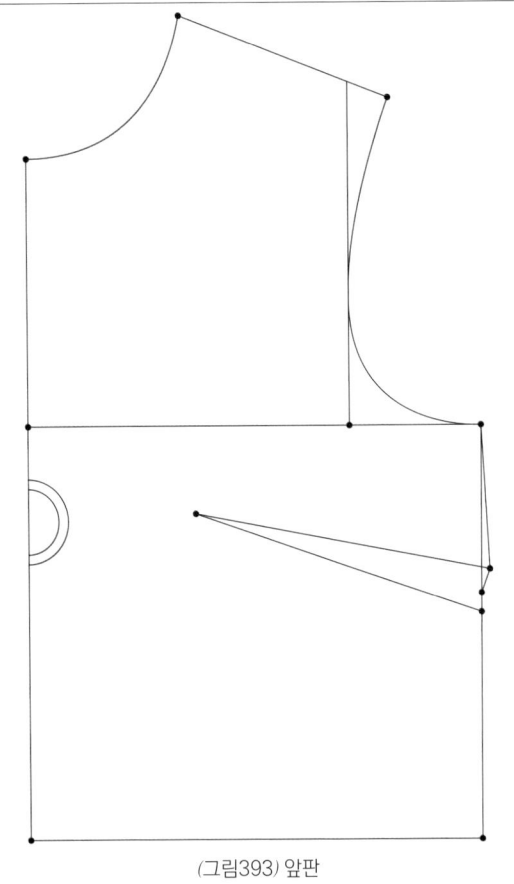

(그림393) 앞판

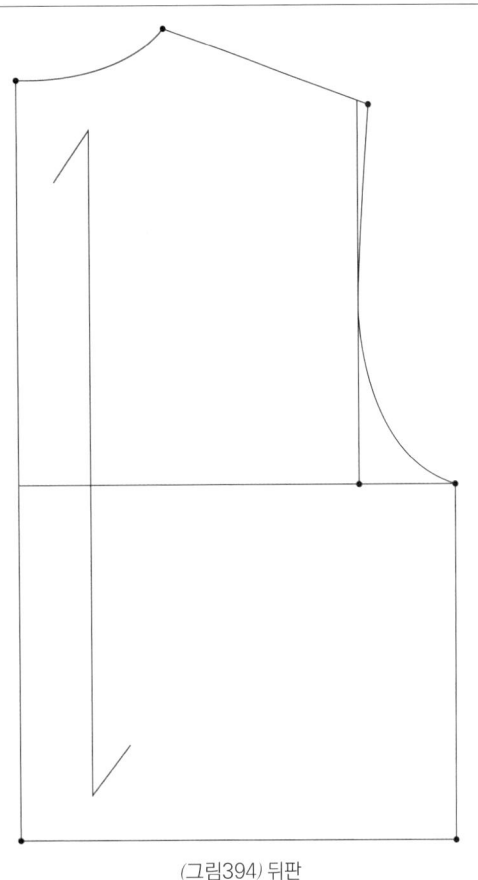

(그림394) 뒤판

1. 원형 패턴을 불러와 박스핏으로 수정해준다.

앞판은 허리 다트와 옆선 파임을 없애주었습니다.
뒤판은 견갑골다트처리를 하고 허리 다트와 뒷중심 파임, 옆선 파임을 없애주었습니다.
원점에서 7.6cm(3″) 떨어진 지점에 앞목점과 옆목점을 지정해주었습니다.

front(앞판)

2. 앞목점에서 하이네크라인 높이를 정해준다.

(점0)에서 수직으로 4.4cm(1 3/4″) 올려준다. (점1)

3. 하이네크라인 각도를 잡는다.

다트를 이용한 하이네크라인 제도는 각도를 임의로 잡고 마지막에 수정해주었으나 이번에는 수정 없이 자연스럽게 솔기가 연결되는 각도로 맞춰주었습니다.

옆목점 (점2)에서 수직으로 1.2cm(1/2″) 올려준다. (점3)

(점3)에서 수평으로 1.4cm 이동한다. (점4)

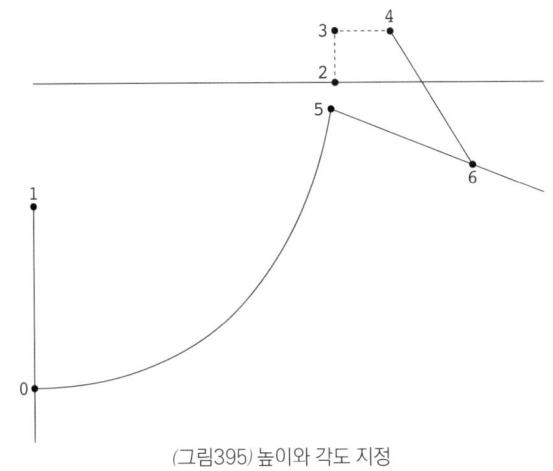

(그림395) 높이와 각도 지정

7.6 high neckline without dart(다트를 이용하지 않는 하이네크라인)

4. 어깨 선상의 (점5)에서 3.8cm (1 1/2") 떨어트려 준다. (점6)

(점5)에서 일정 거리를 떨어트려 (점6)을 잡아주는 이유는 충분한 네크라인 길이를 확보하기 위함이다. 떨어트려주는 거리가 멀수록 네크라인 길이는 길어지게 된다. 그러므로 떨어트리는 거리에 따라 목의 여유 공간을 조절해줄 수 있다.

5. (점4)와 (점6)을 이어준다.

6. (점1)과 (점4)를 자연스럽게 이어준다.

7. 골선표시를 해준다. (완성)

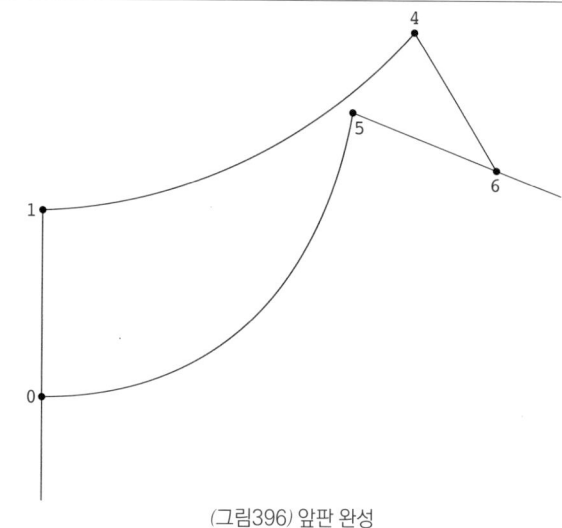

(그림396) 앞판 완성

back (뒤판)

1. 뒷목점에서 하이네크라인 높이를 정해준다.

(점0)에서 수직으로 3.8cm(1 1/2") 올려준다. (점1)

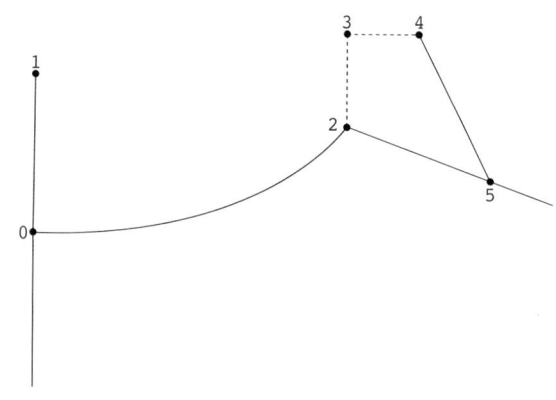

(그림397) 높이와 각도 지정

2. 하이네크라인 각도를 정해준다.

옆목점(점2)에서 수직으로 2.2cm(7/8") 올려준다. (점3)
(점3)에서 수평으로 1.9cm(3/4") 이동한다. (점4)

3. 어깨선상의 (점2)에서 3.8cm(1 1/2") 떨어트려 준다. (점5)

4. (점4)와 (점5)을 이어준다.

5. (점1)과 (점4)를 자연스럽게 이어준다.

6. 결선 표시를 해준다. (완성)

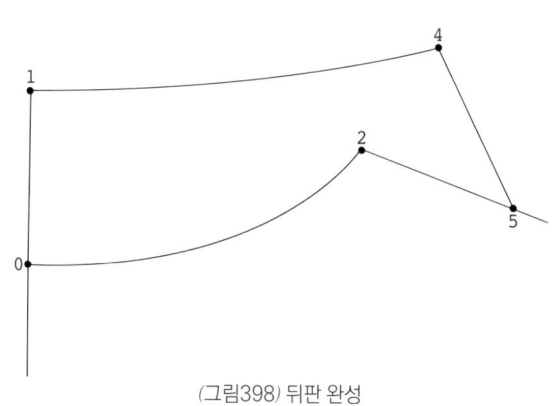

(그림398) 뒤판 완성

8. dartless bodice pattern
(무다트 상의 원형)

8.1
무다트 패턴(방식 1) - 44~55 사이즈 한정

8.2
무다트 패턴(방식 2)

8.3
무다트 패턴(방식 3)

8.4
무다트 패턴 (방식4) - 앞중심 오픈, 44~55 사이즈 한정

8.5
무다트 패턴(방식 5) - 원단의 무늬를 맞출경우

무다트 패턴을 제도할 때 고민해볼 문제는 여러 가지가 존재한다.

1. 앞길이 : 무다트 패턴은 가슴 다트를 없애주기 때문에 앞길이가 부족하여 앞판 밑단이 들려 보이지 않도록 처리 방법에 대한 연구가 필요하다.

2. 옆선 길이 : 가슴다트가 없기 때문에 앞뒤판의 진동 깊이를 동일하게 설정하면 앞뒤옆선의 길이가 맞지 않는다. 그러므로 앞뒤판 진동 깊이에 차이를 줄경우 안정적으로 옷이 안착되는지 판단해야 한다. 특히 진동 깊이의 차이로 앞판 패턴이 몸에서 뜨는 현상을 해결해주는 것이 중요하다.

3. 앞중심 고임현상 : 드레이프성이 높은 원단으로 제작한 무다트원형에서는 가슴 다트가 없어 앞중심에 원단이 고이는 현상이 더 쉽게 발생한다. 고임현상에 대한 해결이 필요하다면 처리 방법이 필요하다.

8.1 무다트 패턴(방식 1) – 44-55 사이즈 한정(앞판)

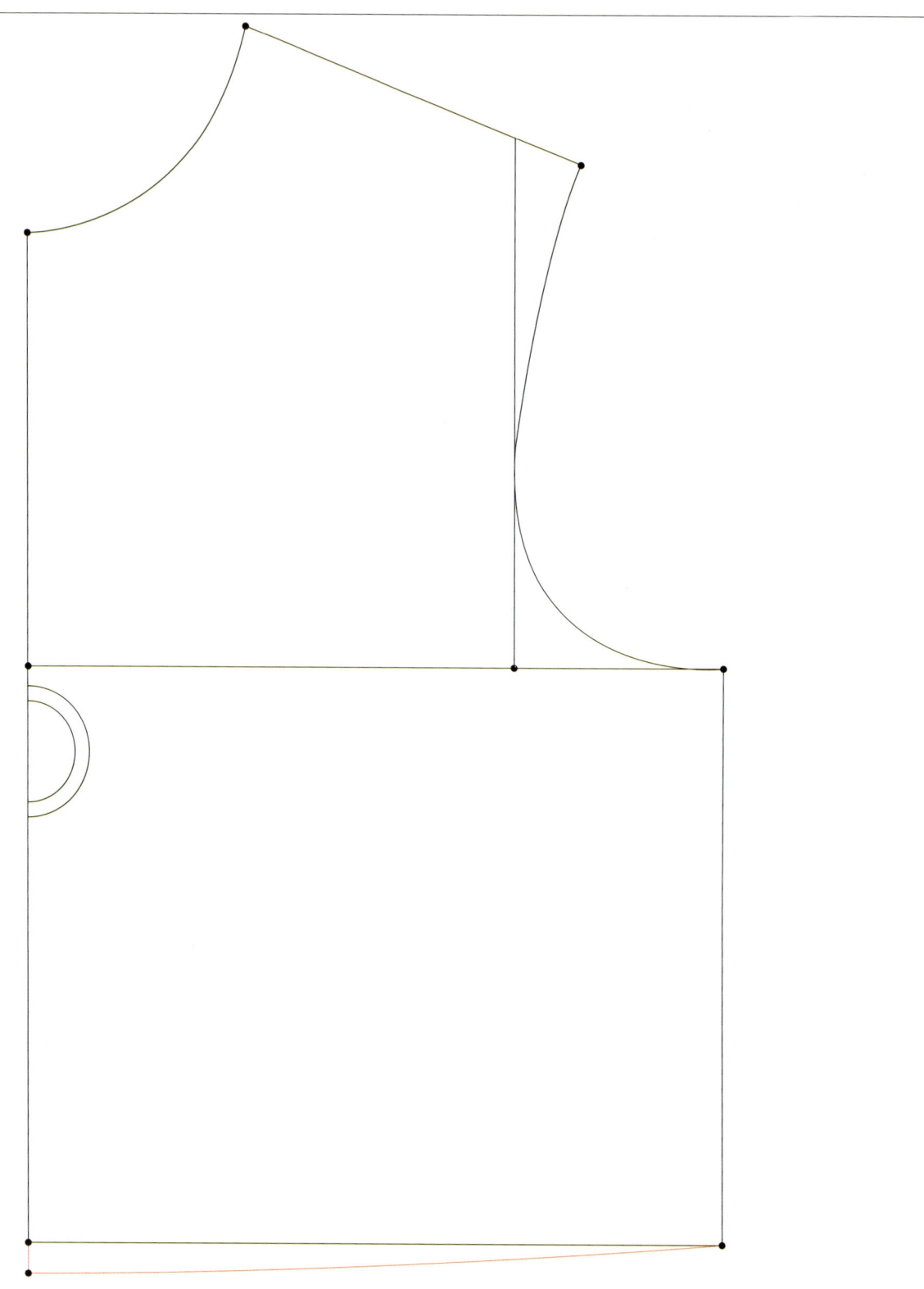

타이트 상의 원형을 불러와 다트와 파임을 없애준다. 표준체형의 44-55 사이즈는 앞길이를 38.1cm(15″)로 설정하고 앞내림 분량을 1cm(3/8″) 주는 것으로 무다트 처리가 가능하다. 단 의상의 기장을 허리선보다 길게 제도하는 경우에 한해서 적합하다. 기장이 허리선보다 길면 앞내림분량만 주어도 밑단이 들려 보이지 않기 때문이다. 앞내림만으로 처리를 끝낼 수 있는 이유는 표준체형의 앞길이와 등길이의 차이가 심하지 않기 때문이다. 그러므로 방식1은 앞길이와 등길이의 차이가 심한 체형의 경우 적합하지 않은 방법이다.

8.1 무다트 패턴 (방식 1) – 44-55 사이즈 한정(뒤판)

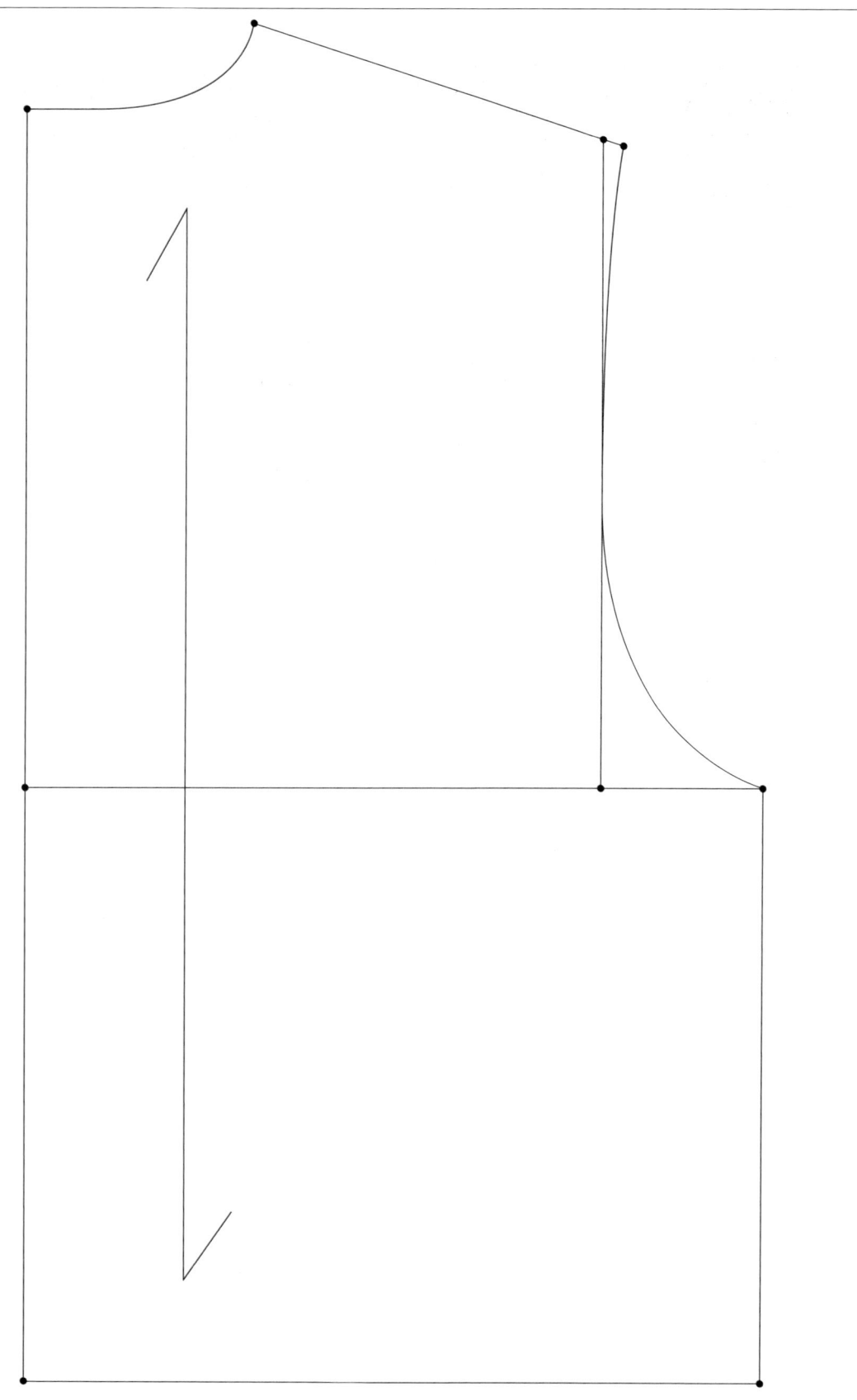

8.1 무다트 패턴 (방식 1) – 44-55 사이즈 한정(뒤판)

타이트 상의 원형을 불러와 다트와 파임을 없애주고 견갑골 다트처리를 해준다.

8.2 무다트 패턴(방식 2)

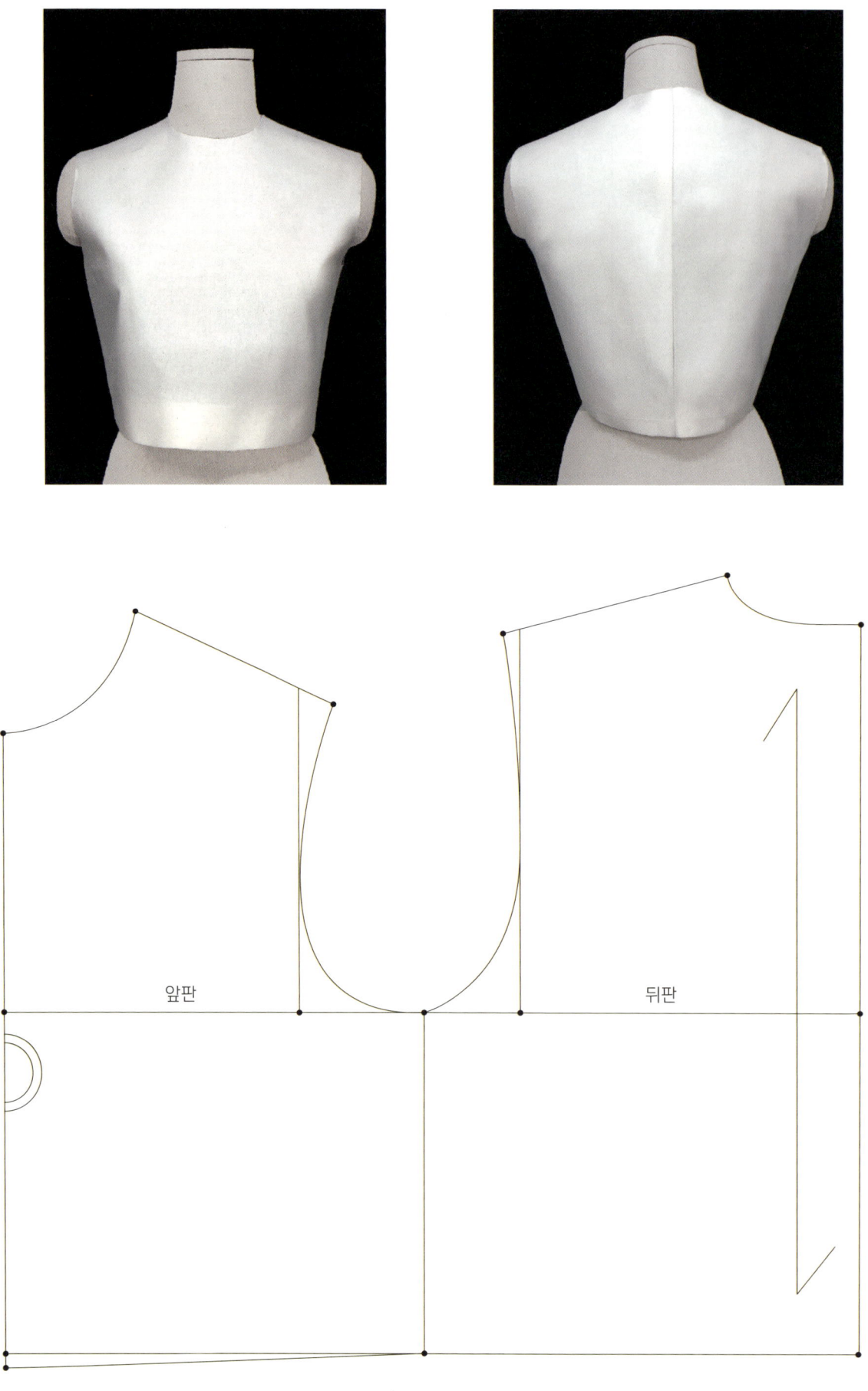

8.2 무다트 패턴(방식 2)

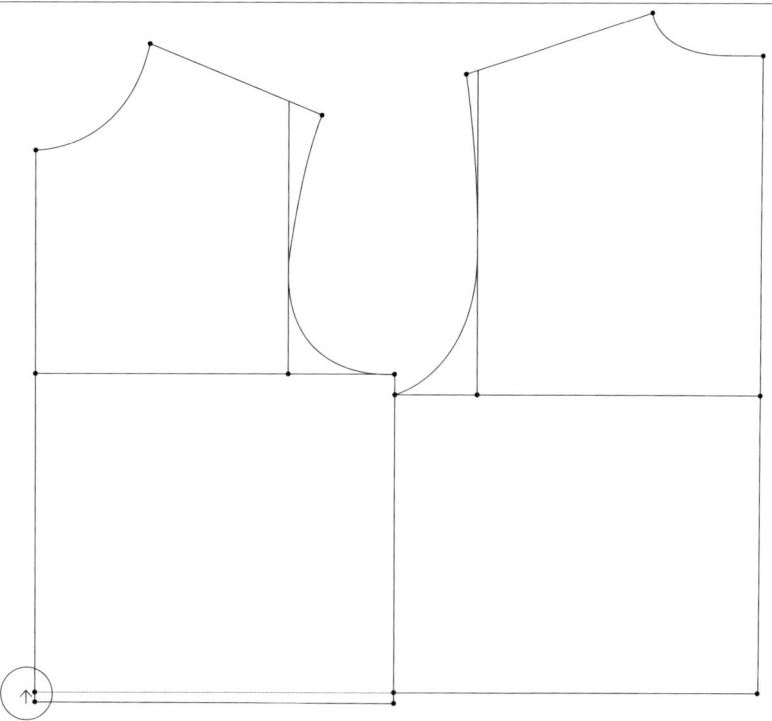

1. 타이트 상의 원형을 불러와 다트와 파임을 없애준다. 앞길이를 기존의 40cm(15 3/4")에서 39.4cm(15 1/2")로 바꿔준다.

2. 뒤판은 겹갑골 다트 처리를 해준다.

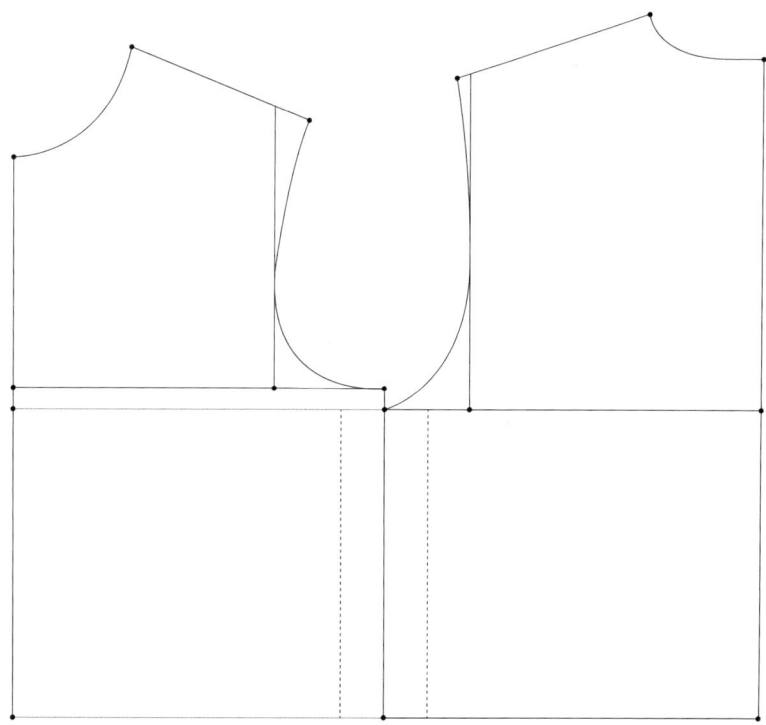

3. 옆선의 길이 차이를 해결하기 위해 앞판의 진동선을 1.2cm(1/2") 내려주어 옆선의 길이를 맞춘다.

앞길이를 40cm(15 3/4")로 놓을 경우 옆선 길이를 맞추기 위해 앞판의 진동선을 1.9cm(3/4") 내려줘야 한다. 이럴 경우 앞판 암홀 길이가 너무 길어지고 앞뒤판 암홀길이의 차이를 조정해주는 것도 무리가 있으며 가봉시 앞판에서 뜨는 현상이 발생할 수 있다. 그러므로 앞길이와 등길이의 차이를 줄여 앞뒤판 진동 높이의 차이가 1.2cm(1/2")를 초과하지 않도록 맞춰주는 것이 노하우이다.

8.2 무다트 패턴(방식 2)

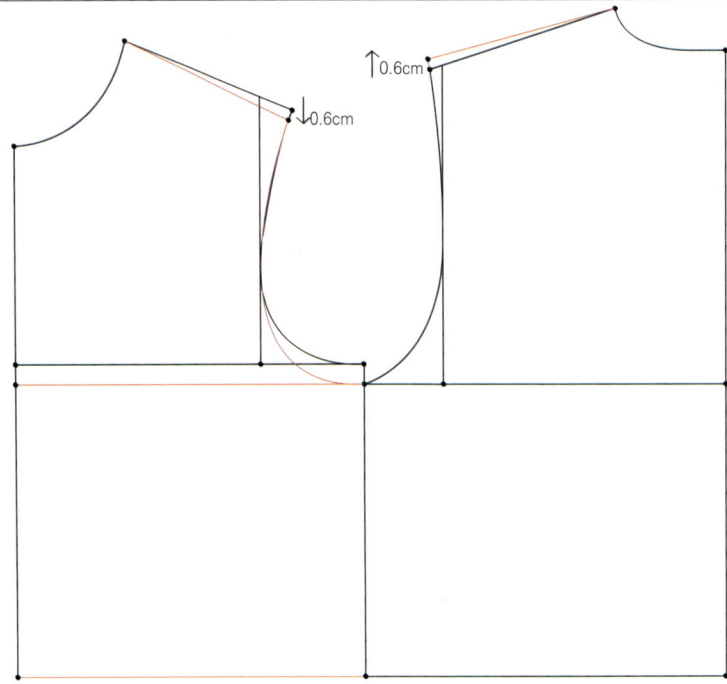

4. 암홀길이의 차이를 1.9cm(3/4")로 맞춰주기 위해 앞판은 어깨각을 0.6cm(1/4") 내려주었고 뒤판은 어깨 각을 0.6cm(1/4") 올려주었다. 이렇게 해서 암홀길이의 차이를 1.9cm(3/4")로 유지하면 암홀의 균형이 맞춰지게 된다. 또한 앞판의 어깨 각도를 낮춰주는 행위는 진동 높이의 차이로 앞판이 몸으로부터 들리는 현상을 방지해준다.

**앞판의 진동 높이를 뒤판의 진동 높이보다 깊게 설정할 경우 가봉 시 앞판이 몸으로부터 들리는 현상이 나타날 수 있다.

암홀 길이 차이를 맞추기 위해 어깨 각도를 앞판에서 0.6cm(1/4") 낮춰주고 뒤판에서 0.6cm(1/4")를 올렸기 때문에 어깨선상의 어깨점이 0.6cm(1/4") 앞으로 이동된 상태이다.

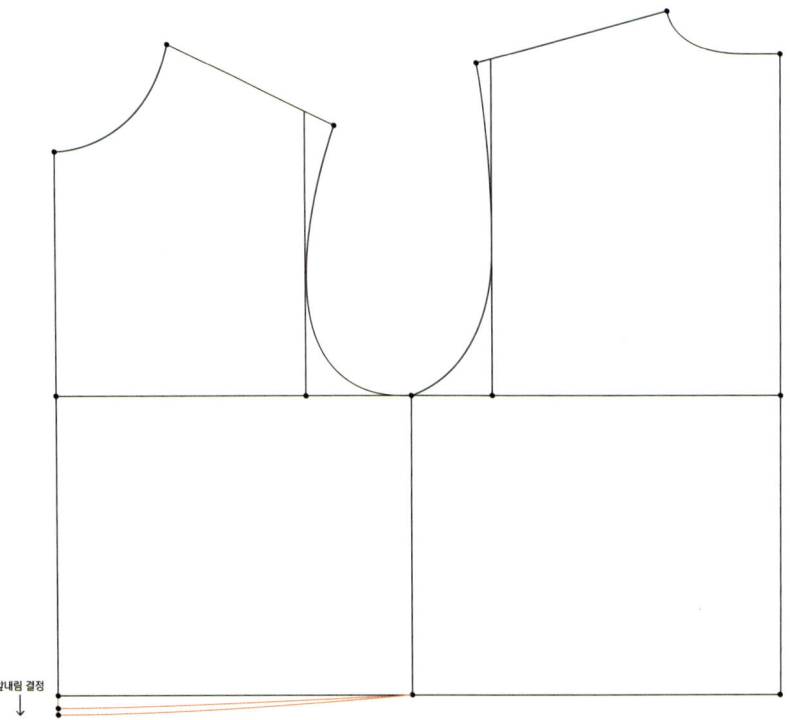

5. 앞내림 분량을 결정하고 밑단을 수정해준다. (완성)

8.2 무다트 패턴(방식 2) - 그레이딩(44 사이즈)

패턴 사이즈

**암홀길이 차이를 1.9cm로 유지하기 위해 앞 어깨 각도와 뒤 어깨 각도의 0.6cm 조정이 들어갔습니다.

앞길이 : 38.7cm(15 1/4″) + 앞내림분 0.6cm(1/4″) = 39.3cm(15 1/2″)

등길이 : 38.1cm(15″)

어깨너비 : 35.6cm(14″)

앞품/2 : 15.2cm(6″)

뒤품/2 : 17.1cm(6 3/4″)

앞 진동 깊이 : 19.7cm(7 3/4″)

뒤 진동 깊이 : 19.1cm(7 1/2″)

앞 가슴 길이 : 21cm(8 1/4″)

뒤 가슴 길이 : 21.6cm(8 1/2″)

원점에서 앞목점, 옆목점까지의 수직거리 : 7cm(2 3/4″)

뒷목점에서 옆목점사이의 수직거리 : 2.5cm(1″)

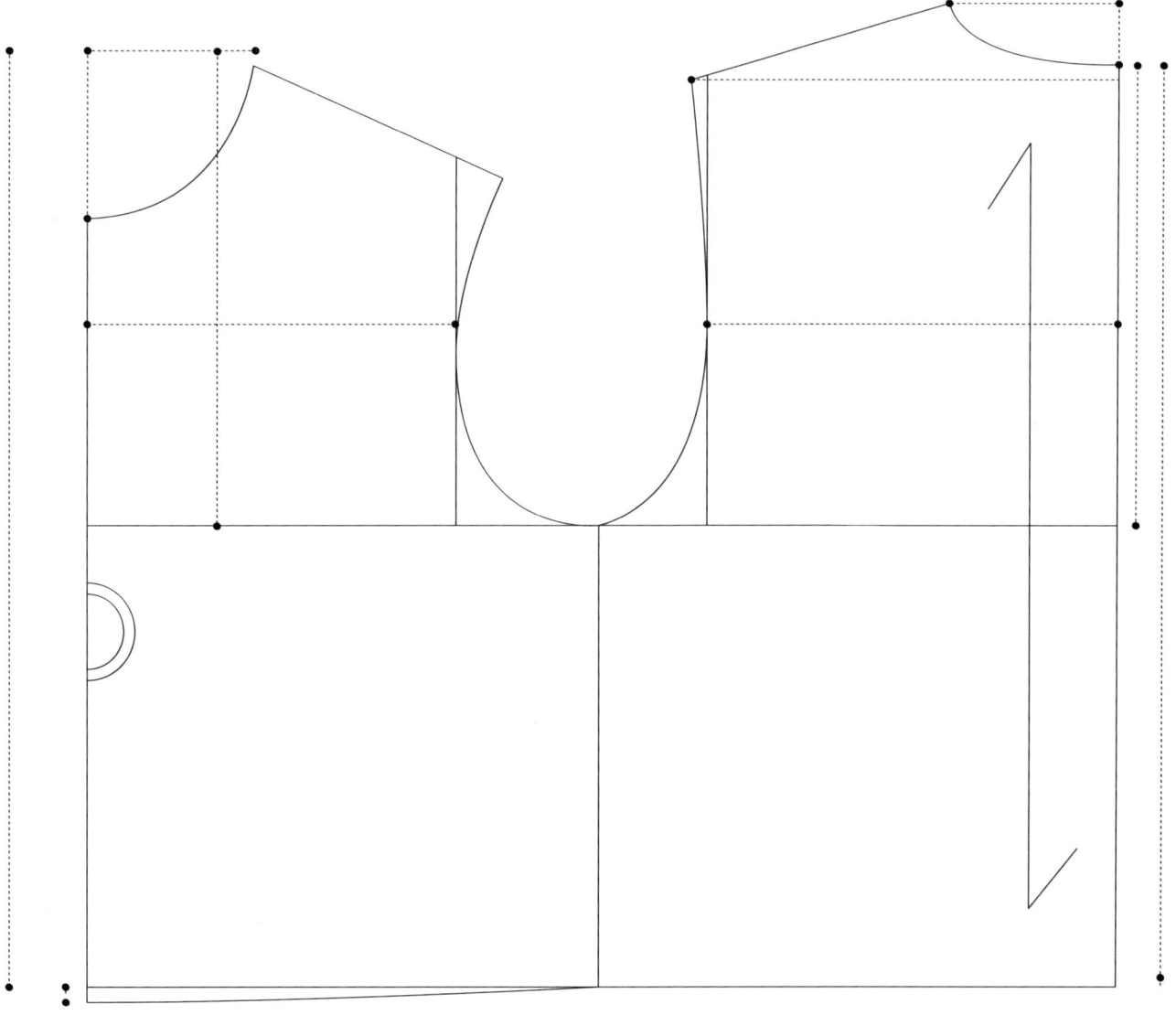

8.2 무다트 패턴(방식 2) - 그레이딩(66 사이즈)

패턴 사이즈

**암홀길이 차이를 1.9cm로 유지하기 위해 앞 어깨 각도와 뒤 어깨 각도의 0.6cm 조정이 들어갔습니다.

앞길이 : 39.4cm(15 1/2") + 앞내림분 1.2cm(1/2") = 40.6cm(16")

등길이 : 38.1cm(15")

어깨너비 : 38.1cm(15")

앞품/2 : 16.5cm(6 1/2")

뒤품/2 : 18.4cm(7 1/4")

앞 진동 깊이 : 22.9cm(9")

뒤 진동 깊이 : 21.6cm(8 1/2")

앞 가슴 길이 : 23.5cm(9 1/4")

뒤 가슴 길이 : 24.1cm(9 1/2")

원점에서 앞목점, 옆목점까지의 직선거리 : 7.9cm(3 1/8")

뒷목점에서 옆목점사이의 수직거리 : 2.8cm(1 1/8")

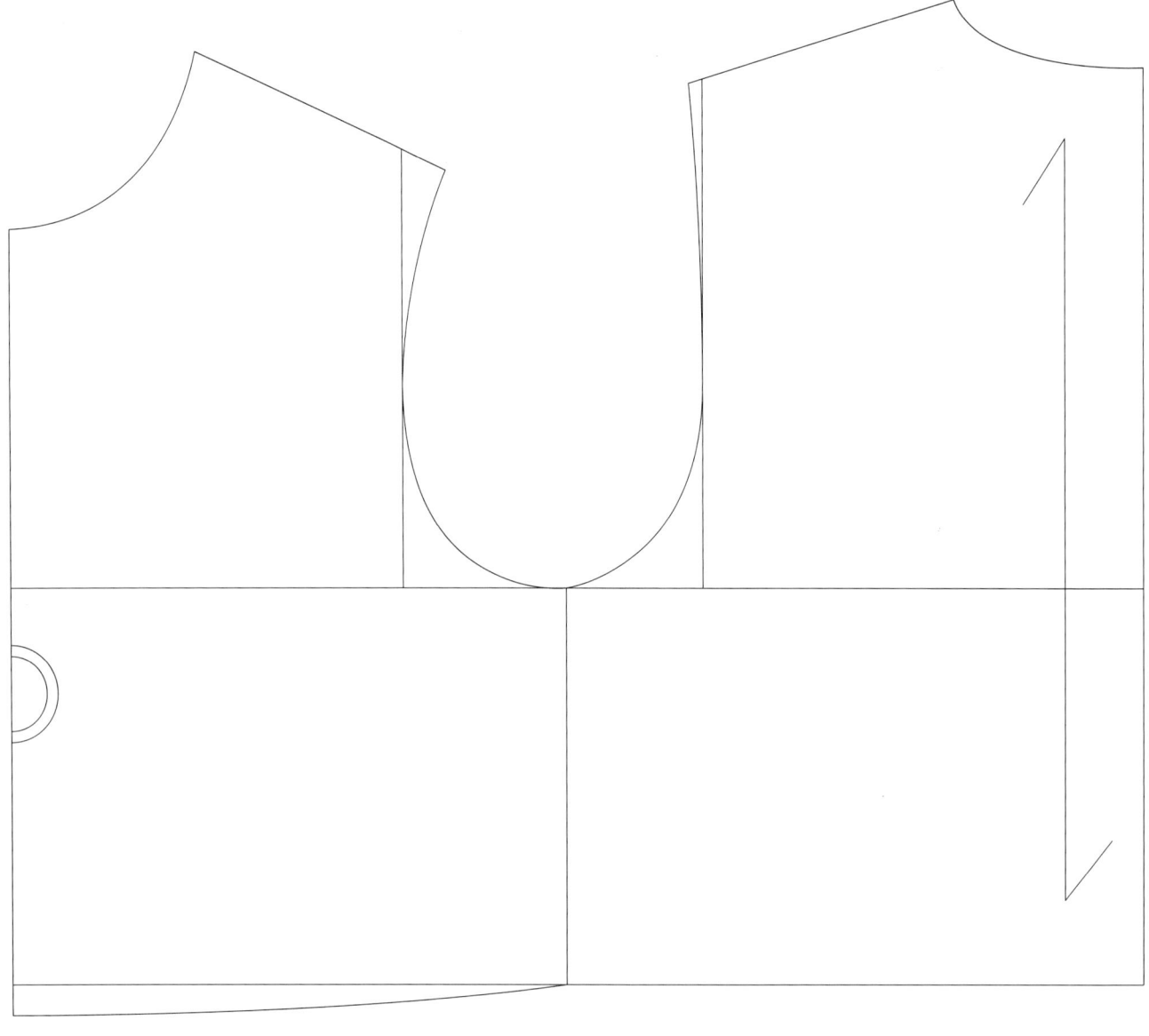

8.2 무다트 패턴(방식 2) - 그레이딩(77사이즈)

패턴 사이즈

**암홀길이 차이를 1.9cm로 유지하기 위해 앞 어깨 각도와 뒤 어깨 각도의 0.6cm 조정이 들어갔습니다.

앞길이 : 39.4cm(15 1/2") + 앞내림분 1.2cm(1/2") = 40.6cm(16")

등길이 : 38.1cm(15")

어깨너비 : 39.4cm(15 1/2")

앞품/2 : 17.8cm(7")

뒤품/2 : 19cm(7 1/2")

앞 진동 깊이 : 23.5cm(9 1/4")

뒤 진동 깊이 : 22.2cm(8 3/4")

앞 가슴 길이 : 24.8cm(9 3/4")

뒤 가슴 길이 : 25.4cm(10")

원점에서 앞목점, 옆목점까지의 직선거리 : 8.2cm(3 1/4")

뒷목점에서 옆목점사이의수직거리 : 3.2cm(1 1/4")

8.2 무다트 패턴 (방식2) - 그레이딩(88 사이즈)

패턴 사이즈

**암홀길이 차이를 1.9cm로 유지하기 위해 앞 어깨 각도와 뒤 어깨 각도의 0.6cm 조정이 들어갔습니다.

앞길이 : 39.4cm(15 1/2") + 앞내림분 1.2cm(1/2") = 40.6cm(16")

등길이 : 38.1cm(15")

어깨너비 : 40.6cm(16")

앞품/2 : 18.1cm(7 1/8")

뒤품/2 : 19.7cm(7 3/4")

앞 진동 깊이 : 25.4cm(10")

뒤 진동 깊이 : 24.1cm(9 1/2")

앞 가슴 길이 : 26cm(10 1/4")

뒤 가슴 길이 : 26.7cm(10 1/2")

원점에서 앞목점, 옆목점까지의 직선거리 : 8.6cm(3 3/8")

뒷목점에서 옆목점사이의 수직거리 : 3.2cm(1 1/4")

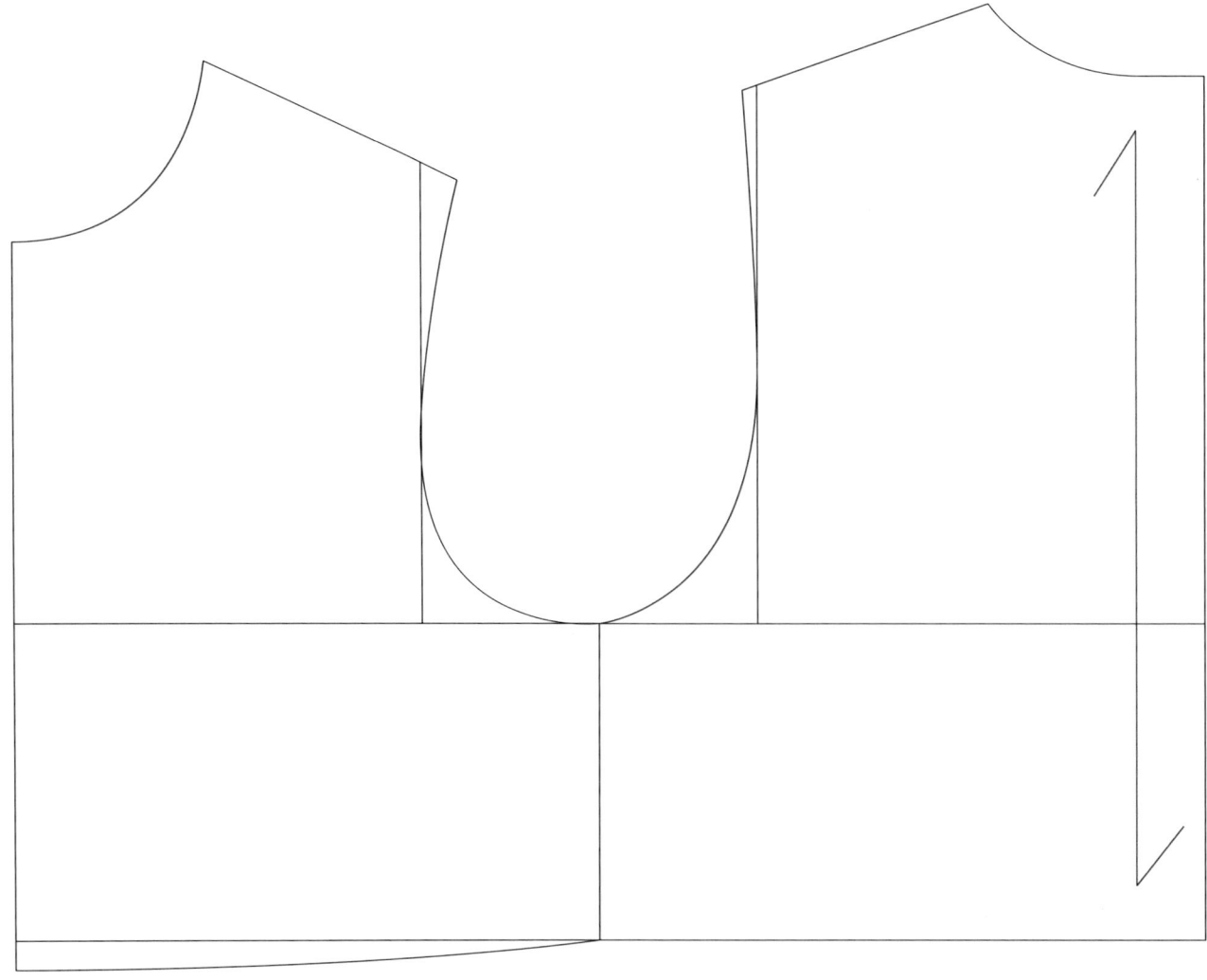

8.3 무다트 패턴(방식 3)

패턴 사이즈

앞길이 : 39.4*cm*(15 1/2″) - 제도상 앞길이

완성 앞길이 : 40*cm*(15 3/4″) - 완성된 의상의 앞길이

등길이 : 38.1*cm*(15″)

어깨너비/2 : 18.4*cm*(7 1/4″)

앞품/2 : 15.9*cm*(6 1/4″)

뒤품/2 : 17.8*cm*(7″)

앞 진동 깊이 : 21.6*cm*(8 1/2″)

뒤 진동 깊이 : 20.3*cm*(8 ″)

앞 가슴 길이 : 22.2*cm*(8 3/4″)

뒤 가슴 길이 : 22.9*cm*(9″)

원점에서 앞목점, 옆목점까지의 직선거리 : 8.3*cm*(3 1/4″), 7.6*cm*(3″)

뒷목점에서 옆목점사이의 수직거리 : 2.5*cm*(1″)

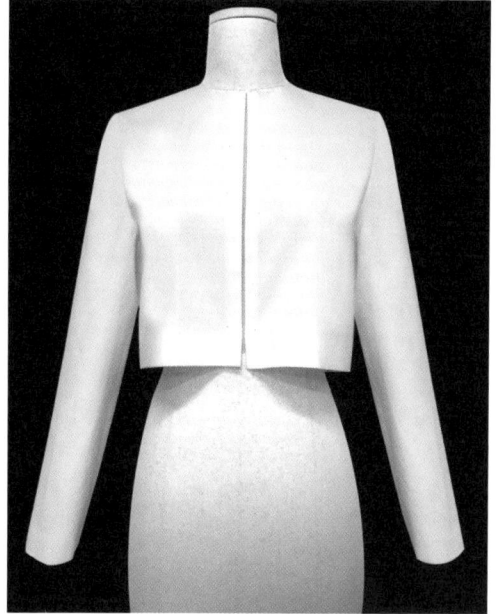

원리

무다트방식 3은 제도상 앞길이와 완성 앞길이가 다르다. 이는 착장 시 뒤판이 앞으로 넘어오면서 앞길이가 길어지기 때문이다. 진동 깊이의 차이를 주어 옆선의 길이를 맞추는 것 뿐만 아니라 뒤판이 앞으로 넘어가도록 어깨선과 네크라인의 재조정이 이루어진다. 방식 3의 제도방식은 저자의 무다트방식중 가장 안정적인 착장을 보여준다.

front

1. 앞판과 뒤판의 진동깊이 차이를 1.2*cm*(1/2″)로 맞춰주었습니다.

2. 앞길이를 39.4*cm*(15 1/2″)로 정하였습니다.

3. 원점에서 앞목점사이의 거리를 조금 더 파주었습니다. 8.9*cm*(3 1/4″) (선택)

8.3 무다트 패턴(방식 3)

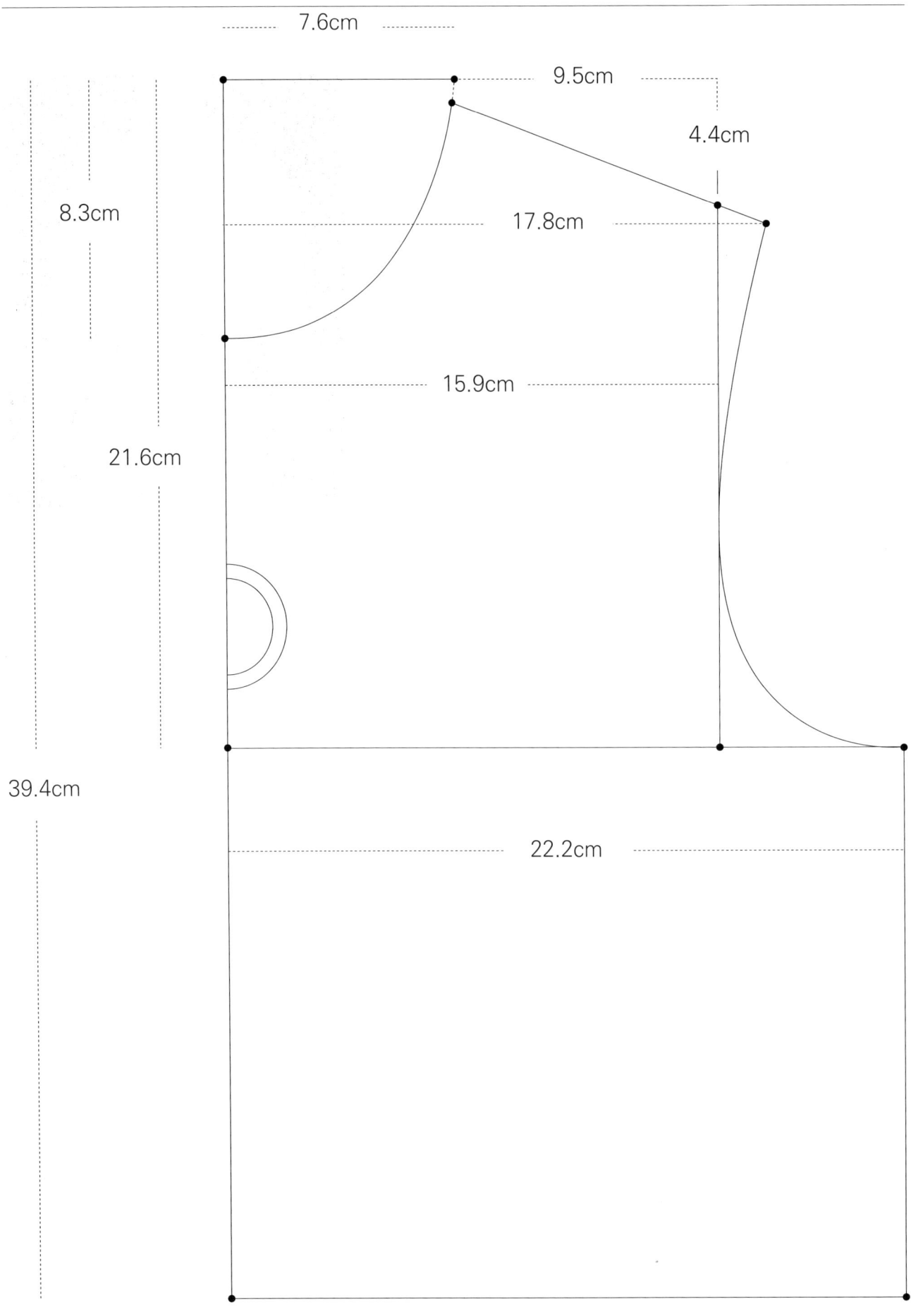

8.3 무다트 패턴(방식 3)

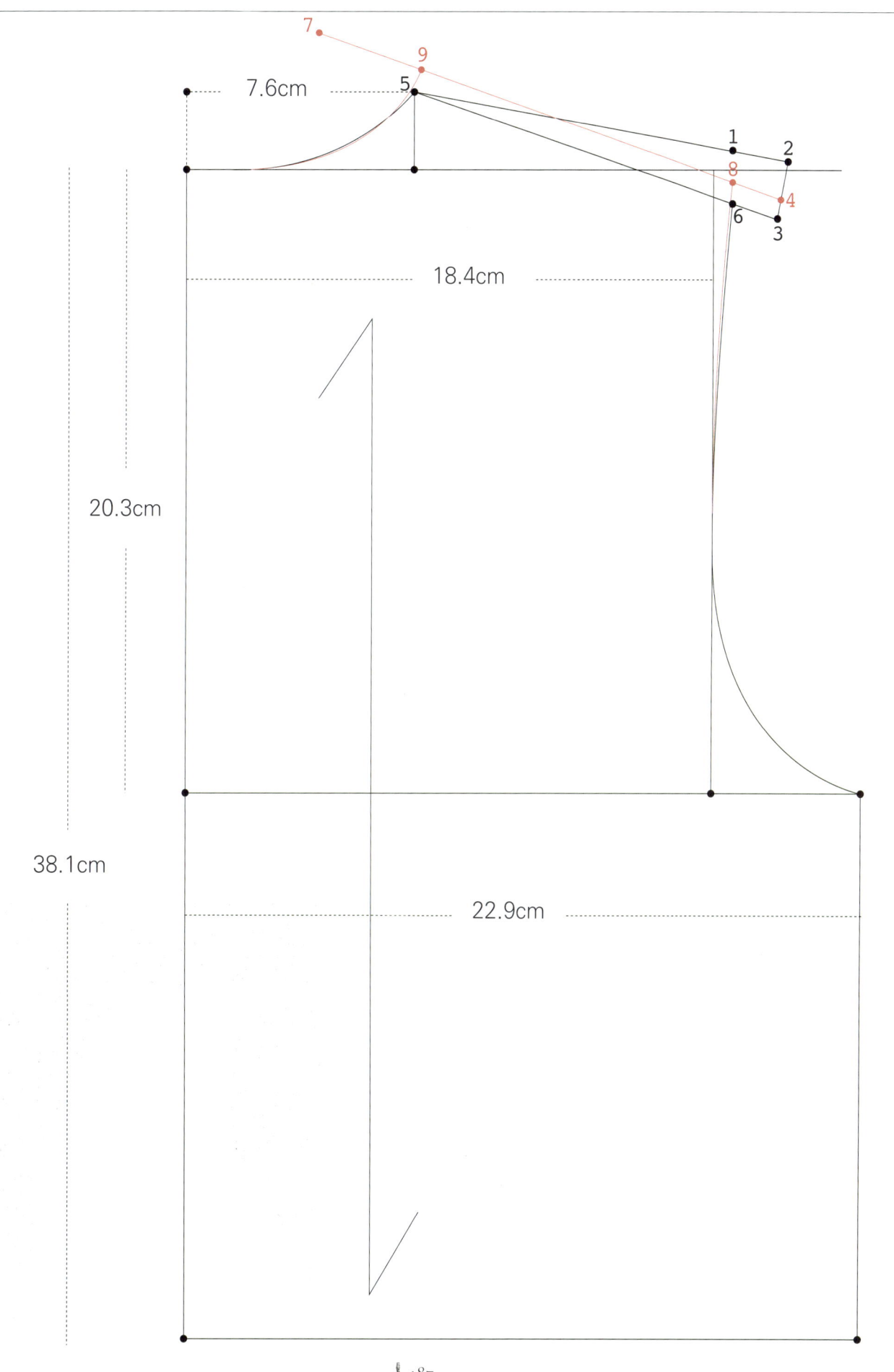

187

8.3 무다트 패턴(방식 3)

back

1. 진동깊이를 20.3cm(8")로 놓고 견갑골 다트를 처리한 박스핏 원형을 만든다.

2. 어깨선(선분 5-6)에서 0.6cm(1/4") 떨어진 평행선을 긋는다. *(선분 4-7)*

**평행으로 떨어트리는 수치는 암홀의 길이 차이가 1.9cm로 유지되는 거리로 맞춘다.

3. 어깨선이 0.6cm(1/4") 평행이동되어 넓어진 면적은(그림399) 착장 시 자연스럽게 앞쪽으로 밀리면서 앞판 쪽으로 넘어가게 된다. 이때 앞길이는 밀린거리 0.6cm(1/4")만큼 길어져 완성된 의상의 앞길이는 40cm(15 3/4")가 된다.

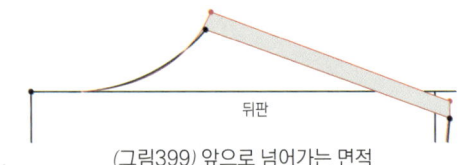

(그림399) 앞으로 넘어가는 면적

4. 어깨너비/2 수치에 맞춰 어깨점을 *(선분 4-7)*선상 중 찾아준다. *(점8)*

5. 바뀐 어깨점에 맞춰 암홀 모양을 수정해준다.

6. 앞판 어깨선 길이에 맞춰 *(선분 7-8)*선상 옆목점의 위치를 찾아준다. *(점9)*

7. 뒤 네크라인을 그려준다.

변화

평행이동된 어깨선을 기준으로 어깨점과 네크라인을 수정해줄 때 자연스레 옆목점의 위치와 뒷목점에서 옆목점까지의 수직거리가 달라졌다. 암홀의 밸런스를 유지하기 위하여 앞, 뒤 암홀 길이의 차이가 1.9cm(3/4")로 맞춰지도록 어깨선의 평행이동이 이루어져야 하는 것이 포인트이다.

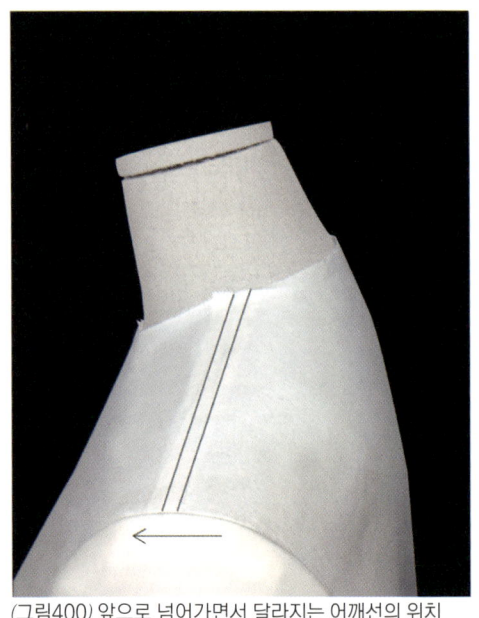

(그림400) 앞으로 넘어가면서 달라지는 어깨선의 위치

8.3 무다트 패턴(방식 3) - 그레이딩(44 사이즈)

패턴 사이즈

앞길이 : 38.7cm(15 1/4")

등길이 : 38.1cm(15")

어깨너비 : 35.6cm(14")

앞품/2 : 15.2cm(6")

뒤품/2 : 17.1cm(6 3/4")

앞 진동 깊이 : 19.7cm(7 3/4")

뒤 진동 깊이 : 19.1cm(7 1/2")

앞 가슴 길이 : 21cm(8 1/4")

뒤 가슴 길이 : 21.6cm(8 1/2")

원점에서 앞목점 옆목점까지의 직선거리 : 8.3cm(3 1/4") , 7.6cm(3")

뒷목점에서 옆목점사이의 수직거리 : 2.22cm(7/8")

완성 앞길이 : 39.5cm(15 1/2 +)   ** + 는 약 0.16cm(1/16") 로 정의한다.

제도순서(공통)

1. 패턴 사이즈대로 다트와 파임이 없는 원형을 제도한다.

2. 암홀길이 차이를 고려하여 어깨선을 평행이동시킨다.

3. 평행이동후 어깨점을 찾아준 뒤 앞판 어깨선 길이에 맞춰 옆목점의 위치를 찾는다.

4. 암홀 모양을 수정해준다.

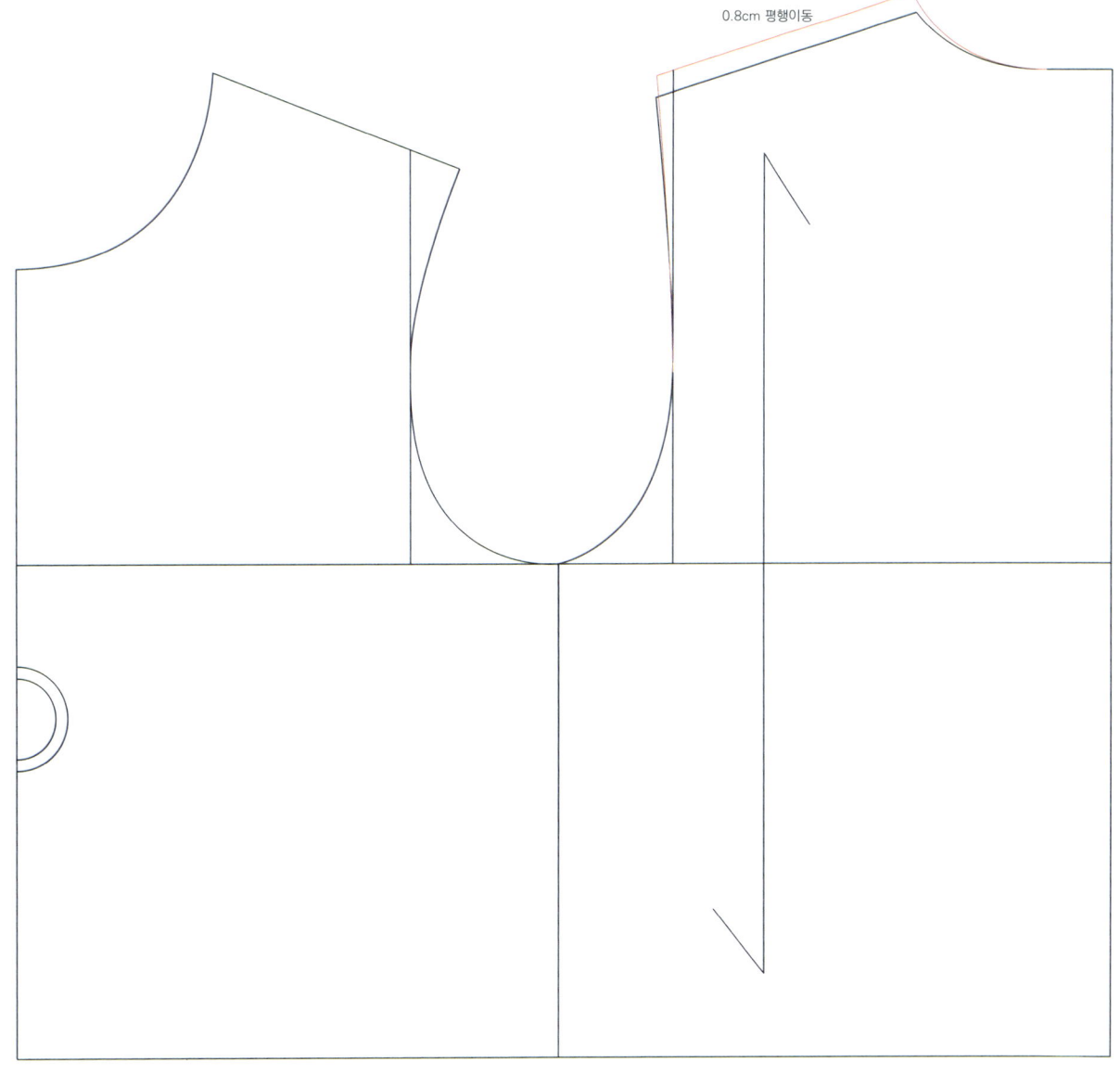

8.3 무다트 패턴(방식 3) – 그레이딩(66 사이즈)

패턴 사이즈

앞길이 : 39.4cm(15 1/2″)

등길이 : 38.1cm(15″)

어깨너비 : 38.1cm(15″)

앞품/2 : 16.5cm(6 1/2″)

뒤품/2 : 18.4cm(7 1/4″)

앞 진동 깊이 : 22.9cm(9″)

뒤 진동 깊이 : 21.6cm(8 1/2″)

앞 가슴 길이 : 23.5cm(9 1/4″)

뒤 가슴 길이 : 24.1cm(9 1/2″)

원점에서 앞목점 옆목점까지의 직선거리 : 8.3cm(3 1/4″), 7.9cm(3 1/8″)

뒷목점에서 옆목점사이의 수직거리 : 2.8cm(1 1/8″)

완성 앞길이 : 40.5cm

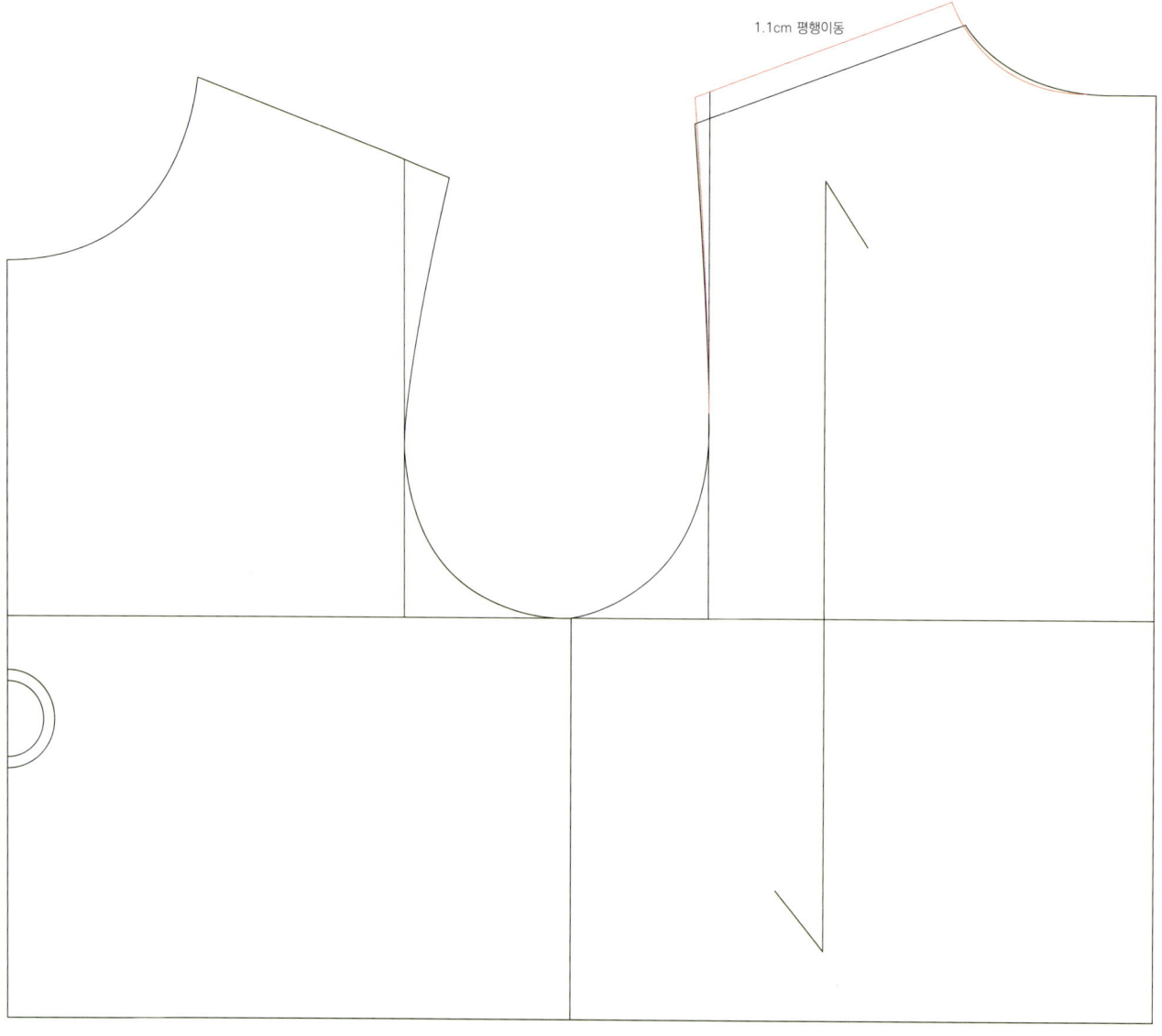

8.3 무다트 패턴(방식 3) - 그레이딩(77 사이즈)

패턴 사이즈

앞길이 : 39.4cm(15 1/2")

등길이 : 38.1cm(15")

어깨너비 : 39.4cm(15 1/2")

앞품/2 : 17.1cm(6 3/4")

뒤품/2 : 19cm(7 1/2")

앞 진동 깊이 : 24.1cm(9 1/2")

뒤 진동 깊이 : 22.9cm(9")

앞 가슴 길이 : 24.8cm(9 3/4")

뒤 가슴 길이 : 25.4cm(10")

원점에서 앞목점 옆목점까지의 직선거리 : 8.9cm(3 1/2") , 8.3cm(3 1/4")

뒷목점에서 옆목점사이의 수직거리 : 3.2cm(1 1/4")

완성 앞길이 : 40.2cm

앞길이 수치

사이즈 그레이딩 시 앞길이 수치를 39.4cm(15 1/2") 초과로 설정해주지 않는 이유는 암홀 길이 차이와 어깨 각도에 문제가 일어나기 때문이다.

(방식3)에서 앞내림분을 주어도 가슴 사이즈가 너무 커 앞길이가 부족하다면 추가로 다트를 넣어주거나 디자인상 M.P시킬 위치를 찾아주는 것이 바람직하다.

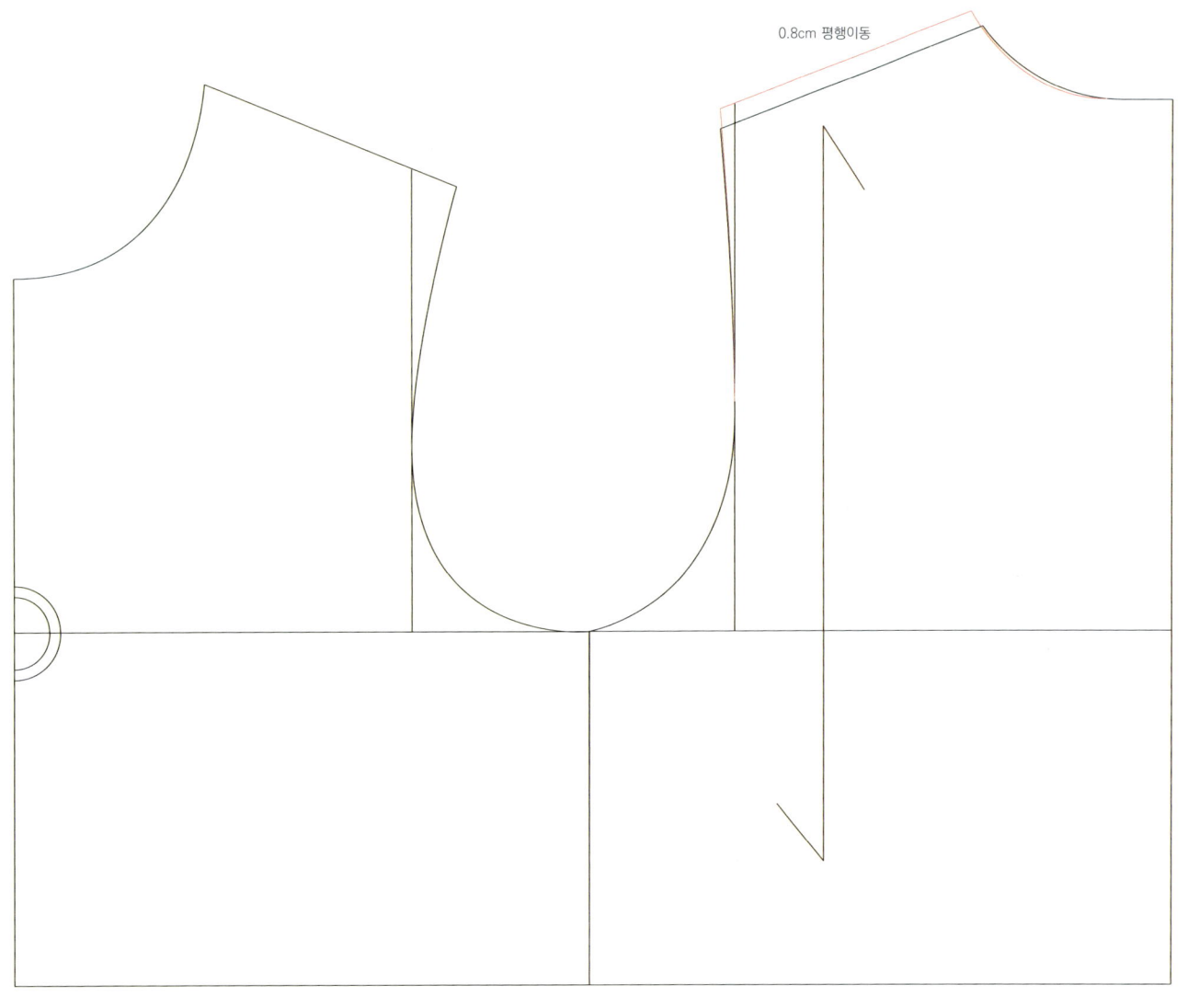

0.8cm 평행이동

8.3 무다트 패턴(방식 3) - 그레이딩(88 사이즈)

패턴 사이즈

앞길이 : 39.4cm(15 1/2″)

등길이 : 38.1cm(15″)

어깨너비 : 40.6cm(16″)

앞품/2 : 18.1cm(7 1/8″)

뒤품/2 : 19.7cm(7 3/4″)

앞 진동 깊이 : 25.4cm(10″)

뒤 진동 깊이 : 24.1cm(9 1/2″)

앞 가슴 길이 : 26.7cm(10 1/2″)

뒤 가슴 길이 : 27.3cm(10 3/4″)

원점에서 앞목점 옆목점까지의 직선거리 : 8.9cm(3 1/2″), 8.6cm(3 3/8″)

뒷목점에서 옆목점사이의 수직거리 : 3.2cm(1 1/4″)

완성 앞길이 : 40.2cm

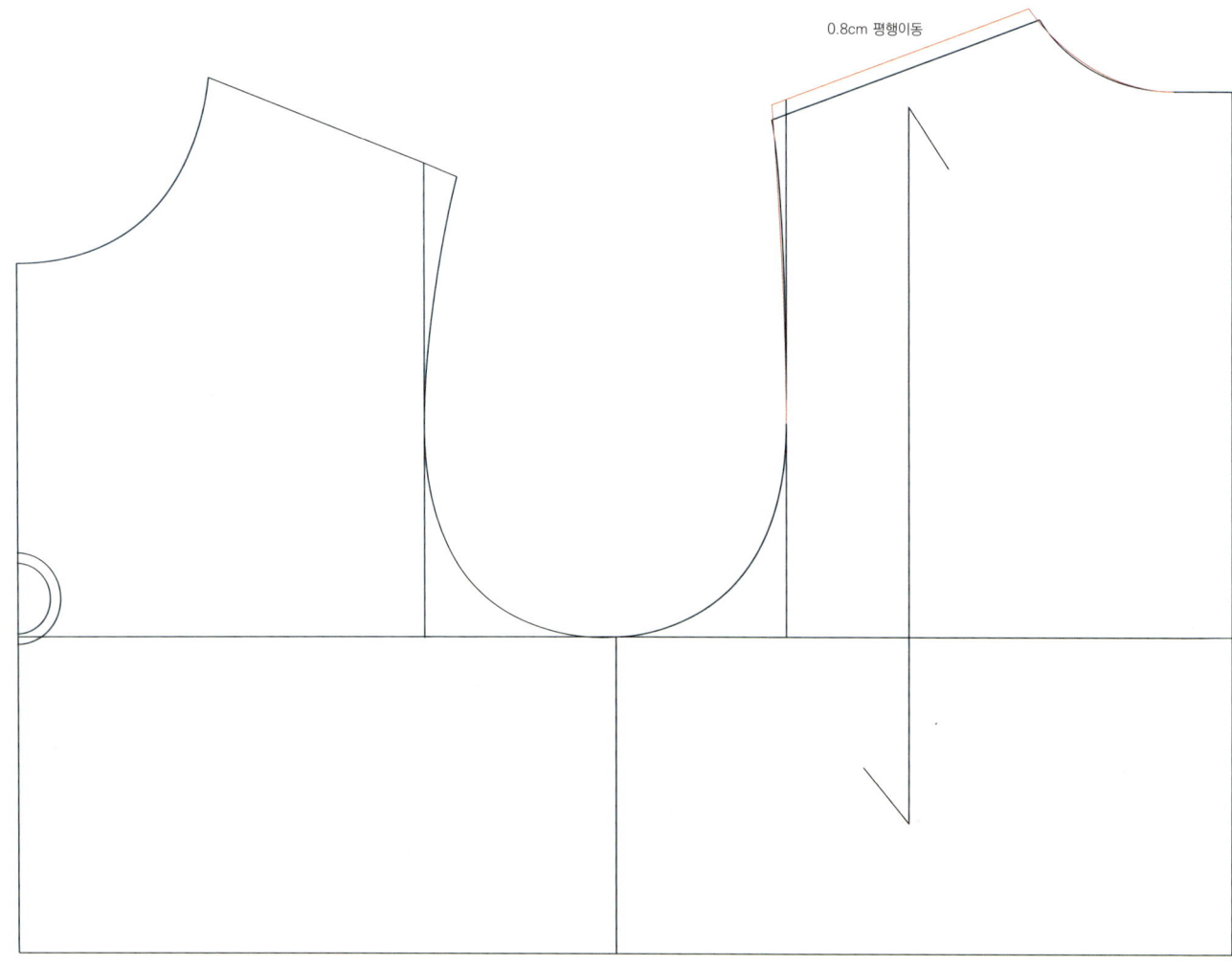

8.4 무다트 패턴 (방식 4) - 앞중심 오픈, 44-55 사이즈 한정

(방식 4)는 기장이 허리선 위치보다 더 길고 앞중심이 오픈된 디자인의 경우만 사용할 수 있는 방식이다.

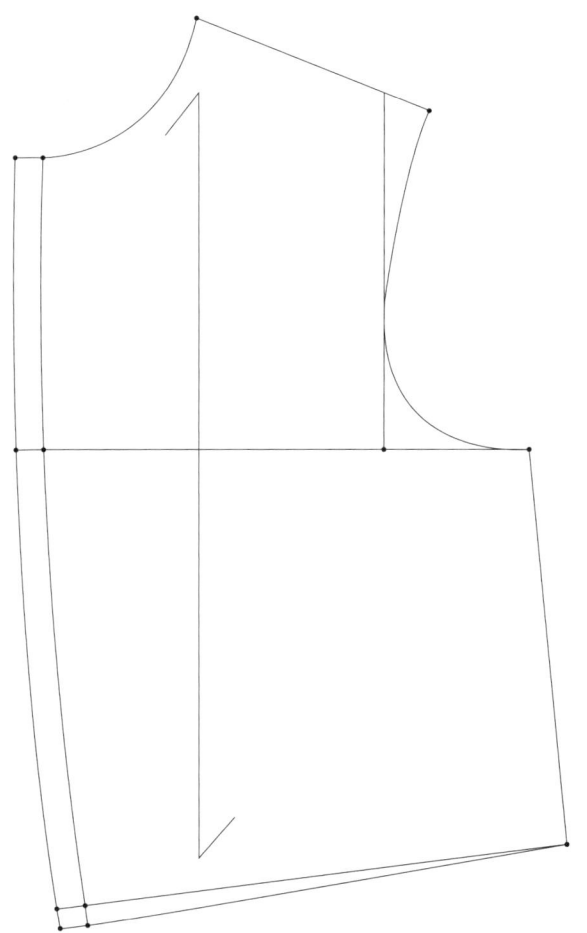
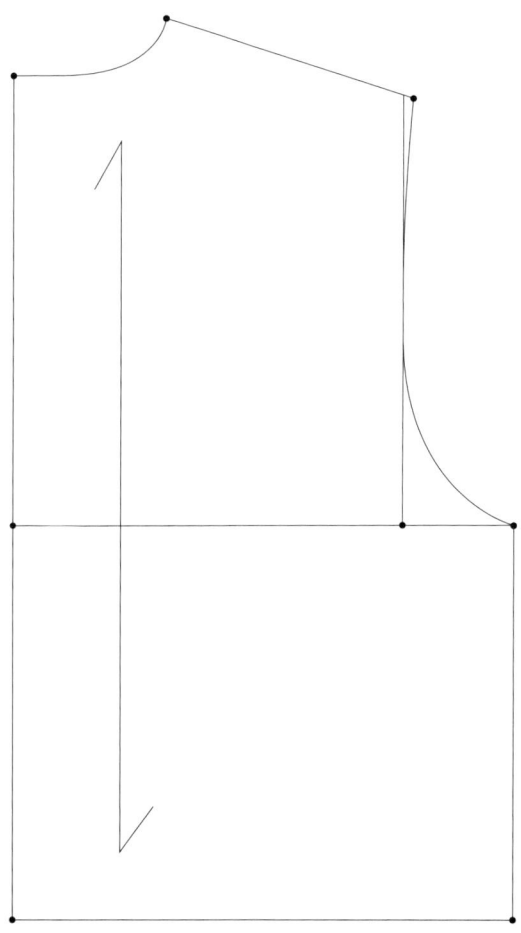

8.4 무다트 패턴 (방식 4) - 앞중심 오픈, 44-55 사이즈 한정

front

1. 허리다트와 옆선 파임을 없애준 원형패턴을 가져온다.

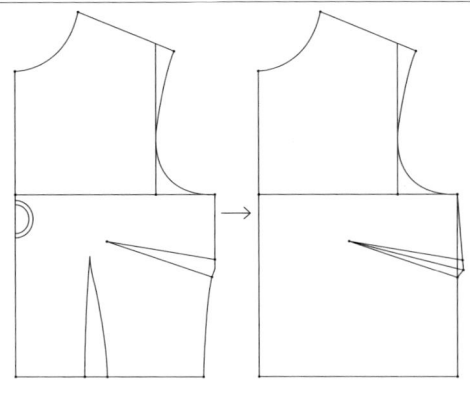

(그림401) 허리 다트 제거

2. BP점에서 앞중심선쪽으로 수평선을 그어 절개할 위치를 지정한다.

(선분 1-2)

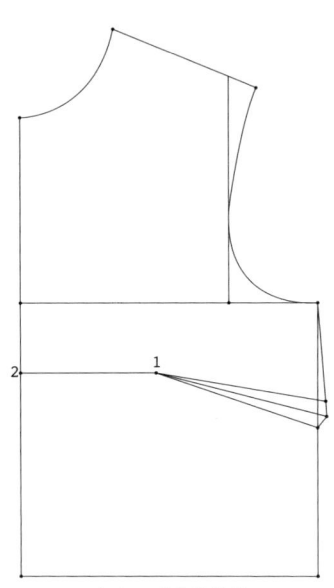

(그림402) 절개선 생성

3. *(선분 1-2)*를 절개하고 가슴 다트를 접어준다.

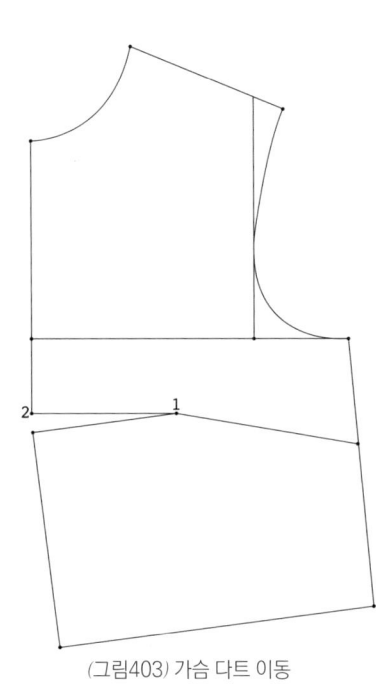

(그림403) 가슴 다트 이동

8.4 무다트 패턴 (방식 4) - 앞중심 오픈, 44-55 사이즈 한정

4. 벌어진 부분을 곡선으로 부드럽게 연결해준다.

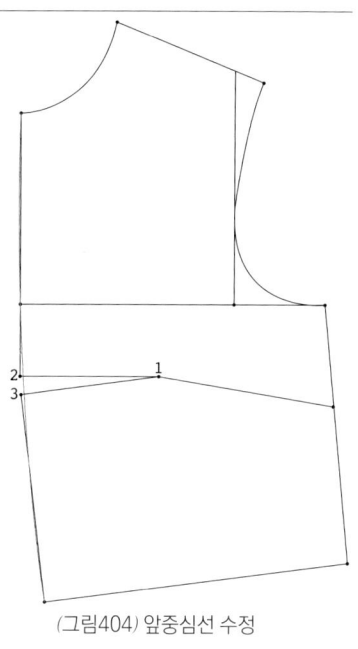

(그림404) 앞중심선 수정

5. 밑단에 수평을 맞춰서 패턴을 놓으면 (그림405)와 같이 패턴이 회전되었음을 알 수 있다.

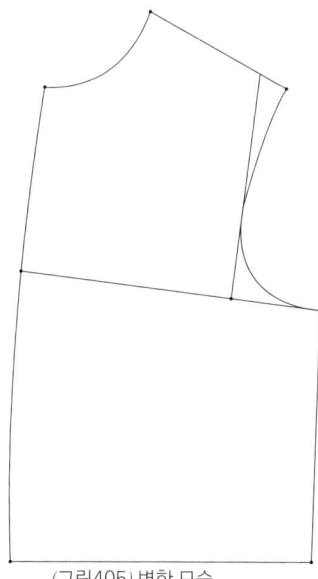

(그림405) 변한 모습

6. 앞내림분을 추가한다.

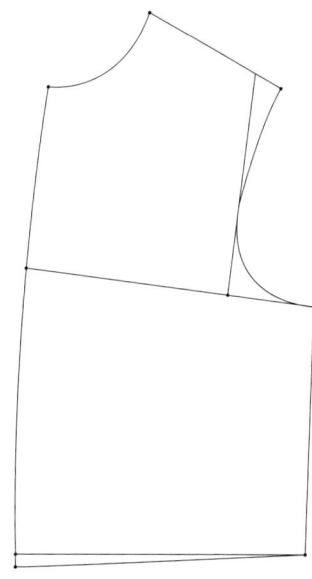

(그림406) 앞내림분 추가

8.4 무다트 패턴 (방식 4) - 앞중심 오픈, 44-55 사이즈 한정

7. 원하는 폭의 플래킷을 추가한다. (완성)

완성된 앞길이는 다음 요소들에 의해 달라진다.

1. 초기 설정 앞길이
2. 가슴 다트로 인해 벌어지는 분량
3. 앞내림분

제도 시 완성 앞길이를 고려하여 1, 2, 3 수치를 결정해준다.

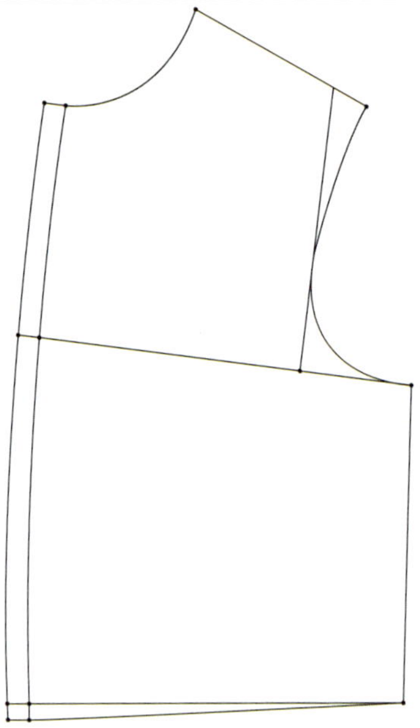

(그림407) 플래킷 추가

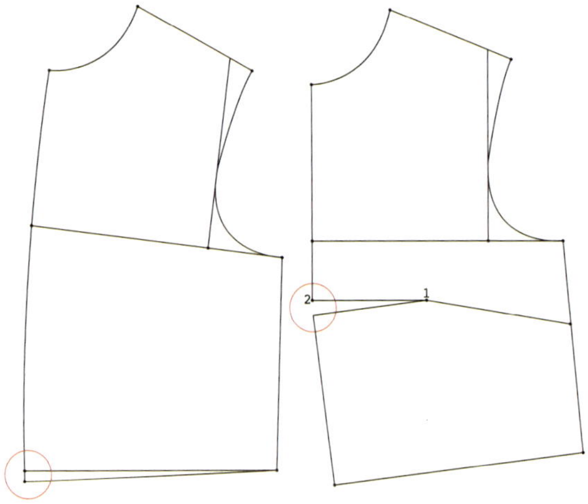

(그림408) 앞길이 조정 요소

📖 앞중심 회전 분석

(방식 4)는 기장이 허리선 정도의 짧은 옷일 경우 사용이 부적합하다. 그 이유는 기장이 짧을 경우 앞중심의 회전된 형태가 그대로 의상에 나타나기 때문이다. 반면 패턴의 기장을 원피스나 블라우스의 일반적인 기장까지로 맞춰준다면 *(그림409)*처럼 원단이 앞중심 쪽으로 고이면서 자연스럽게 앞중심이 일자 형태로 보이게 된다.

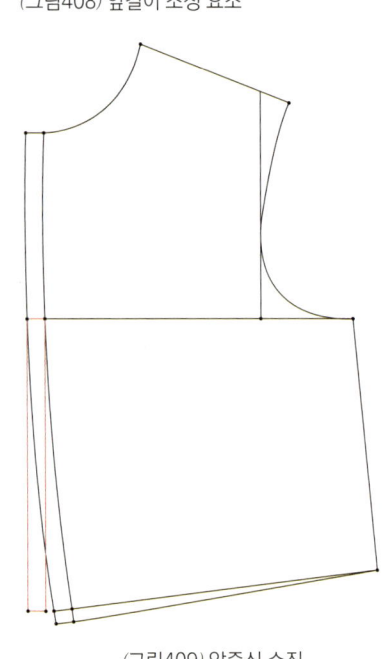

(그림409) 앞중심 수직

8.4 무다트 패턴 (방식 4) - 앞중심 오픈, 44-55 사이즈 한정

사이즈 한정

가슴 사이즈가 큰 즉 앞길이와 등길이의 차이가 심한 경우 (방식 4)를 사용하면 앞중심의 회전이 급해진다. 회전이 급해지면 앞중심이 수직으로 곧게 내려올 수 없게 된다. 그러므로 (방식 4)의 제도법은 패턴의 회전량이 적은 44, 55 사이즈에 사용해주는 것이 바람직하다.

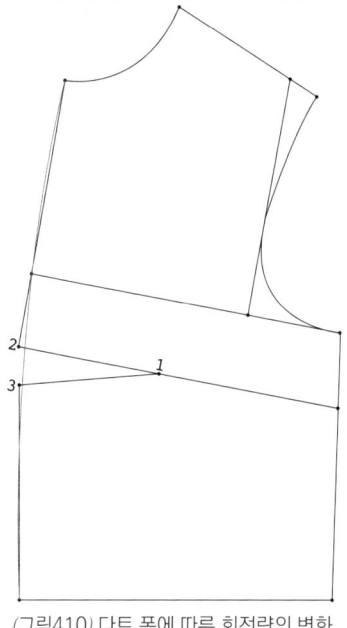

(그림410) 다트 폭에 따른 회전량의 변화

back

1. 뒤판 상의 원형에서 허리 다트와 옆선 파임을 없애준다.

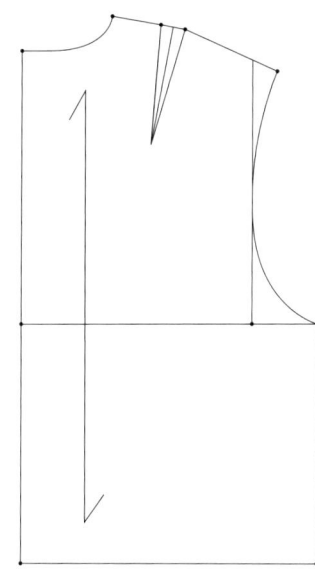

(그림411) 허리 다트 제거

2. 견갑골 다트 처리를 해준다. (완성)

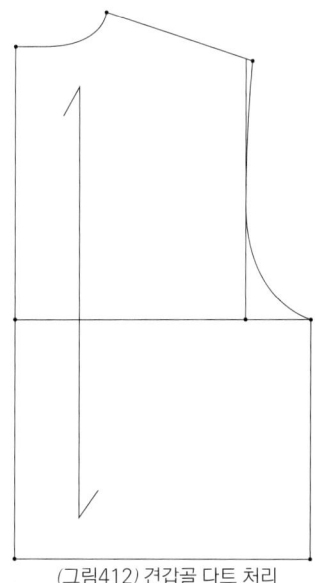

(그림412) 견갑골 다트 처리

8.5 무다트 패턴(방식 5) - 원단의 무늬를 맞출경우

원단의 무늬를 맞추기 위해 앞중심을 회전시킬 수 없는 경우 다음의 방법을 사용해줄 수 있다.

1. 가슴 다트를 절개선을 따라 옮겨준다.

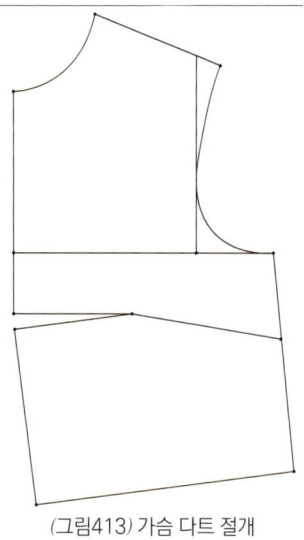

(그림413) 가슴 다트 절개

2. 앞목점(점1)과 (점2)를 직선으로 연결한다.

변형된 앞중심선 (직선1-2)로 인해 감소한 패턴의 면적을 채우기 위해 패턴을 수정해준다.

3. (점3)에서 기존의 앞판 가슴 길이만큼 떨어트려 준다. (점4)

4. 앞품/2 길이를 맞추기 위해 앞중심선 선상 임의의 (점7)을 잡는다.

5. (점7)에서 (선분 1-3)에 직각을 맞춰 앞품/2 길이만큼 나간 뒤(점8), (선분 1-3)에 평행을 유지하며 앞품선을 다시 그어준다.

6. 달라진 앞품선에 맞춰 암홀을 자연스럽게 그어 준다.

7. (점5)와 (점4)를 직선으로 연결하고 결선을 표시한다. (완성)

(방식 5)는 (그림414)의 동그라미 표시를 보면 (각 1-2-5)가 직각이 아니기 때문에 앞중심에 골표시를 넣어줄 수 없다.

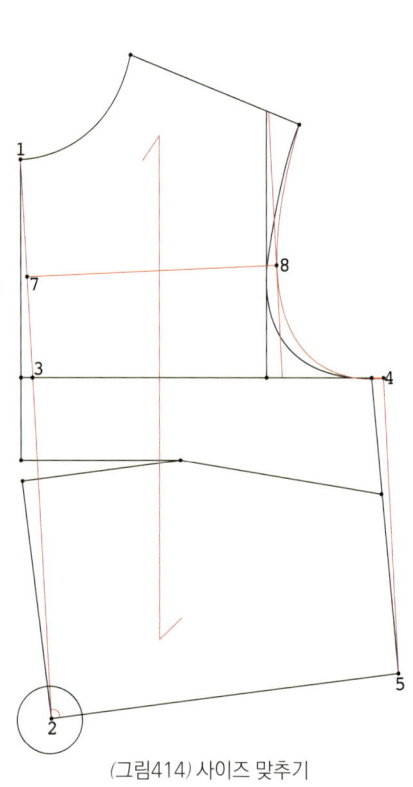

(그림414) 사이즈 맞추기

9. basic drop sleeve
(기본 드롭 소매)

9.1
basic drop sleeve(기본 드롭 소매)

9.2
basic drop sleeve variation(기본 드롭 소매 변형)

9.1 basic drop sleeve (기본 드롭 소매)

(드롭 소매)

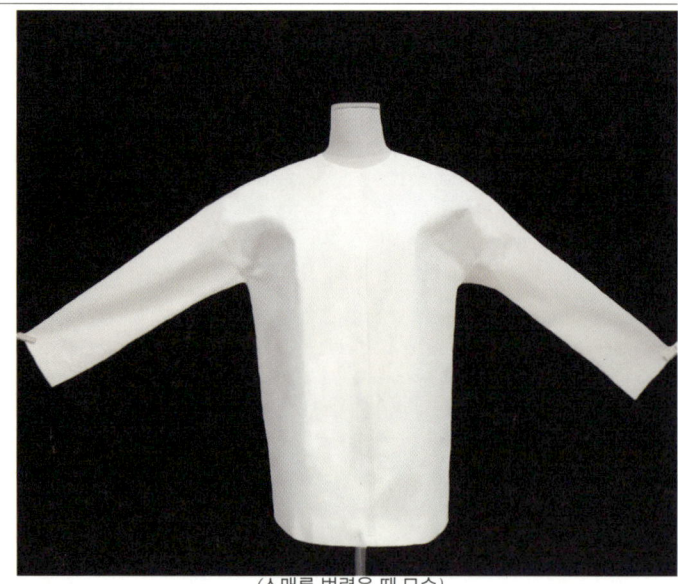
(소매를 벌렸을 때 모습)

패턴사이즈

기장 : 69.8cm(27 1/2")

앞길이 : 39.4cm15 1/2")

등길이 : 38.1cm(15")

정 어깨너비 : 36.8cm (14 1/2")

앞 진동깊이 : 26.7cm(10 1/2")

뒤 진동깊이 : 25.4cm(10")

앞 가슴길이 : 24.8cm(9 3/4")

뒤 가슴길이 : 25.4cm(10")

드롭 소매는 체형의 어깨점보다 몸판 패턴의 어깨점을 더 떨어트려준 옷이다. 패턴의 어깨너비가 신체의 어깨너비보다 넓어 주로 박스핏이나 오버핏으로 디자인이 전개된다.

(그림415)

검은색 점선 부분은 원단이 어깨에서 받쳐지지 않기 때문에 소매가 지면으로 떨어질 때 자연스럽게 주름이 발생한다.

(그림415) 어깨점 위치와 처지는 부분

소매기장 : 47cm(18 1/2")

소매산 높이 : 7.6cm(3")

소매부리 : 26.7cm(10 1/2")

드롭거리 : 8.9cm(3 1/2")

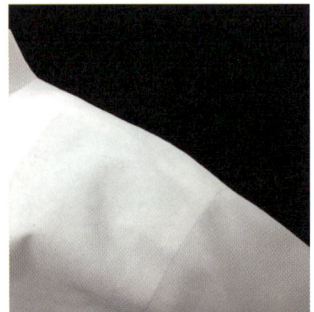
(그림416) 소매가 처지는 모습 1

(그림417) 소매가 처지는 모습 2

(그림418) 소매가 처지는 모습 3

9.1 basic drop sleeve(기본 드롭 소매)

암홀 길이 차이와 소매의 방향

드롭 소매패턴은 앞, 뒤 암홀 길이의 차이를 약 2.2~2.4cm(7/8~1″)로 맞춰준다.

(그림419)의 빨간선은 암홀 길이의 차이가 1.9cm(3/4″)인 어깨선이고 검은선은 뒤판 암홀 길이가 0.3cm(1/8″) 더 길어져 암홀 길이의 차이가 2.2cm(7/8″)로 바뀐 어깨선이다.

검은선은 뒤판의 암홀 길이가 0.3cm 길어져 어깨선이 약간 앞쪽으로 이동되었다. 드롭 소매는 앞, 뒤 암홀 길이의 차이를 의도적으로 2.2~2.4cm(7/8~1″) 정도로 맞춰주는데 이는 어깨선을 앞쪽으로 약간 옮겨주기 위한 행위이다. 어깨선을 앞쪽으로 옮겨주는 이유는 두 가지로 정리할 수 있다.

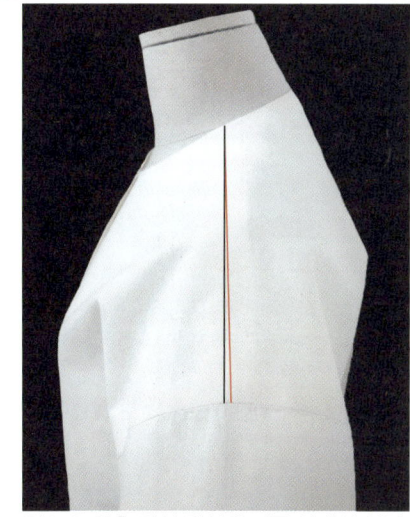

(그림419) 암홀 길이 차이에 따른 어깨선 위치

1. (그림420)

(점1)과 (점2)는 정 어깨 위치의 어깨점이다. (점1)과 (점2) 사이의 수평 간격이 좁다는 것을 알 수 있다. 반면 (점3)과(점4)는 (점1, 2)를 연장한 어깨점인데 (점3)과 (점4)사이의 수평 간격이 넓어졌음을 알 수 있다. 그러므로 어깨선의 위치를 원위치로 돌리기 위해 어깨선 위치를 앞쪽으로 보내준 것이다.

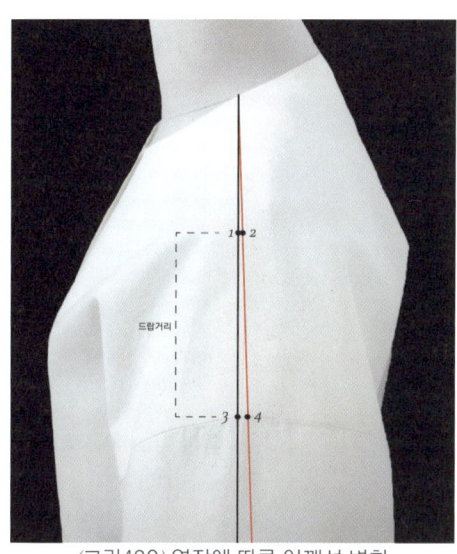

(그림420) 연장에 따른 어깨선 변화

2. (그림421)

신체의 팔은 전방성을 가진다. (그림421의 검은 실선) 팔은 전방성을 띠지만 소매는 전방성을 주거나 일자 소매처럼 전방성을 주지 않을 수 있다. 두 가지 소매는 모두 중력의 영향을 받아 화살표 방향으로 소매가 쏠리게된다.

그러나 드롭 소매가 아닌 정 어깨너비를 기준으로 만든 소매는 원단이 얇고 드레이프성이 강하지 않는 이상 암홀과 소매가 연결된 솔기의 힘이 강하여 중력 방향으로 쏠리지 않고 의도한 소매의 기울기를 유지할 수 있다. 이에 반해 드롭 소매는 어깨점을 벗어난 지점부터 소매가 처지지 시작할 때 연결된 솔기의 힘을 적게 받아 중력 방향으로 쉽게 처지게 된다. 또한 드롭 소매는 처지는 분량이 어깨라는 받침목이 없어 더더욱 쉽게 움직인다. 이러한 점 때문에 소매가 중력 방향으로 처져 소매가 뒤로 향해 보이는 것을 피하기 위해 어깨선을 앞으로 옮겨준다.

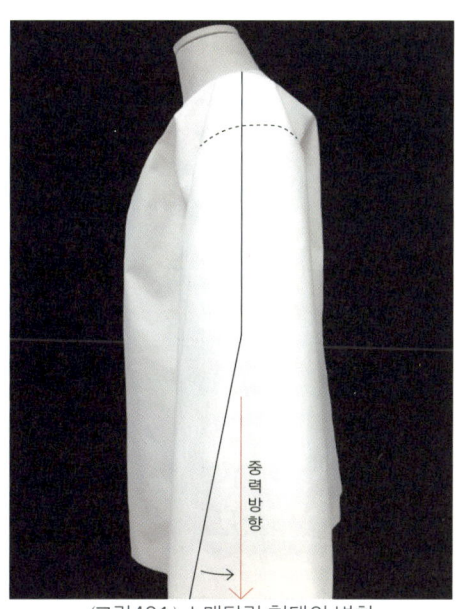

(그림421) 소매달림 형태의 변화

9.1 basic drop sleeve (기본 드롭 소매) 앞판 순서 1

9.1 basic drop sleeve (기본 드롭 소매) 앞판 순서 1

front

1. 기장을 정하고 직각 선을 긋는다. *(선분 0-1-2)*

(선분 1-2) = 기장 = 69.8cm(27 1/2")

2. *(점2)*에서 수평선을 긋는다. *(선분 2-3)*

3. 앞길이를 정한다. *(앞길이: 39.4cm = 15 1/2")*

*(점2)*에서 수직으로 39.4cm(15 1/2") 내려간다. *(점4)*

4. 앞 가슴 길이를 나간다.

*(점4)*에서 수평으로 24.8cm(9 3/4") 나간다. *(점5)*
*(점5)*에서 위, 아래 방향으로 수직선을 뻗어준다. *(점6, 7)*

앞 가슴길이는 힙둘레/4 = 22.9cm(9")를 기준으로 1.9cm(3/4")의 여유량을 더해주었다.
 22.9cm +1.9cm = 24.8cm(9 3/4")

4. 네크라인을 그려준다.

*(점2)*에서 수평으로 7.6cm(3") 나가준다. *(점8)*
*(점2)*에서 수직으로 8.2cm(3 1/4") 나가준다. *(점9)*
*(점8)*과 *(점9)*를 이어 라운드 네크라인을 만들어준다.

5. 어깨선 각도를 찾는다.

*(점8)*에서 수평으로 9.5cm(3 3/4") 떨어트리고 떨어뜨린 지점에서 수직으로 4.4cm(1 3/4") 내려가 준다. *(점10)*

6. *(점10)*에서 수직으로 0.6cm(1/4") 올라간다.

(점11) = 다음 페이지

📖 드롭소매의 어깨 각도를 0.6cm(1/4") 올려주는 이유(점10에서 점11로의 위치이동)

드롭소매의 어깨선 각도를 올려주는 이유는 당김현상을 방지하기 위한 처리이다. 드롭소매는 신체의 어깨점을 초과하여 패턴의 어깨점을 잡아주게 된다. 이때 신체의 어깨점를 넘어서는 분량은 어깨가 원단을 받치고 있지 않기 때문에 원단이 *drop*되어 처지게 된다. 이때 원단이 처지는 힘으로 어깨선에서 옷이 당기는 듯한 느낌과 무게감을 받을 수 있기 때문에 당겨지는 느낌을 없애주기 위하여 어깨선 각도를 올려 여유 공간을 만들어주게된다.

9.1 basic drop sleeve(기본 드롭 소매) 앞판 순서 2

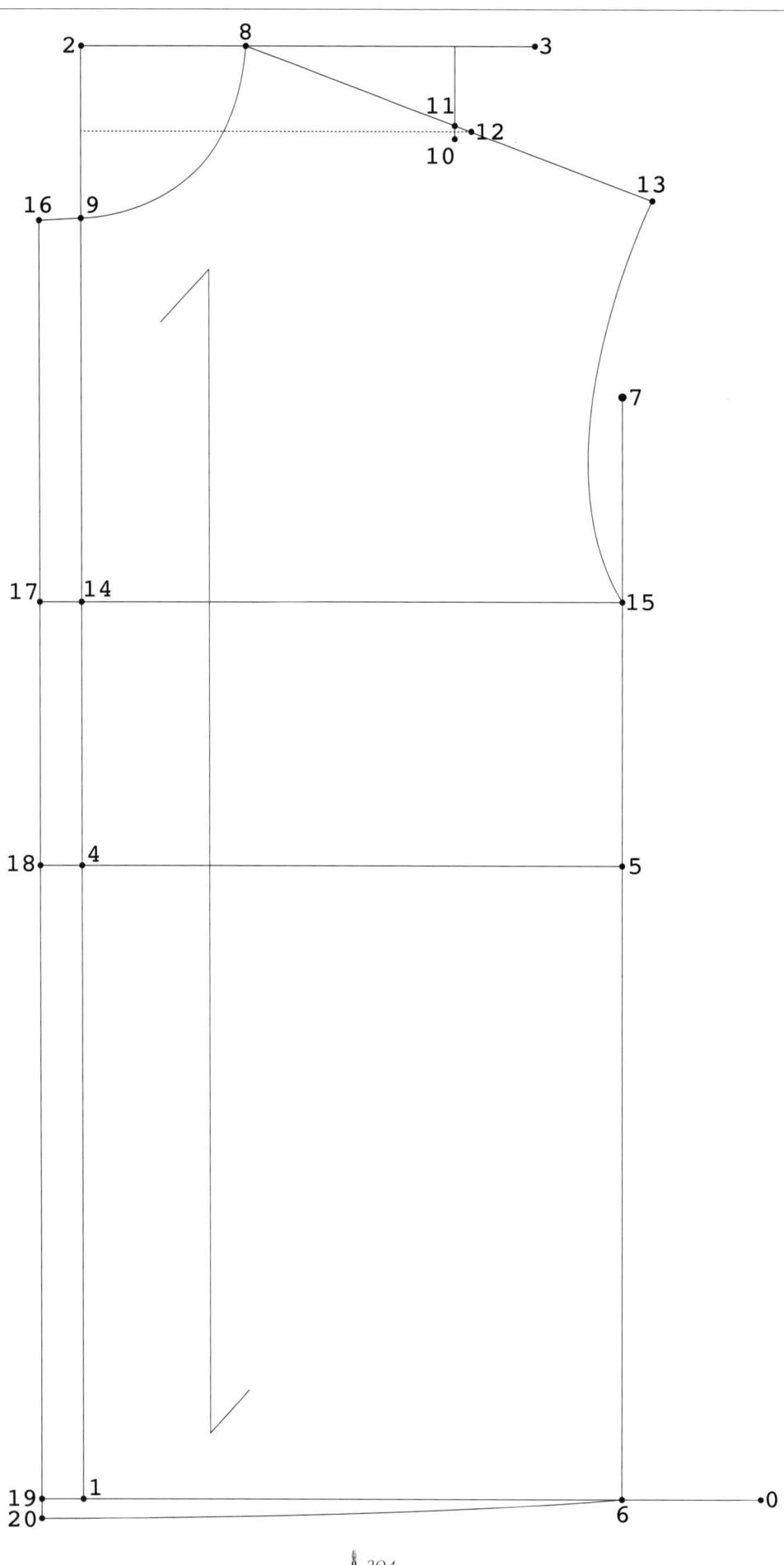

9.1 basic drop sleeve(기본 드롭 소매) 앞판 순서 2

7. (점8)과 (점11)을 직선으로 이어 어깨선을 충분히 연장해준다.

8. 앞중심선에서 수평 방향으로 어깨너비/2-0.6cm(1/4") 수치를 나가 어깨선과 만나는 지점을 찾는다. (점12) = 정 어깨점

9. drop 시킬 길이를 정한다. drop 분량 = 8.9cm(3 1/2")

(점12)에서 어깨선의 연장으로 8.9cm(3 1/2") 연장해준다. (점13)

📖 drop 시킬 거리를 정해줄 때 고려할 점들 (선분 12-13)

1. drop 거리와 쳐짐의 관계

drop 되는 거리는 어깨점에서 뻗어 나가는 부분이므로 어깨라는 받침대가 존재하지 않아 밑으로 처지게 된다. 이때 드롭되는 거리가 멀수록 처지는 정도가 강해지고 드롭되는 거리가 짧을수록 처지는 정도가 약해진다. 처지는 정도는 원단의 강연성과 드레이프성에 따라 달라진다. 따라서 처지는 정도에 따라 달라지는 실루엣을 고려하여 drop 되는 분량을 정해주는 것이 바람직하다.

2. drop 거리와 소매 기장의 관계

어깨점에서 손목까지의 소매의 기장을 약 55.9cm(22")로 가정한다.
드롭 소매는 어깨점을 넘어 처짐으로 이를 계산하여 소매기장을 조절해주어야 한다.

(예시1) drop 길이만큼 원단이 처지는 경우
drop 길이 = 5.1cm(2") / 소매기장 = 55.9cm-5.1cm = 50.8cm(20")로 수정

(예시2) drop 되는 길이보다 원단이 덜 처지는 경우
drop 길이 = 5.1cm(2") / 소매기장 = 55.9cm-4cm(처짐 분량) = 51.9cm로 수정

소매 기장을 정확하게 맞추려면 가봉을 거쳐 소매기장을 조정해준다.

**책의 드롭 패턴에서는 8.9cm(3 1/2") drop 길이가 온전히 처지는 것으로 정해주었습니다.

3. drop 소매와 패드의 사용

체촌 어깨너비를 36.8cm(14 1/2")로 가정하고 패드를 사용하는 소매의 경우 어깨너비를 39.4cm(15 1/2") 로 제도한다면 이 패턴은 드롭소매 패턴으로 부르지 않는다. 그 이유는 패드가 어깨 드롭을 방지해주기 때문이다. 그러므로 패드를 사용하는 경우 패드의 길이와 적용한 어깨너비에 따라 실제로 원단이 드롭되는지 판단할 필요가 있다.

9.1 basic drop sleeve(기본 드롭 소매) 앞판 순서 2

10. 원하는 암홀길이에 맞춰 진동 깊이를 정해준다.

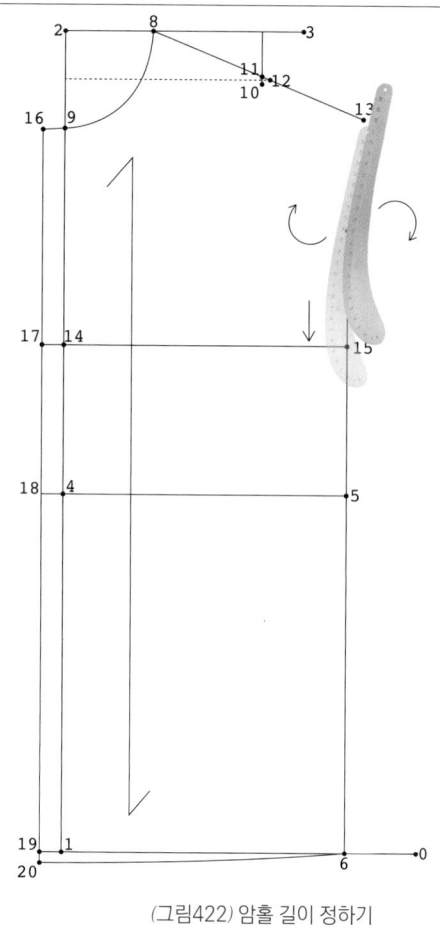

(그림422)는 원하는 암홀길이를 만들어주기 위해 (점13)과 (선분 5-7)선상 사이를 곡자로 움직이는 모습이다. 곡자를 움직이면서 원하는 암홀 길이로 맞추면서 자연스러운 암홀의 곡을 찾아준다. 암홀 길이를 결정해주는 과정에서 진동 높이가 자동으로 정해진다.

**책의 패턴에서는 앞 암홀 길이가 20cm(7 7/8″) 나오도록 진동 깊이를 내려주었습니다.

11. 결정된 암홀 길이에 맞춰 진동선을 긋는다. (선분 14-15)

(점2)에서 26.7cm(10 1/2″) 내려간다. (점14)

(점14)에서 (선분 5-7)과 만나는 수직선을 긋는다. (점15)

(그림422) 암홀 길이 정하기

12. (점13)과 (점15)를 이어 암홀을 그어준다.

13. 여밈 분량을 정해서 여밈 분을 만들어준다. 여밈 분량:1.9cm(3/4″)

(점9)에서 (곡선 8-9)의 연장으로 여밈 분량 1.9cm(3/4″)를 나가준다. (점16)

14. (점16)에서 기장까지 수직선을 긋는다. (점17, 18, 19)

15. (점19)에서 앞내림 분량을 내려가 준다. (점20)

(앞내림 분량: 1cm(3/8″)

16. (점20)과 (점6)을 곡자로 자연스럽게 이어준다.

17. 결선을 그려준다. (완성)

9.1 basic drop sleeve(기본 드롭 소매) 뒤판 순서 1

9.1 basic drop sleeve (기본 드롭 소매) 뒤판 순서 1

1. 기장을 정하고 직각선을 긋는다. (선분 0-1-2)

(선분 1-2) = 뒷 기장 68.6cm(27") = 69.8cm - 1.2cm(앞길이와 등길이의 차이) **무다트원리의 진동높이 차이 적용

2. (점2)에서 수평선을 긋는다. (선분 2-3)

3. 등길이를 나간다. (등길이 : 38.1cm = 15")

(점2)에서 수직으로 38.1cm(15") 내려간다. (점4)

4. 뒤 가슴 길이를 설정한다.

(점4)에서 수평으로 25.4cm(10") 나간다. (점5) ** 앞 가슴 길이보다 0.6cm를 더 길게 설정 (원형 제도의 원리와 동일)

(점5)에서 위, 아래 방향으로 수직선을 뻗어준다. (점6, 7)

5. 네크라인을 그려준다.

(점2)에서 수직으로 2.5cm(1") 올려준다. (점8)

(점8)에서 수평으로 7.6cm(3")나간다. (점9)

(점2)과 (점9)를 이어 네크라인을 그려준다.

6. 어깨선 각도를 찾아준다.

(점2)에서 (선분 2-3)사이의 수평거리가 어깨너비/2인 지점을 찾고 그 지점에서 수직으로 0.6cm(1/4") 올려준다. (점10)

7. 견갑골 다트 처리를 해준다.

(점10)에서 견갑골 다트를 처리하기 위해 수직으로 1.9cm(3/4") 내려가야 하지만 드랍소매의 어깨선 각도를 0.6cm(1/4") 올려주는 분량을 고려하여 1.2cm(1/2")만 내려가 준다. (점11)

8. (점9)와 (점11)을 직선으로 이어 어깨선을 충분히 연장해준다.

9. drop시킬 길이를 정한다. drop 분량 = 8.9cm(3 1/2")

(점11)에서 어깨선의 연장으로 8.9cm(3 1/2") 연장해준다. (점12)

9.1 basic drop sleeve (기본 드롭 소매) 뒤판 순서 2

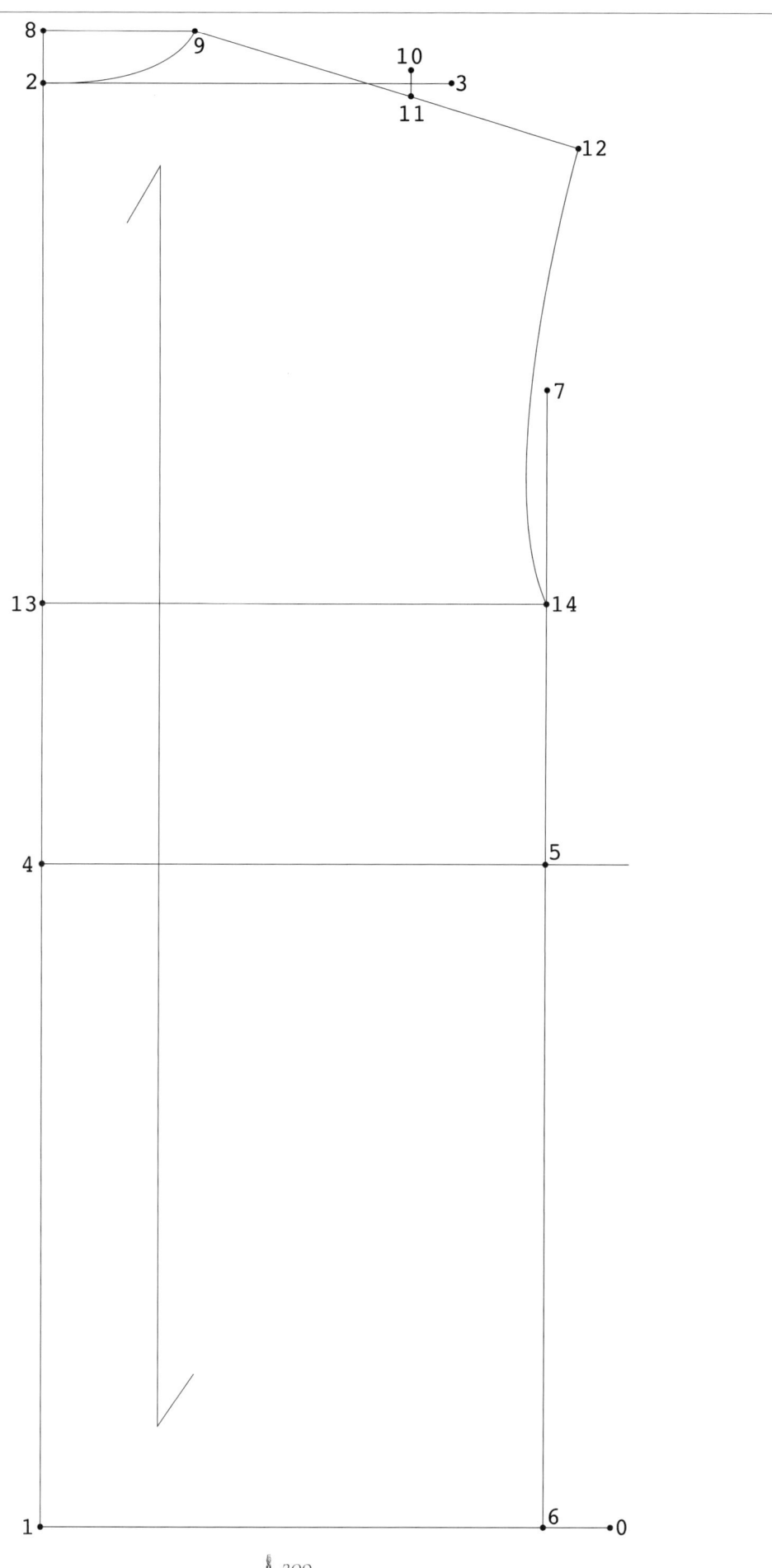

9.1 basic drop sleeve(기본 드롭 소매) 뒤판 순서 2

10. 진동 깊이를 정한다.

앞길이와 등길이의 차이를 1.2cm(1/2")로 정해주었으므로 앞, 뒤판 옆선의 길이를 맞추기 위해 뒤 진동 깊이는 앞 진동 깊이보다 1.2cm(1/2") 짧게 내려 간다.

(점2)에서 수직으로 25.4cm(10") 내려가 준다. (점13)
(점13)에서 수평선을 그어 뒤 가슴길이를 나간다. (점14)

11. 암홀 모양을 그려준다.

뒤 암홀 길이는 앞 암홀 길이보다 2.2-2.5cm(7/8"-1") 긴 22.5cm(8 7/8)가 나오게 된다.

12. 결선을 그어준다. (완성)

📖 드롭 소매의 옆목점을 0.6cm(1/4") 내려주지 않는 이유

(그림423)

드롭 소매의 옆목점을 0.6cm(1/4") 내려준 뒤 어깨선을 연장하게 되면 어깨 선의 각도가 틀어지게 된다.(빨간 선). 그러므로 의도치 않게 어깨선의 각도 가 바뀌지 않도록 옆목점을 내려주지 않는다. 틀어진 어깨선으로 옷을 만들 게 되면 앞판의 암홀 길이가 길어져 어깨솔기가 뒤쪽으로 넘어가거나 앞판에 뜨는 분량이 생길 수 있고 앞중심의 회전이 일어날 수 있다. 하지만 소매가 드 롭되고 일반적으로 품이 크게 제도되는 드롭 소매의 특성상 문제점을 파악하 기에는 어려움이 존재한다.

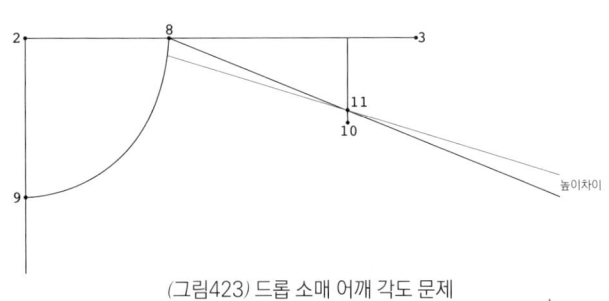

(그림423) 드롭 소매 어깨 각도 문제

(그림424)는 상의 원형의 어깨선 각도를 임의로 올린 그림이다. 상의 원형의 잘못된 어깨선은 드롭 소매에 비해 문제점이 쉽게 보인다. 앞중심의 회전이 일어나고 앞품 주위가 뜨게 되며 어깨선 위치가 변하게 된다.

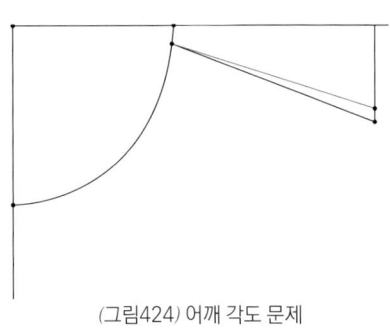

(그림424) 어깨 각도 문제

9.1 basic drop sleeve(기본 드롭 소매) 뒤판 소매

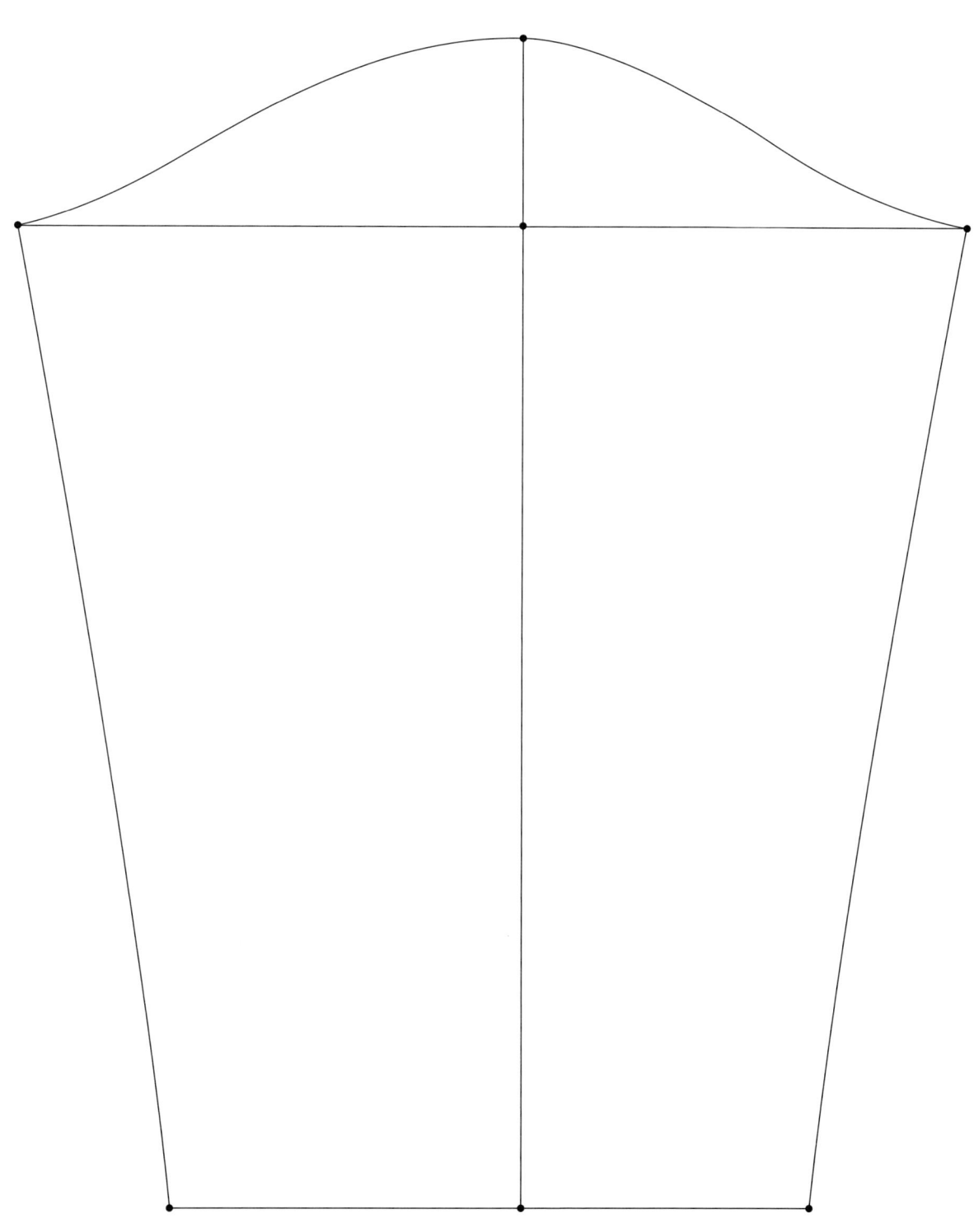

9.1 basic drop sleeve(기본 드롭 소매) 뒤판 소매

1. 소매산 높이를 정한다. = 7.6cm(3")

어깨점에서 드롭되는 분량 때문에 소매 기장을 줄이고 소매옆선의 길이도 줄어드는 것을 고려하여 소매산 높이를 우선적으로 결정해주었다.

drop 되는 길이 = 8.9cm(3 1/2")

*drop*되는 길이로 달라지는 소매기장 = 55.9cm(22") - 8.9cm(3 1/2") = 47cm(18 1/2")

2. 앞 암홀 길이와 뒤 암홀 길이로 소매 보조선을 그어준다. (선분 4-5, 선분 4-6)

3. 소매달림선을 그린다.

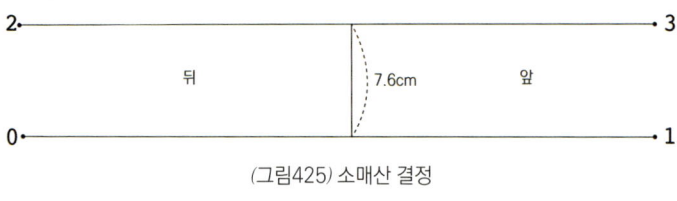
(그림425) 소매산 결정

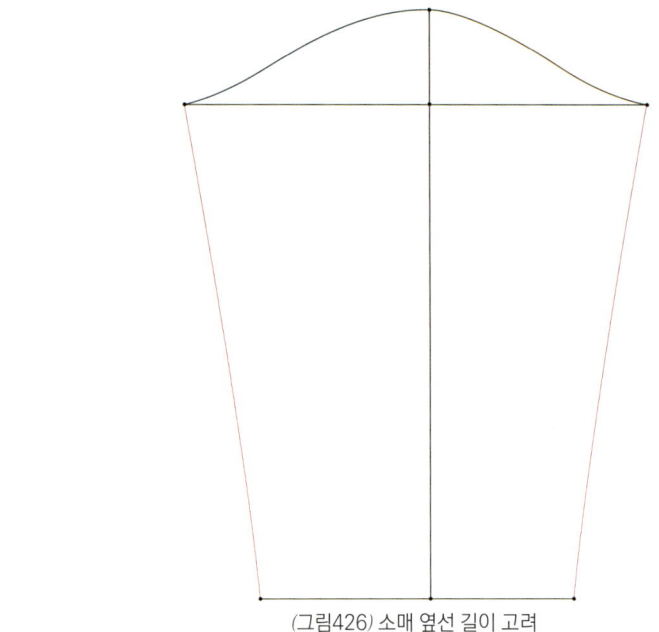
(그림426) 소매 옆선 길이 고려

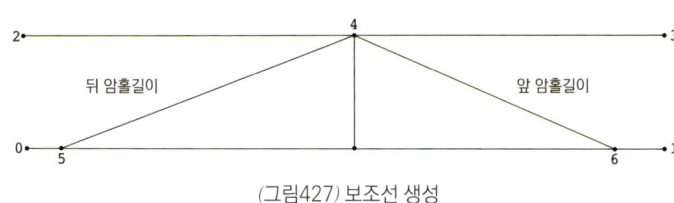
(그림427) 보조선 생성

등분 분할과 소매달림선의 형태

소매산이 낮은 상태에서 등분을 나눌 경우 소매달림선의 모양이 자연스럽게 나오지 않아 등분 분할을 하여 보조선을 만들어주지 않는다.

소매달림선의 곡 형태는 암홀의 모양과 비슷하게 그려야 봉제 시 안정적으로 소매가 달린다. (그림429)속 동그라미 표시를 보게 되면 기존의 원형 소매와는 다른 곡을 볼 수 있는데 이는 소매달림선의 곡을 암홀의 모양과 비슷하게 맞춰준 것이다.

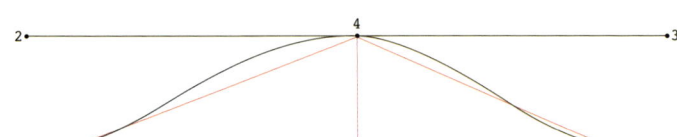
(그림428) 소매달림선 긋기

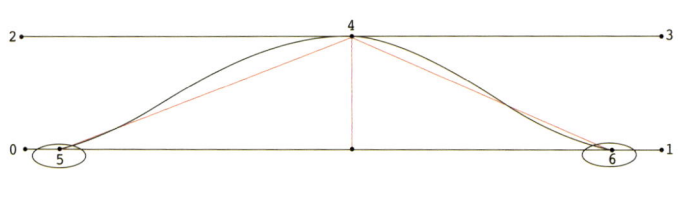
(그림429) 소매달림선 곡률

9.1 basic drop sleeve (기본 드롭 소매) 뒤판 소매

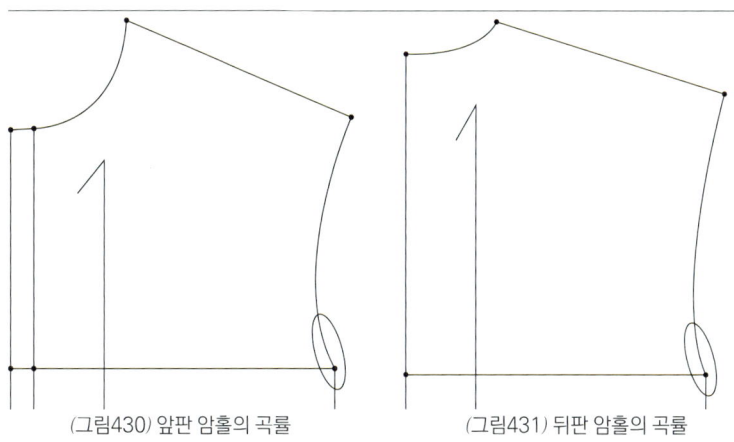

(그림430) 앞판 암홀의 곡률　　　(그림431) 뒤판 암홀의 곡률

4. 소매 기장을 정한다.

55.9cm(22") - 8.9cm(3 1/2") = 47cm(18 1/2")

(점4)에서 수직으로 47cm(18 1/2")만큼 내려가 준다.
(점9)

(점 5, 6)에서 기장까지 수직선을 내려준다. (점 7, 8)

(점7)과 (점8)을 직선으로 잇는다.

5. 소매부리 길이를 정하고 옆선을 긋는다.

소매부리 길이는 26.7cm(10 1/2")로 정하였습니다.

(선분 7-8)의 길이를 측정하여 (섬7, 점8)에서 동일한 수치를 나가 소매부리 길이를 26.7cm(10 1/2")로 맞춰준다.
(선분 10-11)

6. 결선을 그려준다.

(선분 4-9)를 결선으로 사용한다. (완성)

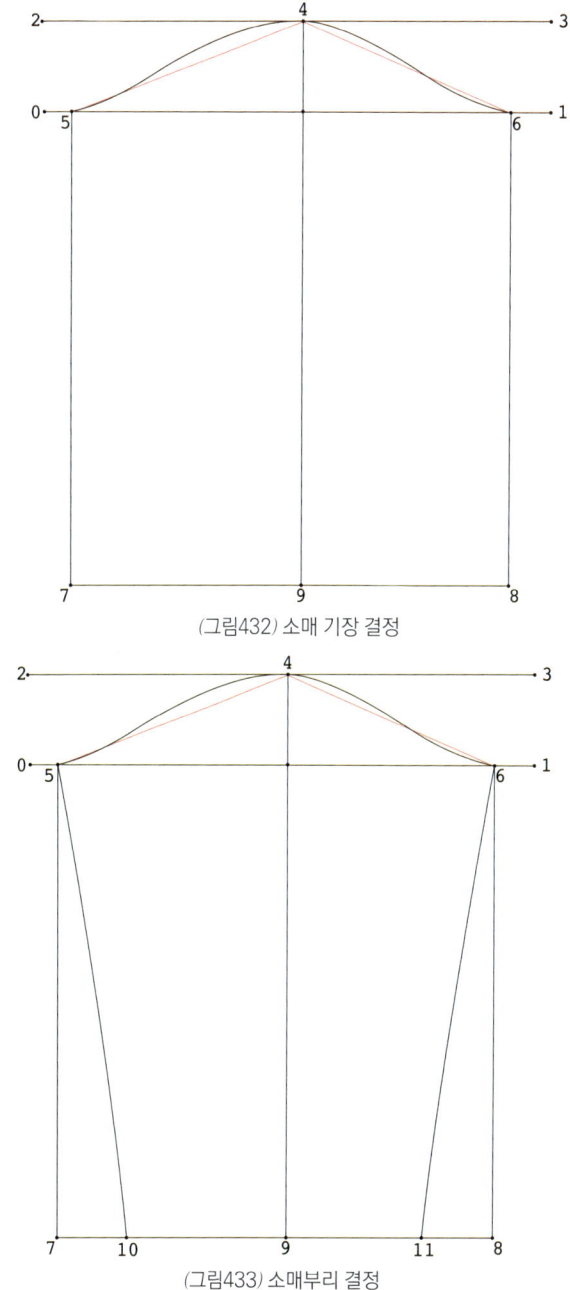

(그림432) 소매 기장 결정

(그림433) 소매부리 결정

9.2 basic drop sleeve variation (기본 드롭 소매 변형)

드롭 소매 변형 : 드롭 소매를 변형하여 무다트적용 및 소매회전에 대한 저자의 의견을 패턴으로 풀어보았습니다.

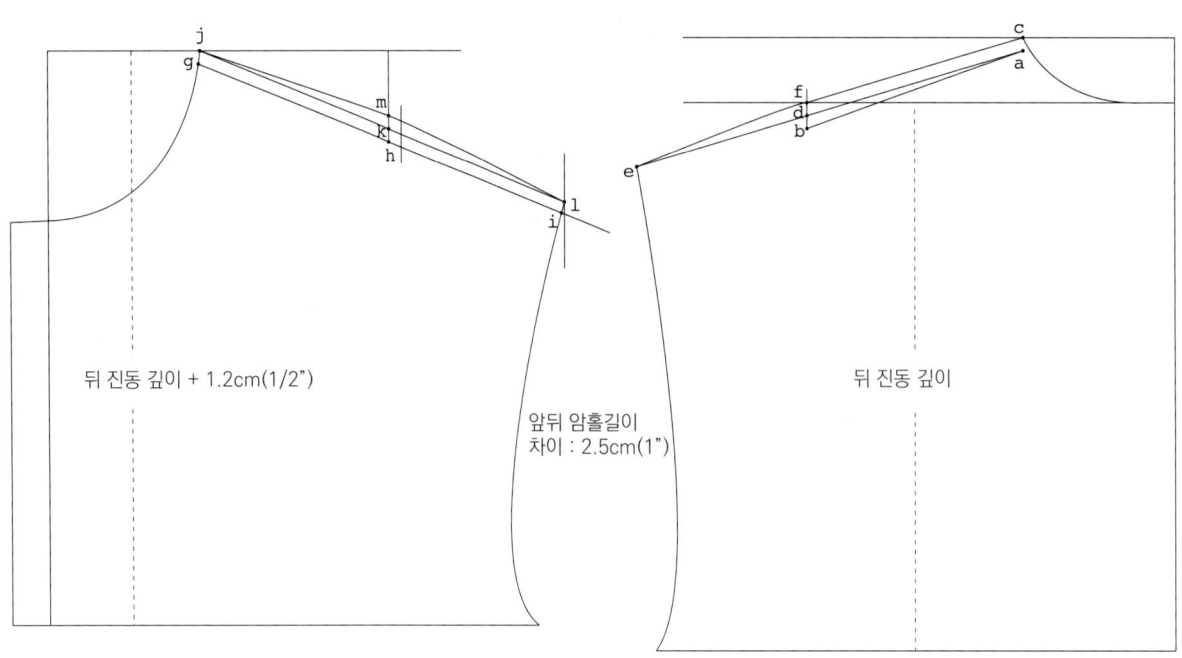

뒤 진동 깊이 + 1.2cm(1/2")
앞뒤 암홀길이 차이 : 2.5cm(1")
뒤 진동 깊이

앞뒤 진동 높이의 차이를 1.2cm(1/2")로 맞추고 무다트방식 3을 적용하였습니다.

뒤판 가슴 길이는 유상동/4 + 1.9cm(3/4") 공식에서 0.6cm(1/4")를 더 길게 해주어 뒤가 편안하도록 해주었습니다.

뒤판 가슴 길이의 변화로 달라지는 암홀 길이의 차이를 맞추기 위한 방법은 제도순서 2에서 설명하였습니다.

앞판 제도순서

1. 기본 상의 원형의 어깨선 각도를 (g-i)로 잡아주었습니다.

2. 앞길이를 키우고 암홀 길이의 차이를 맞추기 위해 어깨선(g-i)를 0.6cm(1/4") 평행이동 시켰습니다. (j-k-l)

3. 어깨와 소매 부근이 당기지 않도록 (점k)에서 수직으로 0.6cm(1/4") 올려주었습니다. (점m)

4. (점j, m, l)을 자연스럽게 이어 어깨선을 만들어주었습니다.

순서 3에서 (점l)을 0.6cm(1/4") 올리지 않는 이유는 완성된 소매가 어깨점 부근에서 잘 가라앉도록 해주기 위함입니다.

뒤판 제도순서

1. 상의 원형 뒤판의 견갑골 다트가 처리된 어깨선 각도를 (a-b)로 잡아주었습니다.

2. 무다트방식 3을 적용해 앞으로 넘어가는 분량을 0.6cm(1/4)로 정하였습니다.

(어깨선 a-b)를 0.6cm(1/4") 평행이동시킵니다. (c-d)

3. 어깨와 소매 부근이 당기지 않도록 (점d)에서 수직으로 0.6cm(1/4") 올려주었습니다. (점f)

4. (점c, f, e)을 자연스럽게 이어 어깨선을 만들어주었습니다.

9.2 basic drop sleeve variation(기본 드롭 소매 변형)

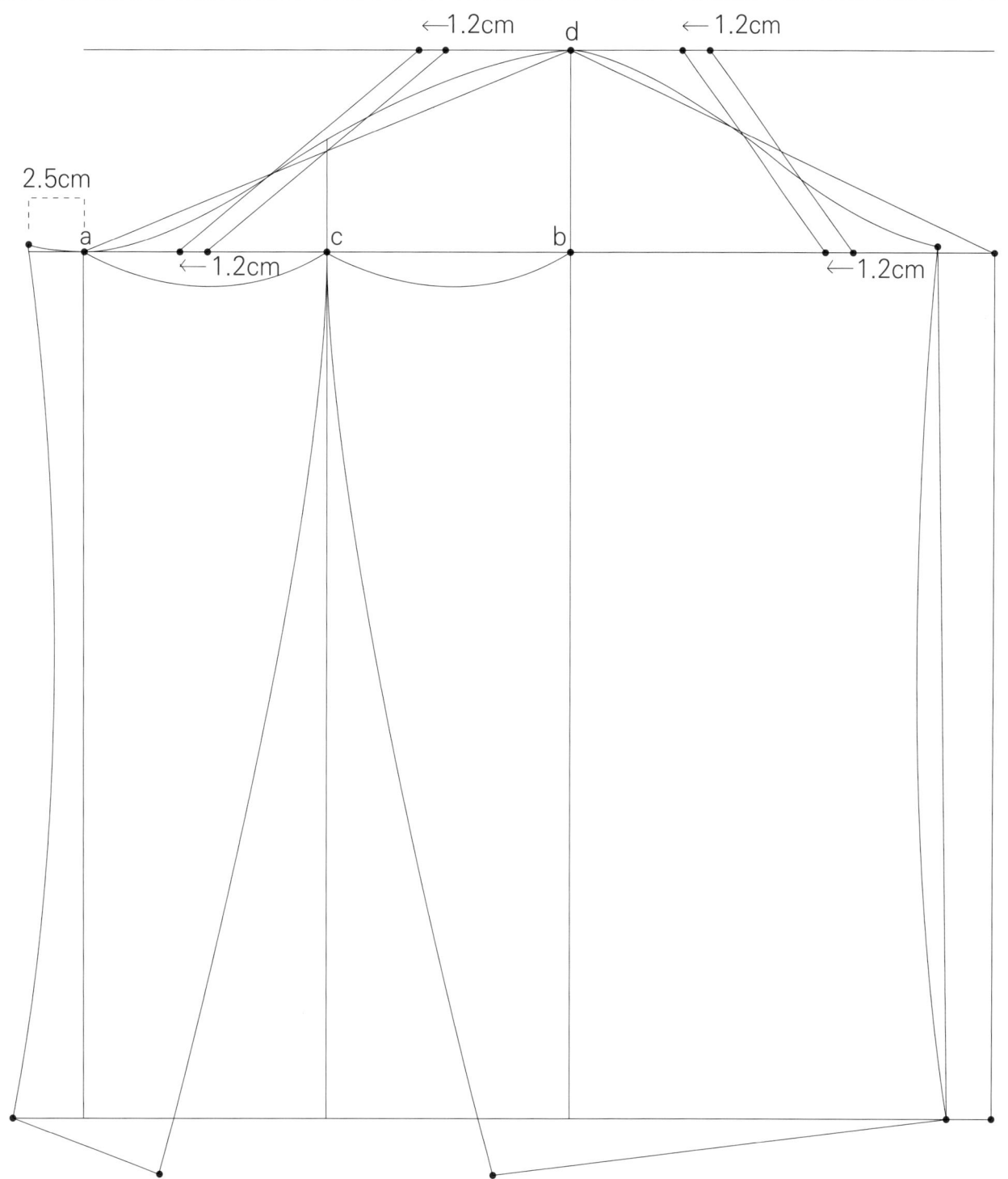

소매 기장 : 47cm(18 1/2")

소매산 : 8.9cm(3 1/2")

소매부리 : 28cm(11")

1. 소매중심점을 1.2cm(1/2") 앞쪽으로 옮기지 않아 (점c)의 위치를 (점a)와 (점b)의 이등분 지점으로 바꿔주었습니다.

2. 소매중심점을 1.2cm(1/2") 앞쪽으로 옮기지 않아 소매 보조선의 위치도 1.2cm(1/2") 이동되었습니다.

3. 두 장 소매로 소매의 회전을 의도하였습니다.

4. 뒤에서 앞으로 소매면적을 옮겨주는 폭은 2.5cm(1")로 정했습니다.

9.2 basic drop sleeve variation(기본 드롭 소매 변형)

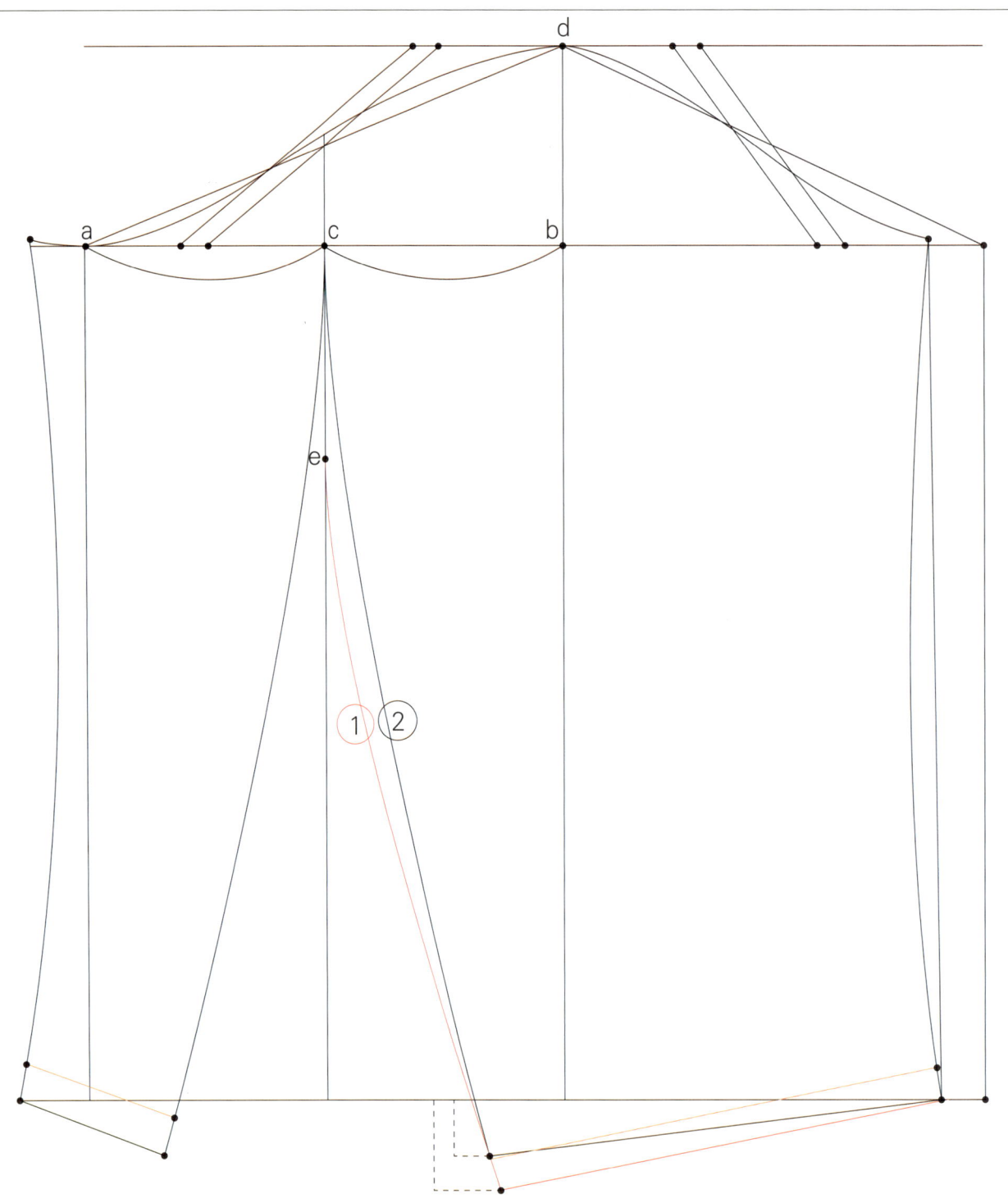

5. 소매의 절개선 곡률을 바꿔보았습니다. (빨간 선)

바뀐 절개선의 곡률로 완성된 소매는 기울기가 더 가파른 느낌을 주게 됩니다. 2번 절개선은 소매산 부근부터 곡이 시작되고(c), 1번 절개선은 (e) 부근부터 곡이 시작되는데 2번 절개선에 비해 1번 절개선은 곡선의 길이가 짧기 때문에 소매의 기울기가 급변함으로 소매의 인상이 더 가파른 느낌을 줍니다. 이를 통해 절개선의 곡률 또한 디자인적 요소로 판단될 수 있다는 사실을 알 수 있습니다. 그리고 바뀐 절개선으로 적절한 각도를 유지하여 소매부리를 그려줄 때 길이 차이가 발생합니다. (점선) 이런 문제를 해결하기 위해 주황선과 같이 소매부리선을 올려줄 수 있지만 이렇게 되면 소매 옆선의 길이가 줄어 듭니다. 그러므로 절개선의 곡률과 소매부리의 적합한 각도 및 소매 옆선의 길이를 종합적으로 고려하여 소매를 제도하는 자세가 필요합니다.

10. transform to single knit
(싱글조직 니트 원형)

10.1
transform to single knit(싱글조직 니트 원형)

10.1 transform to single knit
싱글조직 니트 원형(55 사이즈)

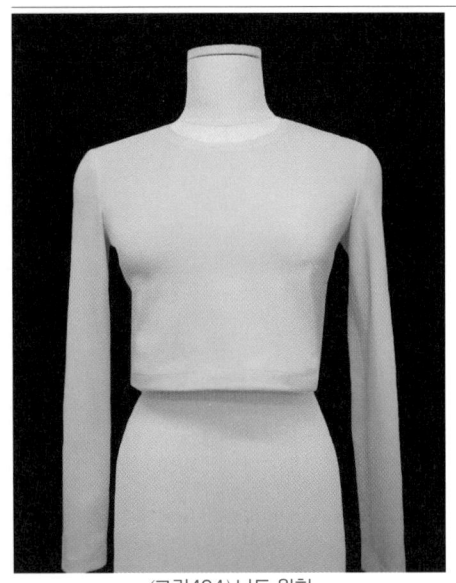

(그림434) 니트 원형

니트 원형을 이해하는 포인트는 신축성입니다. 원단의 늘어나는 정도에 따라 여유량이 달라지며 신축성에 따라 몸에 밀착하는 정도를 고려하여 패턴을 제도합니다. 따라서 같은 원형이라도 원단에 따라 패턴이 달라지며 니트의 조직과 직조 방법에 따라 달라지는 봉제방법과 재봉틀의 종류별 쓰임을 이해하는 것이 중요합니다.

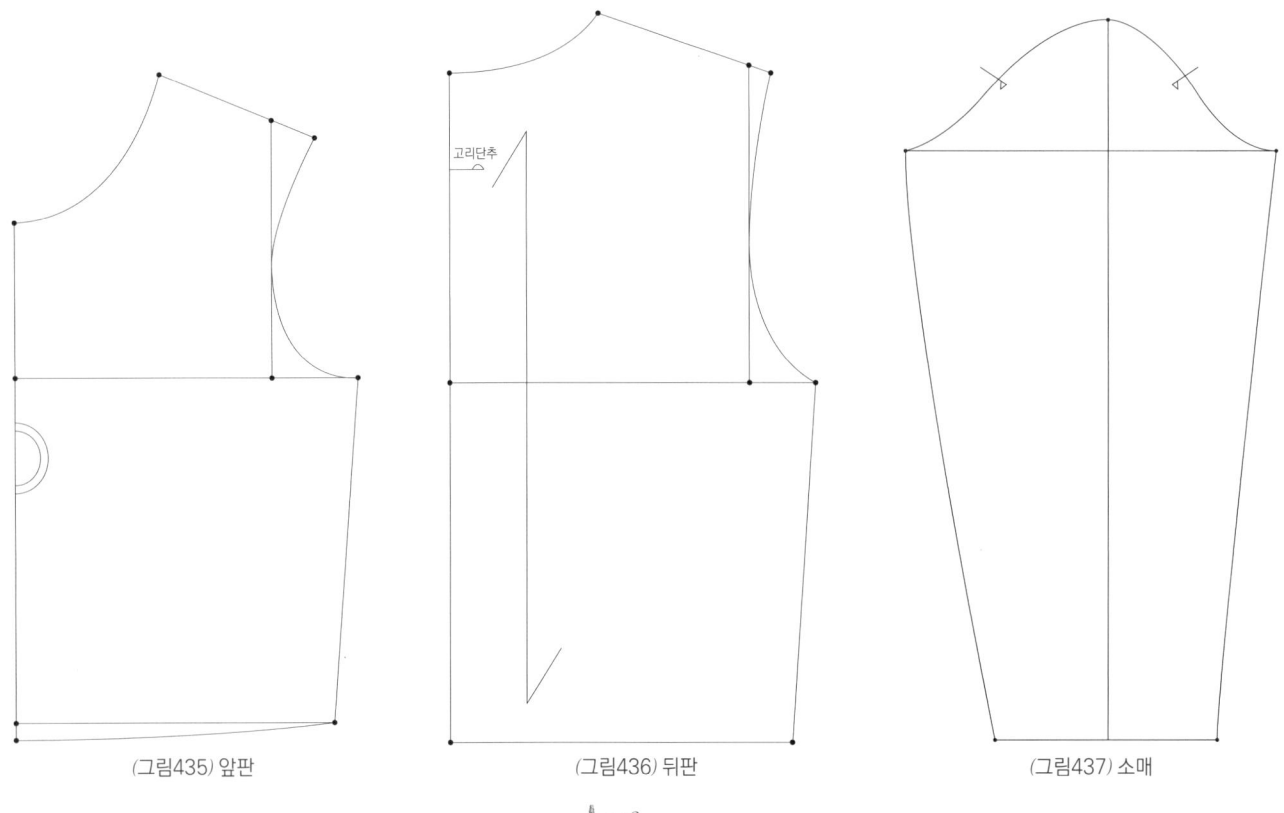

(그림435) 앞판　　(그림436) 뒤판　　(그림437) 소매

10.1 transform to single knit
싱글조직 니트 원형(55 사이즈) 앞판

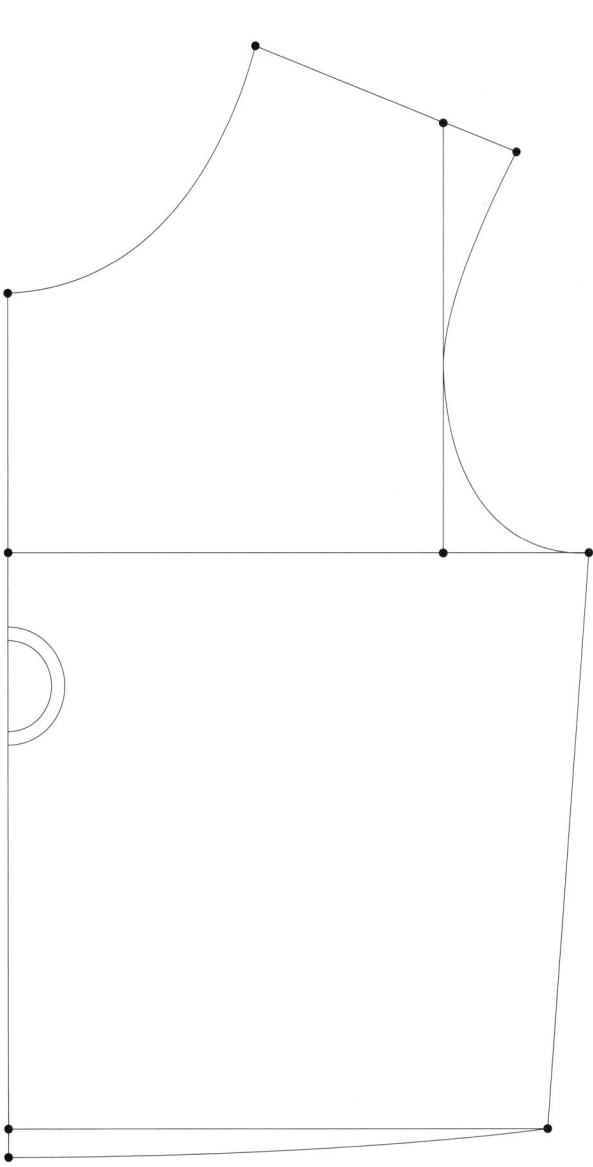

10.1 transform to single knit
싱글조직 니트 원형(55 사이즈) 앞판

FRONT(앞판)

1. 라운드 네크라인의 옆목점 거리로 7.6cm(3″)를 원점에서 나가준다.

2. 옆목점에서 어깨선 각도를 잡아준다.

3. 어깨선을 만든다.

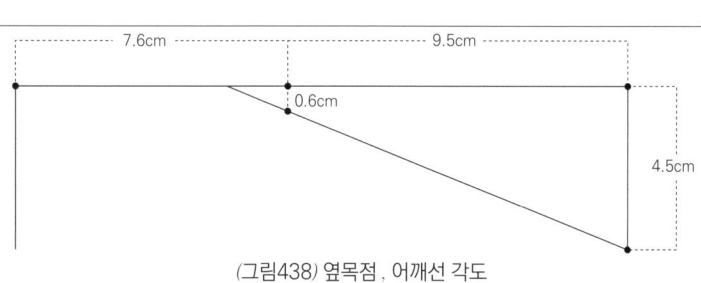

(그림438) 옆목점, 어깨선 각도

4. 옆목점에서 1.2cm(1/2″) 더 나가 옆목점을 다시 정해준다.

5. 앞목점을 원점에서 9.5cm(3 3/4″) 내려가 준다.

원점에서 옆목점과 앞목점까지 떨어지는 거리는 디자인에 따라, rib의 폭에 따라 조정된다.

6. 네크라인을 그려준다.

7. 어깨너비/2 - 0.6cm(1/4″) 공식을 이용해 어깨점을 찾아준다.

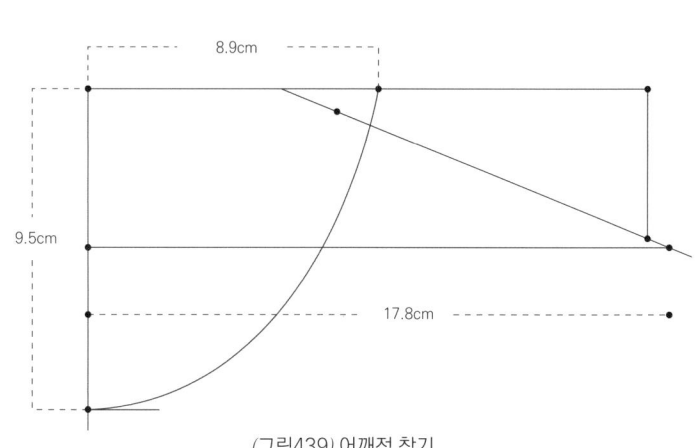

(그림439) 어깨점 찾기

(그림440)

네크라인에 붙어있는 rib의 모습이다. rib의 폭을 고려하여 원점에서 앞목점과 옆목점까지 떨어지는 거리를 정해준다.

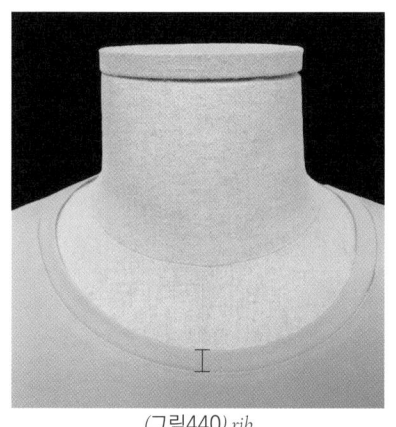

(그림440) rib

10.1 transform to single knit
싱글조직 니트 원형(55 사이즈) 앞판

8. 앞길이를 결정한다. = 38.1*cm*(15″)

38.1*cm*(15″)로 앞길이를 정해주고 앞내림 분량을 1*cm*(3/8″) 준다. 앞길이가 상의 원형의 앞길이보다 줄어든 이유는 원단의 신축성으로 몸에 붙는 정도가 달라져 뜨는 분량이 사라지기 때문이다.

**55 치수보다 큰 사이즈에 한해서는 무다트제도의 원리를 사용해준다.

9. 진동 깊이를 정해준다. = 18.4*cm*(7 1/4″)

진동 깊이가 낮아져 암홀 둘레가 좁아지고 소매폭이 줄어들지만 팔에 맞게 원단이 늘어나게 된다.

10. 앞 가슴 길이를 정해준다.

앞 가슴 길이는 신축성을 고려하여 기존 공식인 상동/4 + 1.9*cm*(3/4″)를 상동/4로 바꿔 20.3*cm*(8″)로 정해주었다.

11. 앞품선을 긋는다.

원형의 앞품 수치보다 줄여 15.2*cm* (6″) 로 바꿔주었다.

12. 허리 옆선을 긋는다.

허리 옆선은 1.2*cm*(1/2″)를 깎아주어 약간 슬림하게 해주었다.

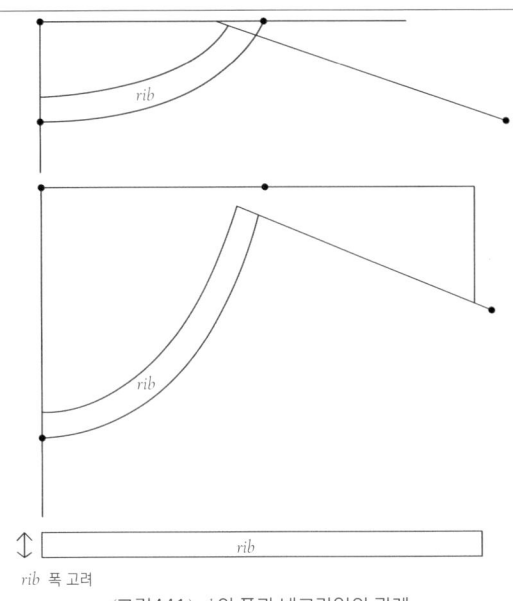

(그림441) *rib*의 폭과 네크라인의 관계

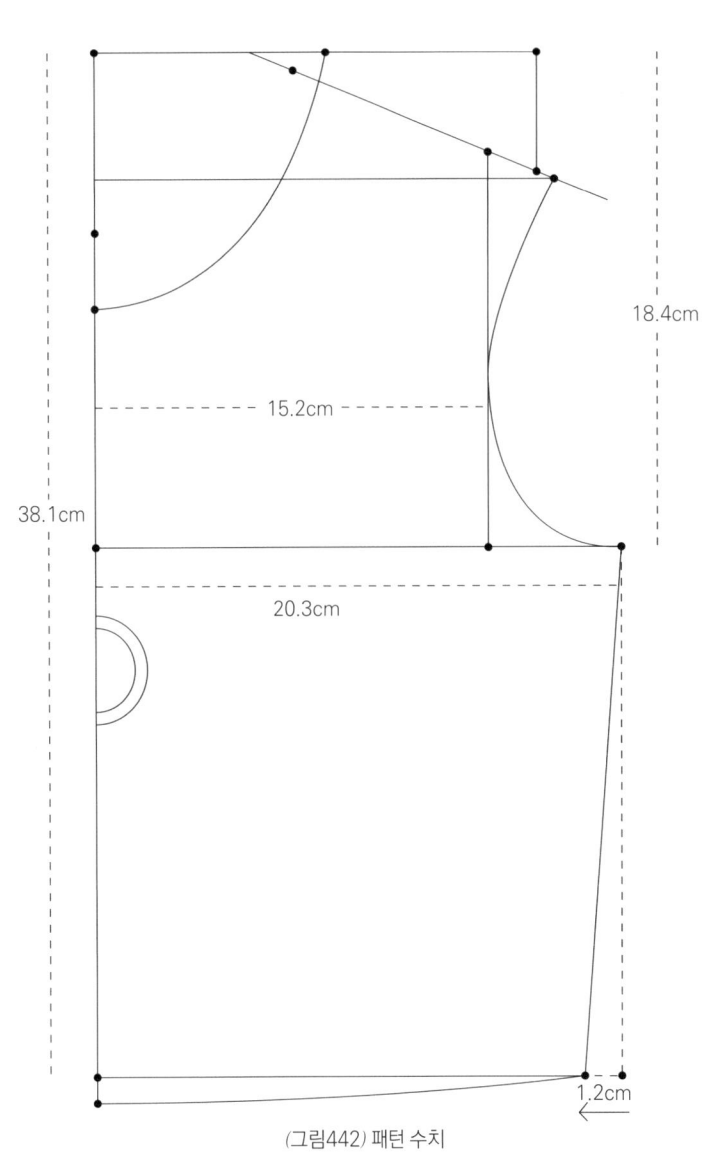

(그림442) 패턴 수치

10.1 transform to single knit
싱글조직 니트 원형(55 사이즈) 뒤판

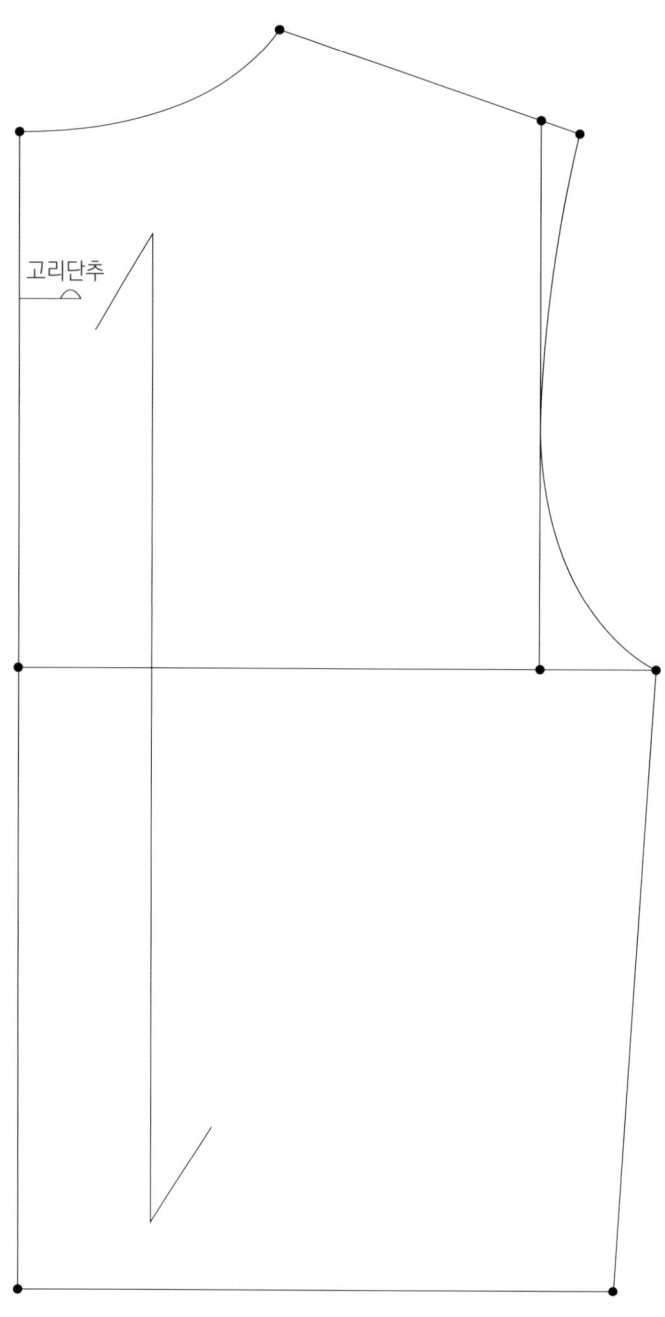

10.1 transform to single knit

싱글조직 니트 원형(55 사이즈) 뒤판

1. 원점에서 7.6cm(3″) 나가 옆목점을 잡아준다.

2. 뒷목점과 옆목점 사이의 수직높이를 2.5cm(1″)로 정해준다.

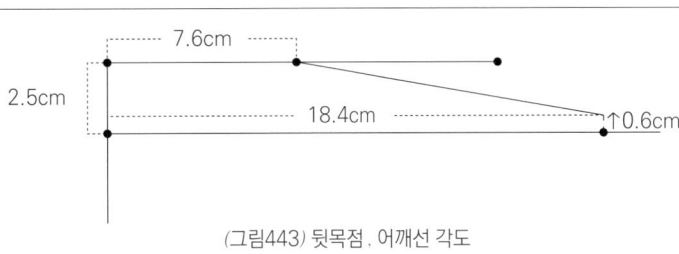

(그림443) 뒷목점 . 어깨선 각도

3. 뒷중심선에서 어깨너비만큼 수평으로 떨어진 다음 어깨선 각도를 찾아준다.

4. rib의 폭을 고려하여 옆목점과 뒷목점의 위치를 1.2cm(1/2″)씩 옮겨준다.

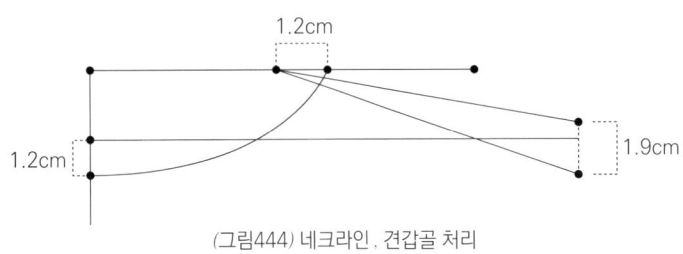

(그림444) 네크라인 . 견갑골 처리

5. 견갑골 다트 처리를 위해 어깨선 각도를 1.9cm(3/4″) 낮춘다.

6. 등길이를 정한다. = 38.1cm(15″)

7. 뒤 가슴 길이를 유상동/4 + 1.9cm(3/4″) 기존공식에서 유상동/4 로 바꿔준다. = 21cm(8 1/4″)

8. 뒤품을 원형의 뒤품 보다 줄여 17.1cm(6 3/4″)로 맞춰준다.

9. 허리 옆선은 1.2cm(1/2″)를 깎아준다.

10. 앞판과 뒤판의 암홀 길이 차이가 1.9cm(3/4″)인지 확인한다.

11. 뒷목점에서 수직으로 7.6cm(3″) 내려간 지점에 고리단추 표시를 해준다.

12. 결선을 그린다. (완성)

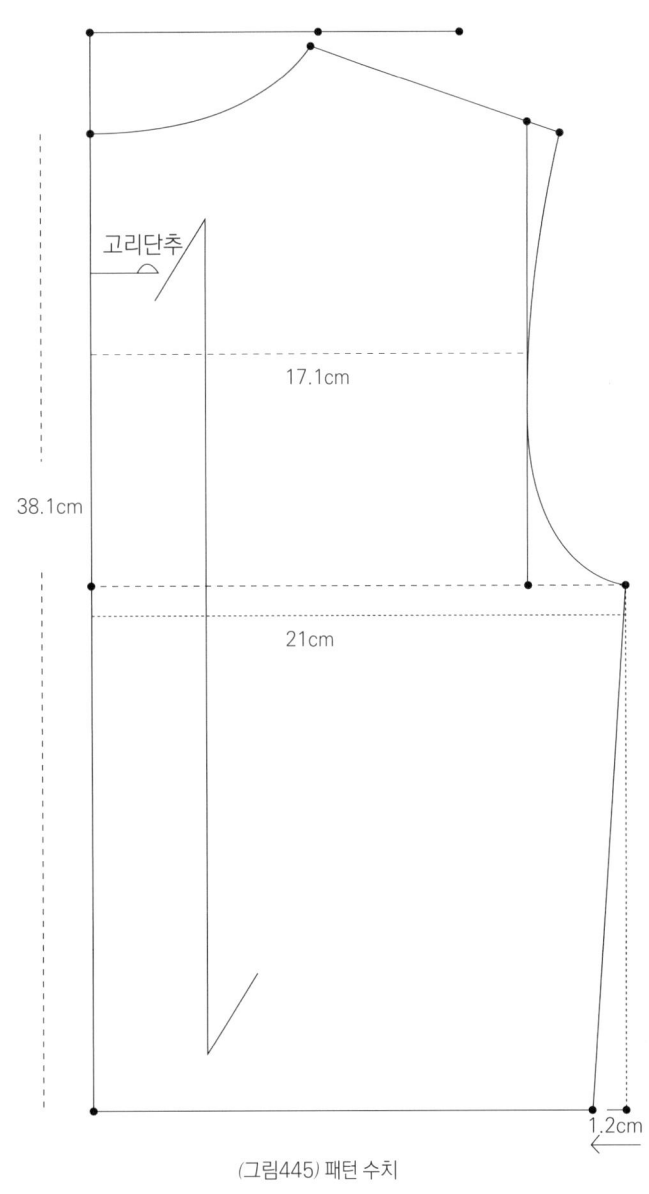

(그림445) 패턴 수치

10.1 transform to single knit
(rib 제도 및 이해)

- 네크라인 둘레 - 3.2cm(1 1/4") -

1. rib을 제도한다.

폭 : 1.2cm(1/2")

길이 : 네크라인 둘레 - 3.2cm(1 1/4")

네크라인 둘레 - x = 직물의 종류와 신축성에 따라 네크라인 둘레에서 빼주는 길이가 달라진다.

**rib은 환편기로 짠 니트의 한 종류이며 우리말로는 고무단 또는 조르개라고 불린다.

**그 외 편성물의 종류

1. 싱글 저지 *single jersey*
2. 인터로크 *interlock*
3. 프렌치 테리 *french terry*
4. 쭈리 *mini zurry*

트임이 없는 경우와 트임이 있는 경우 트임의 위치

몸판에 트임이 없는 경우 패턴의 네크라인 둘레가 좁으면 머리가 들어가지 않으므로 적절한 네크라인 둘레를 확보해주어야 한다.

적절한 네크라인 둘레는 직물의 신축성에 따라 달라지는데 머리둘레가 55.9cm(22")일 경우 신축 정도가 약한 싱글 니트직의 경우 네크라인 둘레를 58.4cm(23") 정도로 맞춰줄 수 있다.

반면 니트로 자주 사용되는 잘 늘어나는 직물의 경우 rib이 5.1cm(2")까지 늘어나 네크라인 둘레를 50.8cm(20")로 맞춰줄 수 있다.

트임이 있는 경우는 트임의 위치에 따라 머리가 들어갈 수 있는 네크라인 둘레가 달라짐으로 트임의 높이를 고려하여 네크라인 둘레를 맞춰줄 수 있다.

**rib이 우븐일 경우

rib은 일반적으로 당겨가면서 네크라인에 붙는다. rib이 우븐일 경우에는 잘 늘어나지 않으므로 바이어스로 재단하여 다리미로 네크라인의 둥근 형태를 만들어줄 수 있다. 또한 트임의 유무를 정하거나 적절한 네크라인 둘레를 확보해주어야 한다.

10.1 transform to single knit
sleeve(소매)

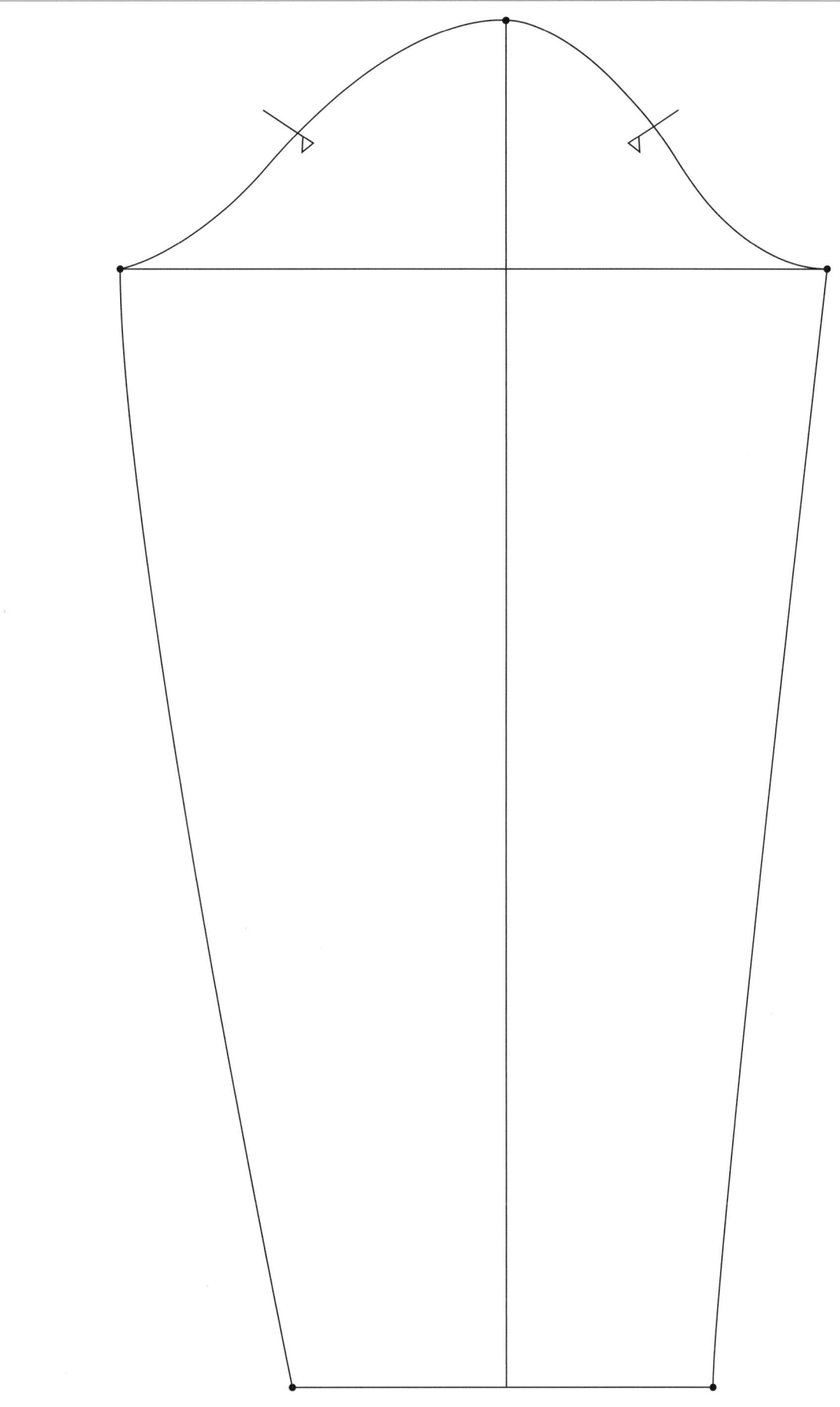

10.1 transform to single knit
sleeve(소매)

1. 소매산 높이를 정한다.

이즈량을 없애주기 위해 소매 보조선의 길이를 조정한다. *(이즈량 전체 1/8″ 미만)*

이즈량을 줄여준 이유는 원단이 늘어나기 때문에 오그라지는 이즈 분량으로 위팔 부근의 여유 면적을 확보하지 않아도 문제가 되지 않기 때문이다.

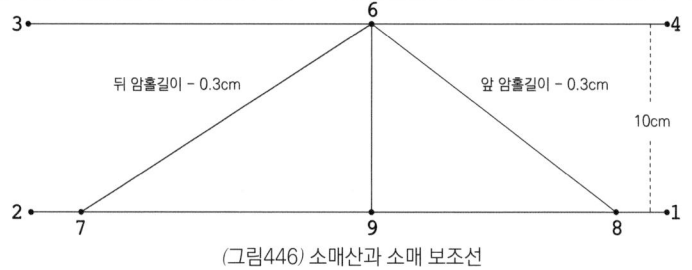

(그림446) 소매산과 소매 보조선

**보조선의 길이를 - 0.3*cm*(1/8″) 빼주는 이유는 이즈량을 줄여주기 위한 행위이다. 이즈량은 소매산을 낮춰서 줄여줄 수도 있지만 보조선의 길이를 약간 줄여 이즈량을 줄여줄 수도 있다. 보조선 길이를 많이 줄이게 되면 소매산이 높아지면서 적절치 못한 이즈량이 생기거나 소매폭이 줄어들어 문제가 발생한다.

3. 소매달림선을 그리고 *(점7)*과 *(점8)*에서 소매 기장까지 수직선을 긋는다. *(점10, 11)*

소매 기장 = 55.9*cm*(22″)

4. *(점10)*과 *(점11)*을 직선으로 이어준다.

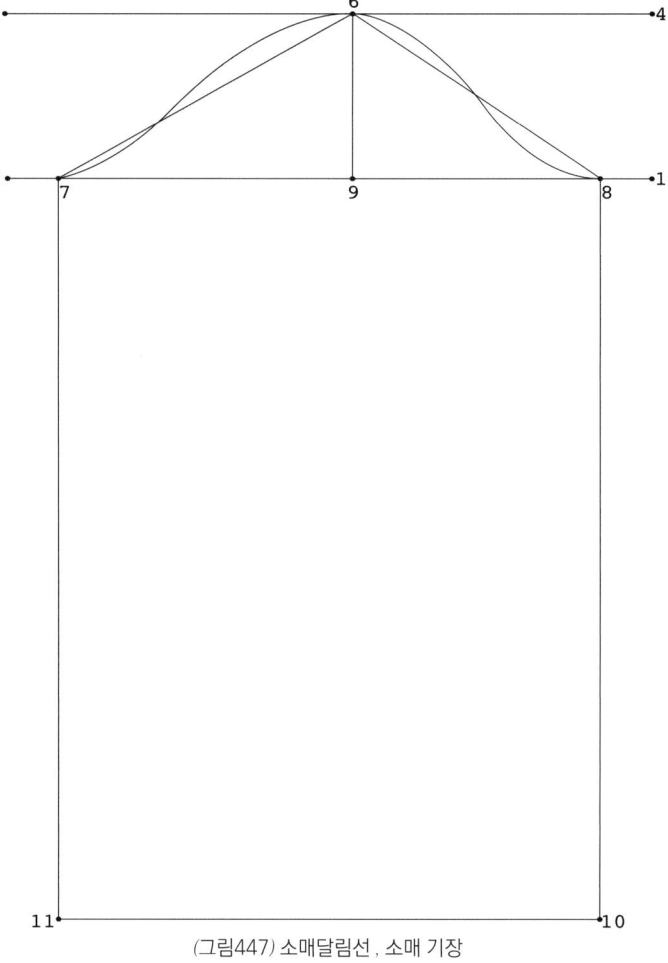

(그림447) 소매달림선, 소매 기장

10.1 transform to single knit
sleeve(소매)

5. 소매회전을 시키기 위해 소매부리 길이를 정한 다음 (점10) 과 (점11)에서 소매부리 양 끝점까지 떨어트려주는 길이의 차이를 준다.

(선분 11-13) 길이 = $1.5x$

(선분 10-12) 길이 = x

소매부리 길이 = 17.8cm(7″)

소매부리 길이 또한 신축성을 고려하여 짧아졌다.

6. 소매옆선을 곡자로 긋는다. (곡선7-13, 8-12)

양쪽 소매 옆선의 길이를 비교하면 약간의 차이가 생기게 되는데 이는 이즈분량으로 처리해준다. 차이는 0.4cm 미만이 적절하다.

이즈분량은 원단에 따라 문제가 없는 정도의 수치로 만들어주어야 한다.

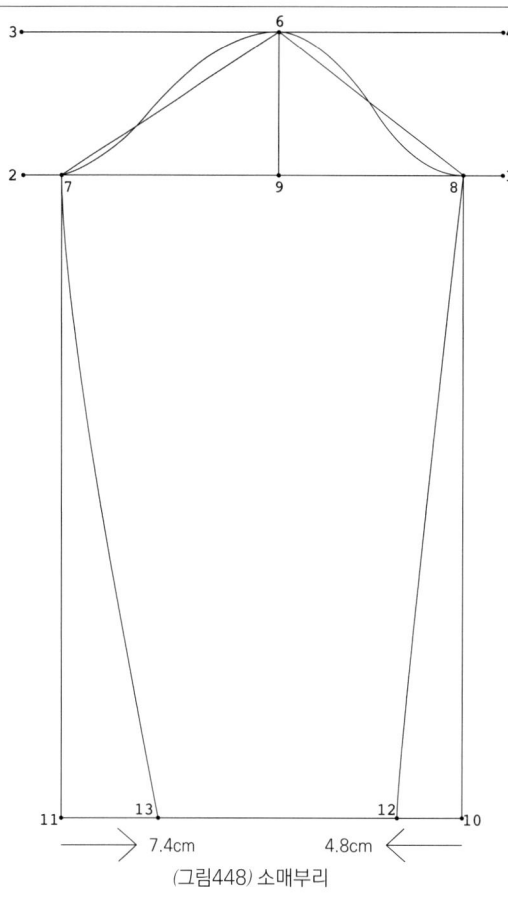

(그림448) 소매부리

7. 암홀 길이와 소매달림선의 길이를 확인하여 너치를 만들어준다.

8. 결선(소매중심선)을 그어준다. (완성)

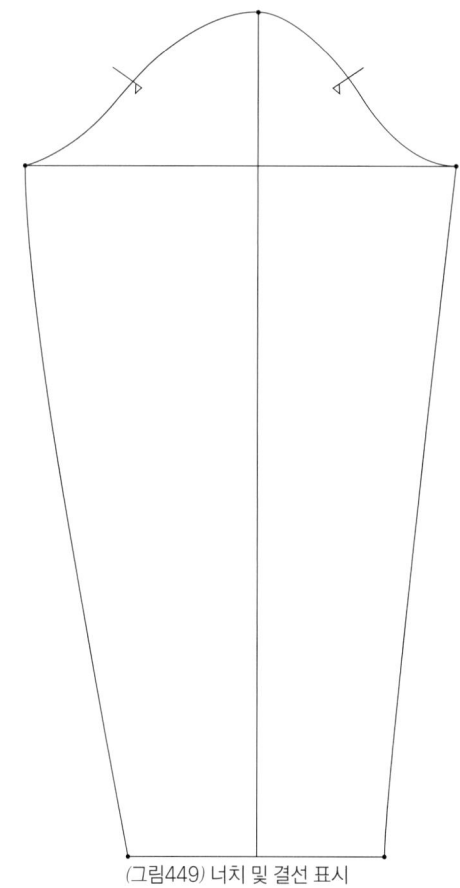

(그림449) 너치 및 결선 표시

11.
tight bodice pattern varation

(상의 원형의 변화)

11.1
tight bodice pattern varation(상의 원형의 변화) 상동, 유상동 차이 3.8cm(1 1/2")

11.2
tight bodice pattern varation(상의 원형의 변화) 상동, 유상동 차이 5.1cm(2")

11.3
tight bodice pattern varation(상의 원형의 변화) 상동과 유상동의 차이가 2" 초과일 경우

11.4
tight bodice pattern varation(상의 원형의 변화) 어깨점 선정문제

11.5
tight bodice pattern varation(상의 원형의 변화) 상견과 하견

11.6
tight bodice pattern varation (상의 원형의 변화) 굴신

11.7
tight bodice pattern varation(상의 원형의 변화) 반신

11.1 tight bodice pattern varation(상의 원형의 변화)

상동, 유상동 차이 3.8cm(1 1/2")

앞길이 : 40.6cm(16")
등길이 : 38.1cm(15")
어깨너비 : 36.8cm(14 1/2")
앞품 : 31.7cm(12 1/2")
뒤품 : 36.2cm(14 1/4")
상동 : 81.3cm(32")
유상동 : 85.1cm(33 1/2")
앞 가슴길이 : 22.2cm(8 3/4")
뒤 가슴길이 : 23.2cm(9 1/8")
유장 : 24.1cm(9 1/2")
유폭 : 16.5cm(6 1/2")
허리 : 66cm(26")

1. 표준 사이즈와 비교하여 유상동이 커짐으로 앞길이가 40.6cm(16")로 변했습니다.

2. 앞길이와 등길이의 차이만큼 가슴 다트가 2.5cm(1")로 변했습니다.

3. 뒤판 가슴길이가 유상동 공식에 의하여 23.2cm(9 1/8")로 변했습니다.

4. 뒤판 가슴길이와 뒤판 허리 길이의 차이가 0.3cm(1/8") 늘어났으므로 늘어난 차이 분량을 뒷중심에서 처리해주었습니다.

인체의 뒷중심은 견갑골부터 허리까지의 굴곡이 심하므로 뒷중심에서 처리해주는 것이 기본입니다. 대체로 뒷중심 파임을 2.5cm(1") 까지 처리해도 무리가 없는 경우가 많습니다.

5. 뒤품이 36.2cm(14 1/4")로 변했습니다.

뒤 가슴 길이가 0.3cm(1/8") 길어졌으므로 뒤판의 암홀의 길이도 0.3cm(1/8") 증가합니다. 증가된 암홀 길이로 인하여 앞뒤 암홀 길이의 차이가 1.9cm(3/4")를 벗어납니다. 뒤품을 35.6cm(14")에서 36.2cm(14 1/4")로 수정해주면 암홀 길이 차이는 다시 1.9cm(3/4")로 유지됩니다. 뒤품을 키워준 이유는 유상동의 증가 때문입니다. 상동과 유상동의 표준 차이인 2.5cm(1")에서 3.8cm(1 1/2")로 변했다는 의미는 가슴 사이즈의 증가를 의미합니다. 가슴 사이즈가 커져 가슴의 무게가 증가하므로 체형이 앞으로 굽어지는 요인으로 작동합니다. 등이 굽어진 상태에서 뒤품이 당기지 않도록 뒤품을 0.6cm(1/4") 키워줍니다. 상동과 유상동의 차이가 3.8cm(1 1/2") 인 여성의 경우 대체로 약굴신인 체형분들이 많이 보입니다.

11.1 tight bodice pattern varation(상의 원형의 변화)

상동, 유상동 차이 3.8cm(1 1/2")

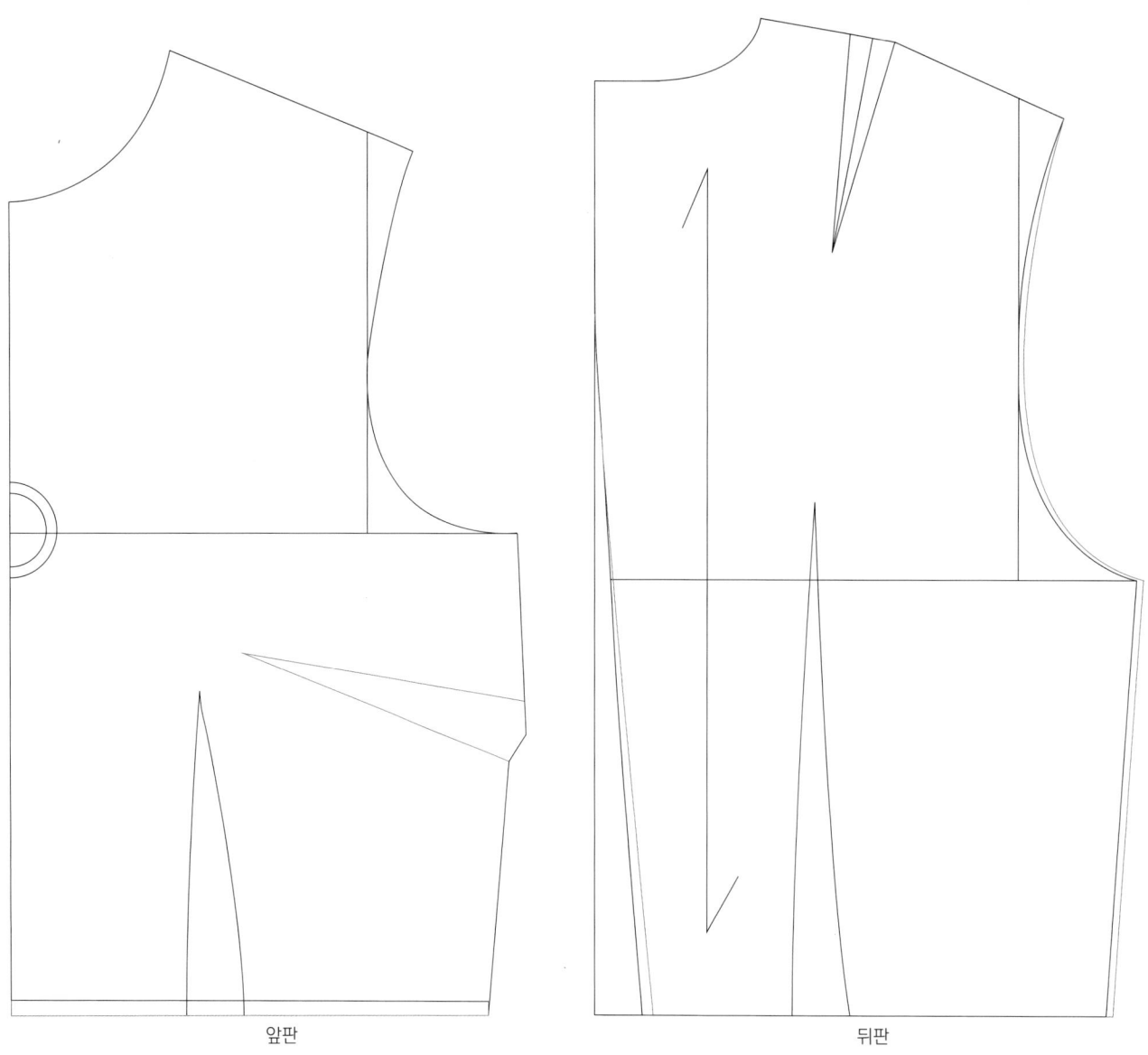

앞판   뒤판

11.2 tight bodice pattern varation (상의 원형의 변화)

상동, 유상동 차이 5.1cm(2")

체촌 앞길이 : 41.9cm(16 1/2") 패턴앞길이 : 41.3cm(16 1/4")

등길이 : 38.1cm(15")

어깨너비 : 36.8cm(14 1/2")

앞품 : 31.7cm(12 1/2")

뒤품 : 36.2cm(14 1/4")

상동 : 81.3cm(32")

유상동: 86.4cm(34")

앞 가슴 길이 : 22.2cm(8 3/4")

뒤 가슴 길이 : 23.5cm(9 1/4")

유장 : 24.1cm(9 1/2")

유폭 : 16.5cm(6 1/2")

허리 : 66cm(26")

1. 유상동의 증가로 체촌 앞길이가 41.9cm(16 1/2")로 변했습니다.

체촌시 앞길이와 다르게 패턴의 앞길이는 41.3cm(16 1/4")로 설정해주었습니다. 이는 다트의 폭을 줄여 가슴 쪽에서 안착이 잘 이루어지도록 하기 위함입니다. (그림 450)

필요에 따라 부족한 앞길이는 앞내림분으로 커버합니다.

2. 패턴의 앞길이와 등길이의 차이만큼 가슴 다트의 폭이 3.2cm(1 1/4")로 변했습니다.

3. 뒤판 가슴길이가 유상동 공식에 의하여 23.5cm(9 1/4") 로 변했습니다.

4. 뒷중심다트와 파임을 (그림451)과 같이 분배해주었습니다.

5. 뒤품이 0.6cm(1/4") 증가했습니다.

6. 암홀의 길이 차이가 1.9cm(3/4") 되도록 암홀을 그려줍니다.

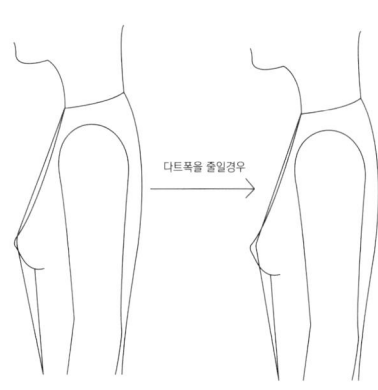

(그림450) 다트 폭에 따른 가슴 부위 뜨임변화

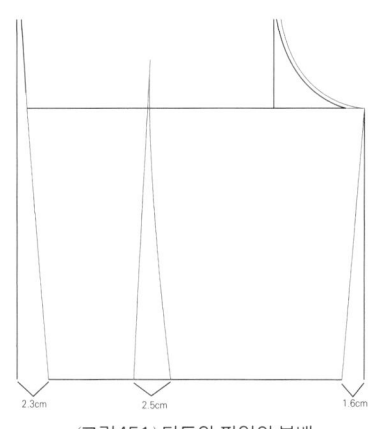

(그림451) 다트와 파임의 분배

11.2 tight bodice pattern varation(상의 원형의 변화)

상동, 유상동 차이 5.1cm(2″)

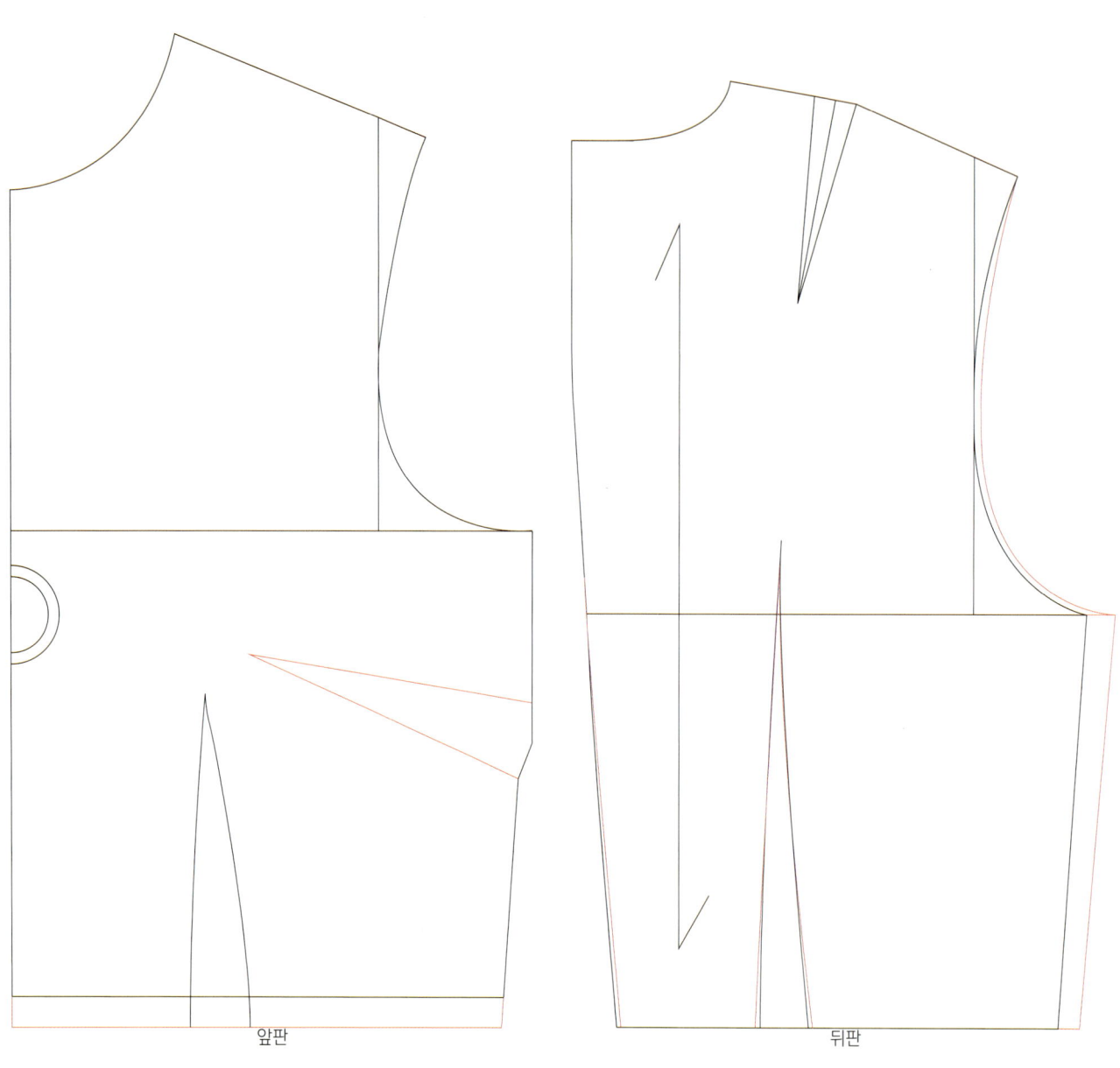

11.2 tight bodice pattern varation (상의 원형의 변화)
상동, 유상동 차이 5.1cm(2")

상동과 유상동의 차이는 2"이지만 약굴신을 동반하지 않아 뒤품이 표준 체형의 치수일 경우

상동과 유상동의 차이는 5.1cm(2")이지만 뒤품이 정상체형 수치일 경우 표준 체형의 뒤품인 35.6cm(14")에 맞게 암홀을 그려주면 뒤 암홀의 길이가 길어져 앞뒤 암홀 길이의 차이가 벌어지게 된다. 이럴 경우 뒤 암홀을 그릴 때 (그림453)의 화살표처럼 암홀 모양을 조정해주어 암홀 길이를 맞춰줄 수 있다. 뒤 암홀은 (그림453)처럼 0.3cm(1/8") 정도 면적이 넓어지는 쪽으로 움직여주는 것은 대부분 문제가 되지 않는다. 반면 면적이 줄어드는 쪽으로 암홀을 깎아주면 당기는 느낌을 받을 수 있음으로 면적을 줄여주지는 않는다.

0.3cm(1/8") 정도의 암홀 조정은 앞판에서도 가능하다. 뒤판 암홀과는 다르게 앞판 암홀은 면적을 키워주는 쪽으로 암홀 모양을 수정하면 소매부착 시 겨드랑이 쪽이 남을 수가 있다. 그러므로 앞판 암홀은 미세하게 면적을 줄여주는 것은 가능하지만 대체로 면적을 키워주지는 않는다.

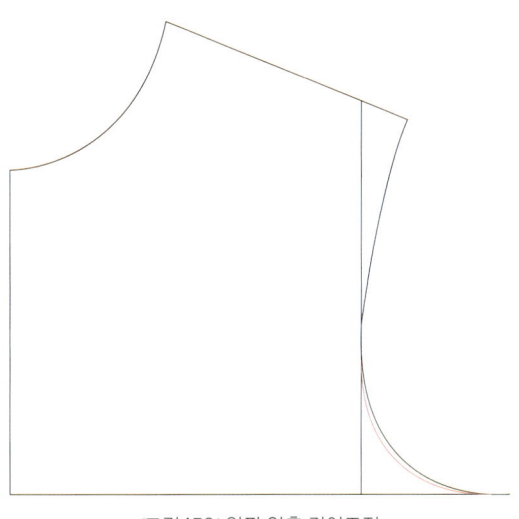

(그림452) 앞판 암홀 길이조정

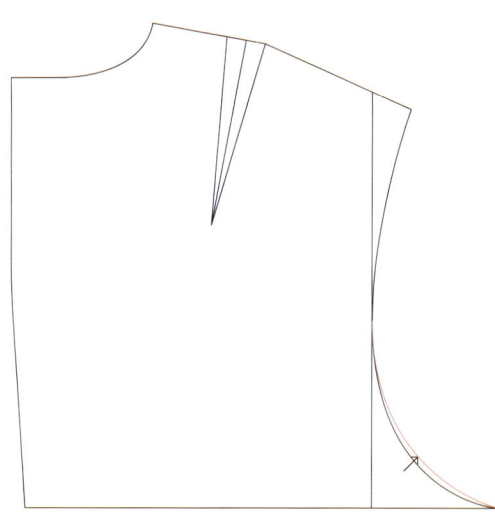

(그림453) 뒤판 암홀 길이조정

상동과 유상동의 차이가 2"일 때 가슴 길이 수치에 대한 고찰

상동과 유상동의 차이가 1"인 패턴과 2"인 패턴을 비교해보면 앞판 가슴길이 공식은 상동/4 + 1.9cm(3/4")이므로 두 패턴 모두 앞판 가슴 길이는 동일한 길이로 제도된다. 그러므로 유상동 사이즈가 커졌는데 앞판 가슴 길이가 변하지 않는 것에 대해 의문을 가질 수가 있다.

상동과 유상동의 차이를 최대 2"까지 원형의 제도법을 사용했을 때 문제가 일어나지 않았던 이유를 생각해보면 가슴다트에서 어느 정도 면적의 확보가 이루어지기 때문으로 판단하고 있다.

유상동 사이즈의 증가는 앞길이의 증가를 동반하고 앞길이의 증가는 자연스럽게 가슴다트의 폭을 증가시킨다. (그림454)를 보면 가슴다트 폭의 증가는 앞길이의 증가인 세로 방향의 길이 증가뿐만 아니라 가로 방향의 면적증가 또한 이루어지는 것을 알 수 있다. (그림454)의 빨간 선

디자인에 따라 달라지겠지만 오랜 경험을 비추어 보아 상동과 유상동의 차이가 2" 정도까지는 기존의 가슴 길이 공식인 상동/4 + 1.9cm(3/4") 방법을 적용하여도 가슴쪽에 문제가 생기지 않고 잘 안착하는 것으로 나타났다.

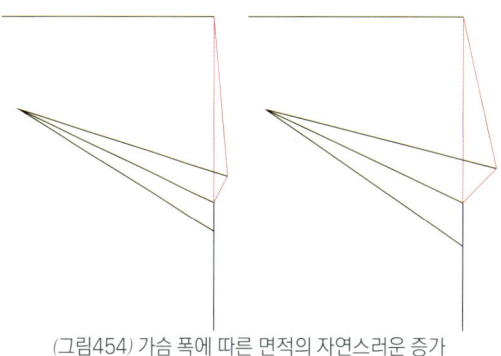

(그림454) 가슴 폭에 따른 면적의 자연스러운 증가

11.3 tight bodice pattern varation(상의 원형의 변화)

상동과 유상동의 차이가 2″ 초과일 경우

문제 사항

1. 상동과 유상동의 차이가 2″ 초과일 경우 암홀 길이의 차이가 크게 벌어져 1.9cm(3/4″)의 차이를 유지할 수 없습니다.

2. 체촌된 유상동 사이즈로 가슴 길이 공식을 대입하면 뒤판의 가슴 길이가 필요 이상으로 길어져 타이트핏을 구현할 수 없습니다.

조정 방안

상동과 유상동의 차이가 2″ 초과일 경우 상동과 유상동의 수치를 조정해줍니다.

예시 1

상동 40 / 유상동 43 = 상동 41 / 유상동 42 (차이를 1″로 조정하였습니다)

예시 2

상동 40 / 유상동 43 = 상동 40 1/2 / 유상동 42 1/2 (차이를 2″로 조정하였습니다)

잘못된 예시 1

상동 40 / 유상동 43 = 상동42 / 유상동43

앞판의 가슴 길이가 많이 길어져 앞판에 여유 분량이 많아집니다.

잘못된 예시 2

상동 40 / 유상동 43 = 상동40 / 유상동42

가슴 사이즈에 비해 상동 사이즈를 조금이라도 키워주지 않아 앞판의 여유가 부족합니다.

잘못된 예시 3

상동 40 / 유상동 43 = 상동39 / 유상동41

변경된 상동 사이즈가 체촌 상동 사이즈보다 줄어들어 앞판의 여유가 부족하게 됩니다.

11.4 tight bodice pattern varation(상의 원형의 변화)
어깨점 선정문제

체촌 시 앞품, 뒤품을 올바르게 측정하였더라도 어깨점 위치를 잘못 잡아 어깨너비가 적절치 못해 문제가 생기는 경우가 종종 있다. 어깨점 위치는 민감하기 때문에 이런 경우 앞품과 뒤품의 수치가 부족하여 옷이 당길 수 있으며 어깨점 위치를 조정한 뒤 암홀 모양을 수정해주어야 한다.

11.5 tight bodice pattern varation(상의 원형의 변화)

상견과 하견

상견과 하견의 이해

정상 체형의 쇄골 각도에 비해 쇄골이 솟은 경우 상견, 쇄골이 쳐진 경우 하견이라고 부른다. 상견과 하견은 선천적인 요인과 후천적인 요인으로 나누어 바라볼 수 있다.

1. 하중

한쪽 어깨로 크로스백을 메는 등 한쪽 어깨에만 하중이 실릴경우 어깨의 하중이 척추까지 이어지게 된다. 이로 인해 척추가 휘어지면 반대쪽 어깨는 반대로 솟아 보인다. 하중이 가해진 어깨는 하견이 되고 반대쪽 어깨는 상견처럼 보일 수 있다.

2. 근육

상체의 목 주위에 있는 승모근은 상부 승모근이라고 부른다. 팔을 위로 올리는 동작을 할 때 견갑골이 몸의 바깥 방향으로 움직이면서 상부 승모근이 발달하는데 이럴경우 어깨는 상견이 되기쉽다. 반대로 하중을 팔 아래 방향으로 가하는 동작을 자주 하게 되면 견갑골이 몸 안쪽 방향으로 움직이면서 하중을 받으므로 상부 승모근이 늘어나면서 어깨가 처져 하견이 되기 쉽다. 쇄골의 움직임은 근육과 척추 및 무게중심에 영향을 받는다.

3. 근육의 상태 유지

어깨가 하중을 받게 되면 몸이 앞으로 기울어지면서 대흉근이라는 근육은 단축된다. 이러한 단축의 지속은 근육에 관성을 띠게 해 대흉근의 길이가 짧아진 상태로 유지되기 때문에 점점 등을 피는 자세가 불편하다고 느끼게 된다. 또 다른 예로 몸을 앞으로 기울이면서 오래 노트북을 보게 되면 가슴 쪽 근육이 수축하여 등을 펴는 것에 불편함을 느끼게 된다. 이럴 경우 등이 굽게 되고 어깨각도가 틀어지게 된다.

11.5 tight bodice pattern varation(상의 원형의 변화)
상견

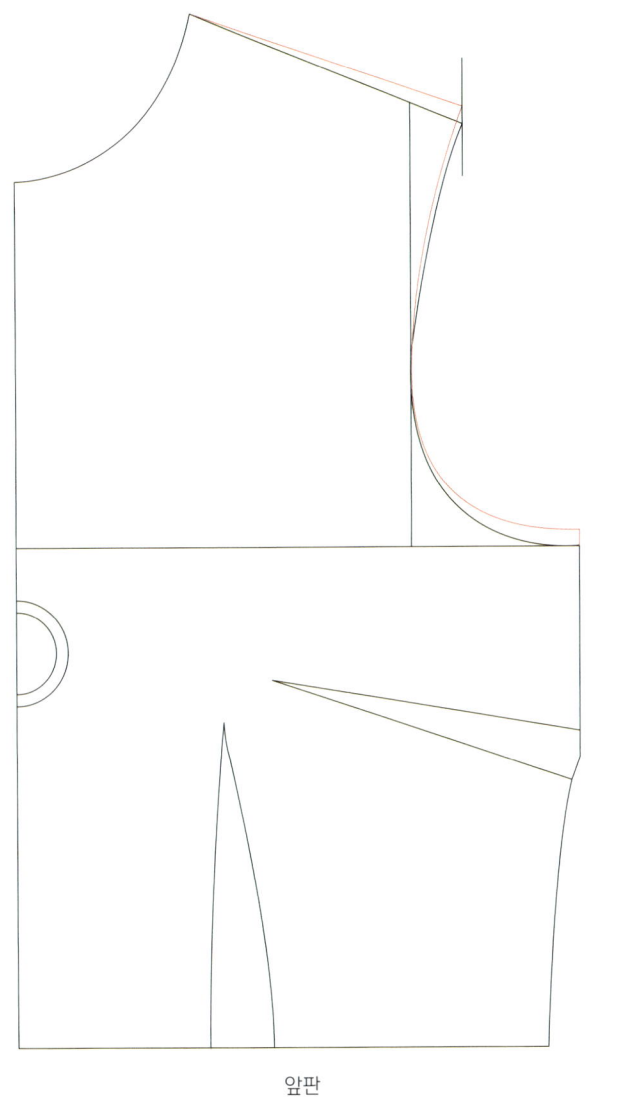

앞판

뒤판

11.5 tight bodice pattern varation(상의 원형의 변화)

상견

front

1. 정상 어깨 기울기에서 0.6cm(1/4″) 올려준다.

고객 어깨의 솟음 정도에 따라 올려주는 양을 조절해준다.

2. 어깨너비 수치에 맞춰 어깨점을 찾아준다.

3. 어깨선이 올라가 암홀의 길이가 길어짐으로 기존의 암홀 길이로 맞추기 위해

진동선을 0.6cm(1/4″) 올려주고 암홀을 그려준다.

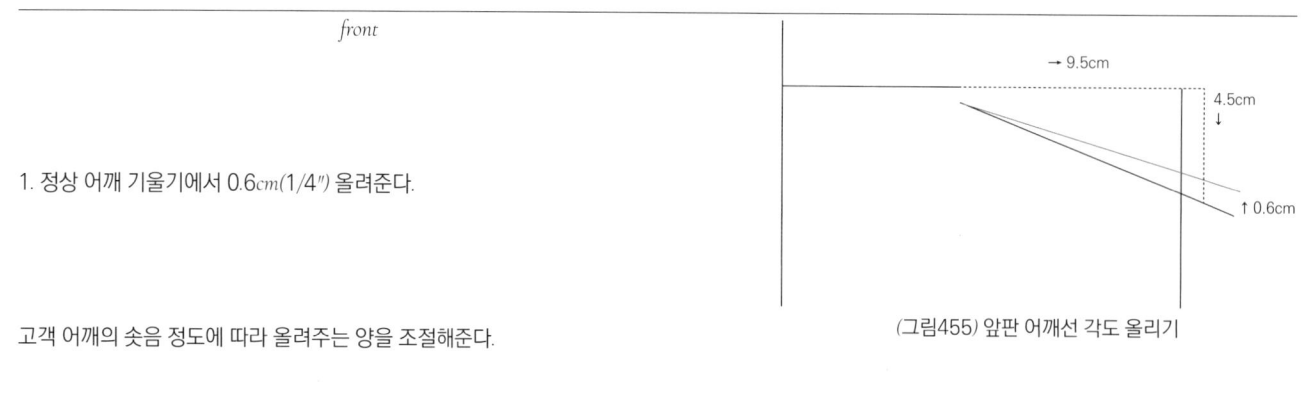

(그림455) 앞판 어깨선 각도 올리기

back

1. 정상 어깨 기울기에서 0.6cm(1/4″) 올려준다.

2. 어깨너비 수치에 맞춰 견갑골 다트와 어깨점을 찾아준다.

3. 어깨선이 올라가 암홀의 길이가 길어짐으로 기존의 암홀 길이로 맞추기 위해

진동선을 0.6cm(1/4″) 올리고 암홀을 그려준다.

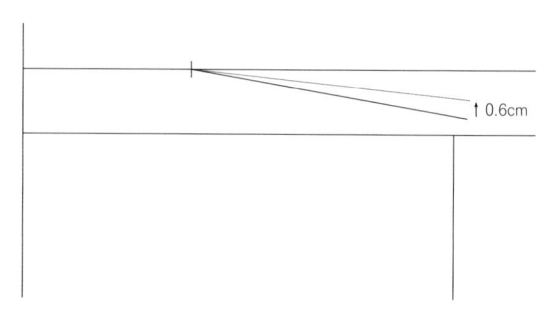

(그림456) 뒤판 어깨선 각도 올리기

11.5 tight bodice pattern varation(상의 원형의 변화)
하견

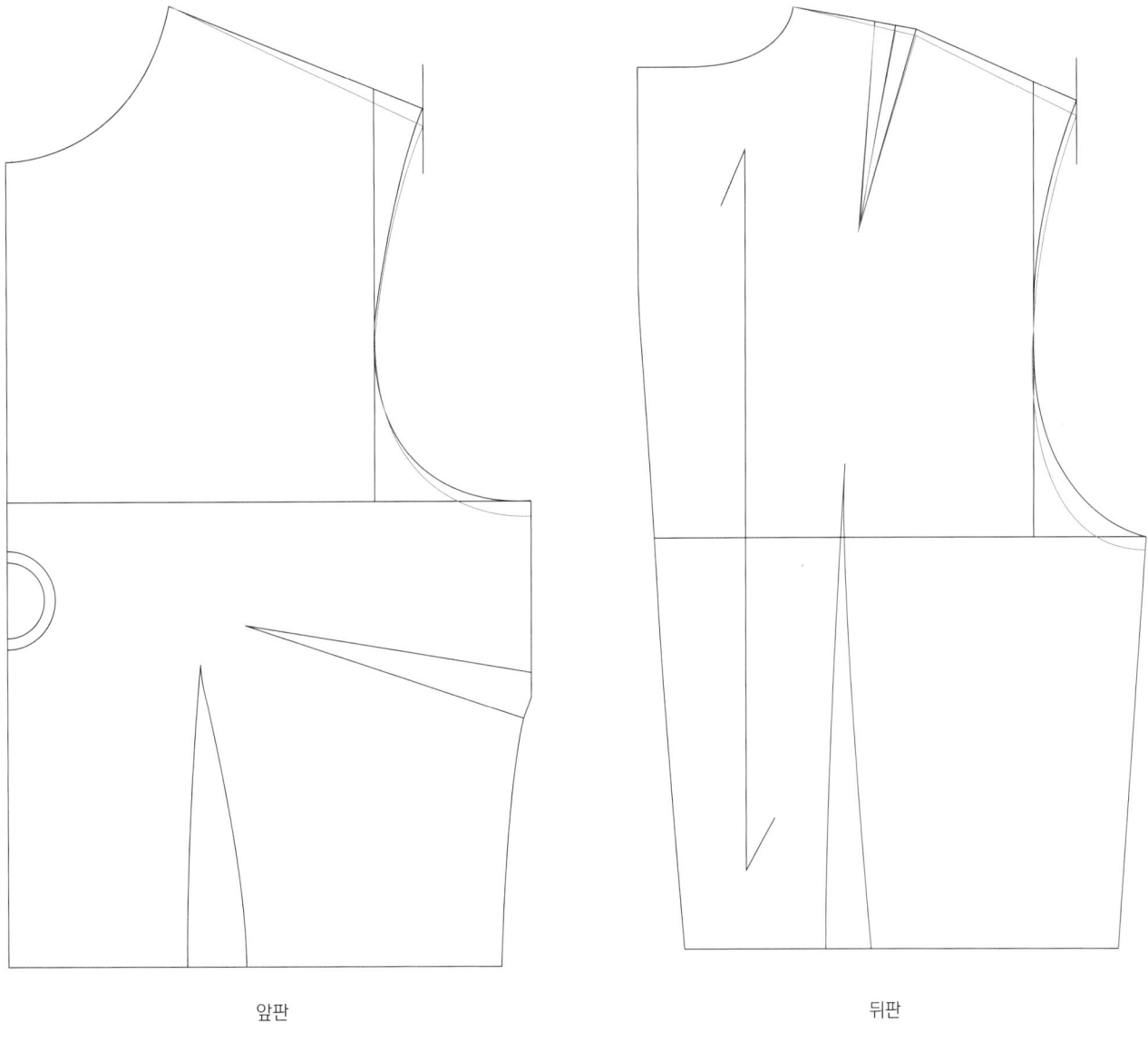

앞판　　　　　　　　　　　　뒤판

11.5 tight bodice pattern varation(상의 원형의 변화)

하견

front

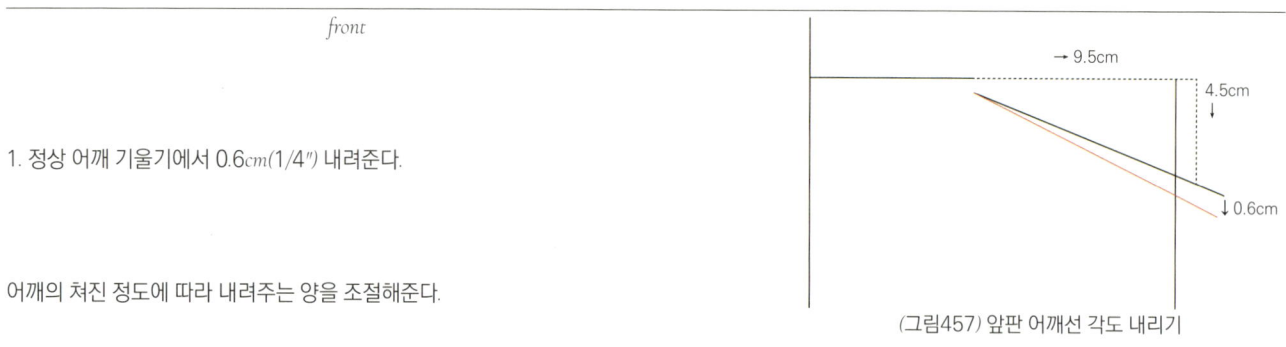

(그림457) 앞판 어깨선 각도 내리기

1. 정상 어깨 기울기에서 0.6cm(1/4") 내려준다.

어깨의 처진 정도에 따라 내려주는 양을 조절해준다.

2. 어깨너비 수치에 맞춰 어깨점을 찾아준다.

3. 어깨선이 내려가 암홀의 길이가 줄어듬으로 기존의 암홀 길이로 맞추기 위해

진동선을 0.6cm(1/4") 내리고 암홀을 그려준다.

back

1. 정상 어깨 기울기에서 0.6cm(1/4") 내려준다.

2. 어깨너비 수치에 맞춰 견갑골 다트와 어깨점을 찾아준다.

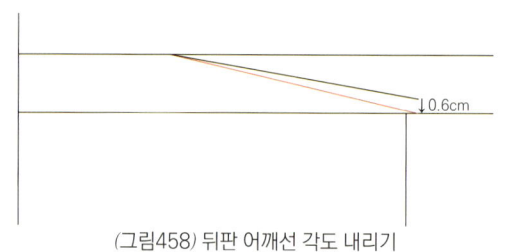

3. 어깨선이 내려가 암홀의 길이가 줄어듬으로 기존의 암홀 길이로 맞추기 위해

진동선을 0.6cm(1/4") 내리고 암홀을 그려준다.

(그림458) 뒤판 어깨선 각도 내리기

11.6 tight bodice pattern varation (상의 원형의 변화)

굴신

굴신 체형이란

굴신 체형이란 등이 굽어 있는 체형을 말한다. 등이 굽어있기 때문에 표준체형보다 어깨너비가 넓어지고 앞품이 줄어들고 뒤품이 늘어난다. 또한 등길이가 길어지며 앞길이가 짧아질 수 있다.

20~30대 여성의 굴신 체형은 어깨가 하견인 경우가 많다. 등의 굽은 정도에 따라 패턴상의 굴신 처리 정도가 달라지게 되며 견갑골 다트의 폭 또한 기존의 1.9cm(3/4")에서 2.2cm(7/8")로 커질 수 있다.

굴신 체형과 반신 체형은 신체의 무게중심이 바뀌면서 척추가 휘어짐으로 심해지면 목과 어깨 및 허리의 통증을 수반한다. 그러므로 의학적인 관점에서는 정상체형으로의 교정이 필요한 체형이다.

굴신의 후천적 원인

굴신이 쉽게 일어날 수 있는 원인은 자세에 있다. 스마트폰을 보거나 책상에 앉아 일을 하면 신체의 동작은 앞쪽을 향하게 된다. 앞쪽을 향한 동작은 어깨의 위치 또한 앞쪽을 향하도록 만드는데 이러한 동작을 반복적으로 하게 될 경우 어깨 주변의 근육이 긴장 상태로 변하게 된다. 근육이 긴장되면 앞쪽을 향한 어깨와 근육이 굳어지면서 자연스럽게 등이 굽는 요인으로 작용한다. 등이 굽게 되면 자연스럽게 목뼈(경추부)까지 경직되어 거북목 현상이 나타날 수 있다.

또 다른 원인으로는 가슴의 사이즈이다. 가슴의 무게로 인해 상체가 앞으로 굽어지는 것인데 상동과 유상동의 차이가 클수록 가슴의 무게로 인해 등이 굽어질 수 있다. 굴신과 하견의 상관관계는 어깨의 하중에 있는데 어깨에 가해지는 하중은 몸을 앞으로 굽게 만드는 요인이다. 모든 상황에 해당하진 않지만 굴신과 하견, 거북목은 서로 영향을 주고받는 관계라는 것을 알 수 있다.

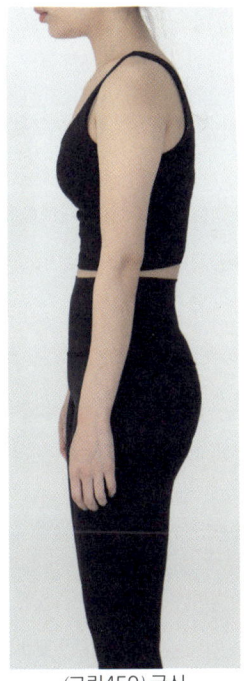

(그림459) 굴신

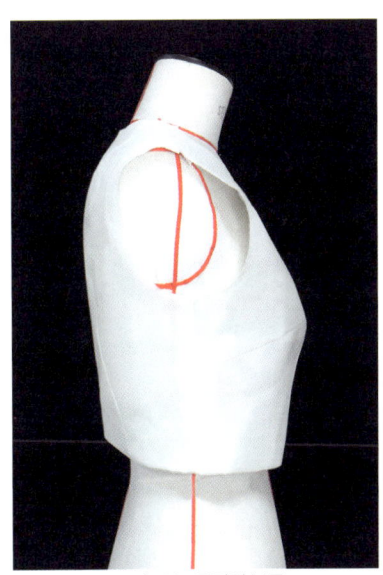

(그림460) 등길이 부족

(그림460)은 굴신 체형의 바디가 굴신처리되지 않은 기본 원형을 입었을때의 모습이다. 등길이가 부족하여 뒤가 들리는 모습을 확인할 수 있다.

11.6 tight bodice pattern varation(상의 원형의 변화)

굴신 앞판

원형 패턴에서 굴신 패턴으로의 변화를 빨간 선으로 나타내었습니다.

체촌 앞길이 : 40cm(15 3/4")보다 짧아진다.
패턴 앞길이 : 40cm(15 3/4")

체촌 등길이 : 39.1cm(15 3/8")
패턴 등길이 : 39.1cm(15 3/8")

체촌 어깨너비/2 : 19.1cm(7 1/2")
패턴 어깨너비/2 : 19.1cm(7 1/2")

체촌 앞품/2 : 15.9cm(6 1/4")보다 좁다.
패턴 앞품/2 : 15.9cm(6 1/4")

체촌 뒤품/2 : 17.8cm(7")보다 넓다.
패턴 뒤품/2 : 체촌된 뒤품

패턴 앞 진동깊이 : 21cm(8 1/4")
패턴 뒤 진동깊이 : 21cm(8 1/4")

상동 : 81.3cm(32")
유상동 : 83.8cm(33")

패턴 앞 가슴길이 : 22.2cm(8 3/4")
패턴 뒤 가슴길이 : 22.9cm(9")

패턴 허리둘레 : 66cm(26")

견갑골 다트 폭 : 2.2cm(7/8")

유장 : 24.1cm(9 1/2")
유폭 : 16.5cm(6 1/2")

원점에서 앞목점, 옆목점 까지의 직선거리 : 7cm(2 3/4")

뒷목점에서 옆목점 사이의 수직거리 : 2.5cm(1")

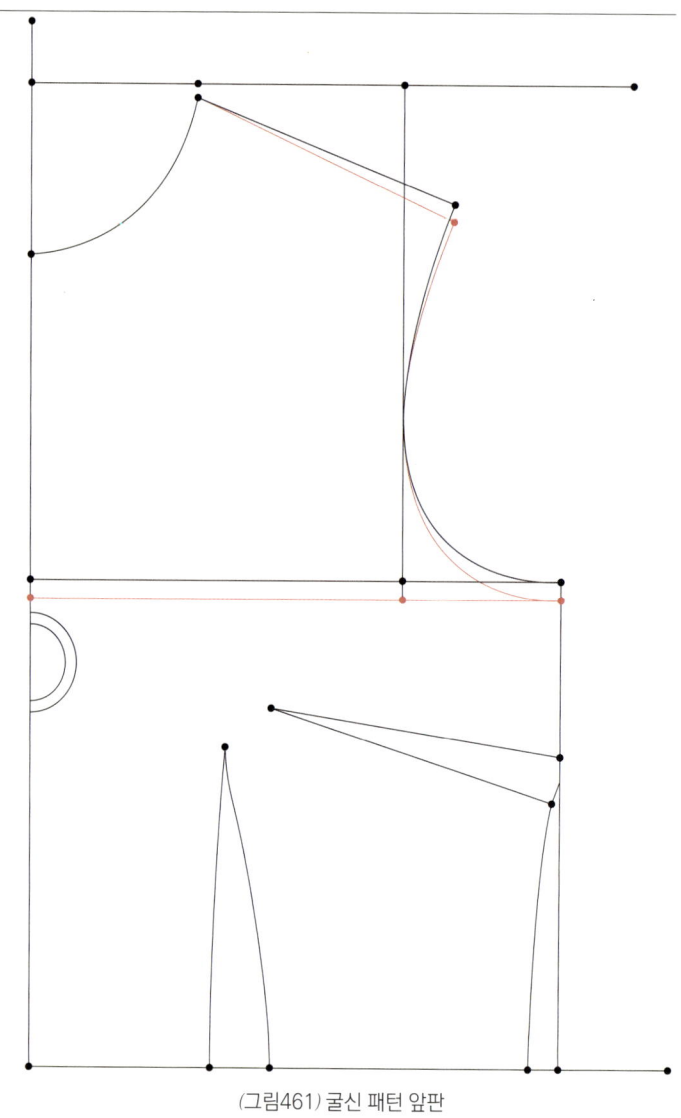

(그림461) 굴신 패턴 앞판

테일러링의 체형보정과 저자 패턴의 체형보정 비교

테일러링의 굴신과 반신의 패턴 보정 방법은 재단사마다 노하우가 다양하며 저자의 체형보정과 근본적으로 차이가 나타나는 이유는 제작공정에 있다고 생각한다. 테일러링은 패턴이 다리미의 자리 잡음을 고려하여 설계되며 비접착심지를 사용하는 등 기성복과는 다른 제작방법이 나타난다. 이렇게 고려된 패턴은 자연스레 기성복에서 굴신과 반신을 처리하는 방법과 달라질 수 있다. 저자의 보정방법은 신체가 움직일 때 활동이 불편하지 않도록 패턴의 수치들을 조정하는 데 초점이 맞춰져 있다.

의상의 다양한 처리방법과 제작방식을 공부해 나가는 것은 모델리스트로서 시야를 넓히고 기술적 도약을 이뤄낼 수 있을 뿐만 아니라 본인의 색깔과 철학을 다듬어 갈 수 있는 좋은 밑거름이 된다. 그러므로 끊임없는 연구와 실험을 통해 본인만의 노하우를 쌓아가는 열정과 겸손한 자세로 다양성을 존중할 이유가 있다고 생각한다.

11.6 tight bodice pattern varation(상의 원형의 변화)
굴신 앞판

앞판 패턴 분석

1. 표준체형의 앞길이를 적용하였다.

굴신 체형은 체촌 앞길이가 정상체형의 앞길이 보다 짧은 경우가 대다수이다. 하지만 체촌 시 측정된 앞길이를 그대로 패턴에 적용하게 되면 옷을 입고 움직이면서 앞기장이 들려 보일 수 있다. 이러한 점을 고려하여 앞기장이 짧아 보이지 않도록 정상체형의 앞길이 수치를 적용하였다.

2. 표준체형의 앞품을 적용하였다.

1번의 의도와 마찬가지로 굴신 체형의 앞품을 그대로 패턴에 적용하게 되면 가슴을 펴는 동작을 할 시 가슴 부위가 당겨 불편할 수 있다. 이러한 문제를 방지하기 위해 앞품을 정상체형의 수치로 적용하였다.

3. 등길이가 길어졌다.

등의 굽은 정도에 따라 체촌 시 등길이 수치가 달라진다.

4. 등이 굽어 뒤품이 커졌다.

5. 하견처리를 해주었다.

굴신에 하견이 적용된 체형을 기준으로 어깨선을 하견처리 해주었다. 하견처리로 인해 암홀 둘레가 감소함으로 진동 깊이를 수정해주었다.

6. 견갑골 다트 폭을 키워주었다.

등의 굽은 정도를 커버할 수 있도록 견갑골 다트 폭을 0.3cm(1/8″) 키워주었다.

11.6 tight bodice pattern varation(상의 원형의 변화)

굴신 뒤판

1. 직각선을 긋는다. (선분 0-1-2)

2. 허리선 위치를 정해준다. (선분 0-1)

3. 등길이를 놓는다. (선분 3-4)

(선분 0-1)에서 수직으로 등길이 38.1CM(15")를 올려준다.
체촌 등길이를 적용하지 않고 먼저 표준체형의 등길이를 적용한다.

4. 뒤판 가슴 길이를 정해준다.(선분 5-6)

(점1)에서 수평으로 유상동/4 + 1.9CM(3/4") 나간다.(점5)
(점5)에서 수직선을 충분히 그어준다.(점6)

5. 진동깊이를 정한다. (진동깊이) = 21CM(8 1/4") = 하견처리로 인한 높이 변화, 진동선 = (선분 7-8)

(점3)에서 수직으로 21CM 내려간다. (점7)
(점7)에서 수직선을 그어 (선분 5-6)과 만나는 지점을 찾는다. (점8)

6. 뒤품선을 정해준다. (선분 9-10)

(점3)에서 뒤품/2 (17.8cm/7") 만큼 수평으로 나간다.(점9)
(점7)에서 뒤품/2 (17.8cm/7") 만큼 수평으로 나간다.(점10)
먼저 표준체형의 뒤품 수치를 적용한다.
(점9)와 (점10)을 이어 뒤품선을 만들어준다.

7. 옆목점을 정해준다. (점12)

(점3)에서 수직으로 2.5CM(1") 올린다. (점11)
(점11)에서 수평선을 긋는다. (선분 11-11-1)
(점11)에서 수평으로 7CM(2 3/4") 나간다. (점12)

8. 어깨 각도를 잡고 어깨선을 긋는다. (선분 12-13)

(선분 3-4) 선상중 (점3) 에서 시작해서 뒤 어깨너비/2만큼 나간 지점을 찾는다. (점13)

(점12)와 (점13)을 직선으로 연결한다.

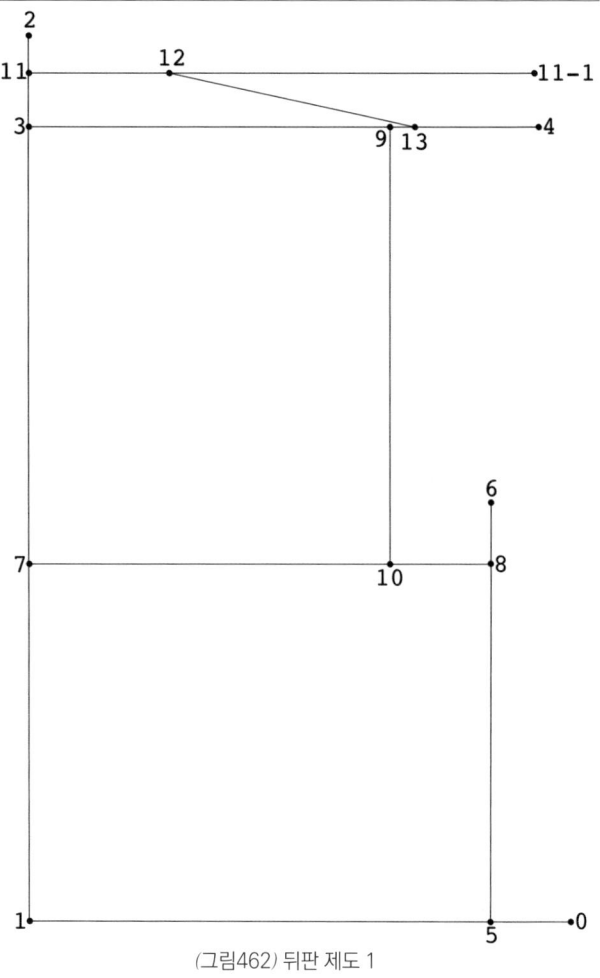

(그림462) 뒤판 제도 1

**기존의 원형 제도방식은 (점13)의 위치에서 0.6CM(1/4") 올려 어깨선 각도를 잡아주었지만 하견처리를 위해 0.6CM(1/4")를 올려주지 않았습니다.

11.6 tight bodice pattern varation (상의 원형의 변화)

굴신 뒤판

9. 견갑골 다트를 만든다.

(선분 12-13) 선상 중 *(점12)*에서 3.8CM(1/2") 떨어진 곳을 찾는다.

(점1')

(선분 12-13) 선상 중 *(점1')*에서 2.2CM(7/8") 떨어진 곳을 찾는다.

(점3')

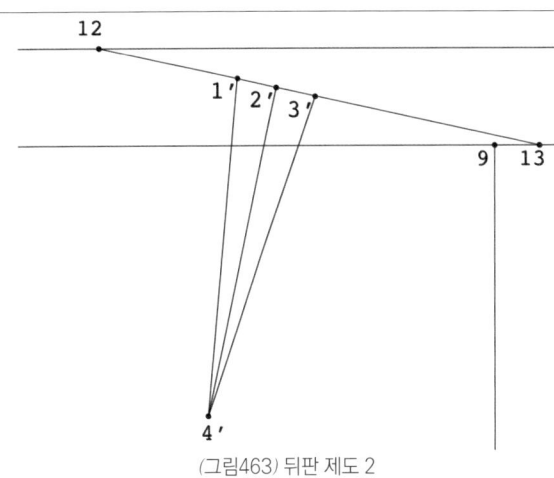

(그림463) 뒤판 제도 2

*(선분 1'-3')*을 이등분한 지점을 찾는다. *(점2')*

*(점2')*에서 *(선분 12-13)*에 직각을 맞춰 수직선을 8.9CM(3 1/2") 그어준다. *(점4')*

*(점1')*과 *(점4')*를 이어준다.

*(점3')*과 *(점4')*를 이어준다.

**견갑골 다트는 실무에서 부드럽게 처리되도록 곡을 주어 사용하는 경우가 많습니다.

(그림464) 뒤판 제도 3

(선분 12-13) 선상 *(점13)*에서 2.2CM(7/8") 연장한다. *(점5')*

*(점5')*에서 직각에 맞춰 2.2CM(7/8") 내려준다. *(점6')*

*(점6')*과 *(점3')*을 직선으로 잇는다.

*(선분 3'-6')*을 충분히 연장해준다.

*(선분 1'-13)*까지의 길이를 측정하여 *(점3')*에서 그 길이만큼 어깨선상에서 나가 나간 지점을 어깨점으로 지정해준다. *(점7')*

뒤 어깨선 길이 = *(선분 12-1')* + *(선분 3'+7')*

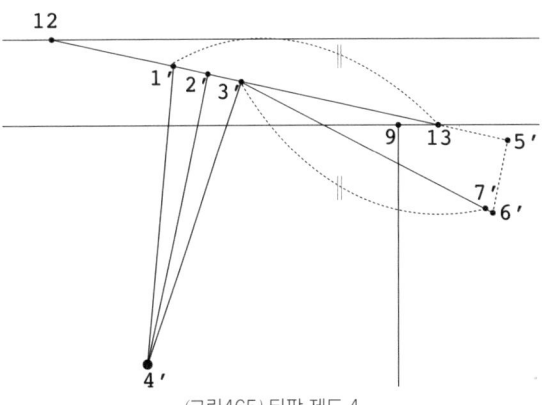

(그림465) 뒤판 제도 4

11.6 tight bodice pattern varation(상의 원형의 변화)

굴신 뒤판

10. 네크라인, 암홀, 다트, 파임선, 옆선을 그려준다.

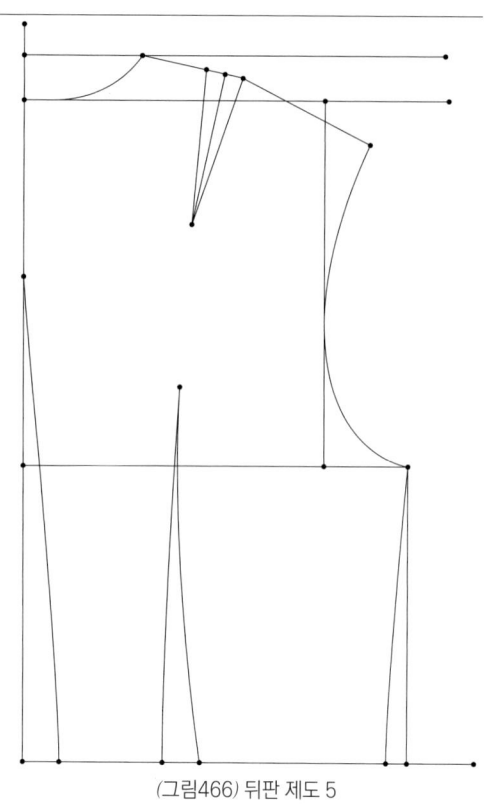

(그림466) 뒤판 제도 5

11. 뒷목점에서 약 10.2cm(4″) 내려간 지점에 수직선을 그어 절개선을 그려준다.

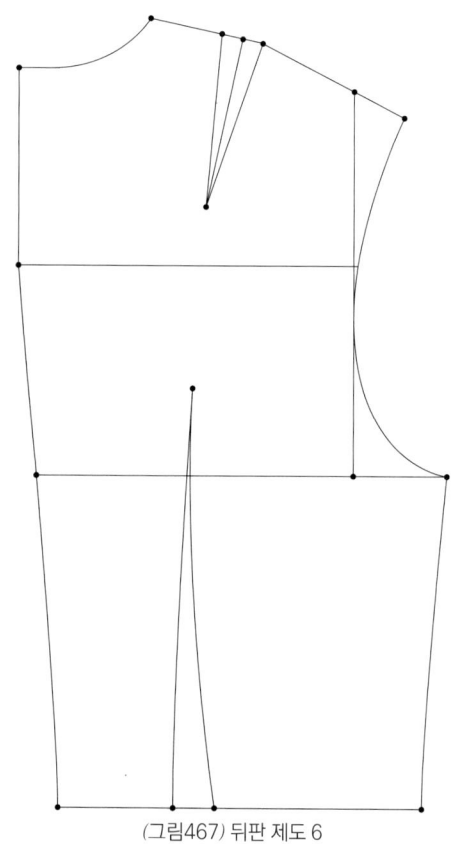

(그림467) 뒤판 제도 6

11.6 tight bodice pattern varation(상의 원형의 변화)
굴신 뒤판

12. 절개선을 벌려준다.

등길이가 체촌 등길이 수치가 되도록 벌려주는 분량을 조절한다.

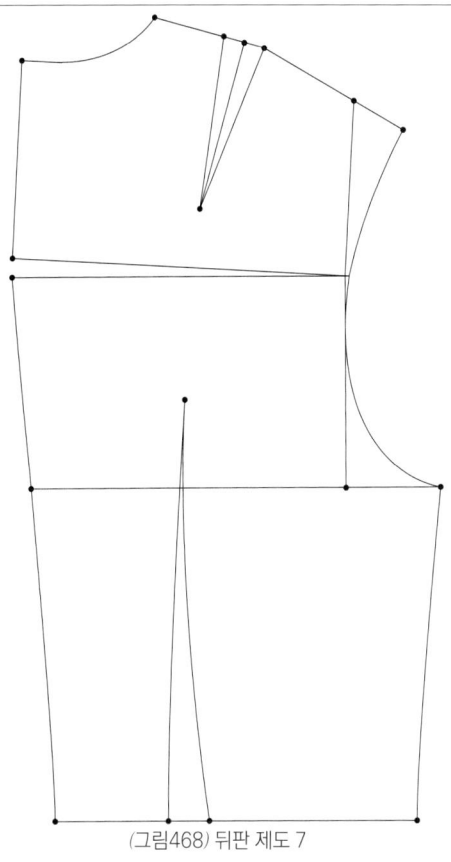
(그림468) 뒤판 제도 7

13. 곡자로 자연스럽게 뒷중심선을 정리해준다.

뒷중심선이 절개선에 의해 벌어지면서 뒤품이 자연스럽게 커지게된다.

굴신의 정도에 따라 절개선의 개수를 추가하거나 벌리는 분량을 조절해준다.

14. 결선을 긋는다. (완성)

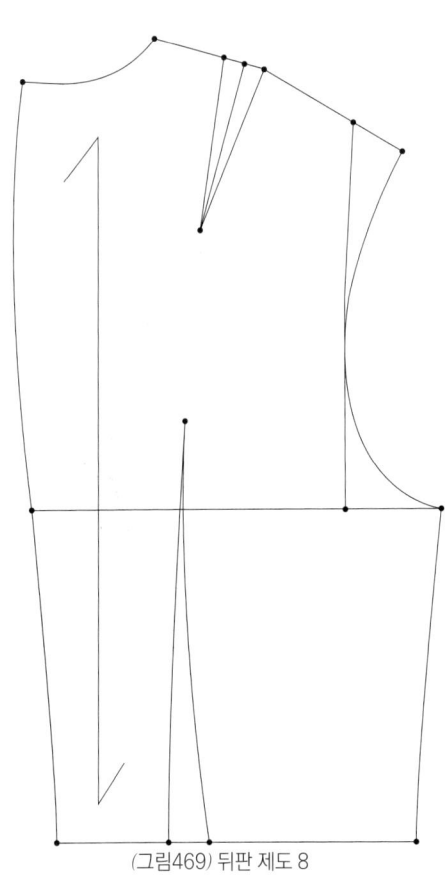
(그림469) 뒤판 제도 8

11.7 tight bodice pattern varation(상의 원형의 변화)
반신

반신 체형이란

반신 체형이란 가슴이 앞으로 뻗어지고 몸이 뒤로 젖혀진 체형이다. 가슴이 펴져 있기 때문에 앞품이 크게 나오고 뒤품이 적게 나오는 것이 일반적이다. 또한 앞길이가 길어지고 등길이가 줄어드는 등의 변화를 보인다.

반신의 후천적 원인

반신 체형도 굴신 체형과 마찬가지로 자세의 틀어짐 즉 신체의 무게중심점이 이동하고 척추가 변하면서 나타날 수 있다. 하이힐을 자주 신는 여성이 무게중심점이 틀어지거나 산모의 경우 복부의 무게에 의해 반신 체형이 되는 경우가 많다. 몸이 뒤로 젖혀질 때 척추의 커브가 심해지고 골반은 전방으로 회전하게 되는데 허리에 무리가 가면서 통증을 수반할 수 있다.

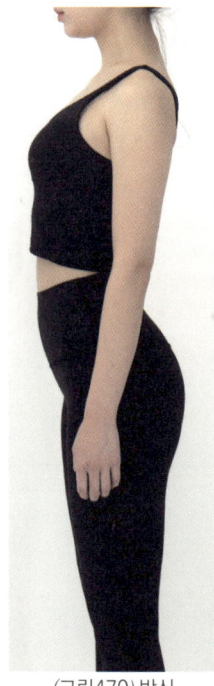

(그림470) 반신

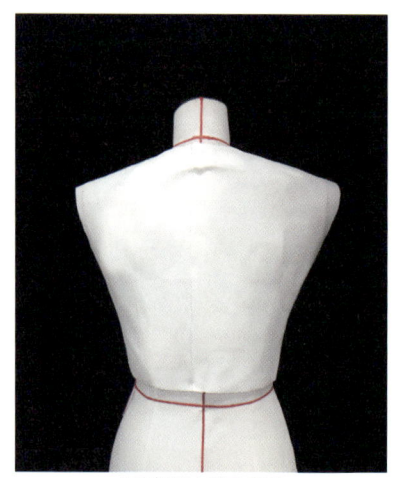

(그림471) 가로 주름

(그림471)은 반신 체형의 바디가 반신처리되지 않은 상의 원형을 입었을 때의 모습이다. 반신 체형의 짧아진 등길이로 인해 허리선에 기장을 맞추려고 보니 남는 가로주름이 생기는 것을 확인할 수 있다.

11.7 tight bodice pattern varation(상의 원형의 변화)

반신 앞, 뒤 제도

패턴 사이즈

앞길이 : 40cm(15 3/4")

등길이 : 38.1cm(15")

어깨너비/2 : 19.1cm(7 1/4")

앞품/2 : 16.5cm(6 1/2")
뒤품/2 : 17.8cm(7")

앞 진동 깊이 : 20.3cm(8")
뒤 진동 깊이 : 20.3cm(8")

앞 가슴 길이 : 22.2cm(8 3/4")
뒤 가슴 길이 : 22.9cm(9")

허리둘레 : 66cm(26")

유장 : 24.1cm(9 1/2")
유폭 : 16.5cm(6 1/2")

원점에서 앞목점, 옆목점까지의 직선거리 : 7cm(2 3/4")

뒷목점에서 옆목점 사이의 수직거리 : 2.5cm(1")

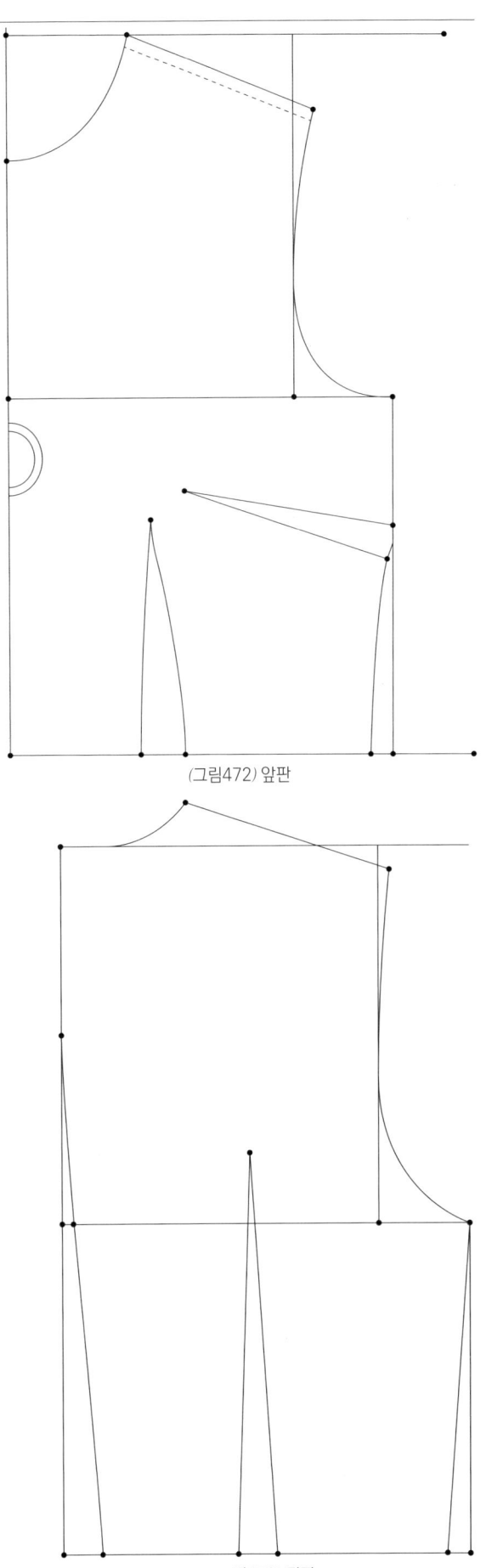

(그림472) 앞판

(그림473) 뒤판

패턴 분석

1. 체촌된 앞품만큼 패턴의 앞품 수치를 바꿔주었습니다.

2. 반신 체형의 앞길이가 정상체형의 앞길이 보다 길기 때문에 기존의 어깨선에서 0.6cm(1/4") 평행이동해 어깨선을 바꿔주었습니다.
기존 어깨선 = 점선의 어깨선

3. 앞품이 커지고 어깨선을 평행이동시켜주었기 때문에 암홀 길이의 차이에는 변함이 없습니다.

4. 정상체형보다 뒤품과 등길이가 줄어들 수 있지만 동작 시 불편함을 방지하기 위해 정상체형의 뒤품과 등길이로 맞춰주었습니다.

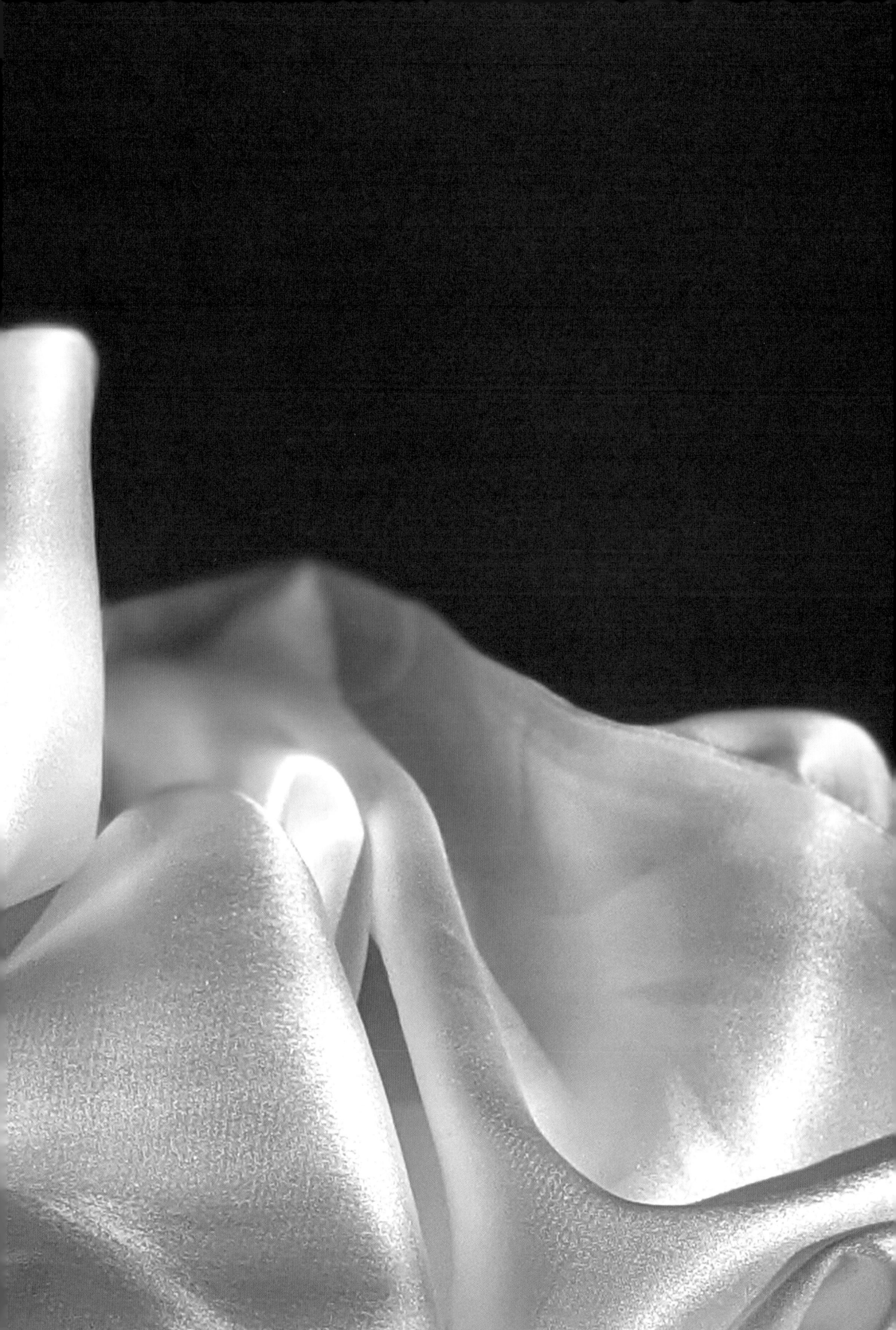